浙江省"十四五"普通高等教育本科规划教材

本教材获浙江师范大学教材建设基金立项资助

幼儿园经营与管理

（第二版）

主编◎蔡连玉　　金明飞

华东师范大学出版社

·上海·

图书在版编目（CIP）数据

幼儿园经营与管理／蔡连玉，金明飞主编.—2 版
.—上海：华东师范大学出版社，2023
  ISBN 978 - 7 - 5760 - 4283 - 2

  Ⅰ．①幼… Ⅱ．①蔡… ②金… Ⅲ．①幼儿园—经营
管理—教材 Ⅳ．①G617

  中国国家版本馆 CIP 数据核字（2023）第 215452 号

幼儿园经营与管理（第二版）

主　　编　蔡连玉　金明飞
责任编辑　刘　雪
责任校对　时东明
装帧设计　庄玉侠

出版发行　华东师范大学出版社
社　　址　上海市中山北路 3663 号　邮编 200062
网　　址　www.ecnupress.com.cn
电　　话　021 - 60821666　行政传真 021 - 62572105
客服电话　021 - 62865537　门市（邮购）电话 021 - 62869887
地　　址　上海市中山北路 3663 号华东师范大学校内先锋路口
网　　店　http://hdsdcbs.tmall.com

印 刷 者　上海崇明县裕安印刷厂
开　　本　787 毫米×1092 毫米　1/16
印　　张　20
字　　数　445 千字
版　　次　2024 年 3 月第 2 版
印　　次　2025 年 7 月第 2 次
书　　号　ISBN 978 - 7 - 5760 - 4283 - 2
定　　价　49.80 元

出 版 人　王　焰

目 录

第一章　幼儿园经营与管理的理念

渐进就是守旧，所以经营理念创新，就要反渐进，必须一步到位。

——张瑞敏

有效的管理源自尊重人的个性、尊严。

——彼得·德鲁克

 知识导图

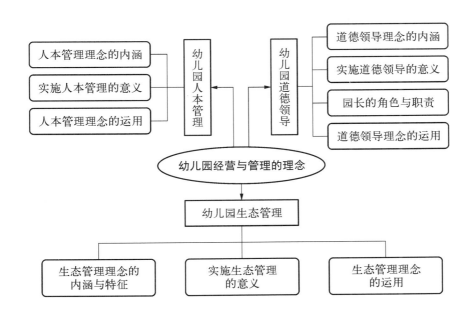

要点提示 ──

　　本章内容主要包括三个方面：一是幼儿园人本管理理念,主要阐述人本管理理念的内涵、意义及其在幼儿园管理中的运用;二是幼儿园道德领导理念,主要阐述道德领导理念的内涵与意义、园长的角色与职责,以及该理念在幼儿园管理中的运用;三是幼儿园生态管理理念,包括生态管理理念的内涵、特征、意义及其在幼儿园管理中的运用。

 学习目标 ──

　　通过本章学习,你应该能够:

● 理解幼儿园经营与管理的相关理念。

● 掌握幼儿园践行"人本管理"的方法。

● 掌握幼儿园践行"道德领导"的方法。

● 掌握幼儿园践行"生态管理"的方法。

第一节　幼儿园人本管理

 问题与思考 ●

何为管理理念？何为幼儿园管理理念？如何理解幼儿园人本管理理念？

一、人本管理理念的内涵

（一）幼儿园管理理念

管理理念是理念的进一步延伸，指人们对管理权利的分配、管理职能的配置、权利主体地位和作用等的看法总和。顾名思义，幼儿园管理理念是指幼儿园管理主体在管理实践中所形成的对幼儿园管理的价值追求，是一种相对稳定的、具有延续性和指向性的指导幼儿园管理的观念体系。

没有理念指导的实践是盲目的，没有实践支撑的理念是空洞的。任何组织的管理者包括幼儿园管理者，都必须掌握科学的管理理念，并能够把管理理念渗透到管理实践中去，这对组织的发展大有裨益。所以，幼儿园管理者必须全方位地理解、运用先进的管理理念来指导幼儿园内的保教及其相关活动，使幼儿园的工作能够和谐高效地开展。幼儿园的管理理念主要包括：人本管理理念、道德领导理念和生态管理理念。

> **知识卡**
>
> 《辞海》中对"理念"一词的解释同"观念"，"译自希腊文 idea。通常指思想。有时亦指表象或客观事物在人脑中留下的概括的形象。"

（二）幼儿园人本管理理念

一个组织的管理理念的演变与管理理论的发展是紧密相连的。西方管理理论经历了以"经济人"假设为基础的"物本管理"和以"社会人"假设为前提的"人本管理"两个阶段。同样地，幼儿园的管理理念也经历了这两个阶段。

从物本管理到人本管理的转变，既标志着管理理念的深刻变革，也反映了社会发展所带来的深刻变化。物本管理是以最有效地开发、利用生产过程中的物质要素为中心，以提高效率、产量和利润为目的的管理。管理就是为了完成任务而进行计划、组织、指挥、协调和控制。物本管理忽视人的感情,把人当作机器的附属物,对人主要实行物质、金钱激励。[1]

物本管理理念下的幼儿园管理缺乏人的气息,园所活动缺乏生机和活力。在管理实践中,更多地强调教职工为园所的保教工作而奉献,却忽视了把园所作为教职工生活与发展的家园。这种最大效率发挥物质功效的管理方式,使得教职工只注重自己的工作而缺乏应有的主动性、积极性和创造性,容易形成一种淡漠的人际氛围。

人本管理是以人为中心,以人的成长、发展为目的的管理。人本管理理念主要包括以下三个方面:

第一,人是管理的主体。管理活动是一种主观见之于客观、主体作用于客体的过程。在管理中,人是管理系统的主体,若离开了人,管理活动将难以为继。

第二,在众多的管理要素中,人的主观能动性的发挥尤为重要。管理的三大基本要素为人、物、环境。在这三大基本要素中,人是关键要素,以人为中心构建人与物的关系和人与人的关系。若脱离了人这一关键要素,其他要素就无法运转起来。因此,发挥人的积极作用,是推动管理工作前进的关键动力。

第三,在管理过程中,必须最大限度地调动人的积极性、创造性。人的积极性、创造性是推动组织高效运转的关键力量。[2]

综上所述,幼儿园人本管理是对人的管理、为人的管理、依赖人的管理,是以合乎人性的方式开展的管理,同时也是以教职工为评价主体的管理。要实现幼儿园的可持续发展,幼儿园管理理念必须由物本管理向人本管理转变。

知识卡

关于人的实质的论述,历史上存在着不同的人性观。

传统管理时期把人看作"机器人",认为人是供别人驱使的工具。因此,主要管理措施是管、卡、压。

科学管理时期认为人是"经济人",人的目的是追求经济效益,而金钱是激发人积极性的根本动力。因此,重视任务管理、物质刺激。

行为科学时期认为人是"社会人",作为复杂社会系统的成员,社会因素、心理因素和人际关系是调动人积极性的关键因素。因此,管理过程中重视人的因素,倡导建立良好的人际关系。

20世纪50年代末认为人是"自我实现的人",人的最终目的在于人的价值得到充分体现。因此,管理手段注重赋予人挑战性工作,以满足自我实现的需要。

20世纪60年代认为人是"复杂人",主张依人所处的环境条件和要求采取多变的管理措施。

资料来源:陈牛则.学校管理原理与方法[M].长沙:湖南人民出版社,2003:41.

二、实施人本管理的意义

当前,在社会主义市场经济条件下,幼儿园管理面临的环境发生了许多变化。为了适应这些变化,幼儿园管理者需要改变传统观念,更新原有的知识结构体系,奉行人本管理理念,用以人为中心代替过去的以物(事)为中心,以"参与式"与"激励式"管理取代"独断式"与"监督式"管理。[3]

在幼儿园管理工作中,人是最基本也是最活跃的要素。幼儿园管理者如果能坚持人本管理理念,就可以充分调动人的主观能动性,从而有效提升幼儿园管理工作的成效和办园质量。中国古代存在阴阳调和的学说,当今社会有动静结合的说法。幼儿园管理的规章制度是一个相对静态、固定的存在,而在管理工作过程中,人是一个相对动态、灵活的存在,运用人本管理可促进动静结合,从而实现幼儿园的和谐发展。[4]

对教师而言,实施人本管理可以有效激发教师的工作热情和积极性,提升教师的专业素养,以更加科学、更加人性化的管理方式来完成幼儿园各项工作任务,从而促进保教质量和管理效益的提升。

对幼儿而言,采取什么样的教育管理理念指导保教实践,不仅决定着幼儿的生存和生活环境,也影响着幼儿的成长。幼儿园管理者贯彻人本管理理念可以为幼儿营造和谐、舒适的成长环境,促进幼儿身心健康发展。

三、人本管理理念的运用

(一)对教职工的人本管理

1. 充分调动教师的积极性

幼儿园管理的对象和主体主要是教师。人是最积极、最活跃的因素,并且具有主观能动性。物质资源必须通过人来掌握、支配和使用,才能发挥其效用。因此,成功的幼儿园管理必然是以教师为本的管理。然而,在实际的幼儿园管理实践中,管理者由于对教师主体性的忽视,致使教师缺乏主动性、积极性和创新性,缺乏主人翁精神,甚至不思进取。要改变这一情形,管理者必须在整个幼儿园管理过程中多关注教师的发展,坚持以人为本的管理理念,最大限度地发挥教师的潜能。总之,人本管理就是要管理者注意提高每个教师的专业素质,调动每个教师的积极性,使每个教师的潜能都可得到充分发挥,这也是管理工作的根本任务。

2. 致力于提高教师专业素质

教师是人类灵魂的工程师,幼儿教育尤其需要一批师德高尚、业务素质过硬的幼儿教师。在幼儿园管理中,管理者应加强人文关怀,充分考虑教师发展需求,完善教师继续教育培训制度,促进教师更新教育理念,与时俱进,在教育实践中总结经验教训、改进教学策略,进而提高专业素质。

首先，培养教师的专业理念与师德。专业理念是指教师共有的价值观、价值体系。师德是指教师职业的底线。幼儿教师要师德高尚，富有爱心和责任感，有耐心，做事细心，只有这样，才能促进幼儿身心健康发展。

其次，提升教师的专业技能。专业技能是幼儿教师专业发展的生命线。幼儿教师需要具备讲、弹、唱、舞、画、说、编、作、用（多媒体应用）等技能，能通过不断积累经验，形成创新思维。因此，提升幼儿教师的专业技能是幼儿园满足教师专业发展需求的重要内容。

最后，积极开展多元教研活动。新时代的教育离不开教学主题的审议，这是人本管理理念的开放性与多元性的体现。在幼儿园管理工作中，管理者应积极组织并开展各种形式的教研活动，如研磨教学主题内容、改进教学方法和反思讨论等，让教师充分表达自己的观点与见解，互相学习，取长补短，使自己的教育理念融入教育实践，进而提高教学质量。[5]

3. 实施教职工民主管理

民主管理理念来源于人际关系理论，符合管理的效益原理、效率原则。民主管理理念是指将广大教职工视为幼儿园管理的主体，赋予他们参与各项事务管理的权力，集中集体的智慧来推进幼儿园的发展。实施教职工民主管理的基本要求有如下几点：

第一，尊重、信任教职工，激发教职工参与管理的意识，愿意为幼儿园的发展贡献自己的力量。在重大问题上，广开言路、集思广益，随时听取教职工的意见和建议。此外，还可以充分利用网络资源，开设"网上建议信箱"，及时听取每一位教职工的意见。

第二，建立教职工代表大会制度或以教师为主体的教职工代表会议制度，使教职工能够参与民主管理，并使其制度化、深入化和经常化。

第三，健全和完善民主集中制。园长要善于听取教职工的意见和建议，以此进行科学、合理的决策，防止主观武断和专制。

第四，幼儿园的管理工作应该增加透明度，做到合理公开，让教职工充分了解、理解幼儿园的运营与管理。

第五，民主管理还要以尊重人为原则，处理好园方与教职工及教职工与教职工之间的关系。

（二）对幼儿的人本管理

1. 坚持幼儿权利至上原则

幼儿权利至上原则，是指在幼儿园管理中必须以维护每一位幼儿的权利作为根本出发点。幼儿是国家的希望和未来，他们的健康成长关系到国家的兴旺发达。同时，幼儿是弱势群体，幼儿园管理者必须高度关注幼儿这一弱势群体，坚持幼儿权利至上原则，极力避免任何损害幼儿的行为和事件发生。幼儿权利至上，事实上也是人本理念的一部分。坚持幼儿权利至上原则，需要做到以下几点：

首先，维护幼儿的人格权利。在幼儿园里，教职工面对的不是毫无思想的静止物，而是具有鲜活生命的个体的幼儿,他们有自己的思想意识。教职工必须给予幼儿充分的尊重,不能践踏幼儿的人格尊严。由于每个幼儿都具有差异性,教职工不能要求每个幼儿都一样,也不能经常对幼儿进行比较,更不能体罚幼儿。此外,教职工还要特别注重幼儿的生理和心理健康。

其次,注重幼儿的生命安全权利。安全是幼儿的基本权利,幼儿园必须做好一切安全防范工作,保证幼儿的生命健康和安全,确保幼儿在安全的环境中生活和成长。

最后,维护幼儿游戏的基本权利。爱玩是幼儿的天性,幼儿园必须为幼儿提供足够的时间和空间,让幼儿在游戏的天地里快乐成长。同时,幼儿园还需要满足幼儿在游戏过程中相互交往的需要,使幼儿园真正成为幼儿成长的乐园。

2. 充分挖掘幼儿个性优势资源

人本理念对幼儿自主探究与自主学习的倡导,正是提高幼儿参与积极性、顺应幼儿成长规律以及促进幼儿心智发展的关键,这与国家大力提倡素质教育的要求是一致的。处于启蒙发展阶段的幼儿心智尚未成熟,他们较为渴望获得认可与赞扬。因此,教师在教育幼儿的过程中应当突破传统的"师道尊严"模式,与幼儿平等相处,消除教师与幼儿之间的心理隔阂。人本理念下的幼儿园管理应秉承人性化的关怀,营造关爱幼儿的制度环境以及个性化、游戏化、生活化、情感化的教学环境,给予幼儿生活、学习和情感方面的精心呵护。[6]特别是教师要善于挖掘每一个幼儿身上的个性与闪光点,多给予他们认同、赞扬与鼓励,尊重其人格,平等、公正地对待每一个幼儿。例如,当孩子们发生矛盾冲突时,教师不能作为权威者来判断谁对谁错,而应该把解决问题的权利交给他们,引导他们一步步解决问题,培养他们独自解决问题的能力。当幼儿回答教师问题时,教师不能因为幼儿的回答错误而批评幼儿,要引导幼儿自己动脑进行探索,鼓励幼儿发表自己真实的想法,培养幼儿的好奇心和想象力。幼儿园的管理工作要真正以幼儿为主体,充分挖掘出符合幼儿个性、富有童心童趣的优势资源。

3. 遵循幼儿身心发展规律

幼儿教育要顺应幼儿发展的客观规律,始终以促进幼儿身心健康发展为宗旨。幼儿教育的内容和方式要依据不同发展阶段幼儿发展的特点进行适当调整,让幼儿慢慢融入这个世界。

首先,教育要遵循幼儿身心发展的阶段性。按照皮亚杰的儿童认知发展阶段理论,儿童在不同时期有不同的身心特点,因此对儿童的教育要遵照儿童不同发展阶段的身心特点。幼儿园的孩子们一般比较好动、喜欢模仿、求知欲强烈,幼儿教师需要立足于这些特点,结合孩子们的实际情况进行教育,逐步促进孩子们的成长。

其次,教育要遵循幼儿身心发展的顺序性。幼儿的身体发育尚不健全,还不能规范地握笔写字,如果要求幼儿工整地书写汉字或过早地接触和学习超前的知识,会违背幼儿身心发展的顺序性。让中班甚至小班的幼儿学习小学课程内容是一种揠苗助长行为,这对幼儿来说难度较大。幼儿为了尽快掌握这些内容,需要反复练习才能完成"正常学习任务",这样会使幼儿的学习兴趣容易被提前透支,导致未入学先厌学,不利于幼儿的未来学习。[7]因此,幼儿园教育中要做到不"陵节而施"、不"揠苗助长",必须按照幼儿的生理、心理发展水平和特点,循序渐进地促进幼儿的发展,防止幼儿园教育的"小学化"倾向。

最后,教育还要顾及幼儿身心发展的个体差异性。不同幼儿的发展在总体规律相同的基础上又有各自的特殊性,同一幼儿在发展的不同阶段也有不同的发展特点,为此,幼儿园教育既要做到按照幼儿发展的一般规律施教,又要照顾到特殊幼儿以及幼儿不同发展阶段的特殊性,做到因材施教、因时施教。

第二节　幼儿园道德领导

 问题与思考

道德领导的内涵与价值分别是什么?如何在幼儿园管理中体现道德领导的理念?

一、道德领导理念的内涵

(一)道德与领导

1. 道德

从词源上来看,在汉语中,"道"是指"(道)路"。[8]《说文解字》认为,"道,所行道也",引申为"规律和规范"。[9]"德"是指"道德、品行、节操"。[10]在汉语中,"道德"一词兼有名词和形容词之意。作为名词的道德,是指调整人与人之间、人与自然之间、个人与社会之间关系的行为规范的总和;而作为形容词的道德,是指合乎行为规范的。

2. 领导

《现代汉语辞海》对领导的解释为:"一是动词,表示带领并引导(走向目标或进行工作),比如'带领群众奔小康';二是作为名词,表示担任领导工作的人,组织、单位或集体的领头人。"[11]《教育管理辞典》认为领导是"由组织赋予权力的领导者,按一定的方向,为实现预定的目标,采用一定组织形式和方法,率领、指挥、引导、协调、控制被领导者完成预定任务的一种行为和活动过程,是一个由领导者、被领导者、客观环境三方面相互作用的活动的完整过程。"[12]概括而言,领导包含了几项核心要素:一是领导者,二是领导者的影响力,三是共同目标。

(二)幼儿园道德领导

托马斯·J.萨乔万尼是学校道德领导思想最具影响力的著述者之一。我国学者冯大鸣教授根据他所著的《道德领导:抵及学校改善的核心》一书和其撰写的相关论文,对学校道德领导理论作出了如下的归纳。

第一,探寻真正适合于学校组织的领导理论。与一般的工业组织不同,学校的本质是一种学习共同体,因此,需要重新构建一种真正适合于学校的领导理论。

第二,鉴别出更为丰富的领导来源。萨乔万尼认为领导的权威来源有五种:科层权威、心理权威、技术—理性权威、专业权威和道德权威。现有的领导工作维度由前三种权威构成,而后两种权威扩展了传统的领导权威来源,也正是道德领导的工作维度。

第三,将道德领导置于首位。倘若将科层权威、心理权威、技术—理性权威置于首位,组织追求的最高价值是效率。只有将道德领导置于首位,才能在学校凸显忠诚、和谐、美、真理等价值。

第四,把树立目的作为领导的一项重要职能。这与传统领导的"确立目标"不同,后者主要依靠领导者的个人才智,往往关注技术层面的元素(如绩效指标),容易出现教育功能与内容倒置的现象,并且确立的目标是静止不变的。

第五,领导角色的重新定位。领导者的一项重要职责是把员工培养成为各自工作领域内的领导者。[13]

> **知识卡**
>
> 世俗权威这一概念是指规章或法定(法规所表述的)的权威,也指科层体制的规则和规章。神圣权威是指来自宗教手册的权威、专业或共同体规范、共同目的的权威,以及民主理想或其他理想的权威。法典、规章、规则具有非永恒、客观和非个性化的品质;相比之下,宗教手册、规范和理想更多的是由个人决定的。
>
> 道德权威属于一种神圣权威。
>
> 资料来源:蔡怡.道德领导——新型的教育领导者[M].北京:教育科学出版社,2009:66.

基于上述归纳可认为,幼儿园道德领导是指在传统的幼儿园领导方式中融入专业权威和道德权威,使幼儿园园长实施基于正义、责任感和义务感的行为,借助专业权威和道德权威治理幼儿园,构建幼儿园发展愿景,强化园所成员所共享的价值观、信念以及成员的承诺,实现幼儿园组织成员的自我管理,发挥领导效能,进而完成幼儿园从一般组织发展到学习共同体的转化过程,实现幼儿园发展的最终目标。[14]

幼儿园道德领导的定义主要强调以下三个方面:一是在德性方面,坚持公正和善的总原则,追求公正和公平,善待教职工和幼儿;二是在德性的基础上,园长用个人的道德人格来影响和感化教职工,并形成道德权威和专业权威,作为道德领导的基石;三是在伦理规范方面,倡导构建道德价值观,注重幼儿园组织文化的培育和革新。不同的道德领导会形成不同的幼儿园道德文化,体现幼儿园的办园特色,培养出符合幼儿园办园目标和园规的道德文化。[15]

二、实施道德领导的意义

(一) 有利于实现幼儿教育立德树人

传统的领导观推崇价值与理性,科层权威、心理权威、技术—理性权威被放置在首位,这在一定程度上提高了组织管理的效率,有利于组织目标的实现。但立德树人的教育目标难以在短期内达成,其实现具有长效性和难以测量性,离不开长期潜移默化的道德力量的引导。道德领导强调领导的道德维度的重要性,促使管理者思考什么是道德领导及如何在管理实践中实施道德领导,为幼儿园园长贯彻"以德治教"和"以德治园"提供了工作思路,以便更好地完成立德树人的教育根本任务。

（二）有利于园长和教师的专业发展

"我们常常带着错误的假设开展领导,这是问题之所在。"[16]道德领导理论重新定位了幼儿园园长的角色,认为教师是他们各自工作范围内的领导者,而园长是领导者的领导者,同时园长也是幼儿园共同体共享价值观的建设者。通过对园长和教师角色的重新定位,让园长和教师了解什么是正确的"事"以及如何正确地"做事",从而更好地促进园长和教师在教育实践中的专业发展。

> **知识卡**
>
> 做正确的事,而不是把事情做正确。
>
> ——彼得·德鲁克

（三）有利于塑造幼儿园的精神文化

根据道德领导理论,幼儿园具有生产知识和教书育人的特点,这就决定了其本质是一个学习共同体。"培养什么样的人"是这一学习共同体的目标追求。但当前幼儿教育实践中存在着的许多非叛逆道德现象,如道德意义的虚空化、德性的疏离等,使得一些幼儿园的精神日趋衰落,教育逐渐偏离其育人本质。实施道德领导可以增强幼儿园组织成员的道德感,有利于重塑幼儿园精神,帮助幼儿园回归教育本质。[17]

三、园长的角色与职责

幼儿园园长实施道德领导的前提是厘清自身的角色与职责。园长在幼儿园管理中处于十分重要的地位,肩负着多种角色与职责。明确这些角色和职责有利于园长正确地认识自己的地位,更好地实施道德领导。

（一）园长的角色

1. 领导者

尽管园长具有多重角色,但最重要的还是领导者的角色,这也是园长职责的规定性。《幼儿园管理条例》明确规定我国幼儿园实行园长负责制,幼儿园工作由园长统一领导和全

面负责。园长作为幼儿园的领导者,其领导内容包括以下三个方面:

第一,园长实施思想领导。在管理工作中,园长是教育战略家,具有独特的办园理念和先进的办园思路,要不断解放思想,勤于思考、勇于创新、善于总结、敢于开拓、依法治园及依法治教,走在教育改革的前列。

第二,园长实施行政领导。我国实行园长负责制,园长不仅是幼儿园的最高行政负责人,同时也是幼儿园的法人代表;不仅需要统筹幼儿园内部的管理工作,对全体教职工和幼儿负责,还需要作为幼儿园代表和主管部门交涉,对幼儿家长及社区负责。

第三,园长实施业务领导。优秀的园长要了解业务、钻研业务、精进业务和热爱业务,工作在一线,始终围绕幼儿和教职工开展各项任务,并学会在处理繁杂事务的同时不断提高业务能力。[18]

2. 教育者

作为幼儿园的最高领导,园长不仅扮演着领导者的角色,更是一名教育者。园长的个人魅力、性格特点和自身素质对整个幼儿园的管理状态起着重要的决定作用,其教育理念、教育思想、教育知识与能力对领导职责的履行具有直接的影响作用。苏霍姆林斯基曾说过,校长是教师的教师,如果你想成为一个好的校长,那你首先就得努力成为一名好老师、好教育专家和好的教育者。作为一名园长,你应该像领头雁一样,思虑在前,行动在前,不断提高自身的业务水平,带头做好教育工作。[19]

3. 管理者

园长不仅是领导者和教育者,同样也扮演着管理者的角色。园长作为管理者,对幼儿园的人、财、物等管理要素实施日常管理,即按照政策要求,通过制定长期和短期计划,运用一定的方法和技术,全面有效地调配和安排幼儿园的人员、资金、设备等资源,以实现各项资源的优化配置,使教育资源的作用得到充分发挥,从而确保幼儿园的组织目标和教育目标的实现。

(二) 园长的职责

"职"意为职务,是管理特定岗位的称号。"责"是责任,指身处特定岗位的人必须承担其工作岗位的责任。园长的职责,就是身处园长这个岗位应当承担的特定责任。我国由上级主管部门规定园长的职责,但园长的职责同时还由其所在幼儿园的性质和任务所决定。园长在外要对上级领导部门、社会、家长负责,在内要对教师、幼儿负责。[20]

《幼儿园工作规程》第七章规定"幼儿园园长负责幼儿园的全面工作",其主要职责如下:[21]

(1) 贯彻执行国家的有关法律、法规、方针、政策和地方的相关规定,负责建立并组织执行幼儿园的各项规章制度。

(2) 负责保育教育、卫生保健、安全保卫工作。

(3) 负责按照有关规定聘任、调配教职工,指导、检查和评估教师以及其他工作人员的工作,并给予奖惩。

（4）负责教职工的思想工作，组织业务学习，并为他们的学习、进修、教育研究创造必要的条件。

（5）关心教职工的身心健康，维护他们的合法权益，改善他们的工作条件。

（6）组织管理园舍、设备和经费。

（7）组织和指导家长工作。

（8）负责与社区的联系和合作。

四、道德领导理念的运用

（一）努力提升园长的领导层次

吉姆·柯林斯提出了"第五级领导者"概念，将领导力分为五个层次。第一层次的领导者自身非常能干，能通过个人的才智、技能、良好的工作作风为组织作出突出贡献，使幼儿园管理更加优秀；第二层次的领导者是有贡献的团队成员，通过与团队的相互配合，将个人全部才干用于实现群体目标；第三层次的领导者是胜任的管理者，能够充分有效地利用人力物力，高效率实现工作目标；第四层次的领导者是有成效的领导者，能通过激励组织成员精神力量的方式来激发他们更高水准的表现；第五层次的领导者具备非常强的执行能力，能用个人魅力感染组织成员，达到个人谦和与职业一致的对立统一，进而带领幼儿园从优秀走向卓越。[22]当前我国幼儿园管理者的水平一般都停留在第一层次到第三层次之间，有些园长虽然本身有才干，但难以实现从优秀到卓越的跨越。由于多种因素的综合影响，园长的大部分精力都放在了各种常规事务的管理上，在管理过程中难以运用道德力量实现管理的道德使命。因此，园长需要树立明确的道德目标，牢记管理的道德使命，不断提升领导层次，实现从低层次的领导向高层次的领导的转变。园长还应运用道德领导来培育共同的理想和信念，构建积极向上、充满凝聚力的团队力量，从而使幼儿园从优秀走向卓越。

（二）培育幼儿园良善组织文化

幼儿园园长要实施道德领导，就需要突出人在管理中的作用，重视组织的正确价值观的培养，培育良善的幼儿园组织文化。幼儿园组织文化体现了人的价值观念、行为方式和精神风貌，是一种特殊的文化形态。这种组织文化的建设对于幼儿园的管理起到了重要的导向作用、教育与规范作用、凝聚与激励作用。一个幼儿园是否具有凝聚力，在很大程度上决定了它是否具有活力。重视和培育园所精神，创造良善的群体心态、人际关系和精神文化氛围是增强园所凝聚力的重要举措。良善的组织文化，尤其是共同愿景、理想信念和价值观，对幼儿园组织成员来说是一种无声的要求。其中，建立共同愿景，并不意味着排斥个人愿景，而是要将两者有机结合起来。为了促使成员积极努力为组织目标奋斗，园长需要帮助教职工在个人利益和集体利益之间寻找最佳平衡点，将个人理想信念、价值观和幼儿园的整体发展联系起来,全体成员团结一致,充分发挥集体和组织对个人的影响与激励作用,充分调动个人的积极性,以促使成员为实现组织目标积极努力地奋斗。[23]

(三)以"替身"来实现自主管理

萨乔万尼道德领导理论中有一个重要的概念——"替身",是指存在于组织中的某些"事物",可以用来减少直接领导的必要性。园长很少需要以满足人们心理和生理的需要作为交易,从外部来激励员工,以此换取教职工的服从。这不是说不满足教职工的需要,而是不用换取任何东西,教职工仍然会努力工作,从而达到提高领导有效性的目的。[24]为了减少直接领导,园长就需要健全规章制度,建立教职工认同的专业规范,增强教职工对专业理想的信念,激发教职工对工作的积极性。通过以德治园,让教职工自己领导自己,使教职工在行动上自觉与领导的要求保持一致,在实现幼儿园发展的共同愿景的过程中实现教职工的自主管理。

(四)完善园长的考核评价机制

俗话说"没有评价就没有进步"。对于园长,需要有一套对园长工作绩效进行考核的机制,以确定其是否胜任园长一职。目前,比较常用的考核机制是园长任期目标责任制,即确定园长任职期限,制定园长任职期间园所发展目标,并以目标的实现程度作为考核园长工作和业绩的主要依据。考核评价要以人为本,由于幼儿园园长角色的多样性,对于园长的评价要从多个角度进行,充分考虑园长及其领导团队的工作成效,以及对教职工和幼儿产生的影响。通过定性评价和定量评价相结合的方式,对园长进行客观、公正的评价,从而促进管理工作的科学化。此外,对于不同性质和发展状况的园长要实行增值性评价,应以发展的眼光看待园长的工作贡献,不能实行"一刀切"的做法。可见,上述这些完善的园长考核评价机制,有助于促进道德领导理念的实施。

第三节　幼儿园生态管理

 问题与思考 ————————————————————————————●

什么是幼儿园生态管理?如何将生态管理理念运用到幼儿园管理中?

一、生态管理理念的内涵与特征

(一)生态管理的内涵

生态学与管理学两者之间联系密切。早在1865年,德国生物学家恩斯特·海克尔就提出了"生态学"概念——研究有机体与周围环境(包括非生物环境和生物环境)相互关系的科学。从字面意思来看,生态学是研究生物栖息环境的科学。但随着时间的推移,人们发现生态学所揭示的规律不仅适用于生物界和自然界,同样也适合以自然界为基础的人类世界。社会、经济、文化,乃至人本身和人性,都需要用生态学的整体性眼光来加以审视。[25]若将生态学的理念迁移到教育管理领域,就形成了教育生态管理,即要求通过优化各种生态要素和生态环境来促进教育生态系统的安全、稳定、协调、持续发展。幼儿园管理工作同样需要秉持生态管理理念,促进幼儿园教育的可持续发展。

> **知识卡**
>
> "生态学"(ecology)一词源于希腊文,由"oikos"和"logos"两个词根组成。"生态学"一词在教育研究中正式使用,可能源于美国教育学家沃勒提出的"课堂生态学"(ecology of classroom)的概念。
>
> 资料来源:WALLER W. The sociology of teaching[M]. New York: Russell and Russell,1932:161.

幼儿园生态管理是以幼儿园生态系统为对象的系统管理。它以幼儿园治理结构为基础,以资源优化配置为措施,以综合协调为手段,坚持"关注'客户'、全员参与、持续改进、系统管理、过程控制、基于信息决策"的管理控制理念,实施以人为本的幼儿园管理。[26]

(二)生态管理的特征

1. 整体系统性

事实上,任何有机体都是一个整体系统。幼儿园生态管理中的每一个要素,不仅各自是由不同因子组成的管理系统,而且都属于更大系统的子系统。幼儿园生态管理各要素之间、要素与系统之间,必须以整体为主,局部服从整体进行协调,使幼儿园整体管理达到最优化。换言之,幼儿园生态管理要从整体着眼,部分着手,统筹考虑、各方协调,使整体大于各个部分功能的总和。[27]这也就决定了幼儿园生态管理的特征,即要用整体的、系统的思想开展幼儿园管理工作。

2. 循环渐进式

幼儿园生态管理不是激进和一蹴而就的过程,而是包括管理目标、管理内容、管理方式在内的多种管理工作的循序渐进的过程。它不以眼前利益、短暂的目标为追求,而是着眼于幼儿园的整体发展,将幼儿教育目的、园所管理目标融入当下的教育生活,以当下的每一个细微的改变为未来园所发展蓄势,从而积聚发展新动能。从这个角度来说,幼儿园生态管理实现了从传统的"线性、理解性"管理向"循环的渐进式"管理的转变。

3. 民主多元化

幼儿园生态管理强调更多公众和利益相关者广泛参与到幼儿园管理过程中,追求生命内在意义的实现。幼儿园生态管理离不开每一位组织成员的参与,而每一位教职工和幼儿在参与幼儿园管理的过程中可以实现自我价值,丰富人生意义。与此同时,家长、教职工以及社会参与幼儿园发展的重要决策过程可以使幼儿园的管理更加科学,因此,幼儿园生态管理不是一种保守的管理方式,而是一种民主多元化的管理。[28]

二、实施生态管理的意义

(一)有利于优化内部管理结构,发挥最优功能

从生态学的角度来看,幼儿园是一个复杂的、多样性的系统,内部具有多个层次结构。实施生态管理可以更好地优化幼儿园内部管理结构,促进系统良好运行,发挥组织最优功能。幼儿园的管理层一般由园长、教学副园长、行政副园长、后勤副园长等人员构成。实施生态管理,一方面可以从管理人员的年龄结构、知识结构、专业结构、性格结构等多方面进行优化,从而提高幼儿园管理工作的效率;另一方面,还可以对职、责、权进行要素分解,有利于建立职、责、权的分配系统,使之更为有效。

(二)有利于合理配置教育资源,提高办园效益

幼儿园管理系统由诸要素构成,实施生态管理可以在园所内部形成要素整体,从而有针对性地制定管理计划,采取相对应的管理措施,合理配置各项教育资源,提高幼儿园的管理效益。例如,从幼儿园管理的资源角度来看,幼儿园管理资源系统由人、财、物、时间、信息等要素组成;从幼儿园管理的职能意义来看,幼儿园管理的职能系统由决策、计划、组织、控制、领导、创新等要素构成。幼儿园管理活动,表现为系统和要素的对立统一。[29]为此,优化幼儿园生态管理,可以促进资源合理配置,实现要素的有序流动,从而构建灵活、高效的幼儿园管理机制,促进办园效益和教育质量的提高。

(三)有利于处理好与外部的关系,促进和谐发展

幼儿园是提供基础教育服务的公共组织,理论上是一个开放的系统,需要与外界不断地进行“输入”和“输出”的交流。从幼儿园教育来看,幼儿教育的内容和方法因科学文化的进步得到丰富与完善,信息技术革命带来了现代教育模式的变革。从幼儿园发展来看,幼儿园管理者越来越关注外部环境,幼儿园如何生存和发展、如何更好地应对挑战等相关议题成了管理者关注的焦点。从幼儿园组织来看,跨园所、跨区域的幼儿园合作、联盟日益增多,当前幼儿园组织呈现出网络化的重要特征。[30]因此,幼儿园生态管理并不意味着只是内部环境的优化,还包括与外部环境的交互。坚持生态管理理念,有利于处理好幼儿园与外部环境之间的关系,为幼儿园的可持续发展提供良好的契机与条件,让幼儿园在动态的发展过程中不断调整和进步。

三、生态管理理念的运用

（一）生态管理的宏观控制

1. 贯彻落实党的教育方针政策

教育方针是党和国家在一定历史阶段提出的教育工作的总指针与总方向，总体概括了国家的教育基本政策，解释了"为谁培养人"的教育性质问题，"培养什么样的人"的人才规格问题，"如何培养人"的教育方法问题。例如，党的二十大报告提出："全面贯彻党的教育方针，落实立德树人根本任务，培养德智体美劳全面发展的社会主义建设者和接班人。"《幼儿园工作规程》也对幼儿园教育提出了具体的要求："德、智、体、美等方面的教育应当互相渗透，有机结合；遵循幼儿身心发展规律，符合幼儿年龄特点，注重个体差异，因人施教，引导幼儿个性健康发展；面向全体幼儿，热爱幼儿，坚持积极鼓励、启发引导的正面教育。"[31]教职工和管理人员应当始终坚持和贯彻落实党的教育方针和政策，自觉遵守幼儿园管理的规章制度和行政法规，做好各自范围内的本职工作，不违法、不越矩，顺利推进幼儿园管理工作。同时，幼儿园管理人员也要积极采取激励策略，鼓励教职工接受并参与决策，做到群策群力，致力于实现幼儿园的利益。[32]

2. 处理好公平与效率的关系

公平与效率是教育生态系统中两个重要影响因素，为此，如何处理好公平与效率的关系是推进学前教育均衡发展的关键。"公平优先"可以给予多数人接受教育的机会，保障多数人平等地享受接受教育的权益，但可能导致教育资源使用的效率低下。"效率优先"可以较好地应对教育资源不足的问题，在一定程度上能够优化教育资源分配结构，但过度追求效率可能会使多数人的受教育权益受到损害，带来新的教育不公问题。另外，即使是"公平与效率并重"也并不能实现参与各方的利益最大化。所以，在推进幼儿园生态管理工作中，需要反复博弈寻求公平与效率的最优战略组合，追求公平和效率的平衡、和谐、联系的发展。[33]一方面，制定并严格执行幼儿园规章制度，加强流程管理、内部控制、时间管理和目标管理，以提高管理的效率；另一方面，完善绩效考核机制，奖惩分明，实施民主参与和民主决策，尊重和保障每一位教师和幼儿的权利，增强幼儿园组织成员的公平感，处理好公平与效率问题，以构建幼儿园的良好生态环境。

> **知识卡**
>
> 公平理论又称社会比较理论，由美国心理学家约翰·斯塔希·亚当斯于 1965 年提出。公平理论研究的主要内容是职工报酬分配的合理性、公平性及其对职工产生积极性的影响。

公平理论指出：人的工作积极性不仅与个人实际报酬多少有关，而且与人们对报酬的分配是否感到公平更为密切。人们总会自觉或不自觉地将自己付出的劳动代价及其所得到的报酬与他人进行比较，并对公平与否作出判断。公平感直接影响职工的工作动机和行为，因此，从某种意义来讲，动机的激发过程实际上是人与人进行比较，作出公平与否的判断，并据以指导行为的过程。

资料来源：崔世英.心说——教育与社会心理效应杂谈[M].长春：吉林人民出版社，2019：256.

（二）生态管理的微观执行

1. 关注客户

幼儿园生态管理需要追求管理的质量。20世纪80年代早期，"质量"一词的定义不再是"出色"，而是发展为"合理地符合目标"；到了20世纪80年代后期，"满足或超越客户的期望"的定义被广泛接受。因此，幼儿园生态管理的质量与客户高度相关，幼儿园需要关注客户，明确客户的期望，并不断监控期望被满足的程度。幼儿园有许多客户，如家长、幼儿、社区、政府等，他们对幼儿园的期望标准会随着幼儿园的改进不断提高，幼儿园的任何倒退都会招致不满，且他们期望的方向和重点也会发生改变。[34]因此，幼儿园需要认真调查、准确识别、充分理解客户的期望和需求，尽力满足甚至超越客户的期望，提高客户的满意度，维持客户的忠诚度。

2. 全员参与

世界上一切物质财富的创造，一切科学技术的进步，一切社会生产力的发展，都离不开人的劳动与管理。人是管理活动的主体，而教职工参与是幼儿园有效管理的关键。只有全体教职工共同努力，才能使幼儿园的各项资源得到最合理的利用，为幼儿园带来最大收益。为了实现全员参与，幼儿园的管理者需要做到以下几点：

（1）明确各自的职责。分工，是生产力发展的必然要求，每一位教职工都需要清楚各自的职责界限，了解职责内容，为了共同的目标而自觉努力奋斗。[35]

（2）创造良好环境。园长积极争取编制，为教职工提供一个有保障的、安心的工作环境。同时，完善培训进修制度，为教职工的专业发展和自我实现搭建平台，增强教职工的能力，丰富教职工的知识和经验，培养和提升教职工的核心竞争力。

（3）实施多元评价。幼儿园对教职工的评价不能由园长一人实施单一控制，应建立由园长、教职工、幼儿、家长共同参与的多元评价机制，实施多维度、全方位的评价。

3. 持续改进

幼儿园面临的生存环境一直都处在动态的变化之中，"变"是永恒的话题，从这个意义上讲，现代幼儿园组织的根本特征之一就是"变"。因此，幼儿园不可避免地应当提高应对变革的能力，在日益变化的现代社会中主动改进，不断增进对园所改进复杂性和渐进性的认识，逐渐由阶段性改进走向持续改进。[36]基于此，幼儿园应从发展战略出发，把持续改进作为组织的一个永恒追求,明确改进目标,掌握改进方法,从招生、教学、幼儿管理、后勤服务等多个方面持续改进,实现过程增值,进而提高园所的竞争力和办园质量。

4. 系统管理

将管理过程作为系统加以识别、理解和管理,可以更高效地促进管理目标的实现。幼儿园实施系统管理,必须做到以下几点:

(1)建立良好的运作体系。不管幼儿园的性质如何,都需要有明确的办学目标。建立一个良好的运作体系,是幼儿园实现管理目标的保证。

(2)减少职能交叉。幼儿园全体成员需要明确自身的职责,通过有效沟通减少或消除职能交叉或职责不清导致的障碍,提高过程管理的效率。

(3)实施监控管理和反馈调整。幼儿园管理工作的各个环节都可以依据测量和评估结果,采取适当措施来持续改进业绩,以此提高运作效率。

5. 过程控制

幼儿园管理工作过程中,将每个活动或者活动的某一阶段视为过程进行管理,这样可以高效率地实现期望目标。每个过程的输入和输出,可以充分利用资源,降低成本,缩短周期。例如,幼儿园招生过程可以分为提出计划、简章拟定、宣传、录取、入学、分班、统计和总结等。幼儿园需要采取有效方法对每一个环节进行控制,确保每一项活动都是朝向预期的质量目标前进。[37]

6. 科学决策

幼儿园生态管理需要一系列的科学决策,而决策离不开信息的支持。幼儿园为了达到有效管理的目标,必须及时、准确地获取信息,并对信息进行全面、合理、科学的分析和处理,作出正确的判断和决策。幼儿园要基于信息决策,必须做到以下几点:

(1)幼儿园的决策者需要树立信息管理观念,培养信息意识,提高信息素养。

(2)健全幼儿园信息管理网络,扩充信息来源渠道,确保信息收集的全面性、准确性、及时性和适用性;掌握数据分析法、比较分析法、跟踪分析法等信息分析方法,对信息进行全面、合理、科学的分析和处理。

(3)完善幼儿园决策管理系统、信息反馈系统和过程控制系统,提高管理决策的科学性,使管理决策系统朝着设定的目标运行。[38]

 本章小结 ─────────────────────────●

理念是幼儿园管理工作的先导,与观念、信念不同,理念是正确的观点。幼儿园管理理念,是指幼儿园管理主体在管理实践中所形成的对幼儿园管理的价值追求。它是一种相对稳定的、具有延续性和指向性的指导幼儿园管理的观念体系。幼儿园的管理理念主要包括:人本管理理念、道德领导理念和生态管理理念。在幼儿园管理工作中,人是最基本也是最活跃的要素,坚持以人为本,可以充分调动人的主观能动性,实现幼儿园的可持续发展。人本管理理念在幼儿园中的运用主要体现在两个方面：一是教职工方面，要充分调动教师的积极性，致力于提高教师专业素质，实施教职工民主管理；二是幼儿方面，要坚持幼儿权利至上原则，充分挖掘幼儿个性优势资源，遵循幼儿身心发展规律。

　　传统的科层权威领导方式已不再适合现代幼儿园管理，道德领导理念为园长进行有效领导提供了思路。在幼儿园领导和管理中追求公平良善，为实现幼儿园共同目标以道德人格来影响和感化教职工并形成道德权威，构建符合幼儿园的道德文化，以此促进立德树人教育目标的实现，促进园长、教师专业发展，塑造幼儿园的精神文化。为此，园长需要明确自身的角色和职责，通过提升领导层次，培育幼儿园文化，发挥领导"替身"功能，完善园长考核评价机制来实现道德领导理念在管理中的运用。

　　幼儿园是一个开放、复杂、动态的系统，要求通过优化各种生态要素和生态环境来促进幼儿园的安全、稳定、协调、持续发展。幼儿园实施生态管理有利于优化内部管理结构，发挥最优功能；合理配置教育资源，提高办园效益；处理好与外部的关系，促进和谐发展。运用生态管理理念，在宏观方面，幼儿园应当贯彻落实党的教育方针政策，处理好公平与效率的关系；在微观执行方面，应当坚持关注客户、全员参与、持续改进、系统管理、过程控制和科学决策。

 理解·反思·探究

　　1. 什么是幼儿园管理理念？

　　2. 理念对幼儿园管理实践有何意义？

　　3. 在幼儿园管理中，如何落实人本管理理念、道德领导理念和生态管理理念？

　　4. 当前国内主流的幼儿园管理理念与华德福教育理念有何异同？

华德福教育简介[39]

　　华德福教育是鲁道夫·史代纳（1861—1925）根据自创的人智学理论创建的。华德福教育，简单地说是一种以人为本，注重身体和心灵整体健康和谐发展的全人教育体系，主张按照人的意识发展规律，针对意识的成长阶段来设置教学内容，以便于人的身体、生命体、灵魂体和精神体都得到恰如其分的发展。华德福教育的创办者奥地利教育家鲁道夫·史代纳，于1919年在德国创立第一所华德福学校，历经100多年的发展，如今华德福教育已成为世界上规模最大、发展最快的、非宗教的独立教育运动，华德福学校遍布各大洲不同文化背景和社会价值观的国家。华德福教育的课程设置是根据儿童不同阶段的意识发展，针对意志、感觉和思考，对儿童的身、心、灵、精神进行整体平衡教育，并结合儿童与生俱来的智慧和独特的个性本质，进行深层意识教育，协助儿童的智慧生成。

　　【办学目标】以学校为纽带，使学校建设参与者、志愿者、教师、家长和孩子一起形成有着共同理念的生活文化社区，成为一个共同学习、开放交流、互相帮助和不断完善自我的平台。

通过华德福教育,帮助成人与孩子的身体、心灵和精神健康、平衡地成长,在学习科学知识和生活技能的同时,丰富心灵情感,不断地探索人生以提升人文精神,成为精神意义上独立和自由的人。

【办学理念】教育是科学的,也是艺术的。教育是基于对人的天性及本质全面观察和认识,充满着生命力和创造性的活动。每个人都是身体、心灵和精神结合的整体,华德福教育遵循人类发展的天性和规律,通过独特的方法和渠道,在深入地体验和审视自我的基础上,深入细致地对每个学生的生命和本质进行全面的观察和研究。在此基础上,根据学生的发展阶段,以学生的意志、感觉和思考的发展需求为目标,帮助学生的身体、心灵和精神平衡和谐地发展,最终帮助学生成为一个具有创造性、道德感和责任感的独立思维的人。

【学校组织】全球的华德福学校都是非营利机构,通过社会捐赠筹资和其他教育基金的注入,由教师共同管理,学校财产不属于任何一个人。

学校采用非营利机构管理模式,实现以教育为核心、以人为本的管理。学校财务公开透明,独立董事会监督,学校董事会由家长、教师和社会热心人士组成。所有校董不拿报酬,只负责学校法律、经济、发展和监督,不干涉教师的教育教学工作。学校的收入除去学校的运营成本和教职工的薪水以外,盈余不能分红,只能用于学校的再发展或奖学金;切实做到学校教育为公益事业,而不允许投资者谋求私人利益。

学校不设立校长和行政级别,而是实施教师委员会自治管理,由具有丰富经验的教师和专家指导教师进行教育教学工作,以保证教育教学的质量。教师委员会代表由教师们选举或轮流担任,所有的行政人员以支持和协助教师为工作核心。

热心家长自发成立家长委员会,负责协调家校关系,监督学校的工作,促进学校的发展。

推荐阅读

1. 陈牛则.学校管理原理与方法[M].长沙:湖南人民出版社,2003.

2. [美]托马斯·J.萨乔万尼.道德领导:抵及学校改善的核心[M].冯大鸣,译.上海:上海教育出版社,2002.

3. 蔡怡.道德领导——新型的教育领导者[M].北京:教育科学出版社,2009.

4. 谢斌.人本生态观与管理的生态化[M].北京:科学出版社,2009.

5. 高志强,郭丽君.学校生态学引论[M].北京:经济管理出版社,2015.

参考文献

[1] 于文安.学校管理理念的变迁及其对管理行为的导向[J].赤峰学院学报(自然科学版),2011(06):261-263.

[2] 于文安.学校管理理念的变迁及其对管理行为的导向[J].赤峰学院学报(自然科学

版),2011(06):261-263.

[3] 陈牛则.学校管理原理与方法[M].长沙:湖南人民出版社,2003:46.

[4] 金小青.浅析幼儿园管理中人本理念的运用[J].科学咨询(教育科研),2018(11):143.

[5] 丁秀华.基于"人本理念"优化幼儿园管理实践[J].名师在线,2020(16):90-91.

[6] 张建英.以人为本理念在幼儿园管理中的渗透[J].好家长,2018(08):131.

[7] 王晨晨.遵循幼儿身心发展规律杜绝幼儿园教育"小学化"倾向[J].中国教师,2019(S2):187.

[8] 中国社会科学院语言研究所词典编辑室.现代汉语词典[M].北京:商务印书馆出版社,1983:220.

[9] 汉语大字典编辑委员会.汉语大字典(第二版)[M].成都:四川辞书出版社,2010:4118.

[10] 汉语大字典编辑委员会.汉语大字典(第二版)[M].成都:四川辞书出版社,2010:904.

[11] 翟文明,李冶威.现代汉语辞海[M].北京:光明日报出版社,2002:223.

[12] 李冀.教育管理辞典(第二版)[M].海口:海南出版社,1999:8.

[13] 冯大鸣.美、英、澳教育管理前沿图景[M].北京:教育科学出版社,2004:58-67.

[14] 陈孝彬,高洪源.教育管理学(第三版)[M].北京:北京师范大学出版社,2008:444.

[15] 彭虹斌.学校道德领导的内涵与研究范畴[J].教育科学研究,2015(01):19-23,36.

[16] [美] 托马斯·J.萨乔万尼.道德领导:抵及学校改善的核心[M].冯大鸣,译.上海:上海教育出版社,2002:24.

[17] 凌倩雯.从"自卑"到"自信":一所学校的逆袭——中学校长道德领导个案研究[D].上海:华东师范大学,2020:4-5.

[18] 邢利娅.幼儿园管理[M].北京:高等教育出版社,2010:259.

[19] 柳茹.幼儿园园长工作指南[M].北京:北京师范大学出版社,2017:5.

[20] 张莉娜,王萍,吴明宇,等.幼儿园管理[M].北京:清华大学出版社,2018:244-245.

[21] 中华人民共和国教育部.幼儿园工作规程[EB/OL].(2016-03-01)[2022-08-01].https://www.moe.gov.cn/srcsite/A02/s5911/moe_621/201602/t20160229_231184.html.

[22] COLLINS J. Good to Great:Why Some Companies Make the Leap and Others Don't[M]. New York:Harper Collins, 2001:20.

[23] 吴立保.道德领导理论视野中的幼儿园管理[J].学前教育研究,2007(05):7-10.

[24] [美] 托马斯·J.萨乔万尼.道德领导:抵及学校改善的核心[M].冯大鸣,译.上海:上海教育出版社,2002:54-55.

[25] 谢斌.人本生态观与管理的生态化[M].北京:科学出版社,2009:2.

[26] 高志强,郭丽君.学校生态学引论[M].北京:经济管理出版社,2015:224.

[27] 杨天平.学校常规管理学[M].北京:人民出版社,2004:68-69.

［28］陈文艳.向自然学习——一所小学"生态管理"的思考与实践［C］//江苏省教育学会.2017年江苏省教育学会年会文集.［出版者不详］,2017：128－131.

［29］陈牛则.学校管理原理与方法［M］.长沙：湖南人民出版社,2003：26.

［30］陈丹.基于开放系统组织视角的城乡学校一体化管理分析［J］.徐州工程学院学报（社会科学版）,2014(03)：99－103.

［31］中华人民共和国教育部.幼儿园工作规程［EB/OL］.(2016－03－01)［2022－08－01］.https://www.moe.gov.cn/srcsite/A02/s5911/moe_621/201602/t20160229_231184.html.

［32］常红,桑青松.创新自主合作机制　促进幼儿园生态化管理［J］.吉林省教育学院学报（中旬）,2014(04)：21－22.

［33］丁亚东,薛海平.博弈论视角下义务教育均衡发展中公平与效率的关系［J］.教育导刊（上半月）,2016(02)：27－31.

［34］［英］伯蒂·埃弗拉德,吉弗里·莫里斯,伊恩·威尔逊.有效学校管理［M］.杨天平,译.重庆：重庆大学出版社,2007：167－168.

［35］周三多,陈传明,贾良定.管理学——原理与方法（第六版）［M］.上海：复旦大学出版社,2014：116－117.

［36］许爱红.基于证据的学校持续改进［D］.济南：山东师范大学,2013：3.

［37］高志强,郭丽君.学校生态学引论［M］.北京：经济管理出版社,2015：229－230.

［38］吴林富.教育生态管理［M］.天津：天津教育出版社,2006：147－151.

［39］［英］詹妮·尼科尔,吉尔·蒂娜·塔普林.华德福教育［M］.张荣伟,张旭亚,译.武汉：湖北教育出版社,2020：146－153.

第二章 幼儿园经营与管理的战略

战略就是实现竞争优势。

——大前研一

可持续竞争的唯一优势来自超过竞争对手的创新能力。

——詹姆斯·莫尔斯

战略制定者的绝大多数时间不应该花费在制定战略上，而应该花费在实施既定战略上。

——亨利·明茨伯格

 知识导图

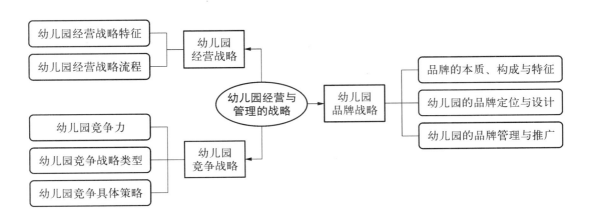

要点提示 ————————————————————————————————————

　　本章内容主要包括三个方面：一是幼儿园经营战略，包含战略特征与战略流程；二是幼儿园竞争战略，主要包含幼儿园竞争力、幼儿园竞争战略类型以及幼儿园竞争具体策略；三是幼儿园品牌战略，主要从品牌的本质、构成与特征，品牌定位与设计，品牌管理与推广三个方面进行阐述。

 学习目标 ————————————————————————————————————

　　通过本章学习，你应该能够：
- 学会幼儿园经营战略的制定方法和流程。
- 掌握幼儿园相关竞争战略。
- 掌握幼儿园品牌塑造与管理的方法。

第一节　幼儿园经营战略

 问题与思考

幼儿园经营战略与一般的营利性企业经营战略有什么不同？幼儿园经营战略的特征是什么？其流程是怎样的？

一、幼儿园经营战略特征

> **知识卡**
>
> "战略"一词最早运用于军事领域,其在英文中的表达为"strategy",词源来自希腊语的"strategos",意为将军进行军事指挥的能力和艺术。
> 美国经济学家伊戈尔·安索夫被称为"战略管理的鼻祖",他是首位提出公司战略管理的学者,其著作《战略管理论》是公认的战略管理开山之作。

一般来说,战略可以界定为:对战争全局起决定作用的计划与策略。[1]通俗地讲,战略是一种对事物作全局性谋划的考虑与安排。经营战略是组织为求得长期生存、稳定发展,而对组织作出的全局性规划。幼儿园经营(与管理)战略是指以幼儿园的未来为基点,根据幼儿园的内外环境与可获得资源的情况,为寻求、维持幼儿园持久竞争优势、生存和发展而作出的有关全局的重大筹划与谋略。

幼儿园经营战略作为幼儿园组织发展的全局性谋略,通常具有如下五个方面的特征。

(一) 全局性

幼儿园经营战略是幼儿园维持持久竞争优势、生存和发展的全局性重大筹划和谋略。因此,在制定幼儿园经营战略时,必须以幼儿园的发展规律为基准,充分考虑幼儿园的内外部环境。另外,这种全局性不只表现为幼儿园自身的全局性,也表现为幼儿园的经营战略要与国家的经济社会发展战略相一致,与国家发展的总目标相适应,与幼儿的身心发展规律相适应,与我国各教育阶段的承接变换相适应。只有从全局出发,幼儿园的经营战略才能切中要害,才能引导幼儿园的可持续发展。

(二) 未来性

从发展观点来看,一个组织今天的行动是在执行昨天的战略,一个组织今天制定的战略是为了明天更好的行动。因此,幼儿园经营战略要着眼于幼儿园未来的生存与发展。幼儿园在制定经营战略时要立足当前、面向未来,而这个未来正是幼儿园所预期要达到的目标,也是幼儿园未来的生命状态。

(三) 竞争性

制定幼儿园的经营战略,其目的是让幼儿园在激烈的竞争中壮大实力,使幼儿园在市场和资源的竞争中占有相对优势。幼儿园教育是我国基础教育的重要组成部分,从学理上讲,幼儿园所提供的教育服务应当具备公共产品性质,但是在我国,学前教育尚未列入义务教育范畴,幼儿教育服务在许多情境下都是由市场提供的,即使是公立幼儿园,不同园所的生源状况也不一样。[2]因此,幼儿园为了赢得生存、保证足够的生源和获得社会的认可,就必须保持持久的竞争优势。幼儿园在制定经营战略时,要面对来自环境、竞争对手等多方面的冲击、压力和困难,并为应对这些挑战而制定长期的行动方案。

(四) 稳定性

战略是一个组织关于未来的、全局性的、系统的和长期的发展谋划,因此,战略必须在一定时期内具有稳定性,才能在经营实践中具有指导意义。如果战略朝令夕改,就会使组织的经营管理发生混乱,从而贻误组织的发展时机。虽然战略在一定时期内具有稳定性,但这种稳定性也是相对的。这是因为组织的经营发展不是静态的,组织的内外部环境也是动态变化的,因此幼儿园的经营战略必须具备动态适应性。幼儿园经营战略的动态适应性,指的是在一定时期内相对稳定的、总的战略方针的指引下,幼儿园留有根据组织发展和内外部环境变化而作出相应调整的空间。

(五) 系统性

幼儿园作为一个组织,具有其自身内部的系统体系。同时,幼儿园作为一个服务社会的教育机构,又具有外在开放性。也就是说,幼儿园是一个开放系统。因此,幼儿园在制定的经营战略时,不仅要从其内部的组织系统来划分战略系统,同时还要考虑这些战略的对外开放性,即它与外部环境相互作用的适切性。从图2-1可知,幼儿园的经营战略系统可分为公司级战略、竞争战略和职能战略三个层次。此外,在幼儿园的经营战略中,还包括幼儿园的品牌战略,它归属于经营战略系统中的竞争战略层次。

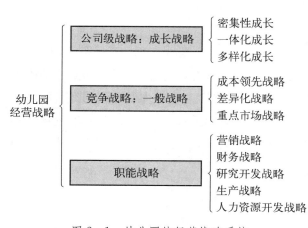

图2-1   幼儿园的经营战略系统

二、幼儿园经营战略流程

战略路径的思考框架对制定幼儿园经营战略具有重要意义。从图2-2可知,战略路径思考的总体指导思想是组织要思考"做什么""如何做""由谁做"三个问题。根据这个指导思想,项保华教授提出了组织的"三高"理论,即"方向正确(高明)＋运作高效(高效)＋心情舒畅(高兴)",他认为符合"三高"要求的组织是能够存续的。[3]因此,在这个指导思想下制定幼儿园经营战略,可遵循"质疑三问题——探思三假设——求解三出路"的路径来规划。

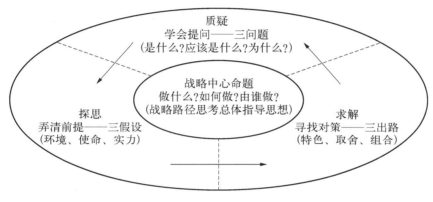

图2-2　战略路径的思考框架

上述只是制定组织经营战略的思维模式,我们在实际制定幼儿园战略规划时应有更为具体的阶段。幼儿园战略的制定可以分为战略分析、战略选择和战略实施三个阶段(如图2-3所示)。

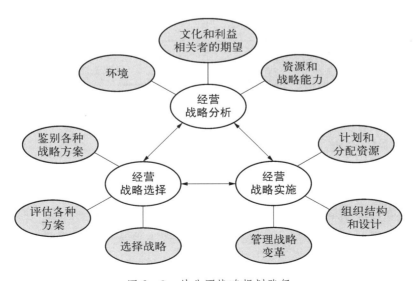

图2-3　幼儿园战略规划路径

(一) 经营战略分析

幼儿园经营战略分析阶段需要对幼儿园的环境、文化和利益相关者的期望、资源和战略能力作充分分析,在分析的基础上提出可供选择的多种战略方案。幼儿园发展环境分析需要充分考虑一所具体幼儿园发展所面临的政治、经济、文化等环境。幼儿园发展的利益相关者有政府、社会、家长、幼儿、教职工和办园者等。同时,在这一阶段还要对幼儿园发展的已有资源及战略能力作出深入分析。

目前,在战略管理领域主要有两种较为流行且对幼儿园经营战略分析具有重大借鉴意义的战略分析方法。

1. SWOT 分析法

SWOT 分析是一种对幼儿园外部环境中存在的机会、威胁和幼儿园内部条件的优势、劣势进行综合分析,据此对备选的战略方案作出系统的评价,最终选择出最佳竞争战略的方法。[4] SWOT 中的"S"指内部优势(strengths)、"W"指内部劣势(weaknesses)、"O"指外部环境中的机会(opportunities)、"T"指外部环境的威胁(threats)。

SWOT 分析法的一般步骤依次为:[5]

(1) 列出幼儿园的优势、劣势,以及当前面临的机会与威胁。

(2) 将优势、劣势、机会与威胁相互组合,构成 SWOT 分析矩阵(如图 2-4 所示)。

(3) 对 SO、ST、WO、WT 策略进行甄别和选择,确定幼儿园目前应该采取的具体战略方案。

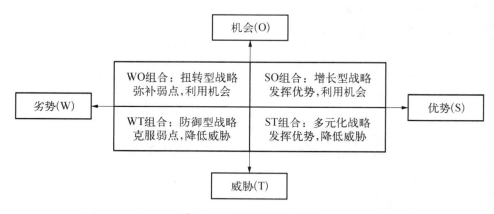

图 2-4　SWOT 分析矩阵

2. 五要素竞争力模型

五要素竞争力模型是由哈佛大学教授迈克尔·波特提出的,是组织在制定竞争策略时较常用的分析模型,又称为"五力模型"。这个模型主要从分析竞争来源、竞争因素和竞争强度入手。首先,从竞争来源来看,竞争者主要有:行业内现有竞争者、潜在对手、替代品、供应商和顾客五个方面。其次,每个竞争主体都含有不同的对竞争可能造成影响的因素,如行业内现有竞争者的数量、产品差异、品牌特征和转换成本等。第三,这五种基本竞争力量的状况及其综合强度,决定着组织面临的竞争激烈程度和利润潜力,其中任何一种力量越强,则组织越难以提价和获利。[6]

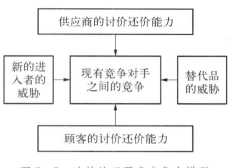

图 2-5　波特的五要素竞争力模型

若将五要素竞争力模型具体放到幼儿园经营战略中来分析,管理者的任务应当是认清五种竞争力量的变化及其带来的新的机会和威胁,并作出及时、适当的战略反应。由于幼儿园的发展在一定程度上受制于其所处的竞争环境,管理者必须清楚认知所在竞争环境中的制约因素并对自身进行正确定位,才能够获得发展。

(二) 经营战略选择

幼儿园经营战略选择阶段需要对战略分析提供的各种战略方案进行鉴别、评估,最后选择适合幼儿园发展的合理战略方案。战略选择是重要的决策,对幼儿园的发展至关重要。战略选择有两种思路,一种是发展的最优选择,也就是在战略选择时追求最优方案;第二种是满意决策。但是,正如美国管理学家西蒙所指出的,由于决策者的理性有限,所以收集到的与决策相关的信息难以充分,以及有些具体决策方案难以量化、比较和排序,这就导致最优决策难以真正实施。所以,在做幼儿园发展战略选择时,可以考虑第二种思路,也就是满意决策。满意决策并不意味着决策者降低了决策的标准,以不认真的态度进行决策,而是强调决策时只需把决策的目标理清,然后以决策目标作为衡量标准,即只要能够实现决策目标即可,不需要追求幼儿园发展战略决策的最优化。

一般地,幼儿园管理者在进行经营战略选择时,可以将定性抉择法与定量抉择法结合起来运用。在幼儿园日常管理条件下,定性抉择的方法有邀请专家评议、召开教师座谈会和教职工大会进行民主审议等;定量抉择的方法主要是运用数量模型评价法,如定量战略规划矩阵等。[7]

(三) 经营战略实施

大部分管理者认为,实施战略要比制定战略困难得多。两者的显著差别在于,制定战略强调的是分析和决策能力,解决应该做什么的问题;而实施战略强调执行能力,解决怎么做的问题。战略实施一般包含三个主要的步骤:一是确定战略执行的组织及资源配置;二是不断消除战略实施中的冲突与对抗;三是定期对战略执行情况进行检查和调整。[8]需要强调的是,根据当代战略管理理念,应依据选好的发展战略来重组组织结构,所以幼儿园在实施战略过程中,要根据幼儿园经营战略优化幼儿园组织结构。而且,在实施幼儿园发展战略的过程中,幼儿园外部环境与内部状况都可能有变化,所以幼儿园发展战略需要有一定变革。

整体而言,战略流程是从"战略分析"到"战略选择",再到"战略实施",但是这三个阶段是相互影响的,而且这一流程是反复循环的,反复循环带来的结果是幼儿园发展水平的螺旋式上升。一般情况下,幼儿园经营战略的具体流程相较上面提到的三个阶段要更加复杂,下一部分将介绍一个更为具体的幼儿园经营战略流程范例。

附:幼儿园经营战略流程范例

一个具体的幼儿园经营战略的制定及实施流程范例,见图 2-6。[9]

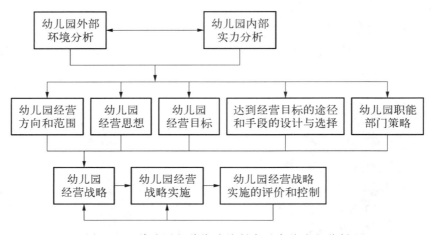

图 2-6   幼儿园经营战略的制定及实施流程范例

幼儿园外部环境分析:从图 2-6 可知,外部环境分析是制定经营战略的第一步。外部环境包括幼儿园的微观环境、中观环境和宏观环境,这些环境因素对幼儿园来说,基本上是不可控的,因而只有洞悉外部环境的现状及未来发展的变化趋势,并掌握足够的信息,才能够为把握幼儿园经营方向、提出经营目标和确定经营战略打下良好基础。

幼儿园内部实力分析:指评价幼儿园在经营中已经具备的和可获得的资源数量和质量,不仅包括人、财、物等物质资源,还包括幼儿园组织结构、信息、时间、园所文化,以及园所形象和信誉等无形资源。

幼儿园经营方向和范围:指确定幼儿园将在哪些市场进行经营。

幼儿园经营思想:指在幼儿园正确认识外部环境和内部实力后,为了实现幼儿园经营目标而在整个运行活动中坚持的指导思想。它是幼儿园经营的哲学,是确定幼儿园活动方式所依据的信念、价值观和行为准则,是制定幼儿园经营战略的灵魂。

幼儿园经营目标:指幼儿园在一定时期内,按照幼儿园经营思想,考虑内外部的条件和可能,沿其经营方向所要预期达到的理想目标。它是幼儿园经营战略的基本内容之一。

达到经营目标的途径和手段的设计与选择:指对战略分析后的多种战略方案的选择与分析。在这个阶段要对多个方案进行逐个比较和评价,求得一个能最好地实现幼儿园经营"方向—目标—战略"的组合。在比较各种方案时,衡量标准十分关键,因此在确定衡量标准时要考虑幼儿园的整体和长远发展。不过,衡量标准的选择常常与决策者对待风险、稳定性、盈利率、发展速度以及经营分散程度等因素的态度有关。幼儿园战略评价和选择的基本标准包括:适用性,即与环境匹配;可接受性,即利益博弈可接受程度;可行性,即实践中的可行程度。当然,幼儿园所做的是教育事业,要以教育活动的教育性和社会性为基础。

幼儿园职能部门策略:指在战略目标的指导下,按专业职能进行目标落实的对策。具体来说,它是将幼儿园总体经营战略转化为职能部门具体行动计划的指南。根据这些行动计划,职能部门管理人员可以更清楚地认识到本职能部门在实施总体战略中的责任和要求。

幼儿园经营战略:指为实现幼儿园的长期经营目标的途径和手段的总体谋划,是幼儿园在动态环境中确定的幼儿园经营的重大战略决策。

幼儿园经营战略实施:指幼儿园通过一系列的措施和手段,组织教职工为实现幼儿园战略目标所采取的一切行动。

幼儿园经营战略实施的评价和控制:该阶段主要确定战略实施在多大程度上实现了战略目标,以及通过实施过程中的形成性评价对实施过程进行有效调节和控制,以保证战略实施按照既定的方向和轨道行进。

上述几个步骤就是幼儿园经营战略规划的基本步骤。但必须注意的是,我们所采用的模板是一般企业的经营战略规划方式,企业的生存环境和目标与幼儿园有着一定差别,因此在实际战略规划过程中,规划者要明确幼儿园作为一个教育组织的独特之处,要以提供最好的教育服务为根本宗旨,而不是以盈利为优先目的。

• 相关链接 •

基于 SWOT 模型分析的民办幼儿园发展对策(节选)

由于不同的环境需要有不同的活动与之匹配,当环境发生变化时,民办幼儿园就应该改变办园理念,制定适应新环境的发展策略。而当民办幼儿园的发展策略改变后,其自身能力也必须随之发生变化,才能保证发展策略的实施。

根据上述对民办幼儿园环境的分析,可以得出如表 2-1 所示的 SWOT 分析矩阵。

1. 增长型发展策略(SO 策略)

当民办幼儿园处于优势条件和机会环境状态时,幼儿园管理者应最大限度地利用外部环境所提供的多种发展机会发挥幼儿园内部优势。

2. 转型升级发展策略(WO 策略)

当民办幼儿园处于劣势条件和机会环境状态时,幼儿园管理者应最大限度地利用外部环境中的机会来弥补幼儿园自身的缺失。

表 2-1　民办幼儿园环境的 SWOT 分析矩阵

内部环境 外部环境	S: 优势 1. 自主性强 2. 组织内分工细密,任务明确 3. 用人机制灵活 4. 服务意识强	W: 劣势 1. 管理体系不健全 2. 师资队伍不稳定 3. 收费标准不规范 4. 课程设置不合理
O: 机会 1. 良好的宏观政策条件 2. 流动和留守儿童的比例增加 3. 学前适龄人口的持续增长 4. 社会对学前教育需求的增加	SO 策略 1. 继续支持民办幼儿园教育事业的规范发展,不断提高民办幼儿园的社会地位 2. 民办幼儿园应及时进行市场需求分析,有的放矢地调整自身发展规划 3. 合理布局并引领民办幼儿园的发展方向	WO 策略 1. 民办幼儿园应了解国家和地方关于民办学前事业的相关政策,主动争取相关部门的办学支持 2. 保障民办幼儿教师合法权益,减少师资频繁流动的比例 3. 规范民办幼儿园内部管理,保证幼儿园良性发展
T: 威胁 1. 相关法律法规不健全 2. 资金有限,来源单一 3. 幼儿园间的竞争日趋激烈 4. 公办幼儿园的长期挑战	ST 策略 1. 完善对民办幼儿园的扶持政策,降低民办幼儿园的办园成本 2. 实施竞合战略,协调公办园与民办园的关系,加强公办园与民办园的协作 3. 以提升保教质量为发展重心,提高民办幼儿园的核心竞争力和社会公信力	WT 策略 1. 进一步制定、完善和细化相关的发展政策,给民办幼儿园提供可持续发展的政策支持 2. 资源共享,建立民办教育联盟 3. 与高师院校共建幼儿教师发展学校

3. 多元化发展策略(ST 策略)

当民办幼儿园处于优势条件和威胁环境状态时,幼儿园管理者应以其自身的实力来正面回击外部环境中的威胁,并慎重而有限度地利用幼儿园自身的优势。

4. 防御式发展策略(WT 策略)

当民办幼儿园处于劣势条件和威胁环境状态时,幼儿园管理者在制定发展策略时,要尽量降低威胁和自身弱点带给幼儿园的负面影响。

资料来源:岳亚平,宋丽芹.基于 SWOT 模型的民办幼儿园环境分析[J].
学前教育研究,2015(06):9-16.

第二节　幼儿园竞争战略

 问题与思考

幼儿园在经营过程中的主要竞争力有哪些？幼儿园竞争战略有哪些？

一、幼儿园竞争力

使幼儿园具有竞争力并保持竞争优势是幼儿园经营战略的重要任务之一。在市场经济条件下，幼儿园已经不仅仅是一个教育单元，更是一个在激烈竞争中存在的经济实体。幼儿园要想保持自身的独特性，并赢得社会的信任和支持，获得长久的生存发展，就必须拥有能够胜于其他幼儿园组织的竞争优势。

根据关于竞争的定义，并结合幼儿园的独特性质，可以认为，幼儿园竞争是指幼儿园在国家政策和市场经济条件的综合作用下，为了争取稳定和足够的生源，赢得政府、社会、家长的肯定和支持，从而实现自身生存、服务社会的愿景而开展的经营活动。

幼儿园竞争力则是指在市场经济和国家政策环境下，相对于其他竞争对手所表现出来的生存能力和持续发展能力的总和。通常来说，幼儿园竞争力可以细分为三个方面，即转化能力、生存能力和发展能力。

（一）转化能力

转化能力集中表现为幼儿园对外部政治与经济等环境变化的掌握能力、对幼儿园所承担的社会责任的履行能力和信息沟通能力等。

（二）生存能力

生存能力是指幼儿园在当前的环境下的实际竞争能力，主要体现在幼儿园能够提供的教育服务质量、软硬件设备条件、师资条件水平、社会信誉以及文化理念等各方面的综合能力。其中最为关键的是，幼儿园在大众心目中所拥有的心理地位，即被接纳和认可的程度。

（三）发展能力

发展能力是指幼儿园潜在的发展空间和可能性，集中体现在幼儿园所具有的设备先进程度、人力资源结构与可持续发展能力、幼儿园品牌效益，以及幼儿园资产的增值率和资信度等。此外，它还包括幼儿园能够获得内外部财务及政策支持的大小。

上述三种能力，在发挥幼儿园的竞争力时总是相辅相成、综合发挥功用的，因此，幼儿园在发挥竞争优势时要兼顾以上三种能力。在不同时期，幼儿园对此三种能力的发展也应有所侧重，要根据具体情况来加以确定。

二、幼儿园竞争战略类型

一个组织在制定经营竞争策略时，必须坚持以顾客为导向，因为组织不论采用何种竞争策略，都是为了满足顾客的需求。因此，幼儿园在选择具体的竞争策略之前，必须弄明白三个问题，即为谁服务、提供哪些服务内容，以及利用何种具有竞争力的方式来满足顾客（即家长）的需求。通过对这三个问题的分析，幼儿园可以从满足家长需求的角度来挖掘其组织的核心竞争力。而这种核心竞争力可以通过以下三种战略类型来形成。

（一）集中化战略

集中化是指先对服务对象作细分，然后选择自己将要服务的重点群体，并将其集中在某一个范围内。所以，集中化战略也就是重点市场战略。幼儿园在界定竞争策略时，可以首先根据幼儿园所处的地理位置、办学理念、特色、资源以及能力来确定本园的最佳服务群体是谁，然后集中优势资源，重点和集中地服务于这一市场，而不是把资源和精力分散于所有细分市场。不过，幼儿园采用重点市场战略，虽然便于幼儿园形成核心竞争力，但也可能存在一定的风险。因为随着新进入者的加入，狭小的竞争性市场中的竞争会变得日益激烈，并且在这种细分市场中，如果被替代品所取代，那么幼儿园的转型和生存将会变得比较困难。

（二）成本领先战略

成本领先战略是指幼儿园通过一系列管理活动，使幼儿园能够以低于竞争者的成本，提供可满足家长需求的服务。例如，幼儿园可以通过加强对物力和人力的管理，减少资源消耗，降低办学成本，以提高幼儿园的竞争能力。又或者，有的幼儿园利用小学并校后空置的校舍办学，或者依托知名幼儿园，提升幼儿园的整体形象、办学理念和员工培训效果，以此来节省幼儿园办园成本，增强自身的竞争能力。

（三）差异化战略

差异化战略是指幼儿园通过提供区别于其他幼儿园的、独特的教育服务，来营造幼儿园的核心竞争力。幼儿园的差异化战略可以体现为，提供差异化教育服务和差异化的定价，以获取竞争优势。通常而言，采用差异化战略的幼儿园，一般通过提供特殊的、与其他幼儿园不同的教育服务来增强自身的竞争能力。它的核心点在于，凭借提供独特的教育服务而获得特别的收益。

三、幼儿园竞争具体策略

各种幼儿园发展竞争战略的实现,都离不开具体的竞争策略。具体的幼儿园竞争策略至少有如下五种。

(一) 提高服务质量

服务质量是衡量幼儿园保教效果好坏的最终砝码。一所幼儿园即便已经很有名气,但是一旦服务质量不能与品牌信誉相一致,品牌也会被瓦解。因此,幼儿园需要通过不断提高师资力量、硬件水平、管理水平及满足家长和幼儿的需求等各种方法来提高服务质量,以赢得家长和社会的肯定,从而获得自身长久的竞争力。

(二) 加大宣传力度

随着幼儿园数量的增多,家长的可选择性也在增大,因此,各幼儿园就必须通过加大宣传来吸引家长的注意,将自身的办园理念及特色呈现给家长。幼儿园不仅要注重对自身基本情况的介绍,还要注重对幼儿园的改善情况、取得的成绩进行宣传。此外,除了宣传内容要丰富多彩外,幼儿园采取的宣传手段也应多种多样。如可以通过广播、电视、报纸、网络和社交平台等不同媒体进行宣传,也可以利用节假日活动、文艺节目表演等一系列活动来扩大幼儿园的知名度,还可以通过设计带有幼儿园名字的园服来进行宣传,等等。

(三) 特色吸引家长

当前很多家长都希望孩子从小就能习得一技之长,具备基本素质。因此,许多幼儿园在基本的保教工作基础上,开展了多种多样的艺术教育活动,如器乐、声乐和舞蹈等。还有的幼儿园开展一些具有特色的、符合儿童成长规律的教育活动,以此吸引生源。当然,也有幼儿园是通过独特的教育理念,而不是开设种类繁多的技能培训活动来吸引家长的。

(四) 打造幼儿园品牌

目前,幼儿园"入园难"现象仍然存在,可以部分地归因于家长倾向于将孩子送入知名幼儿园的需求。由此可知,在通常情况下,一旦幼儿园树立起了品牌,就不愁没有生源。有的幼儿园通过与优质品牌园合作来分享品牌资源,或者通过独特的教育理念来树立品牌;还有的幼儿园通过平时的教育服务质量来逐渐树立品牌。总之,通过品牌的树立可以为幼儿园赢得持久竞争力。

(五) 占领潜在市场

通常情况下,幼儿园一般招收 3—6 岁的学龄前儿童入园,但是当前也有些幼儿园招收

1—3 岁婴幼儿，为家长提供托幼服务。还有的幼儿园进入社区，为 0—3 岁婴幼儿家长提供育儿辅导。这些做法的目的一是扩大市场，二是吸引潜在客户。这是因为如果幼儿园为 0—3 岁婴幼儿家长提供了优质育儿指导，那么这些家长很可能会在孩子 3—6 岁入园时，将孩子送入该幼儿园就读。

第三节   幼儿园品牌战略

 问题与思考 ——•

什么是幼儿园品牌战略？幼儿园如何管理品牌？

一、品牌的本质、构成与特征

品牌是由名称、标志、象征物、包装、口袋、口号、音乐或其组合等一些区别竞争的符号而联想到的、基于价值的消费者与组织或个人之间的关系，及其所带来的无形资产。品牌并不只是产品服务的记号，更在一定程度上代表了产品服务的独特意义和深层文化价值。因此，通过对幼儿园品牌进行管理，可以获得更多的品牌溢价，以打造幼儿园核心竞争力，实现幼儿园竞争优势。一个完整的品牌应该包括品牌符号、品牌核心价值、品牌联想、品牌关系和品牌资产这五个方面，越是内容全面的品牌越是强势品牌。[10]

（一）品牌的本质

理解品牌存在以下三个不同的认识阶段。[11]

1. 第一阶段，标识论——品牌是产品记号

这种观点认为，品牌是区别不同商品的标识，这种标识能够提供货真价实的象征和持续一致的保证。从消费者角度出发，品牌的主要功能就是作为一种速记标识，与产品类别信息一同储存在消费者意识中。这样，品牌也就成为消费者搜寻记忆的线索，成为他们在众多产品类别中选择特定产品服务的指示牌。

2. 第二阶段，象征论——品牌是意义信号

这种观点认为，品牌不只是一种区分标识，它还蕴含着更深层次的含义，它可以创造差异，具备个性，甚至是一种资产。象征论强调顾客对产品的感知，强调对顾客心理情感的满足，认为品牌具有象征意义，能代表消费者的身份和地位，甚至反映消费者的个性。象征论与标识论的区别在于，用"信号"取代了"记号"，是一种认识上的深入和进步。

3. 第三阶段，本体论——品牌是文化价值

随着认识的发展，人们逐渐把品牌从产品中分离出来，将其作为一种具有文化价值的特殊符号。一个品牌最持久的含义是它的价值、文化和个性,品牌的基础即建立于此,[12]这意味着品牌不仅是产品的标识,更有自身的内容——既是自身内容的表示,又是代表着特定文化意义的符号。因此,本体论认为,特定的文化意义是品牌的内涵。品牌是这些文化意义的符号,而实体产品仅仅是作为特定文化意义的物质载体而已。

综上所述,品牌的本质不只是组织向顾客提供商品的标识、信号、服务承诺和质量保证,更是独立表达"文化价值"的过程。值得注意的是,虽然品牌的文化价值被日益重视,但这并不意味着,组织在打造品牌时可以忽略品牌应该呈现的商品基本信息及信誉保证的基本功能。

(二)品牌的构成

品牌由表象/外在、内在和深层次三个层面构成,详见图 2-7 所示。

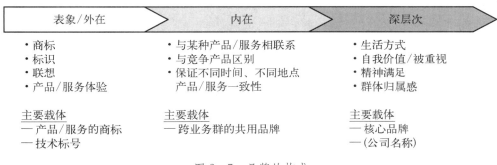

图 2-7　品牌的构成

根据图 2-7 所示的品牌的构成,幼儿园在建立品牌时必须从品牌的表象/外在、内在和深层次三个层面来设计。从幼儿园品牌的表象维度来看,我们需要对幼儿园的名称、标识,以及幼儿园的网站(公众号)建设等有深入的思考,这些都能向社会、家长展示幼儿园的形象。从幼儿园品牌的内在维度来说,需要让家长群体能够从品牌联想到幼儿园所能提供的高品质幼儿保教服务,或者是有特色的教育服务,这些与其他幼儿园相比是一种区分。幼儿园品牌的深层次维度指向的是一种特定的生活方式,能够使接受这种教育服务的家长与幼儿有一种精神满足感与群体归属感等。

(三)品牌的特征

品牌具有其内在的特征,具体如下。[13]

1. 独有的品质承诺

品牌代表着企业在市场中的形象与地位,是企业参与市场竞争的资本。品牌作为企业的一种资本,在顾客消费时向顾客提供特定的品质承诺。这个品质承诺是一种关系契约,即通过品牌向顾客提供服务和质量的无形承诺,从而赢得顾客的信赖。顾客如果在消费产品时并没有体验到品牌所给予的承诺,就会逐渐失去对这一品牌的信任,使该品牌瓦解。

2. 持久的生命活力

优质品牌是一种持久的生产力,它不仅具有鲜明的时代特征,而且具有历史遗产性。品牌的持久生命力源于它对一定社会中先进生产力的吸收、创造和运用,并能够不断调配、组合新的经济要素。此外,品牌持久的生命力更源于它的社会声誉,这种社会声誉为企业打造了良好的顾客群体基础,具有引领市场潮流、影响消费群体价值观的能力。

3. 鲜明的个性特质

在当代社会信息大爆炸的情境下,人们每天被淹没在繁杂的品牌、喧闹的广告之中,注意力经常被分散,难以集中于某个特定品牌。因此,品牌若要抓住顾客的"部分注意力",就必须拥有鲜明、独特的个性,否则容易被遗忘。

4. 深厚的文化底蕴

品牌是特定文化的产物。它既是文化的载体,又是文化的表现;既有内在文化基因,又是这种基因的传播手段。品牌作为特殊文化的集合体,赋予产品以精神价值和文化内涵,浓缩了企业向社会传递的信息。这一特征表明,品牌认同首先是文化的认同,品牌发展必须与消费者的文化背景、理想信念等相融合。

5. 无形的资产价值

品牌一旦塑造成功,就具有潜在的增值性,可以创造丰厚的附加价值,带来经济效益,并且可以进行交易。品牌的价值主要由功能价值、资产价值和附加价值三部分构成。除去品牌可计量的资产价值外,品牌会因其自身的认可度、美誉度和象征意义等社会因素,产生增值的附加价值,其可能会超过与之相关的有形资产,成为独立于产品之外存在的且可进行交易的无形资产。

二、幼儿园的品牌定位与设计

(一) 品牌定位

品牌定位显示的是品牌独特的优势及其与竞争对手不同之处的方法,强调了产品和服务的特点、好处、用途、价值,以及为消费者解决问题的能力。[14]品牌定位是幼儿园发展战略中的重要组成部分,对幼儿园的发展有重要影响。在对幼儿园进行品牌定位时,往往要进行如下几个方面的考量。

1. 问题解决

问题解决彰显的是服务能力,问题解决导向的服务系统是产品和服务的集成,能最大程度地满足客户的要求,为其提供全面的解决方案。[15]换言之,问题解决是指在为消费者提供一定产品或服务的基础上,为使其能够更好地享受这一产品或服务而做的更多努力。例如,幼儿园为家庭住址相对较远的家庭提供园车接送服务,为消除家长担忧,提供高质量的园车,并且聘请技术能力较高的驾驶员;为工作比较忙的家长延长幼儿的离园时间、增加双休托管服务及寒暑假的托管服务等。幼儿园的问题解决就是指为幼儿提供基本的保教服务，或者进一步解决家长和幼儿在享受幼儿教育过程中可能出现的问题和困扰。

2. 提供"好处"

"好处"是人们在消费时考虑较多的一个重要因素。"好处"是指某种产品或服务可以提高消费者生活质量，使他们生活得更加舒适、快乐、幸福和健康。[16]对于幼儿园而言，它所能够提供的"好处"可以分为两方面：一是以何种方式为家长分担教育孩子的精力和时间，使家长能够从养育孩子中得到时间和精力上的解放；二是通过保教过程使孩子获得健康成长的"好处"。

3. 物有所值

打造品牌的目标之一就是让消费者觉得自己所购买的产品、服务是物有所值的，也就是人们所说的"值得"。同样，树立品牌也必须通过物有所值来实现。物有所值，就是要在消费者付出的金钱和获得的东西之间达到平衡，甚至有时候做到"物超所值"来满足消费者的需求。物有所值要提供能与消费者付出的代价相符合的产品和服务。在考虑物有所值时，不仅要考虑幼儿园所能够提供的教育服务，更要考虑幼儿园能在多大程度上满足家长及幼儿精神层面的需求。

4. 彰显特色

提供独一无二的产品和服务，是定位品牌较常用的方法。因此，幼儿园在定位品牌时需要考虑提供何种有特色的教育服务来赢得竞争。值得注意的是，特色所能保持的时间有时候会很短，因为一旦特色被关注，其他的同业竞争者就会争相效仿，所以说没有一劳永逸的特色。幼儿园在打造特色时要保持创新的意识。

（二）品牌设计

品牌定位为幼儿园确定并塑造品牌整体形象指明方向和奠定基础，但如果忽视品牌的外部视觉形象设计，就不能对品牌进行有效的传播，吸引潜在客户进行教育消费，品牌的定位也就失去了意义。[17]因此，幼儿园品牌设计可谓意义重大。一般而言，幼儿园的品牌设计应该从以下三个方面入手。

1. 简洁明了

品牌设计首要的就是简洁明了、新颖。使用简洁明了、新颖的文字或图形作为品牌商标，能给人以单纯、明快的感觉，且易于记忆，留下深刻印象。对一所幼儿园来说，其品牌设计能够明确表明办园理念和办园特色即可，不需要太繁杂和晦涩的内容表达，否则难以给人们留下深刻印象。

2. 凸显特色

在品牌定位确立了幼儿园特色教育服务之后，品牌设计的作用就是将这些特色清晰、鲜明地彰显在园名、园徽、园旗、园训、园服等品牌载体上。需要注意的是，幼儿园品牌形象不是标准化、整齐划一的，而是具有独特个性，具有鲜明特色的。个性与特色是一所幼儿园的优势所在，是幼儿园发展的强劲生命力，也是幼儿园品牌形象设计的前提和基础。[18]

3. 培育文化

在实际考察中,经常发现一所幼儿园尽管硬件实力雄厚、物质条件应有尽有,但使人产生空虚、空洞之感,不能给人留下深刻的印象。这样的幼儿园所缺少的往往就是一种生机勃勃、使人不断奋发向上的幼儿园精神。幼儿园精神的培养,仅仅靠引进、运用科学的管理方法,制定严格的规章制度和采用合理的组织结构是不够的,更需要一位有远见卓识的园长,能够从宏观的角度,对幼儿园文化建设给予特别关注,并在实践中不断创造、构建一种推进幼儿园不断前进的组织文化。

三、幼儿园的品牌管理与推广

(一) 品牌管理

图2-8呈现了一般品牌管理的基本环节,虽然是以产品为例,但普遍适用于服务业。

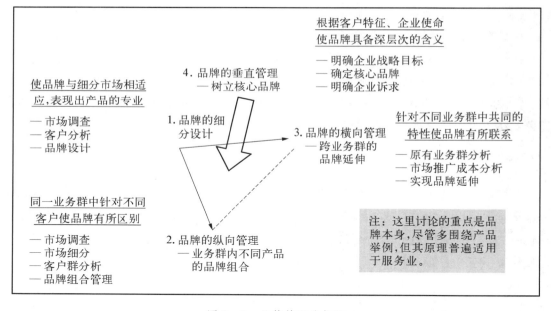

图2-8　品牌管理分析图

1. 品牌的细分设计

品牌的设计是通过对市场的细分来实现的。在这个环节,通过市场调查、客户分析和品牌设计等步骤,使品牌与细分市场相适应,从而凸显服务的专业品质。为此,企业具体要做三件事情:第一,对目标客户细分,即深入了解客户,通过了解"他们是谁""他们在做什么""他们想怎么样""他们需要什么""他们重视什么"等问题来深入了解客户行为,并对客户进行细分,以满足客户不同的需求。第二,进行品牌定位,树立品牌形象,即主要考虑通过品牌来发挥什么样的功能,以及传递怎样的情感。第三,确定品牌的价值驱动因素和手段,即确定基本的市场行为,其目的是将设计好的品牌推广到社会上去。其间可以使用的因素和手段有:广告、促销、销售、服务特性、网店覆盖面和服务等。

对一所幼儿园的品牌管理而言,在细分市场服务品牌设计阶段,首先需要对幼儿教育服务的目标客户进行细分。如一所高端精品幼儿园,它的目标客户群体应该是社会上的中、高收入群体,这一群体家庭经济收入较高,一般都接受并认可中、高端的教育,对幼儿教育有超越一般的要求。然后,幼儿园需要根据这一市场细分来进行品牌定位,树立相应的幼儿园品牌形象。最后,幼儿园需要根据以上的品牌管理基础,来确定基本的市场行为,为推广特定的幼儿教育服务而努力。

2. 品牌的纵向管理

品牌的纵向管理是指根据品牌将要服务的客户群体的不同而设计品牌内部的结构的组合管理。这个环节可以通过市场调查、市场细分、客户群分析及品牌组合管理来实现。

在幼儿教育中,如果幼儿园确定将要招收 1—6 岁的学龄前儿童,那么它的客户群体应该分为两个层次,即普通幼儿班(3—6 岁)与托幼班(1—3 岁)的幼儿。针对不同层次的幼儿,所要提供的服务和打造的特色是不同的,因此,幼儿园应该根据这两个不同层次的幼儿设计自身的品牌组合。

3. 品牌的横向管理

品牌的横向管理主要是指组织为了扩大业务群的一种品牌管理方式,即在原来的业务群的基础上,做品牌的延伸与市场的推广。品牌横向管理的立足点是不同业务群中的共同特性,通过对这些共同特性的利用,使不同业务群的品牌形成联系,从而达到推广品牌的目的。品牌横向管理的基本步骤依次为:对原有业务群进行分析、对市场推广成本进行分析及如何实现品牌延伸。

在幼儿园教育服务中,可以根据原有的资源与品牌优势,拓展业务群。例如,有些幼儿园不只做普通的幼儿教育,还向社会提供相应的亲子教育与家长教育服务。当然,这些亲子教育与家长教育服务是同原有的幼儿教育存在内在相关性的。

4. 品牌的垂直管理

这是树立核心品牌的环节。企业可以在对前面几个环节进行分析的基础上,根据对客户特征、企业使命的把握,使品牌具备深层次的含义。在这个环节,企业可以通过明确企业战略目标、确定核心品牌和明确企业诉求三大方面来实现。这三方面的信息可以在企业设置战略管理目标、市场分析以及实施品牌管理这三个管理环节中同时获得。

对幼儿园而言,对品牌进行垂直管理则是在前面的几个品牌管理的基础之上,加深对幼儿园的客户特征与幼儿园愿景、使命的理解,使幼儿园的品牌更具深层含义。

需要指出的是,幼儿园品牌管理的这几个环节并不具有前后相继的时间和不变的顺序,事实上,除了第一个环节需要提前进行外,幼儿园品牌的纵向管理、横向管理和垂直管理应该是同时进行的。在实际的幼儿园品牌管理中,要用垂直管理的核心品牌理念来引导纵向管理和横向管理,使品牌管理始终与核心品牌保持一致。

（二）品牌推广

幼儿园的品牌塑造仅仅有生长过程是不够的,它同样需要宣传与推广。优秀的品牌宣传和推广手段能够使幼儿园更深入人心,以此获得更多的潜在消费者。具体的品牌推广手段主要有以下四种。[19]

1. 建设社区宣传的网络

一般幼儿园的生源都是来自所在社区的适龄儿童,因此幼儿园要重视社区宣传的网络建设。幼儿园负责人应当及时与社区领导及居民进行联络和沟通,了解所在社区的学前教育需求情况,收集社区对于幼儿园的建议、评价和期望,在幼儿园、社区、家庭之间搭建一个信息桥梁。

2. 搭建互联网宣传平台

21世纪是互联网的世纪,在这个高度信息化的时代里,运用互联网搭建自己园所的网站和公众号是极为有效的宣传手段。幼儿园管理者应当组织专人进行幼儿园网站和公众号的维护工作,上传办园理念及自身优势条件,及时更新日常教育教学活动。同时,还应在幼儿园网站和公众号中设立交流专区,实现与家长、社区即时的互动和交流。

3. 定期策划亲子类活动

幼儿园可以定期组织特色亲子文体活动,邀请家长参与。通过主题丰富、形式多样的亲子活动让孩子和家长了解幼儿园的办学理念与办学特色,从而更好地推广幼儿园品牌。

4. 重视与媒体交流合作

通过媒体进行品牌推广是行之有效的方法。幼儿园管理者在与媒体进行合作前,应当特别考察这些媒体的宣传风格和客户群体是否与本园教育理念相吻合。另外,通过媒体宣传之后,幼儿园管理者还及时考察宣传效果,避免盲目行动、收效甚微。

 本章小结

本章主要从经营战略、竞争战略、品牌战略三个角度对幼儿园的经营战略进行了介绍。幼儿园经营战略具有全局性、未来性、竞争性、稳定性和系统性的特征。其经营战略展开的一般步骤分为战略分析、战略选择和战略实施三个阶段。在通常情况下,幼儿园经营管理的过程中经常会遇到来自各方面的竞争,对此幼儿园首先应提升自身的核心竞争能力,如内外部环境转化能力、生存能力和发展能力,其次要准确选择竞争战略类型以面对不同形式的竞争。另外,本章还梳理了幼儿园竞争的具体策略。与此同时,幼儿园品牌的塑造与管理同样重要,以战略发展的眼光打造幼儿园品牌往往能够给幼儿园的发展带来更多效益。本章从品牌的本质、构成与特征三个维度阐述了品牌的内涵,并详细介绍了幼儿园品牌从定位与设计到管理与推广的整个实操流程。

理解·反思·探究

1. 什么是幼儿园发展战略规划？

2. 怎样制定幼儿园发展战略规划？

3. 幼儿园竞争战略与具体竞争策略有哪些？

4. 怎样为幼儿园做品牌管理？

5. 结合本章所学知识，试分析怎样实施幼儿园特色发展战略。

 推荐阅读

1. 余可发.品牌塑造与管理[M].杭州：浙江大学出版社，2012.

2. 江积海.战略管理：定位与路径[M].北京：北京大学出版社，2011.

3. 刘治江.企业战略管理——知识、技能与应用[M].哈尔滨：哈尔滨工业大学出版社，2011.

4. 徐飞.战略管理（第三版）[M].北京：中国人民大学出版社，2016.

5. 蒋璟萍.新经济时代的品牌理论：基于本体论视角的品牌竞争力研究[M].北京：中国社会科学出版社，2009.

◇ **参考文献**

[1] 方林.新编新华词典[M].长沙：湖南人民出版社，2009：727.

[2] 刘占兰.学前教育必须保持教育性和公益性[J].教育研究，2009(05)：31-36.

[3] 江积海.战略管理：定位与路径[M].北京：北京大学出版社，2011：8-9.

[4] 刘治江.企业战略管理——知识、技能与应用[M].哈尔滨：哈尔滨工业大学出版社，2011：171.

[5] 刘治江.企业战略管理——知识、技能与应用[M].哈尔滨：哈尔滨工业大学出版社，2011：172.

[6] 徐飞.战略管理（第三版）[M].北京：中国人民大学出版社.2016：76.

[7] 刘治江.企业战略管理——知识、技能与应用[M].哈尔滨：哈尔滨工业大学出版社，2011：387.

[8] 徐飞.战略管理（第三版）[M].北京：中国人民大学出版社，2016：296.

[9] 刘冀生.企业战略管理（第二版）[M].北京：清华大学出版社，2003：9-11.

[10] 张欣，程志宏.现代幼儿园管理实务[M].上海：复旦大学出版社，2014：45-46.

[11] 蒋璟萍.新经济时代的品牌理论：基于本体论视角的品牌竞争力研究[M].北京：中

国社会科学出版社,2009:24-28.

[12] 蒋璟萍.新经济时代的品牌理论:基于本体论视角的品牌竞争力研究[M].北京:中国社会科学出版社,2009:27.

[13] 蒋璟萍.新经济时代的品牌理论:基于本体论视角的品牌竞争力研究[M].北京:中国社会科学出版社,2009:30-34.

[14] 何小华,蒋春姣.幼儿园管理与创业[M].成都:西南交通大学出版社,2020:45.

[15] 贾卫平,吴玲,郭艳斌.服务业与制造业深度融合转型研究[J].合作经济与科技,2021(23):7-9.

[16] 何小华,蒋春姣.幼儿园管理与创业[M].成都:西南交通大学出版社,2020:45.

[17] 余可发.品牌塑造与管理[M].杭州:浙江大学出版社,2012:93.

[18] 张欣,程志宏.现代幼儿园管理实务[M].上海:复旦大学出版社,2014:52.

[19] 张欣,程志宏.现代幼儿园管理实务[M].上海:复旦大学出版社,2014:58-59.

第三章　幼儿园经营与管理的组织

组织的发展已成为高度分化社会中的主要机制,通过这个机制人们才有可能"完成"任务,达到对个人而言无法企及的目标。

——塔尔科特·帕森斯

人们塑造组织,而组织成型后就换为组织塑造我们了。

——温斯顿·丘吉尔

只有在集体中,个人才能获得全面发展其才能的手段,也就是说,只有在集体中才可能有个人自由。

——卡尔·马克思

 知识导图

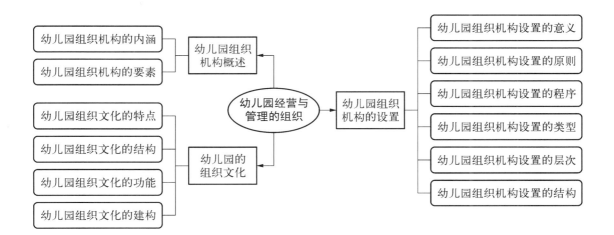

要点提示 ───●

本章内容主要包括三个方面：一是幼儿园组织机构概述，主要包括幼儿园组织机构的内涵与要素；二是幼儿园组织机构的设置，包括设置的意义、原则、程序、类型、层次与结构；三是幼儿园的组织文化，主要从特点、结构、功能和建构四个方面进行阐述。

 学习目标 ───●

通过本章学习，你应该能够：

● 了解幼儿园组织机构的内涵与要素。

● 掌握幼儿园组织机构设置的意义、原则与程序。

● 掌握幼儿园组织机构设置的类型、层次与结构。

● 掌握幼儿园组织文化的特点、结构、功能与建构。

第一节　幼儿园组织机构概述

 问题与思考

幼儿园组织机构的内涵是什么？幼儿园组织机构由哪些要素组成?

一、幼儿园组织机构的内涵

组织机构是指组织发展、完善到一定程度,在其内部形成的结构严密、相对独立,并彼此传递或转换能量、物质和信息的系统。组织机构起源于人类的共同劳动,随着人类社会的发展,尤其是国家的诞生日趋完备、成熟。[1]科学严密的组织机构能够更有效地对组织实施管理,提高组织内部工作效率,进而实现组织的战略目标。

幼儿园组织机构是指幼儿园内部各层级、部门、个人相互密切分工合作形成的管理系统。[2]该系统以实现特定的幼儿教育任务为目标,以遵循教育规律和管理规律为原则,通过创设适于组织内部成员相互合作、发挥才能的良好环境,消除工作矛盾,达成"人尽其才,物尽其用"的管理目标。

二、幼儿园组织机构的要素

幼儿园组织机构主要由以下四方面要素组成。

(一)组织目标

目标,可被定义为要达到的目的,即组织参与者力图通过其行为活动而达成的目的。[3]组织系统的设计应当围绕组织目标的实现进行统一规划。对一般组织来说,不同的组织目标衍生出不同的组织机构,组织目标的达成又依赖于合理高效的组织结构。幼儿园是对 3—6 岁幼儿实施保育和教育的机构,受此特殊的组织目标制约,幼儿园的组织结构也具有相应的特殊性。例如保育员职位的设立,后勤人员、医务人员的配备等。

(二)组织规则

组织规则即组织的运行制度,是组织的重要因素之一。幼儿园内部人事关系复杂,部门、层级纵横交错,这就需要设立明确的组织规则以指导日常的工作活动。幼儿园组织规则包括一般的规章制度、纵向的等级系统、横向的部门班组、教职工大会和教职工交流平台等。其中,规章制度是组织规则的核心,清楚、明晰的规章制度能够保证组织日常活动的高效。纵向的等级系统是幼儿园日常领导工作展开的必要前提,严密的上下级关系有利于指导工作的开展。横向的部门班组则是职能分工的体现。教职工大会等制度规则有利于民主管理。教职工交流平台则能够保证信息流通的及时性和有效性,便于上传下达。总体来看,合理地设置组织规则有利于提高工作效率、提升组织应变能力、促进个体才能的充分发挥。

(三)组织参与者

组织参与者是指那些出于各种原因而为该组织作出贡献的个体。[4]基于不同的分析视角,学者们对于组织参与者的判定存在差异。从狭义的角度来看,幼儿园组织的参与者包括园长、幼儿教师、保育员、后勤人员和医务人员等。从更为宽泛的角度来看,幼儿园组织的参与者还包括幼儿家长、教育部门领导和社会各界关心幼儿教育的人士等。

组织参与者首先是社会行动者,正是他们的努力、遵循和不顺从,建构和决定了组织的结构。从管理学的角度来讲,幼儿园的组织参与者具有两个作用:一是保证持续性,即幼儿园组织结构的再生产;二是带来组织结构的创新和变革。[5]

(四)组织环境

组织环境包括组织文化和组织氛围,它们以无形的力量构成了组织运行的内在驱动力。

幼儿园组织文化是指在幼儿园管理实践中所形成的、为全园教职工所接受的价值观念、行为准则等凝聚的精神力量。良好的幼儿园组织文化环境能够给教职工认同与归属感,使得教职工个人的行为、思想、感情、信念和习惯能与幼儿园整体有机地统一起来。

幼儿园组织氛围是一所幼儿园区别于其他幼儿园,并影响组织成员行为的一系列内部心理特征。[6]幼儿园组织氛围对教职工的工作满意度有直接影响,如果一所幼儿园氛围民主、轻松,那么便会增进教师的专业认同感、降低教师对职业的倦怠。良好的幼儿园组织氛围能够激发教职工的工作潜能,使他们乐于为幼儿园的发展贡献自己的才华。

第二节   幼儿园组织机构的设置

 问题与思考

幼儿园组织机构设置的价值何在? 其原则、程序、类型和层次分别有哪些? 不同规模幼儿园的组织结构有哪些异同?

一、幼儿园组织机构设置的意义

幼儿园组织机构设置是指为实现幼儿园的组织目标,运用管理学与教育学思想,将幼儿园的人、财、物加以恰当地组织运用,按照一定形式确定领导关系和职权分工,组成规范稳定的机构体系和功能系统的过程。正如美国著名管理学家彼得·德鲁克所言,"没有机构,就没有管理,没有管理就没有机构"[7]。组织机构的合理设置能够提升组织生存能力、实现组织内部资源的有效配置、提升组织效率、维持组织规范性工作的持续开展。

(一)有利于组织的生存和发展

合理、高效的组织机构是实现组织生存和发展的必要前提。在竞争日益激烈的学前教育市场环境下,科学严密的组织设置能够更有效地配置组织内部资源,充分发挥组织内部人、财、物的效用,使组织在竞争中处于优势地位。从幼儿园管理的角度来看,园长动态地调整管理策略,以最合理的资源配置求得最优效益是一项重要的管理课题,也是日常工作开展的重要前提条件。因此,设置适宜的组织机构具有重要意义。[8]

(二)有利于资源的有效配置

幼儿园组织机构的基本功能之一就是通过建立明确的领导关系和职权分工,将幼儿园的人力、物力、财力恰当地组织起来,调动各层级、部门的工作积极性,以实现幼儿园的基本战略目标。合理的组织机构具有聚合放大的功能,即能够通过其内外部协调机制,充分发挥其管理工具的职能,聚合有用资源,通过资源的合理配置来放大其效用。[9]这就要求管理者在进行组织结构设置的时候要因时、因地制宜,根据幼儿园的实际需要和人员状况,妥善科学地搭配人与人、人与物之间的关系,扬长避短,实现"人尽其才,物尽其用",获得良好的整体效益。

(三)有利于组织效率的提升

科学、合理的组织机构有利于工作效率的提升。缺乏健全的组织机构很容易导致组织内部工作的混乱,而组织机构过于臃肿庞大,也容易造成人浮于事的状况,对工作效率产生负面影响。对于幼儿园组织来说,建立明晰的组织结构,不仅有利于幼儿园内部各项育儿工作的展开,还有利于家长快捷明确地咨询、反映问题,进而使得幼儿园的各项工作也会更加程序化、有序化。序列化的组织结构必然便于内外部环境沟通,利于工作效率的提升。

(四)有利于工作的持续开展

根据管理学观点,组织相较其他社会结构具有持续性、可靠性和可控性三大特点。这三大特点共同发挥作用,可使得发生在特定组织系统内部的工作能够按照一定的规范性原则持续开展。持续性是指组织能够在一段时间内一贯并连续地支持一系列具体行为的实施。可靠性是指稳定的组织机构能够以相同的方法完成同样的事。可控性则是指组织行为发生在一定的规则框架之内,使规则框架为个体行为的评价提供理性的基础。在个体不完全理性的前提假设下,组织理性能够保证个体行为在非完美世界中不偏离。正是有了稳定的组织结构,幼儿园的保育和教育工作才得以稳定、持续地展开。[10]

二、幼儿园组织机构设置的原则

组织机构是发挥组织效能、实现战略目标的重要管理工具。科学、合理地设置幼儿园组织机构,必须依照以下四项原则。

(一)政策导向原则

幼儿园组织机构的设置首先应当遵循国家政策法规的相关规定,做到依法办学、规范治教。例如,《幼儿园管理条例》和《幼儿园工作规程》就是幼儿园组织机构设置必须认真学习与参考的重要文件。这两份文件系统规定了幼儿园办园的基本条件、审批程序、招生编班的基本要求等,具有重要的实践指导意义。除此之外,部分省市或地区根据国家教育方针和相关政策法律,因地制宜地制定了当地学前教育的补充条例,也都是幼儿园组织机构设置所必须参考的重要内容。

(二)实事求是原则

实事求是原则指的是幼儿园组织机构设置必须参考自身的实际条件,认真考虑内外部环境状况和工作管理需要,做到因地制宜、因时制宜。具体而言,应当考虑如下内容:

幼儿园规模,包括人数、班数、班额等具体状况。

幼儿园类型,例如全日制、半日制、非全日制等。

幼儿园归属,例如教育部门办、企事业单位办、民办、街道办等。

幼儿园性质,例如一般性幼儿园或二类园、一类园、示范性、实验性幼儿园等。[11]

根据不同的规模、类型、归属、性质,幼儿园的机构设置状况也应作出适当调整。例如,根据2013年印发的《幼儿园教职工配备标准(暂行)》,幼儿园应当按照服务类型、教职工和幼儿以及保教人员与幼儿的一定比例配备教职工,全日制幼儿园每班配备2名专任教师和1名保育员,或配备3名专任教师。行政人员、后勤人员也应当根据幼儿园的实际状况进行配备。一般地,对于园长这一职位来说,全日制幼儿园3个班以下设1人,4个班以上设2人,10个班以上的寄宿制幼儿园设3人;保育员则要求全日制幼儿园平均每班1人,寄宿制幼儿园平均每班2人。

(三)任务目标原则

组织机构设置的根本任务是实现组织目标,因此,在进行幼儿园组织机构设置的时候必须时刻把握任务目标原则。坚持以"事"为中心，因事设职、设岗，先组织、后人事，围绕幼儿园的教育任务和发展目标进行组织机构建设。具体来说，应当首先确定本幼儿园的工作总目标，然后将总目标分解为具体目标，根据具体目标确定幼儿园需要的职能部门。例如，出于招生宣传的需要可以设立招生宣传部。[12]

（四）协调一致原则

协调一致原则是指在幼儿园的组织机构设置必须做到统一指挥、权责一致、分工明确、结构合理。

统一指挥就是说对于任何工作，一个下级只能接受一个上级的指挥，否则就会造成管理混乱的局面。对于大、中型幼儿园来说，一般都有正、副多名园长及各部门主任等数名行政领导，这就要求在进行指挥的时候，领导班子内部应首先协商一致，形成统一意见，既不越级指挥，也不发双重命令，以避免下属工作中的多头领导和无所适从。

权责一致指的是幼儿园组织设置应当注意各岗位权力与责任相一致。这就要求在进行具体的岗位划分时要明确划分不同岗位的职责权力范围，同时赋予与岗位职能相匹配的权力与利益，做到"职务要实在，责任要明确，权力要恰当，利益要合理"[13]。

分工明确是幼儿园组织设置所必须注意的重要原则。幼儿园具有保健、教养、总务等多种职能，这就要求幼儿园要根据不同的职能类型设置不同的部门，并配备相应的专业人员。同时，在各部门日常工作时应注意相互联系、相互配合，要做到既分工有序又协调一致。

结构合理指的是幼儿园的机构设置要注意管理层次和管理幅度的问题。管理层次过少、管理幅度过大，会造成上传下达不顺、任务执行困难的管理状况；而管理层次过多、管理幅度过小，又会造成资源浪费、机构臃肿的状况。这就要求幼儿园管理者根据幼儿园自身的发展状况，设置合理的结构层次，提高管理效率。

三、幼儿园组织机构设置的程序

在政策导向、实事求是、任务目标、协调一致原则的基础上，幼儿园组织机构设置的具体程序可分为如下四个环节。

（一）确定任务目标

组织机构的设置应当适应组织工作的需要，所以幼儿园组织结构设置的第一步应该是确定任务目标。在此基础上，幼儿园管理者需要通过分解任务目标来确定具体的工作环节和流程，为后续划分职能部门提供参考和依据。

（二）划分职能部门

职能部门应当以幼儿园具体工作的任务、性质和工作流程进行划分。幼儿园管理者通过分解各职能部门的工作,再划分各组或各室等专门机构。一般幼儿园根据需要设有教养组、保育组、医务组、宣传组、财务组、膳食组和安保组等,这些职能部门相互协调构成了幼儿园组织机构的基本单位。

(三)核定人员编制

在划定职能部门之后,幼儿园要根据各组室的任务进行定员定编,即按照各组室的工作量确定相应数量的人员编制。在此基础上,幼儿园还要根据各岗位的任务,确定各岗位人员应承担的责任、权力和应得的利益,形成权责统一的岗位责任制。[14]

(四)统合形成整体

最后,幼儿园管理者应当将划分好的各个组织系统综合为一个整体,以系统性的观点来进行分工协作,从而形成幼儿园的系统组织机构。

四、幼儿园组织机构设置的类型

幼儿园组织机构通常包括行政组织和非行政组织两类。[15]其中,行政组织是以园长为核心总管全园管理事务的机构;非行政组织则主要包括业务组织、党群组织和其他组织三类,承担保教、协调、监督和配合等职责。

(一)行政组织

行政组织负责承担幼儿园的管理职能,是幼儿园行政管理职能的组织保障。幼儿园的行政组织以园长为核心,进行全园管理事务的组织工作。在具体实践中,行政组织的系统架构因幼儿园自身规模、性质不同而存在差异,具体以工作性质和范围分设相应的职能组织和职务。[16]例如,对于一般的小型幼儿园来说,一般设置1—2名园长总管全园行政事务即可;而对于一些大、中型幼儿园来说,则需增设园务委员会、园长助理等岗位帮助进行行政管理工作。

(二)非行政组织

1. 业务组织

业务组织以承担保教工作为主要职责,是幼儿园日常工作开展的主体和中心,[17]具体承担教育、保健、研究、后勤等工作,一般由业务副园长直接统辖管理。在实践中,这一部分所设置的岗位主要包括:保教业务副园长、保健业务副园长、后勤业务副园长、各年级组长、研究组长、保育组长和膳食组长等。

2. 党群组织

幼儿园组织机构中的党群组织主要起到保证、配合、监督、制约的作用,是幼儿园管理的重要组成部分。[18]党群组织主要包含党支部、团支部、教代会、职代会和工会等。

3. 其他组织

除以上三种组织类型之外,在实践中,幼儿园往往会根据日常工作需要和自身规模大小,设置家长委员会、治安保卫小组和妇女儿童会等其他组织。这些组织在幼儿园的日常管理中起着重要的辅助作用。

五、幼儿园组织机构设置的层次

(一)指挥决策层

幼儿园管理的最高层即为指挥决策层。一般来说,园长是幼儿园的最高行政管理者,负责指挥、动员园内的各项工作事务。除园长外,园务委员会也扮演着十分重要的决策者角色。园务委员会往往由园长主持,负责讨论贯彻上级的教育方针政策,研究探讨幼儿园的重大问题。[19]对部分民办幼儿园而言,董事会往往具有较高的指挥决策权。

(二)执行管理层

执行管理层主要由各个职能部门的负责人组成,一般是指部门主任。他们负责接受来自指挥决策层的领导,贯彻执行指挥决策,并组织本部门下属开展日常工作。[20]在实践中,执行管理层切忌成为上级组织的"传声筒"和"跟屁虫",而要根据实际情况灵活发挥上传下达的协调管理功能。

(三)具体工作层

具体工作层主要由各班级或班组室等职能部门组成,如大班组、中班组、小班组、膳食组和财务组等。这一结构层次主要负责承担幼儿园日常保育工作和其他业务工作,是幼儿园组织机构的最基层,也是幼儿园日常工作的主体。

六、幼儿园组织机构设置的结构

按幼儿园组织规模划分,一般幼儿园组织结构主要有以下几种类型。

(一)大型幼儿园组织结构设置

这里的大型幼儿园指的是设置 10 个或 10 个以上班级的幼儿园。公立幼儿园的组织结构设置和民办幼儿园之间存在一定差别。

1. 大型公立幼儿园

公立幼儿园的最高行政领导是园长,园长在行使其职权的时候要接受来自教职工大会、党支部以及园务委员会的监督和协助。园长之下一般设有保教副园长、后勤副园长、保健主任等职位，负责具体的业务分工。[21]保教副园长的一般职责是在园长的领导下，主管幼儿园保教人员的日常工作和师资培训等，如图3-1中保教副园长还负责组织幼儿园的教研工作。后勤副园长，也称总务副园长，其主要职责为统管全园的总务后勤工作，具体负责膳食组、财务组和勤杂组三个业务组的日常管理工作。保健主任则主要负责幼儿园的卫生保健工作，指导保育员、保健员认真贯彻有关卫生保健方面的法规、规章和制度，并监督执行。

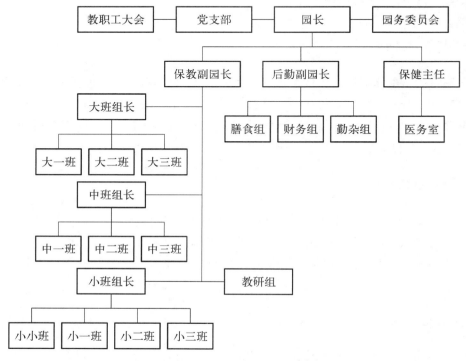

图3-1 某大型公立幼儿园组织系统图

2. 大型民办幼儿园

大型民办幼教集团一般设有董事会和董事长统管多所幼儿园的业务。民办幼儿园的内部组织结构大致与公立幼儿园相仿，设有园长统管全园事务。[22]如图3-2某大型民办幼儿园组织系统图中，园长另配有园长助理协助其行政事务，园长助理同时还兼任教务主任。业务副园长共统管四个业务组，分别是研究组、年级组、保育组和宣传组，其中宣传组是出于民办幼儿园招生和品牌打造的需要而特设的。后勤副园长则负责管理炊事组、财务组、保安组、司机和保管员的日常工作事务。

（二）中型幼儿园组织机构设置

这里的中型幼儿园指的是设置3个以上、10个以下班级的幼儿园。相较大型幼儿园来说，中型幼儿园岗位更少，一人身兼数职的情况更加常见。

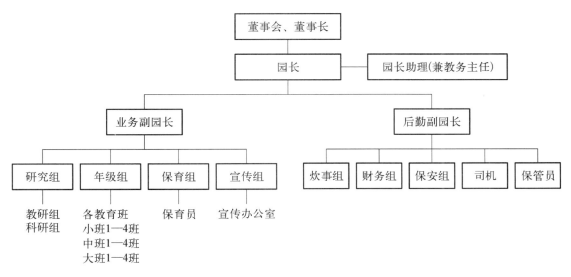

图 3-2　某大型民办幼儿园组织系统图

1. 中型公立幼儿园

图 3-3 是某中型公立幼儿园的组织系统图,从图中可以看到,园长下设保教副园长和总务副园长,其中保教副园长兼任保健主任,统管教研组、各班班长、医务组的管理事务。总务副园长则主管膳食组、财务组和勤杂组。总的来看,中型公立幼儿园的组织结构相对大型公立幼儿园而言更加精简。

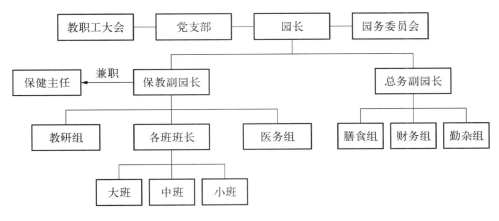

图 3-3　某中型公立幼儿园组织系统图

2. 中型民办幼儿园

对于中型民办幼儿园来说,为了降低人事成本,组织的精简则体现得更为明显。在图 3-4 中,在园长岗位上只设有正、副园长,其中园长兼任幼儿园的事务长,统管本园的后勤工作;业务副园长兼任本园的教务主任,统管研究、教学、保育以及宣传工作。

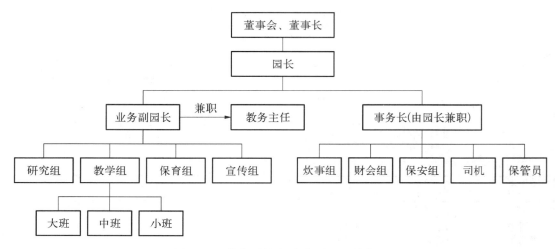

图 3-4　某中型民办幼儿园组织系统图

(三) 小型幼儿园组织机构设置

小型幼儿园多以 3—5 个班的组织规模出现,往往由街道、集体或者个人出资兴办,在我国目前的学前教育中占有很大比例。近年来,各级教育行政部门也逐渐开始重视这些小型组织机构的规范管理。

小型幼儿园区别于大、中型幼儿园的一个重要特点就是许多岗位都是兼职,如一人同时兼任保健医生、食堂管理员、保管员等。[23]正是因为人力、物力、财力的有限,小型幼儿园更需要精心设计其组织结构,从而达到人尽其才的效果。

1. 小型公立幼儿园

小型公立幼儿园一般由街道、社区举办,组织规模偏小。一般设有园长一人,有条件的可以增设副园长或园长助理一人,往往需要工作人员身兼多职。在图 3-5 中,园长负责管理各班级的教学、保育、卫生工作,园长助理则负责管理膳食组、财务组、勤杂组的工作。

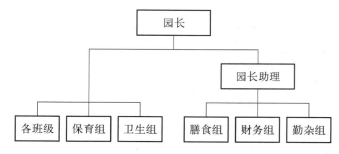

图 3-5　某小型公立幼儿园组织系统图

2. 小型民办幼儿园

一般来说,小型民办幼儿园的组织结构与小型公立幼儿园的组织结构相似,同时人员会更加兼职化和精简化,管理也会相对更加灵活,但有时不够规范化和专业化。

第三节 幼儿园的组织文化

 问题与思考

幼儿园组织文化的特点与结构分别是什么？幼儿园组织文化有什么功能？如何建构幼儿园组织文化？

一、幼儿园组织文化的特点

组织文化又称公司文化、企业文化，是一个组织内共有的价值观、信念和习惯体系。有学者指出，组织文化是特定组织在处理外部环境与内部整合过程中出现的种种问题时所发展起来的基本规范。[24]一般地，我们将组织文化定义为，组织在长期的实践中所形成的，为组织成员所普遍认可和遵循的，具有本组织特色的价值观念、团体意识、行为规范和思维模式的总和。组织文化由表层文化、中介文化和深层文化三个方面组成，其表现形态有：物化文化、管理文化、制度文化、生活文化和观念文化等。

幼儿园组织文化是指在幼儿园管理实践中所形成的、为全园教职工所接受的价值观念与行为准则总和。组织文化一旦形成，便会体现在幼儿园的办学宗旨、领导管理方式、员工工作方式、幼儿园环境设计等方面，成为幼儿园全体员工共同遵循的普遍文化，对其日常实践产生重要影响。

幼儿园组织文化既具有社会文化的一般特点，也有着它自身特质的规定性。幼儿园组织文化的主要特点可归纳为以下几点。

（一）教育性

幼儿园是对儿童进行启蒙教育的学前教育机构，教育性应是其组织文化中最重要的属性特征。教育性是指幼儿园的组织文化塑造应以教育理念为指导，以形成积极向上的教育氛围和求真务实的教育态度为旨归，在工作中采取严谨科学的教育方式，以促进幼儿发展为最终目的，积极发挥对社区、对社会的教育辐射作用，最终实现幼儿园的教育功能。[25]

（二）主体性

幼儿园组织文化具有主体性，这主要体现在两个方面。一方面，组织文化区别于传统组织管理方式，并不是把人当作一种消极被动的客体，而是把人当作组织管理中积极主动的主体，通过构建组织的共同信念来激发个体行为的积极性和主动性，使之按照共同价值标准规范和约束自己的行为,达到管理目的。另一方面,组织文化的主体性要求个人行为与群体行为形成统一,从而构成团结协作的整体,进而提升组织绩效。[26]幼儿园组织文化应体现出全体利益相关者的主体性。

(三) 独特性

现实中各种组织所面临的生存环境、发展阶段、文化历史等因素各不相同,因而在不同背景下形成的组织文化具有独特性。[27]真正的能够促进组织发展的组织文化应是组织通过自身努力,因地制宜,根据自身情况构建的,而不是生搬硬套别人成功经验得来的。组织文化的独特性是组织生命力的表现。一个优秀的组织往往能通过创造有别于其他组织的思想意识、价值观念和行为习惯来实现自身功能的整合,进而提升核心竞争力。每所幼儿园在其发展过程中都能形成具有不同程度独特性的组织文化。

(四) 软约束性

与法律条例、规章制度等硬性规定相比,幼儿园组织文化是组织管理中的"软约束性"力量。这种软约束力量往往不像法律、法规那样具有强制约束性,而是通过一种软性的凝聚力和约束力来柔性引导组织成员的行为。[28]在幼儿园组织管理中,幼儿园组织文化通过发挥其软约束性的特点,有力地塑造幼儿园内部友爱、奋进、和谐的文化环境,帮助教职工调整心态和行动,并潜移默化地将幼儿园的组织文化融入教职工的日常实践中,使组织目标转化为教职工的行动目标,从而发挥组织的管理效能。

(五) 可塑性

幼儿园的组织文化具有可塑性。这种可塑性表现在两个方面:一方面,组织文化并不是与生俱来的,而是需要组织在生存和发展过程中不断学习,吸纳有利于自身发展的文化要素,逐渐总结、培育和积累而成的;另一方面,已经形成了的组织文化也不应是一成不变的,它可以通过人为的努力进行主观性的调整,甚至是重塑。[29]组织管理者应当重点把握幼儿园组织文化可塑性的特点,因地制宜、因时制宜,根据所面临的生存环境来选择最适宜发展的组织文化。

二、幼儿园组织文化的结构

组织文化的构成是多种多样的,概括起来可以总结为三个层次:物质层、制度层和精神层。[30]其中,物质层是最外层,主要包含幼儿园的园区场所、硬件设备、环境布局等;制度层是中间一层,主要包含各种规章制度、行为守则和道德规范等;精神层是最内层,主要包括价值观念、组织精神和组织哲学等内容。幼儿园组织文化结构的划分方式从人们的感

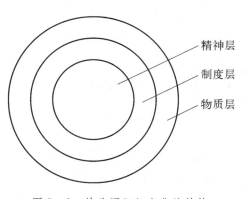

图 3-6　幼儿园组织文化的结构

受性出发,由浅入深地概括了组织文化的构成,具体每一层次的特征内涵如下所述。

(一) 物质层

物质层是组织文化抽象内容的物质显现,是我们在日常生活中所能最直观感受到的组织文化形式。[31]在幼儿园中,物质层的组织文化主要包括园容园貌、园徽园服、场所设计、造型布局、社区环境、文体活动等可以看得见、摸得着的物化部分。幼儿园通过对物质层的精心设计,能够较为直观地展现幼儿园的教育宗旨和办园理念,凸显优势力量和办园特色,进而有效传递组织文化。

(二) 制度层

制度层中的制度,既包含成文的规章制度、行为准则等正式制度,又包含道德观念、行为习惯、组织形式等非正式制度,是两者的综合。[32]制度层组织文化是幼儿园实行日常管理最重要的手段,它能够体现一所幼儿园所独有的管理思想和管理风格。有的幼儿园通过实行轮休制度、组织娱乐活动、给教职工适当的自由度等制度设计,力图给教职工最大的人文关怀,以体现其以人为本的组织文化;有的幼儿园则以强竞争性的管理手段为圭臬,奉行狼性企业文化,崇尚竞争淘汰,以追求组织绩效的最大化。幼儿园的制度文化不仅体现在具体的规章制度中,更包含全体教职工对待制度的态度、制定制度是否科学严谨、执行制度是否坚定有力等方面。

(三) 精神层

精神层往往被认为是组织文化的核心和主题,主要包括组织成员的潜在价值观念、道德规范和管理哲学等内容。与物质层和制度层相比,精神层的组织文化更为抽象,但往往在组织管理中发挥着更为根本性的作用。[33]精神层组织文化是幼儿园发展的不竭动力,不仅决定着幼儿园组织文化的性质与状态,也是一所幼儿园组织文化最核心的内涵所在。一所幼儿园组织文化成熟与否的标准,往往取决于组织文化的精神层是否稳定成型。幼儿园精神层的组织文化能够激励全体成员为实现幼儿园发展目标而共同努力,在产生约束力的同时进一步形成凝聚力,起到行为导向、价值引导的重要作用。

三、幼儿园组织文化的功能

良好的组织文化能够给教职工认同与归属感,使教职工个人的行为、思想、感情、信念和习惯能与幼儿园整体有机地统一起来。所以,我们必须注重幼儿园组织文化建设,这样才能使幼儿园正常有序地运转。具体来看,幼儿园组织文化有以下四方面的重要功能。

(一) 导向功能

组织文化的导向功能指的是组织文化能够对组织管理者和员工起到正确的引导、规范作用。[34]对于管理者来说,组织文化中蕴含的教育理念和管理哲学能够帮助管理者在日常工作中理清工作思路,进行正确的决策选择,从而指导员工采用科学的方法从事教学活动。对幼儿园这一组织的员工来说,组织文化能够引导个人发展理念与组织发展目标相吻合。组织文化在某种意义上既是个人目标趋向于组织目标的内在动因,又是个体目标发展的导向。[35]在幼儿园管理的日常实践中,要正确发挥组织文化的导向功能,必须从实际出发,以科学的态度制定可行的、科学的幼儿园发展目标,并引导所有教职工以该目标为日常行动的方向。

(二) 凝聚功能

所谓凝聚功能,是指组织文化能够通过塑造团结友爱、相互信任的工作氛围来强化集体意识,增进集体感情,使幼儿园教职工之间形成强大的凝聚力和向心力,进而提升组织绩效。组织文化强调组织整体战略目标和组织成员自身工作目标的统一性,强调组织成员信念、价值观点、行为逻辑的共通性,强调组织目标对组织成员的吸引力和组织成员在工作时的向心力。只有充分发挥组织文化的凝聚作用,才能使得幼儿园员工"心往一处想,劲往一处使",才能够使得幼儿园的保教工作步调一致,统一协调。

(三) 激励功能

优秀的组织文化还具有强大的激励功能,而这种激励功能的实现必须建立在幼儿园教职工对于组织共有的价值观念、制度规范、道德准则等组织文化具有极高认同感的基础之上。[36]在这样的前提条件下,每个组织成员在日常工作中都能感受到自身价值的实现,而价值实现带来的兴奋感和满足感必然形成强大的激励效果,促进组织内的个体成员不断前行。要充分发挥幼儿园组织文化的激励作用,幼儿园管理者应当着力打造互助和谐的工作环境,使每位教职工都能够感受到尊重与支持。

(四) 约束功能

幼儿园组织文化的约束功能更多地体现为一种非强制的软约束性。这种约束力的来源乃是每位组织成员对组织文化的认同和自觉遵守。从表面上看,这种约束力不像明文规定的规章制度那样具有刚性和力度,但其潜移默化的影响能力也是不容小觑的,因为幼儿园组织文化的影响往往是直接作用于人内心的。这种约束功能的实现需要幼儿园管理者在日常工作中不断完善管理制度和道德规范,使抽象的组织文化固化成为稳定的行为价值尺度,进而从伦理关系的角度对个体行为施加影响。

四、幼儿园组织文化的建构

组织文化根植于组织生产活动中,在组织的管理与发展中具有不可忽视的作用,并影响着组织成员的价值观、行为模式以及对待事物的态度和情感。[37]幼儿园必须注重组织文化建设，为教职工营造一个信任、理解和温馨的组织氛围，以此来激发教职工的工作热情，稳定他们的工作情绪。幼儿园组织文化的建构应该从以下四个方面着手。

（一）选择合适的领导者

组织领导者对组织文化建设有着直接影响，甚至起到决定性的作用。不同的领导者因其不同的性格、文化信念和管理方式等会形成不同的领导方式，进而影响着组织文化的建设。[38]一是独裁型领导方式，即领导者自行决定一切，要求下属绝对服从。这种领导方式下的组织文化比较专制，甚至会使员工害怕与上级沟通。二是放任型领导方式，即领导者什么都不管，对下属没有一定的约束力。这种领导方式下的组织文化则相对散漫，员工工作缺乏热情。三是民主型领导方式，即领导者主动与下属进行讨论，共同商量，集思广益。这种领导方式下的组织文化融洽友好，使整个组织更能处于和谐状态。在幼儿园管理实践中，不同幼儿园只有根据其需要选择合适的领导者，才能建构适合本园发展的组织文化。

要打造适于幼儿园发展的组织文化，除了选择合适的领导者外，尤其还需要领导者充分发挥其领导艺术。其具体要求是：领导在做好自己本职工作的同时，能够善于与教职工交流沟通，倾听他们的意见，时刻了解幼儿园的发展动态和教职工的想法，并且信任关心教职工，做到对所有教职工一视同仁等。

（二）设立组织共同愿景

愿景是一种由组织领导者与组织成员共同形成的具有引导与激励组织成员的未来情景的意象描绘。通过设立共同愿景，可以增强组织内个体的责任感和使命感，使其将自己的发展与集体的发展结合起来，进而形成团队意识，促进组织成员互相帮助和支持，共享工作经验和观点信息，使组织形成一种和谐互助的人际关系。在具体的幼儿园管理实践中，管理者可以与员工共同制定未来规划和任务目标，并科学地将任务目标进行分解，有计划、有步骤地实现愿景。但是要切忌流于形式，共同愿景的设立不能仅仅停留在设标语、喊口号的阶段上，更要通过设立共同愿景的这种形式，激发员工内心的工作热情，使其更好地创造组织绩效。[39]

（三）构建和谐组织氛围

组织氛围是指个体对组织环境各个方面的认识，是组织成员对组织客观特征的知觉、认知与评价的心理感受，也是一个组织区别于另一个组织的特征。[40]幼儿园的组织氛围对组织文化的塑造有着直接影响。如果一所幼儿园氛围轻松、愉快，那么该幼儿园的组织文化就会是民主、和谐的；相反，如果一所幼儿园氛围凝重、沉郁，那么幼儿园的组织文化往往会是涣散、松懈的。融洽和谐的组织氛围营造，应当从人际关系入手。具体而言,幼儿园管理者应该尽可能多地为组织内的教职工提供交流沟通的渠道与机会,如开展部门联谊活动、团建活动或者组织教研小组相互观摩学习等。只有通过构建更多的合作交流平台,才能建立起教职工对团队的归属感和认同感,创造出更热情活泼、融洽和谐的组织氛围。

(四) 以人为本制定规章

人是第一生产要素,以人为本是幼儿园组织文化建设的第一原则。组织规章制度是组织文化的重要载体,也是日常管理的重要工具。只有在组织规章中充分体现尊重人、理解人、关心人和信任人的组织文化,才能够真正让教职工感受到组织的温暖,进而激发其工作热情。[41]具体而言,管理者可以在幼儿园内部实施一些积极的改进措施。例如,实行轮休制度、组织娱乐活动、给教职工适当的自由度等,以缓解教职工的工作压力,确保其有属于自己的时间、空间,让教职工在做好本职工作的同时,也能照顾好自己的子女和家庭。只有这样,教职工才能全身心地投入到幼儿园工作中去。

> **• 相关链接 •**
>
> #### 园长负责制幼儿园园长的苦恼(节选)
>
> 　　某单位所属幼儿园的陈老师,在日常工作中不能很好地遵守劳动纪律,时有迟到、早退、串班聊天等违章情况发生。在年底奖金发放时,园长根据奖罚制度从其年终奖金中扣发 150 元作为处罚,并奖给出满勤、工作积极认真负责的李老师,以期起到奖优罚劣、奖勤罚懒、调动职工积极性的作用。陈老师感到心理很不平衡,认为幼儿园工作量大,放松一下没什么了不起,况且也没出现什么意外情况,要求园长退还扣发的奖金。园长认为,既然制定了规章制度,就应该认真贯彻执行,否则会挫伤本园职工的积极性,因此拒绝了陈老师的要求。陈老师很愤怒,认为园长对自己有看法,是打击报复,还对园长进行人身攻击,并让家里人和她一起到园里大吵大闹,看到园长没有让步的意思,又找到主管幼儿园的上级单位领导哭闹,歪曲事实。而上级领导在没有调查清楚的情况下,草率地表态,认为批评一下就可以,让园长把扣发的奖金还给陈老师,这样就使园长处于被动地位和两难境地。但该园长并不盲从上级领导,而是写材料呈报上级,讲明情况:如果不能贯彻执行幼儿园的规章制度,那么自己就无法履行园长的工作职责,况且自己的做法是正确的。上级领导对此很重视,经反复调查研究,作出决定:给陈老师记处分一次,扣发奖金不必退还;表扬该园园长对工作认真负责、能把制定的方针政策贯彻执行到底的做法。
>
> 　　　　　　　资料来源:张燕,邢利娅.幼儿园管理案例及评析[M].
> 　　　　　　　北京:北京师范大学出版社,2002:29 - 30.

本章小结

　　本章主要内容包括幼儿园组织机构概述、幼儿园组织机构的设置和幼儿园组织文化三个部分。幼儿园组织机构一般包含组织目标、组织规则、组织参与者以及组织环境四方面要素。通过设置科学合理的组织机构能够有利于幼儿园的生存和发展、资源的有效配置、效率的提升及工作的持续开展。幼儿园组织机构的设置应当充分遵循政策导向、实事求是、任务目标、协调一致四大原则，其具体设置程序为：确定任务目标、划分职能部门、核定人员编制、统合形成整体。对一般的幼儿园来说，其组织设置的类型有四种，分别是行政组织、业务组织、党群组织和其他组织。幼儿园组织机构设置的层次可分为指挥决策层、执行管理层和具体工作层。另外，本章还列举了常见的大、中、小型公立与民办幼儿园的常见组织机构，以启发读者进行实践参考。幼儿园组织文化具有教育性、主体性、独特性、软约束性和可塑性五个特点，其层次结构分为物质层、制度层和精神层。优秀的组织文化对幼儿园发展具有重要的导向、凝聚、激励和约束功能。建构良好的幼儿园组织文化的关键在于选择合适的领导者、设立组织共同愿景、构建和谐组织氛围、以人为本制定规章。

 理解·反思·探究

　　1. 幼儿园组织机构设置要考虑的原则有哪些？

　　2. 常见的幼儿园组织机构是什么样的？如何根据需要设置幼儿园组织结构？

　　3. 什么是幼儿园组织文化？它对幼儿园的发展有何重要意义？

　　4. 你认为什么样的组织文化是优秀的幼儿园组织文化？你准备使用哪些路径来建构优秀的幼儿园组织文化？

 推荐阅读

　　1. ［美］W. 理查德·斯格特.组织理论：理性、自然和开放系统［M］.黄洋,李霞,申薇,等译.北京：华夏出版社,2002.

　　2. ［美］约翰·科特.现代企业的领导艺术［M］.史向东,颜艳,译.北京：华夏出版社,1997.

　　3. ［美］阿伦·肯尼迪,特伦斯·迪尔.西方企业文化［M］.孙耀君,何大基,帅鹏,等译.北京：中国对外翻译出版公司,1989.

　　4. 姜勇,刘爱云.幼儿园组织氛围的访谈研究［J］.学前教育研究,2007(02)：54－57.

◇◇◇ 参考文献

[1] 顾明远.教育大辞典(增订合编本)[M].上海：上海教育出版社,1998：2169.

[2] 高庆春.幼儿园管理[M].北京：清华大学出版社,2016：51.

[3] [美] W.理查德·斯格特.组织理论：理性、自然和开放系统[M].黄洋,李霞,申薇,等译.北京：华夏出版社,2002：19.

[4] [美] W.理查德·斯格特.组织理论：理性、自然和开放系统[M].黄洋,李霞,申薇,等译.北京：华夏出版社,2002：18.

[5] [美] W.理查德·斯格特.组织理论：理性、自然和开放系统[M].黄洋,李霞,申薇,等译.北京：华夏出版社,2002：18.

[6] 姜勇,刘爱云.幼儿园组织氛围的访谈研究[J].学前教育研究,2007(02)：54－57.

[7] 刘懿,徐旭荣.学前教育机构管理组织研究综述[J].安徽电子信息职业技术学院学报,2007(01)：32－33.

[8] 邢利娅.幼儿园管理[M].北京：高等教育出版社,2010：67.

[9] 刘艳珍,马鹰.幼儿园组织与管理[M].北京：北京师范大学出版社,2011：49.

[10] [美] W.理查德·斯格特.组织理论：理性、自然和开放系统[M].黄洋,李霞,申薇,等译.北京：华夏出版社,2002：18.

[11] 刘艳珍,马鹰.幼儿园组织与管理[M].北京：北京师范大学出版社,2011：37.

[12] 秦明华,张欣.幼儿园组织与管理(第二版)[M].上海：复旦大学出版社,2014：23.

[13] 时松.幼儿园管理实务[M].南京：东南大学出版社,2016：41.

[14] 沈文苑.基于业务流程的定员定编方法[J].人力资源管理,2015(08)：41.

[15] 王海英.我国学前教育公共服务体系的组成与构建[J].学前教育研究,2014(07)：19－25.

[16] 张晓焱.幼儿园管理[M].北京：航空工业出版社,2014：66.

[17] 张晓焱.幼儿园管理[M].北京：航空工业出版社,2014：66.

[18] 刘艳珍,马鹰.幼儿园组织与管理[M].北京：北京师范大学出版社,2011：39.

[19] 袁小平.和谐管理思想观照下的幼儿园管理创新[J].学前教育研究,2005(Z1)：88－90.

[20] 杜学胜,王恩元,凌利,等.企业安全领导力研究进展[J].中国安全科学学报,2010(02)：130－136.

[21] 刘婷.论幼儿园管理工作[J].报刊荟萃,2018(10)：24－25.

[22] 沐文扬.幼儿园集团化管理的思考[J].早期教育(教师版),2014(01)：26－27.

[23] 邢利娅.幼儿园管理[M].北京：高等教育出版社,2010：79.

[24] 周三多,陈传明,鲁明泓.管理学：原理与方法(第五版)[M].上海：复旦大学出版社,2009：203.

［25］邢利娅.幼儿园管理［M］.北京：高等教育出版社,2010：237.

［26］刘艳珍,马鹰.幼儿园组织与管理［M］.北京：北京师范大学出版社,2011：57.

［27］席酉民,张梦晓,刘鹏.和谐管理理论指导下的合法性与独特性动态平衡机制研究［J］.管理学报,2022(01)：8－16.

［28］刘晃林,彭振华.学校的文化管理模式研究［J］.湖南科技学院学报,2008(02)：194－196.

［29］张玮,刘延平.组织文化对组织承诺的影响研究——职业成长的中介作用检验［J］.管理评论,2015(08)：117－126.

［30］刘方龙,邱伟年,吴能全,等.探索《隆平之道》企业文化理念体系的构建——基于扎根理论的案例研究［J］.管理评论,2019(06)：289－304.

［31］杨欣岩.企业文化在企业员工激励中的作用探析［J］.商业观察,2021(20)：52－54.

［32］张存达.非正式制度因素影响下的利益冲突治理制度变迁分析［J］.海南大学学报（人文社会科学版）,2017(06)：32－40.

［33］方晓彤.企业文化的创新机理：一个新的分析框架［J］.科技管理研究,2009(08)：333－336.

［34］张玮,刘延平.组织文化对组织承诺的影响研究——职业成长的中介作用检验［J］.管理评论,2015(08)：117－126.

［35］刘艳珍,马鹰.幼儿园组织与管理［M］.北京：北京师范大学出版社,2011：58.

［36］朱传书.企业组织文化与人力资源激励实证研究［J］.河南社会科学,2016(11)：55－61.

［37］程强,顾新,昌彦汝.基于文化协同的知识链知识协同研究［J］.图书馆,2019(02)：33－38.

［38］郅庭瑾.论教育领导的伦理向度及其实现［J］.教育研究,2012(11)：22－27.

［39］邢利娅.幼儿园管理［M］.北京：高等教育出版社,2010：246.

［40］顾远东,彭纪生.组织创新氛围对员工创新行为的影响：创新自我效能感的中介作用［J］.南开管理评论,2010(01)：30－41.

［41］施雪华,禄琼.当前中国文化治理的意义、进程与思路［J］.学术界,2017(01)：53－62.

第四章　幼儿园经营与管理的伦理

即使品德教育达到了它的最佳状态，我仍确信它是一种不确定的和谦卑的活动。

——罗伯特·纳什

自己快乐也使他人快乐，别伤害自己也别伤害他人，我以为这就是伦理学的全部意义。

——尚福尔

 知识导图

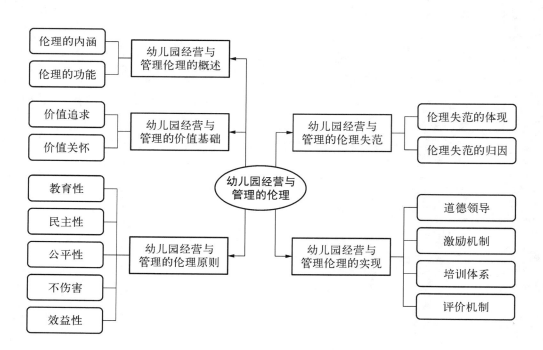

要点提示

　　本章内容主要包括五个方面：一是幼儿园经营与管理伦理的概述，主要围绕其内涵与功能展开；二是幼儿园经营与管理伦理的价值基础，包括了价值追求与价值关怀；三是从教育性、民主性、公平性、不伤害和效益性五个方面来论述幼儿园经营与管理中应遵循的伦理原则；四是幼儿园经营与管理中存在的伦理失范，具体阐述了伦理失范的体现，并进行了归因分析；五是幼儿园经营与管理伦理的实现路径，包括道德领导、激励机制、培训体系和评价机制。

 学习目标

　　通过本章学习，你应该能够：

● 了解幼儿园经营与管理伦理的内涵与功能。

● 掌握幼儿园经营与管理中应遵循的价值基础与伦理原则。

● 反思幼儿园经营与管理实践中存在的伦理问题，并理解其成因。

● 掌握幼儿园经营与管理伦理的实现路径。

第一节　幼儿园经营与管理伦理的概述

 问题与思考 ─────────────────────●

幼儿园经营与管理伦理的内涵是什么？幼儿园经营与管理的伦理功能有哪些？

一、伦理的内涵

> **知识卡**
>
> 伦理
>
> 乐者,通伦理者也。
> ──《礼记·乐记》
>
> ethics(ε'θos)
>
> 英文 ethics 源于古希腊语的伊索思(ε'θos),
> 原意为习俗、风尚等。现译为伦理(学)、道德。

"伦理"一词在我国出现得很早,至迟在汉初已经使用。《礼记·乐记》云:"乐者,通伦理者也。"这里的"伦理"一词,既有伦类条理的一般意义,又指当时的道德关系。"伦"是指人的关系,"理"是道德规律和原则;"伦"和"理"合用,便有了人与人之间不同的关系、不同的类别应该遵循不同的行为规范、道德礼义的含义。儒家认为,伦理规范是人之所以为人的主要根据。在西方,英语和俄语的"伦理"或"伦理学"一词,源于古希腊语的伊索思(ε'θos),含有风尚、习俗、品质、德性等意思。古希腊哲学家亚里士多德的伦理学,主要是研究个人的德性和善的问题。在人与人的关系上,伦理比道德更近一步,它是道德现象的概括。简而言之,伦理是处理人与人之间的关系时应该遵循的道德准则。[1]

教育活动是一种价值活动,教育管理也蕴藏着伦理内涵。幼儿园经营与管理伦理是关于经营管理活动中具有善恶意义、能用来对幼儿园活动进行道德评价的尺度和标准。教育离不开人,幼儿园的经营与管理不外乎是人与人之间的交互活动,因此必然需要伦理规范。

二、伦理的功能

价值依赖于功能,功能是价值实现的基础。伦理之所以具有教育管理价值,乃是由其自身所具有的教育管理功能所决定的。伦理作为人类精神活动的一种基本样式,所指向的是人类自我的内在世界,是主体内在精神的自律。因此,其本质上是人类对自我的一种内在管理活动。而"人类对自我的内在管理，不仅针对个体，而且必然延展至集体、群体，延展至社会"，从而使得伦理具有特殊的社会调节功能、管理功能等。教育作为社会生活的一个重要领域，自然也包括其中，成为伦理调节和控制的对象。因此，在幼儿园经营与管理中，伦理具有教育管理功能是毫无疑问的。[2]

（一）认识评价

伦理是人们"实践—精神"地把握世界的一种方式，它不仅给管理者提供管理的"实然"知识，而且提供管理的"应然"知识；它不仅描述"管理事实"，而且评判管理行为，告诉管理者行为中的好与坏、善与恶，还能预测管理的理想境界，作为一种深层的精神动力推动管理的发展。[3] 所谓伦理的教育管理认识功能，意指在幼儿园教育管理活动中伦理具有反映自己的特殊对象，即教育管理者与被管理者、教育管理者与所属教育组织、教育管理者与利益相关者等之间的利益关系的功能。伦理道德这种认识功能，一方面可以使教育管理者获得关于现实的教育管理关系的知识，帮助他们确定教育管理的伦理价值目标和规范体系，预测教育管理发展的前景和未然状态；另一方面，还可以提供给教育管理者认识自身实践的知识，帮助幼儿园教育管理者明确自己在社会中尤其是在教育管理活动中的地位，树立正确的角色意识，从而选择符合自身要求的行为模式和价值体系。[4]

（二）价值导向

"伦理学本身就是通过指示'应有'和'现有'的对立统一，告诉人们'应当如何'的一门价值科学，它注重用'应当'这一理想标尺来衡量人们的思想和行为。通过对'应当'的指示，旨在使人类趋于至善至美的最高道德境界。这种伦理实际就是一种伦理思想，它为人们指明行为的方向，具有价值导向的使命。"[5] 换言之，作为一种应该的、正当的规范意识和行动指令，伦理正是根植于实践的内在要求而引导着人类不同领域的活动，发挥着其对人的活动和行为的导向功能。而幼儿园经营与管理作为一个理应充满伦理关怀与道德指向的实践活动，显然离不开伦理的导向作用。这种导向功能的运作机制具体表现为以下三个方面：通过伦理的价值取向来实现导向功能；通过伦理道德的根本思想与未来指向来实现导向功能；通过伦理规范的规定性来实现导向功能。这三个方面的导向功能的发挥，能够为各级教育管理者及其管理、行为、评价等树立标准和尺子，使他们懂得什么是善行、什么是恶行、应该怎样做、不应该怎样做。[6]

（三）情感凝聚

伦理在管理活动中的情感凝聚价值主要表现在伦理共同体在具体的管理活动中的情感凝聚作用。詹姆斯·M.布坎南认为，共同体成员不应以孤立的个体自居，要把自己看成集体的一分子。幼儿园管理的物质载体是一个伦理共同体，在共同体内，管理者、教师、幼儿以及幼儿家长之间既紧密又单纯地结合在一起，共同实现教育的目的。幼儿园管理是在幼儿园共同体内进行的活动，在共同体内，管理者尊重教师，教师关爱幼儿，各主体之间融洽的情感关系、愉快的气氛成为调动管理多方参与管理的内驱力。俗话说，"感人心者，莫先乎情"，用情感凝聚人心具有世界上最不可思量的力量。情感是管理活动的前提和基础，也是管理成功的保障。这种建立在情感互动基础上的管理活动更是一种心与心的互动、交流与成长，由此形成的群体凝聚力是幼儿园管理活动顺利开展的基础性力量。此外，幼儿园管理中的情感凝聚价值也在一定程度上决定了幼儿园组织的生存与发展，决定了幼儿园组织能否走向集体。情感凝聚是一个复杂的心理现象，包括认识、情感和行为等多种心理成分，以集体成员的共同需要、共同利益为基础。[7]一个具有高度情感凝聚力的幼儿园能够体现出幼儿园对教师、幼儿等群体的吸引力，这种吸引力可以使幼儿园从"机械团结"走向真正意义上的团结，从而使幼儿园成为目标明确且一致（即高导向性）的集体。

（四）激励升华

人们的行为总是要受到一定的伦理道德价值观支配，并受到心理因素的强烈影响。一定的伦理道德总是体现特定群体的共同利益、习俗和传统，因而伦理就成为组织中人们内心衡量行为的标准。幼儿园经营与管理伦理原则的确定，不仅能够影响幼儿园管理成员的行为方向，引导整个幼儿园向预定的目标前进，而且还能培育全体成员扬善弃恶、慕正厌邪的情感，形成对一定理想与信念的坚定信心，以及为实现这种目标的强大道德责任感和克服困难的顽强意志，从而激发出极大的工作热情和开拓进取的积极性。在幼儿园的教育管理活动中发挥伦理的教育管理激励功能，就是通过激发幼儿园主体伦理行为的发生，使主体受到鼓励去做伦理道德所要求和期望的行为，最终实现伦理化管理所设定的整个教育管理关系模式系统的要求，取得预期的教育管理效果，达到既定的教育管理目标。[8]

第二节　幼儿园经营与管理的价值基础

 问题与思考

幼儿园经营与管理的价值追求主要有哪些？幼儿园经营与管理的价值关怀主要有哪些？

我们可以从价值追求和价值关怀两个维度来加深对幼儿园经营与管理的价值基础的理解。

一、价值追求

教育是在人类文明发展过程中有目的、有计划地培养人的活动。教育促进了整个人类的发展和完善,这是教育的本质,也是教育在道德上的"应然"。教育伦理作为社会所设定的关于教育活动之应然的价值体系和规范体系,其价值取向既包含了对教育本身的伦理要求,也包括了对教育活动主体的道德规定。在幼儿园的管理中,凡是符合这种应然状态的活动,就是教育的"善";而违背教育道德应然要求的活动,就是教育的恶。基于教育本身的特殊性,幼儿园经营与管理行为的价值追求,应该围绕动机、手段和结果来具体分析与把握。

(一)动机善

"动机是行为的思想意识、心理因素,是行为者对于所从事的行为过程的思想,也就是对行为目的和行为手段的思想,亦即对行为结果和行为过程的预想。它是行为的意识、思想、心理、观念、主观的方面,是意识中、思想中和观念中的行为。"[9] 在有些人看来,管理行为是否合乎伦理上的"善",就是看它是不是从善良的动机出发,是不是怀有好意。教育管理行为由于其教育性意义,因而行为的动机至关重要。任何一种幼儿园管理行为,是从美好、良善地促进人的成长和发展的愿望出发,还是基于对人的身心限制和损害出发,这都是判定该行为是否合乎教育伦理的最根本的前提。虽说在幼儿园经营中"以损害人的身心健康发展"为出发点的管理活动几乎不存在,却也经常出现本着以人的发展和成长为出发点,实际上做着压迫人和伤害人的行为。就好像"好心办坏事"那句古话说的一样,在幼儿园管理情境中,虽然从结果来看是办了坏事,但我们对教育管理行为进行道德评价时,仍会将动机善作为重要的评判标准之一。[10]

(二)手段善

目的和手段是一个有机整体,没有脱离目的的纯粹手段,也没有离开手段的纯粹目的,只有手段与目的相一致才会取得良好的行为效果。因此,不能仅仅用目的的合乎伦理来证明管理行为的手段也是合理的。在幼儿园的经营与管理中,管理手段只要违背了善良的意志、伦理的原则,都将损害管理行为整体的道德价值。但在充满功利性的现实教育管理活动中,"只要能够达到目标,只要能追求较高的效率,管他采用什么样的手段和方式"这类的观念却屡见不鲜,似乎只看重和凸显行为的结果而忽略了管理行为本身的过程和手段。例如,某些幼儿园甚至为了招生,不惜采用违背伦理道德的管理手段、方式和措施。若为了达成某种结果,即使是好的结果,使用的手段和方法是不符合善的,那么也不能将之称为符合伦理的管理行为。

(三)结果善

关于如何评判一种伦理行为的结果,王海明教授提出了评判伦理行为之善恶的道德总原则:"善是一切符合道德目的、道德终极标准的伦理行为,也就是一切符合'增加社会和每个人的利益总量'的伦理行为……'利他与利己'或'有利于人类的行为'是善的定义,是一切具有正道德价值的行为之总和,是一切伦理行为应该如何的总原则。"[11] 换言之,善的行为结果应该对自我、他人甚至全人类有益。当前教育管理中人们更多地关注结果的善,然而需要注意的是,动机的善或者手段的善并不一定能带来结果的善。幼儿园经营与管理行为之善恶,从动机、手段和结果不同的角度进行评价得出的结论也会不同。但是如果一项管理行为的出发点是恶的,却歪打正着取得了善的结果,我们也不能认为该项活动是"善"的。任何一项幼儿园经营与管理行为,要在动机、手段、结果上均追求"善"这个应然价值,才能摆脱实践中的伦理困境。

> **知识卡**
>
> 　　德性必定被理解为这样的品质:将不仅维持实践,使我们获得实践的内在利益,而且也将使我们能够克服我们所遭遇的伤害、危险、诱惑和涣散,从而在对相关类型的善的追求中支撑我们,并且还将把不断增长的自我认识和对善的认识充实我们。
>
> 　　　　　　　　　　　　　　　　　　　　——阿拉斯代尔·麦金太尔:《德性之后》

二、价值关怀

对幼儿园经营与管理的动机善、手段善和结果善三者的价值追求,需要体现在如下三个具体的价值关怀上。

(一) 公正平等

在幼儿园的经营与管理中制度都要展现出公平、公正的伦理价值。在幼儿园经营与管理的过程中应落实以人为本的管理理念,因为人权是每个人生命价值的表现,人权是最基本的权利。在教育管理活动中,要遵循人道主义精神,有效保证参与教育活动人员的基本权益。"他者"理论认为:"我—你"的关系是人际关系,这种主体间的关系是一种彼此平等、相互回应的关系。"他者"对于我有着不可知性,我不能替代"他者"。幼儿园管理是自我主体和"他者"等多元主体之间互动合作的行为实践活动,对"他者"的尊重是最基本的。[12]例如,教师和幼儿作为幼儿园管理中的"他者",管理者应给予他们公平的对待。园长要多给教师表达自己观点的机会,在平等和相互尊重的关系下进行和谐融洽的沟通交流。换言之,管理者要用以人为本的管理理念对待其他教育活动参与人员,不能将自身之外的其他人看作传统意义上的"客体"对象,而是也要将"他者"看作同自己一样的、平等的主体。在制定政策和作出决定时,要公平、公正地站在"他者"的角度,充分考虑"他者"的利益需求。[13]

(二) 以人为中心

人的目的就是教育伦理的终极目的。古典管理理论忽视人的情感、意识和精神,将人看作机器和工具;行为主义管理理论开始关注管理中的人际关系,借以调动被管理者的积极性和主动性。较之古典管理理论,行为主义的管理理论有了进步,但仍然没有摆脱将人视为工具的窠臼。受非理性主义思潮的影响,管理理论得以逐渐形成以人为本的理念。在教育管理领域,只有在以人为本的现代教育管理价值观指导下,教育管理人员才能把目光清醒地投注到对人的关怀上,努力改变被工作异化的状态,进而树立以人为目的、以人为本的教育管理价值观和管理准则。[14]要树立以人为本的管理伦理观,幼儿园领导者就要改变管理的传统人性假设。管理学家麦格雷戈认为,在每一个管理决策或每一项管理措施的背后,都必有某些关于人性本质及人性行为的假设。传统的幼儿园管理把人看成"工具人",基于"人性恶"对其管制,造成了管理中伦理的缺乏。管理失去了伦理价值,就剩下了唯一的功利指向——为了管理而管理。相反,以人为中心管理的前提假设是把人看作"生命人",基于"人性善"去观照全体师生,能使幼儿园管理呈现出对人的尊重、信任与关怀,从而推动每一个生命健康成长。[15]

(三) 以人的全面发展为宗旨

人的自由发展是马克思主义确立的"至善"目标,也是人类社会孜孜以求的美好愿景。作为人类社会生活的一种理想,"自由"蕴含着一种高度的价值,意味着人自我价值的充分实现。教育的"至善"——人的全面自由发展,构成了教育伦理评价的最高标准。教育管理是一种为促进人类自身再生产而使教育更好地为一定社会服务的特殊的人类实践活动。教育管理活动的特殊性,决定了其目标的确定与达成同教育目的密切相关。[16]根据教育究竟是满足社会的需要还是满足人的需要,教育史上曾出现过"社会本位论"和"个人本位论"两种对立的教育目的观。然而,教育无论是满足社会需要,还是满足人的需要,都是要经由作为主体的人的发展来实现的,没有人的自由发展,一切都是空谈。因此,促进人的全面发展是教育的根本目的,也是幼儿园经营与管理伦理的重要价值关怀。

第三节　幼儿园经营与管理的伦理原则

 问题与思考

在幼儿园经营与管理中,我们应该遵循哪些伦理原则?

幼儿园经营与管理伦理的确立就是要通过伦理原则,来调节善恶、公平和合理与否等,正如《管子·心术上》所说,"故德者得也",有"德",管理方能达成其目标。也就是说,幼儿园经营与管理的伦理原则可以引导教育工作者在教育管理活动中评判哪些行为是正当的、善的,这样管理伦理便成为价值引导和利益规范的引领者和协调者。通过伦理原则的确立,设定幼儿园经营与管理中行为的"应然",引导教育工作者处理教育中各类关系,在心中确立是非、善恶、好坏的评判标准,并借此道德原则把握行为的边界。

一、教育性

在教育场域中探讨经营与管理,教育性是必须蕴含其中的价值追求。幼儿园管理应以使幼儿成为一个真正意义上的人为出发点和归宿,管理只是为了更好地达到教育目的的工具,并非为了管理而去管理。教育应致力于培养人的好奇心和求知欲,并发展人们自我完善和不断学习的人生态度。因此,幼儿园经营管理中要强调教育性。教育性是指在管理中要促进幼儿"纵向有序,横向丰裕"的包容性发展,真正关注全体幼儿的全面成长。纵向有序,意味着使用管理的目的不仅兼顾当下,也应指向未来的可持续发展,在培养幼儿认知能力的同时,也激发幼儿的想象力、创造力和求知欲等对未来可持续成长有益的素养。横向丰裕,是指管理要促进幼儿的全面发展,使幼儿的个性与社会性发展并重。幼儿园管理者在幼儿园的经营与管理中要关注人文之维,包括尊重幼儿、关怀幼儿等。具体而言,在管理中,幼儿园管理者应从幼儿的需要出发,充分调动其知、情、意、行,不仅着眼于当下的进步,也放眼未来的成长,使全体幼儿都能不断丰富和完善自我。

二、民主性

民主是以人为目的的幼儿园经营与管理价值观的展开与运用,是制约伦理失范强有力的手段。杜威认为,在教育领域内,民主不仅是目的,更是手段,民主本身就是解决现代学校组织内在的价值冲突的手段。在幼儿园经营与管理中,科层管理下管理者的管理活动被描述成行使权力、控制他人。在这种情况下,权力往往被定义为领导者用以达到其目的的一项工具。相反,民主要求幼儿园经营与管理者以学生、家长、教职工的权利为准绳,广泛吸收教育管理者、幼儿家长、教育专家以及社会公众参与幼儿园教育管理决策。民主要求幼儿园经营与管理者在学校管理制度的设计与政策的安排上,不分年龄、性别、地位、阶层、亲疏而一视同仁地对待幼儿园利益相关者。简而言之,只有管理者秉持民主原则,在幼儿园经营与管理中才更能尊重与保护利益相关者的权利,提高利益相关者的参与程度,使管理与决策更加民主化和科学化。[17]

三、公平性

公平是人类社会具有永恒价值的基本理念和价值取向,只有引入公平伦理原则,幼儿园经营与管理才能合伦理地满足教育取向。首先,公平是教育管理促进人的自由发展的内在保障。人的自由发展并不是单个人或某些人的自由发展,而是所有人的普遍的自由发展。公平正是通过对人们的自由作出适当的限制来实现人的普遍自由的,它是教育管理保障每一个人,尤其是弱势群体中每一个人的基本权利,促进其自由而全面发展的最重要机制。[18]其次,公平是教育管理促进人的自由发展的重要动力。根据亚当斯的"公平理论",在幼儿园管理活动中,如果管理者能做到公平管理,就能保护和激发教师的积极性,充分发挥教师的创造精神和潜能,使其朝培养人的自由全面发展而努力。通过公平管理使人形成追求组织期望的价值目标的信念,是公平激励的原理。[19]从这个意义上说,对幼儿园现存的每一项管理制度进行伦理审视与重估,构筑凸显伦理精神、蕴含教育公正的教育管理制度,理应成为幼儿园经营与管理伦理建设的重要内容。

四、不伤害

不伤害幼儿是幼儿园经营与管理中的基本伦理,这一规范要求教育管理者在动机、过程和结果上都不能对幼儿和教师造成任何伤害。幼儿园管理行为因其与自身的育人特性的不可剥离性,应该从美好、良善的愿望出发,不对人的身心造成任何限制和损害。但在现实的幼儿园管理实践中,因过分追求实效、伦理原则缺位而导致人际隔阂、"见物不见人"等诸多不和谐现象的发生。但是,仅追求绩效,依靠管制、操控等"管理主义"的方式和手段不仅不能完全解决问题,反而会引发园所诸多矛盾与冲突,对幼儿和教师造成伤害。康德把"人是目的而不是手段"视为绝对命令,相应地,教育管理所实现的不仅仅是一种结果的获得与幼儿园组织目标的达成,更要注重每个教育利益相关者的权利和价值。因而,幼儿园应以人为本,以人的发展和幸福作为幼儿园经营管理的出发点和归宿,而忽视教职工和幼儿的权利、有损教职工和幼儿的人格就是一种隐性伤害。[20]

五、效益性

效益性是幼儿园经营与管理中应遵循的伦理原则。美国学者罗宾斯对"效率"与"效益"进行了经典的区分:效率(efficiency)是指"正确地做事",是投入—产出比;效益(effectiveness)则是"做正确的事",关注的是组织目标的完成情况。[21]可以看出,"效率"一词关注的是做事的"手段",而"效益"一词关注的是"结果"的达成。在教育管理中,追求"效益"是指更重视教育培养人、发展人的本质作用。然而,以效率和工具理性为导向的管理主义,只关注达成既定目标的手段而常常忽略对目的本身的关切。在幼儿教育实践中,其具体表现为:存在急功近利,偏重于人才培养的工具性价值,专注于人才的专业知识和技能,忽视人才的思想道德、品质和社会责任心培养的现象。其结果表现为:幼儿园管理与保教仅仅出于提高外显的"效率"考量,忽视了幼儿情感、态度和价值观的培养,没有关注到让幼儿取得最好的"效益"(真正的成长)。事实上,幼儿园管理者如果不关心幼儿的德性与心智成长,只停留于工具理性层面,保教就难以产生具有效益性的真正影响。因此,幼儿园经营与管理不能仅仅关注效率,更要确保其为合理的教育目标的实现服务,从而彰显效益性。

知识卡

效率(efficiency)

正确地做事,考虑的是投入—产出比。

以效率和工具理性为导向的管理主义,只关注达成既定目标的手段,忽视对目的本身的关切。

效益(effectiveness)

做正确的事,考虑的是目标完成的情况。

遵循效益性的管理者,会更以人为中心,为人的全面发展做更多考量。

第四节   幼儿园经营与管理的伦理失范

 问题与思考

在幼儿园经营与管理的实践中,你观察到有哪些违反伦理的行为? 你认为是什么原因导致了幼儿园经营与管理的伦理失范?

一、伦理失范的体现

(一)管理的主体性缺失

不可否认的是,园长在幼儿园管理中扮演着关键角色,但是教师理应是幼儿园管理中的重要参与者,《中华人民共和国教师法》第七条明确赋予教师参与学校民主管理的权利。然而在幼儿园中,一些管理者并未应充分调动幼儿教师工作的积极主动性,没有体现教师的主体地位。我国目前大部分幼儿园实行的是园长负责制。由于科层制管理体制的影响,园长负责制还存在着园长权力过于集中、教职工代表大会权力不明确、社会及家长无权过问幼儿园内部事务管理等问题,这些问题带来了幼儿园管理实践中的种种伦理困境。由于与园长负责制配套的管理制度不健全,园长一人掌握幼儿园的人事、保教、财务等大权,容易演变成"园长专权制",出现园长对待下级包括教职工、幼儿及其家长不够重视,园长与幼儿园其他领导之间常常在决策等职能上发生显性或隐性冲突等负面现象。

(二)管理观念效率至上

幼儿园管理的"本体价值在于人的自由而全面的发展,在于育人,在于人的价值的充分实现"。然而长期以来,整个教育管理领域对管理的理解却倾向于"管理理论之父"法约尔的管理价值观点,即"管理就是规划、组织、指挥、协调和控制,管理的对象是一个静态的、可以控制的封闭系统,在系统内部,管理者依靠自己的职务、权力和责任对管理对象进行标准化、规范化的管理"[22]。这种管理观念在幼儿园管理中的体现就是过分追求其工具价值和效率至上,而忽视了其育人目标(本体价值)。工具理性的控制手段在幼儿园管理中的广泛应用,正如海德格尔所说的"技术的强势统治,使人失去了自由变成了工具的奴隶"。这种幼儿园管理手段呈现出专制型和规训化的特点,抑制了师幼身心的发展,遏制了师幼生命的灵性与灵气,导致了幼儿园管理中伦理精神的缺失。

● 相关链接 ●

禁止幼儿园"小学化"倾向

教育部办公厅印发的《关于开展幼儿园"小学化"专项治理工作的通知》指出,一些幼儿园违背幼儿身心发展规律和认知特点,提前教授小学内容、强化知识技能训练,"小学化"倾向十分严重。

教育部严禁幼儿园阶段教授小学课程内容,社会培训机构也不得以学前班、幼小衔接等名义提前教授小学内容。

同时,纠正"小学化"教育方式,引导幼儿园园长、教师及家长树立科学育儿观念,坚持以幼儿为本,尊重幼儿学习兴趣和需求,合理安排和组织幼儿一日生活。

要求合理利用幼儿园室内外环境,创设开放的、多样的区域活动空间,满足幼儿开展游戏活动的基本需要。

(三)管理方式的工具化

管理过程是管理者实现管理目标的过程。为了实现管理目标,管理者在管理过程中针对管理对象会采取一系列管理方法和手段。幼儿园经营与管理的过程亦是如此。幼儿园管理的目标是实现人的自由而全面的发展,但由于幼儿园管理在价值追求上的偏差,在管理过程中使管理方法和手段工具化。在当前我国幼儿园管理实践中,有教师打着"为孩子好"的旗号,无视幼儿的尊严,利用其教师的身份,滥用其教育权,体罚幼儿,甚至采用非人道的惩罚乃至暴力。如口头批评、讽刺、变相体罚等管理手段已在新闻中有所报道,体罚、伤害幼儿生命健康和安全的行为不仅涉及伦理问题,而且上升为法律问题了。个别教师的失德与违法行为属于个人职业道德和个人道德问题,但是幼儿园如果不加以制止,反而对这种管理方式加以默认,那就是幼儿园管理中伦理精神的丢失了。

二、伦理失范的归因

(一) 道德领导缺失

幼儿园领导者的管理理念、行为方式、交往风格和处事态度能从不同的方面影响组织文化的形成,也在某种程度上能够反映一所幼儿园的文化类型。冯大鸣教授根据萨乔万尼的学校道德领导思想归纳出领导权威的五种来源,并认为将科层权威、心理权威、技术理性权威置于首位,效率就会成为组织的最高价值;而只有将道德领导置于首位,才能让忠诚、和谐、美、真理等价值在学校中得以彰显。幼儿园园长领导和管理者的工作不可避免地具有强烈的价值渗透。好与坏、对与错、成本与效益、效率与效果等观念,时刻成为领导和管理者进行决策时必须作出的权衡和遵循的评价依据。正如张新平教授所言:"教育管理是一个深深地渗透着价值伦理的事业,……在种种彼此冲突的价值中作出选择,并在种种矛盾的利益权衡中作出符合伦理的决策,是教育管理人员与各级各类教育管理机关日常工作的重要组成部分。"[23]因此,可以说道德领导是幼儿园管理工作不可或缺的重要维度。能在幼儿园管理中实施道德领导的园长,对于保教和园所发展会有一种深沉、智慧的认识和理解,对于人的内心世界和人的真实需要会多一份敏感、善良的体会和感受。[24]相反地,如果幼儿园管理者道德领导缺失,就容易导致伦理问题的产生。

(二) 管理观念偏差

教育自身愈加凸显的竞争性和功利性给幼儿园管理者带来了一定的困难与困惑。在功利主义的鼓吹下,教育管理者容易将学校作为实现个人愿望和满足个人需要的手段,如幼儿园园长把园所发展当作自己晋升的台阶,把教育的新形式和新方法当作招生的广告,将招生作为经营幼儿园的手段;而幼儿教师把幼儿家长当作未来可利用的资源,把自己对幼儿的态度当作潜在的情感投资等。幼儿园的一些利益主体在幼儿园的经营与管理中追求实现个人功利,而这种功利主义的管理观念和态度实际上严重损害了幼儿园的公众形象,也直接违背了教育伦理。例如,在功利主义管理理念和态度主导下,当前部分幼儿园出现"小学化"倾向,幼儿园教育似乎已经变成了一种经济活动,其课程和教学渗透着深深的市场逻辑,在"不能让孩子输在起跑线上"观念驱使下,幼儿园向充斥着竞争和残酷输赢的活动场所演变。[25]这就导致幼儿园教学枯燥乏味,既不能焕发教师的生命活力,也很难让幼儿真心喜欢幼儿园且体会到探索的乐趣、与人交往的快乐。

(三) 管理规范不足

从伦理学的角度说,规范是社会生活中普遍存在的现象,在一切涉及人的活动的领域,总是伴随着相应的规范存在。规范就是一种标准、一种准则,这种标准是人们约定俗成的,也可以是管理者有意识制定的。幼儿园经营与管理中必须用规范来实现伦理目的,因为规范具有一定的强制性。有了规范,教育者才能在教育活动中使自身的行为举止符合伦理道德,才能在行动之前就决定在什么教育活动下应该有什么样的行为举止。但是在幼儿园管理实践中,一定程度上存在着以下现象:管理规范没有以明确的方式呈现在教育者、管理者的面前;对于管理主体的思想和行为是善的还是恶的,是先进的还是落后的,是符合道德的还是反道德的,没有提供有普遍约束力的价值标准等。

第五节　幼儿园经营与管理伦理的实现

 问题与思考

幼儿园经营与管理伦理的实现有哪些路径?

幼儿园经营与管理实践中存在伦理失范现象。为了促进幼儿园经营与管理活动符合应有的价值基础与伦理原则,我们需要从如下四个维度着手。

一、道德领导

幼儿园道德领导是指园长借助道德的权威,在帮助教师实现自我管理的同时将园所从一个组织转变为一个共同体,从而最终实现幼儿园办学目标的过程。在道德领导概念中,领导不再是一种控制,而是一种建设性的努力,此时领导的任务就是去施加一种能使领导者与他人紧密连接的道德秩序的影响。道德领导具体到幼儿园的经营与管理中,并不要求园长做一个完人、圣人,而要求园长注重对价值伦理的关注及对善的追求。另外,幼儿园道德领导强调园长以协作、磋商的方式实施领导,并通过幼儿园这个组织传达一种有别于企业、商业的管理理念,以指引幼儿园组织去追求那些立意高远的值得追求的目标,从而形成新的社会与幼儿园氛围。[26]总之,幼儿园道德领导能够把园所转化为共同体,使教师对共同体的承诺和相互依赖感作出回应,由此使教师的工作变成集体性的协作活动,更有助于促进幼儿园的发展。

二、激励机制

如果我们把教育者的合乎伦理行为简单等同于奉献和牺牲,却没有承认和赞美,那么伦理就成了对人性的束缚。教育伦理规范体系应既包含惩处机制,又包括激励性规范。由于传统的教育伦理研究往往只注重"抑恶"而忽视了"扬善",[27]所以现代教育伦理学要特别注重倡导性规范的确立,强调构建一套行之有效的激励机制。因为人的行为是由动机支配的,激励就是运用各种有效手段,通过满足人的内在需要,激发人的热情,充分发挥人的内在动力。从最终的意义上而言,教育者求善乃是行为主体高度自觉性的体现,为此设立一定的激励机制要比展示刚性的惩处机制更为有效。激励机制的构建大体上包含两方面的内容:一是主体的自我激励,即自己为自己设定向善的动力机制;二是外在的社会激励,这种激励可以是精神激励,也可以是物质激励。行之有效的社会激励机制既是激发教育者职业自豪感和强化其工作责任心的需要,也是实现旨在追求教育者德福一致的教育伦理公正的需要。只有坚持自我激励和社会激励并举,激励机制才是健全的;只有在完善科学的激励机制推动下,教育者的求善行为才可能获得持久不断的动力,才能不断实现从外在守德到内在守德、从消极守德到积极守德、从自发守德到自觉守德的跨越,从而实现守德层次的提升。最终,教育者的行为才能不断贴近教育伦理的价值目标,社会的教育道德建设才可能获得理想的效益。[28]因此,幼儿园经营与管理伦理的实现,需要为教育者建立包括自我激励和社会激励在内的有效的双重激励机制。

三、培训体系

幼儿园经营与管理伦理的实现,必须通过一定的培训。[29]古人云:"君子如欲化民成俗,其必由学乎!"普罗塔戈拉认为,美德是可教的。对于教育管理而言,如果没有对教育管理者进行伦理培训,他们就很难形成社会和教育所倡导的伦理理念与道德意识。因此,在教育管理与制度建立过程中,要有意识地提高管理人员的道德素养,强化教育管理中的伦理性内容,为管理人员的伦理道德意识培育提供充分的保障。[30]幼儿园园长和教师都应该懂得教育规律,提升自身的伦理道德素质。教育行政部门应为教师提供与伦理道德相关的培训,这有助于他们形成一定的道德觉悟,增强职业道德责任意识,提高职业道德素养,并使他们在面临伦理困境时能作出种种积极合理的伦理选择。幼儿园园长作为引领幼儿园长远发展的关键人物,更需要有针对性地培训和学习,使其将初级的、零散的道德认知和道德情感上升为更高级的道德意志、道德信念和道德行为,最终在管理实践中实现伦理自觉。

四、评价机制

提升幼儿园经营与管理的伦理性,离不开对评价机制的规范。对一切教育现象中存在的善恶是非进行价值判断和道德裁定,需要借助对评价机制的认识与价值导向作用。在幼儿园管理中,制定评价机制可以告诉管理者哪些管理行为是合乎伦理道德的、应该为之的,哪些行为是有伦理风险的、不能为之的,从而增强管理者的职业道德意识,规范管理者的行为,避免违背伦理的事件发生。为了让幼儿园管理者的伦理评价体系更具可操作性,可以制定全面、具体的道德评价标准，坚持量化标准和质性评价相结合，建立连续、动态的评价机制，将对幼儿园管理者的伦理评价机制完善成一个"考核—反馈—矫正—优化"的动态系统。在这个动态系统中，倡导多方参与评价，让不同评价主体从不同视角进行综合评价，使伦理评价成为管理者、同事、幼儿家长等多主体共同参与的交互活动，从而对管理者的道德状况作出全面客观的评价。通过对幼儿园管理中动机、手段、结果之优劣的分析、比较和判断，针对幼儿园管理中存在的伦理道德问题进行反思和总结，指导管理者和教师职业道德的反思与提高，从而达到提高幼儿园管理的伦理道德水平、实现幼儿园经营与管理伦理的目的。

 本章小结

　　哲学家康德有一句众口传诵的名言，即"有两种东西，我们愈时常、愈反复加以思维，它们就给人心灌注了时时在翻新、有加无已的赞叹和敬畏：头上的星空和内心的道德法则"[31]。"教育"与"伦理"具有密不可分的内在联系，伦理是一切教育活动的基础。它作为一种应该和正当的规范意识和行动指令，在幼儿园经营与管理中也应体现其意蕴。价值依赖于功能，功能是价值实现的基础。伦理具有特殊的社会调节功能和管理功能，如认识评价功能、价值导向功能、情感凝聚功能和激励升华功能。在幼儿园经营与管理中，其伦理的价值基础不仅要追求动机善、手段善、结果善，还应该有公正平等、以人为中心、以人的全面发展为宗旨的价值关怀。在幼儿园经营与管理中必须遵循的伦理原则主要包括：教育性、民主性、公平性、不伤害和效益性等原则，只有这样，幼儿园管理者才能妥善处理教育中各类关系，在心中确立是非、善恶、好坏的评判标准，并借此伦理原则把握行为的边界。由于道德领导缺失、管理观念偏差和管理规范不足等原因，幼儿园经营与管理中存在着诸多伦理失范现象，如管理的主体性缺失、管理观念效率至上和管理方式的工具化等。为促进幼儿园经营与管理伦理的实现，应实施道德领导，建立好相关的激励机制、培训体系和评价机制。

 理解 · 反思 · 探究

　　1. 为什么在幼儿园经营与管理中要将伦理考虑其中？
　　2. 在幼儿园经营与管理中应该遵循哪些伦理原则？
　　3. 如何建立幼儿园经营与管理伦理的实现机制？
　　4. 案例分析：
　　事件①：教师揪幼童双耳离地20厘米，将幼童扔进垃圾桶内。
　　事件②：教师半小时内打孩子70个耳光。
　　事件③：教师让全班29个孩子轮流打女童。
　　幼儿教师体罚或虐待孩子现象时有发生，从揪耳朵提起到狂扇女童耳光，手段和花样不断升级。本应是呵护幼儿成长的园丁，怎么就成了戕害儿童的毒手。案例中的幼儿教师违背了哪些伦理原则？为什么会出现此类现象？请你结合本章学习内容，谈谈自己的理解。

 推荐阅读 ●

1. 何怀宏.伦理学是什么[M].北京：北京大学出版社，2002.
2. 王海明.新伦理学[M].北京：商务印书馆，2001.
3. 戴木才.管理的伦理法则[M].南昌：江西人民出版社，2001.
4. 钱焕琦.教育伦理学[M].南京：南京师范大学出版社，2009.
5. 郑富兴.当代学校组织的伦理基础[M].北京：教育科学出版社，2010.

◆ **参考文献** ●

[1] 何怀宏.伦理学是什么[M].北京：北京大学出版社，2002：5.

[2] 金保华，陈萍.试论伦理的教育管理价值与功能[J].教育探索，2010(03)：18-19.

[3] 龚天平.管理与伦理的互动价值解读[J].道德与文明，2004(03)：37-41.

[4] 郅庭瑾.教育管理伦理：一个新的研究领域[J].华东师范大学学报（教育科学版），2005(03)：38-42,73.

[5] 戴木才.管理的伦理法则[M].南昌：江西人民出版社，2001：66.

[6] 金保华，陈萍.试论伦理的教育管理价值与功能[J].教育探索，2010(03)：18-19.

[7] 赵春娟.班级管理的伦理审视[D].济南：山东师范大学，2012：17-18.

[8] 金保华，陈萍.试论伦理的教育管理价值与功能[J].教育探索，2010(03)：18-19.

[9] 王海明.新伦理学[M].北京：商务印书馆，2001：580.

[10] 郅庭瑾.教育管理的伦理向度[M].北京：教育科学出版社，2015：125-126.

[11] 王海明.新伦理学[M].北京：商务印书馆，2001：246.

[12] 郝娜.列维纳斯的他者伦理学对现代学校道德教育的启示[J].现代教育科学，2015(08)：112-114.

[13] 蒙冰峰.高校教育治理中的他者伦理建构[J].高教学刊，2020(26)：133-136.

[14] 张丹丹.教育管理的伦理向度探析[J].教育导刊（上半月），2006(11)：14-16.

[15] 王桃英.伦理管理：学校组织管理新趋势[J].教育导刊（上半月），2009(10)：33-35.

[16] 金保华.人的自由发展：教育管理的终极善[J].教育研究，2014(12)：30-36.

[17] 王桃英.对我国学前教育管理的审视——基于伦理的视角[J].教育探索，2010(03)：28-29.

[18] 吴永军.教育公平：当今中国基础教育发展的核心价值[J].教育发展研究，2012(18)：1-6.

[19] 戴文礼.公平论[M].北京：中国社会科学出版社，1997：190.

［20］陈荣荣.幼儿园常见的师源性隐性伤害浅析［J］.成都师范学院学报,2017(07)：46－49.

［21］［美］斯蒂芬·P.罗宾斯,玛丽·库尔特.管理学(第11版)［M］.李原,孙健敏,黄小勇,译.北京：中国人民大学出版社,2012：8－9.

［22］钱焕琦.教育伦理学［M］.南京：南京师范大学出版社,2009：179.

［23］张新平.新世纪国外教育管理学理论的发展趋势［J］.比较教育研究,2004(03)：48－52.

［24］郅庭瑾.论教育领导的伦理向度及其实现［J］.教育研究,2012(11)：22－27.

［25］郑富兴.当代学校组织的伦理基础［M］.北京：教育科学出版社,2010：111.

［26］石一.论学校道德领导［J］.教学与管理(中学版),2004(10)：3－5.

［27］刘云林.教育善的求索：实然与应然［J］.教育理论与实践,2003(05)：15－17.

［28］刘云林.教育伦理规范生成的辩证视野［J］.教育研究与实验,2012(01)：35－39.

［29］糜海波.教育伦理建设引论［M］.北京：中国社会科学出版社,2015：225.

［30］张杨,李霄霞.教育管理中教育伦理的基础分析［J］.品牌,2015(06)：234.

［31］［德］康德.实践理性批判［M］.关文运,译.桂林：广西师范大学出版社,2002：164.

第五章 幼儿园经营与管理的法律

在民主的国家里,法律就是国王;在专制的国家里,国王就是法律。

——卡尔·马克思

法律的基础有两个,而且只有两个……公平和实用。

——爱德蒙·伯克

 知识导图

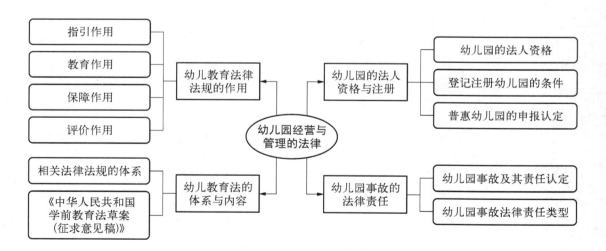

要点提示 ——————————————————————————•

本章内容主要包括四个方面：一是从指引作用、教育作用、保障作用、评价作用来论述幼儿教育法律法规的作用；二是从法律、法规、规章等层面论述幼儿教育法律法规的体系，并介绍了《中华人民共和国学前教育法草案（征求意见稿）》；三是介绍幼儿园的法人资格、登记注册幼儿园的条件和普惠幼儿园的申报认定；四是基于案例阐述幼儿园事故责任的认定及类型。

 学习目标 ——————————————————————————•

通过本章学习，你应该能够：
- 掌握与幼儿园经营与管理相关的法律法规，增强法律意识。
- 了解登记注册幼儿园需要具备的条件。
- 掌握幼儿园事故法律责任类型及其认定原则。

第一节　幼儿教育法律法规的作用

 问题与思考

幼儿教育法律法规有哪些作用？

幼儿教育法律法规是教育法的组成部分，幼儿教育法律法规的贯彻实施对于促进我国学前教育事业的发展、提高民族素质、培养建设人才具有重要的意义。随着《幼儿园管理条例》《幼儿园工作规程》《幼儿园教育指导纲要（试行）》，以及其他幼儿教育法律法规的颁布实施，我国幼儿教育正在不断走上法治化、规范化的轨道。具体而言，幼儿教育法律法规的作用体现在如下四个方面。[1]

一、指引作用

幼儿教育法律法规是国家以法律法规的形式向各种社会团体和个人宣布的关于幼儿教育的规定与指示，并明确要求幼儿园等各有关机关、团体和个人必须执行这些条文。它明确规定哪些是赞成和鼓励的，哪些是教育行政部门规定必须做的或禁止做的。这反映了幼儿教育的价值取向和政策指引，这种指引分为正向指引和负面指引。正向指引是指幼儿教育法律法规能够从正面或者积极方面，指引人们按照规定可以做什么。比如，《幼儿园教育指导纲要（试行）》中指出："幼儿园应为幼儿提供健康、丰富的生活和活动环境，满足他们多方面发展的需要，使他们在快乐的童年生活中获得有益于身心发展的经验。幼儿园教育应尊重幼儿的人格和权利，尊重幼儿身心发展的规律和学习特点，以游戏为基本活动，保教并重，关注个别差异，促进每个幼儿富有个性的发展。"[2]这是从正面或积极方面对人们的教育行为起指引作用的。负面指引是指幼儿教育法律法规能够从消极的方面指引人们不能做和不该做什么。比如，《幼儿园管理条例》规定："具有下列情形之一的单位或者个人，由教育行政部门对直接责任人员给予警告、罚款的行政处罚，或者由教育行政部门建议有关部门对责任人员给予行政处分：（一）体罚或变相体罚幼儿的；（二）使用有毒、有害物质制作教具、玩具的；（三）克扣、挪用幼儿园经费的……前款所列情形，情节严重，构成犯罪的，由司法机关依法追究刑事责任。"[3]

二、教育作用

幼儿教育法律法规的颁布，其实质是要教育和规范人们学习并遵守幼儿教育法律法规的规定,并运用其来保护自己的权益与幼儿的权利,同时教育其他团体或个人对幼儿教育和幼儿的重视。幼儿教育法律法规的制定是从幼儿园教育的基本理念、基本原理和基本规律出发,具体规定了幼儿园教育的基本内容范畴与目标及基本的实践规范和要求、幼儿园工作人员的基本要求、幼儿园的保教工作的要求、奖励与处罚等,形成了对幼儿教育的普遍的、稳定的教育行为规范。比如,《幼儿园工作规程》明确规定,幼儿园教育应当贯彻以下原则和要求:德、智、体、美等方面的教育应互相渗透,有机结合。遵循幼儿身心发展规律,符合幼儿年龄特点,注重个体差异,因人施教,引导幼儿个性健康发展。面向全体幼儿,热爱幼儿,坚持积极鼓励、启发引导的正面教育。综合组织健康、语言、社会、科学、艺术各领域的教育内容,渗透于幼儿一日生活的各项活动中,充分发挥各种教育手段的交互作用。以游戏为基本活动,寓教育于各项活动之中。创设与教育相适应的良好环境,为幼儿提供活动和表现能力的机会与条件。[4]这些行为规范要逐渐内化为从业者的思想意识,深入每个幼儿教育工作者的心中,并转化为教育行为。这一过程就是幼儿教育法律法规的教育作用的体现。此外,幼儿教育法律法规对合法教育行为的保护与鼓励,对本人和他人有示范、激励作用;对不合法行为的制裁和惩罚,对本人和他人有警告、提醒作用。这两种方式都发挥了幼儿教育法律法规的教育作用。

三、保障作用

保障作用主要体现在两个方面。一方面,幼儿教育法律法规有利于保障和促进依法治教,提高幼儿教育工作的效率。幼儿教育法律法规对法律关系主体的法律地位、权利和义务等作了明确规定,并对违反幼儿教育法律法规的法律责任、处罚形式作了具体规定。这些规定为依法治教提供了基本的法律依据,从而有利于保障和促进依法治教的实现。幼儿教育法律法规对幼儿教育的地位、基本制度、师资、教育投入与条件保障都作了明确规定,并通过自身强制作用为幼儿教育事业的发展创造了良好的外部环境,因而对幼儿教育事业的发展起着巨大的保障和促进作用。同时,幼儿教育法律法规对幼儿教育活动的组织和实施都有明确规定,幼儿园和各级行政部门按照幼儿教育法律法规进行管理,可以避免工作中的随意性和盲目性,有利于提高幼儿教育工作的效率。另一方面,幼儿教育法律法规的颁布有利于保障幼儿学习的权利和被尊重的权利。比如,《幼儿园教育指导纲要(试行)》规定:幼儿园教育应尊重幼儿的人格和权利,尊重幼儿身心发展的规律和学习特点,以游戏为基本活动,保教并重,关注个别差异,促进每个幼儿富有个性的发展。[5]

四、评价作用

幼儿教育法律法规作为国家普遍性、强制性的教育行为标准,具有判断、衡量人们教育行为的作用。这主要体现在以下两个方面：一是幼儿教育法律法规对办园、管理和评估等评价具有客观性，明确规定了哪些是可以做的，哪些是不可以做的。例如，《幼儿园管理条例》是我国举办、管理和评估幼儿园的基本依据，它明确规定了幼儿园的任务、管理体制和原则，举办幼儿园的条件、保教工作的目标和原则，以及法律责任和执法、监督等。因而，它是个人和团体办园的评价标准，不会因人而异。二是对幼儿教育工作者的教育行为及教育质量的评价具有指导性。教师和保育工作者的教育行为要符合《幼儿园工作规程》《幼儿园管理条例》《幼儿园教育指导纲要（试行）》等的有关规定。

第二节　幼儿教育法的体系与内容

 问题与思考

幼儿教育经营与管理相关的法律法规体系是怎样的？

一、相关法律法规的体系

幼儿教育法律法规是指国家和政府规范幼儿园教育教学、经营管理活动的规范性文件。幼儿教育法律法规体系由如下几个层面组成。[6]

（一）法律层面

与幼儿教育法律法规相关的法律主要有：《中华人民共和国宪法》《中华人民共和国未成年人保护法》《中华人民共和国教育法》《中华人民共和国母婴保健法》《中华人民共和国教师法》《中华人民共和国民办教育促进法》等。

（二）法规层面

《中华人民共和国立法法》规定的法规有两类。一是行政法规，由国务院根据宪法和法律并依法定程序在自身行政权限范围内制定的规范性文件。主要有：《幼儿园管理条例》《国家中长期教育改革和发展规划纲要（2010—2020 年）》《国务院关于当前发展学前教育的若干意见》《幼儿园教育指导纲要（试行）》《幼儿园工作规程》等。二是地方性法规，由省级或者市级人大及其常委会在自身权限范围内制定的适用于本省级或者本市级行政区域的地方规范性文件。如《浙江省学前教育条例》《广州市幼儿教育管理规定》《上海市学前教育与托育服务条例》等。

（三）规章层面

与幼儿教育法律法规相关的规章也分为两类。一是国务院组成部门依法在本部门或者两个以上部门行政权限范围内单独或者联合制定的规范性文件,称部门规章,如《托儿所幼儿园卫生保健管理办法》和《中小学幼儿园安全管理办法》。二是省级或者市级政府依法在本级政府行政权限范围内制定的规范性文件,称地方政府规章,如《学生伤害事故处理办法》。

• 相关链接 •

幼儿园有关的法律法规(节选)

一、《中华人民共和国未成年人保护法》中的有关规定

《中华人民共和国未成年人保护法》第三章"学校保护"第二十七条:学校、幼儿园的教职员应当尊重未成年人人格尊严,不得对未成年人实施体罚、变相体罚或者其他侮辱人格尊严的行为。第三十五条:学校、幼儿园应当建立安全管理制度,对未成年人进行安全教育,完善安保设施、配备安保人员,保障未成年人在校、在园期间的人身和财产安全。

二、《中华人民共和国教育法》中的有关规定

《中华人民共和国教育法》第四十五条:教育、体育、卫生行政部门和学校及其他教育机构应当完善体育、卫生保健设施,保护学生的身心健康。第七十三条:明知校舍或者教学设施有危险,而不采取措施,造成人员伤亡或者重大财产损失的,对直接负责的主管人员和其他直接责任人员,应依法追究刑事责任。

三、《幼儿园工作规程》中的有关规定

《幼儿园工作规程》中规定幼儿园的任务是:贯彻国家的教育方针,按照保育与教育相结合的原则,遵循幼儿身心发展特点和规律,实施德、智、体、美等方面全面发展的教育,促进幼儿身心和谐发展。第一章"总则"第六条:幼儿园教职工应当尊重、爱护幼儿,严禁虐待、歧视、体罚和变相体罚、侮辱幼儿人格等损害幼儿身心健康的行为。

二、《中华人民共和国学前教育法草案(征求意见稿)》

为深入贯彻党的十九大和十九届二中、三中、四中全会精神,落实全国教育大会和习近平总书记关于教育论述的重要论述精神,促进学前教育事业健康发展与健全学前教育法律制度,教育部于 2020 年 9 月 7 日发布《中华人民共和国学前教育法草案(征求意见稿)》,面向社会公开征求意见。2023 年 8 月 28 日,学前教育法草案提请十四届全国人大常委会第五次会议初次审议,旨在促进学前教育普及普惠安全优质发展。草案共八章 74 条,包括总则、规划与举办、保育和教育、教师和其他工作人员、投入与保障、管理与监督、法律责任和附则。[7]

草案主要从明确学前教育定位,补齐教育短板;健全规划举办机制,促进资源供给;规范学前教育实施,提高保教质量;加强教职工队伍建设,提升教师素质;完善投入机制,加强经费保障;健全监管体制,强化监督管理等六个方面作出了规定。例如,在加强教职工队伍建设方面,草案提出,幼儿园聘任(用)园长、教师、保育员、卫生保健人员、安全保卫人员和其他工作人员,应当在其入职前以及每年定期进行背景查询和健康检查;同时明确了不得聘任(用)的 7 类情形。

草案明确指出,学前教育是国民教育体系的组成部分,是重要的社会公益事业,发展学前教育坚持政府主导,以政府举办为主,大力发展普惠性学前教育资源,引导和规范社会力量参与;幼儿园应当根据学前儿童身心发展规律和年龄特点,科学实施保育和教育活动,不得教授小学阶段的课程内容、采用小学化的教育方式;幼儿园应当把保护学前儿童安全放在首位,落实安全责任制相关规定;国家为家庭经济困难的适龄儿童等接受普惠性学前教育提供资助。

第三节　幼儿园的法人资格与注册

 问题与思考

怎样理解幼儿园的法人资格?幼儿园登记注册的条件有哪些?怎样申报普惠性幼儿园?

一、幼儿园的法人资格

创办幼儿园,无论是公立的,还是民办的,都必须依法登记注册。从法律角度来看,幼儿园是具有法人资格、从事幼儿教育活动、以法律形式被确定下来的,具有一定硬件、软件条件的保教机构。[8]

《中华人民共和国民法典》规定:"法人是具有民事权利能力和民事行为能力,依法独立享有民事权利和承担民事义务的组织。""法人的民事权利能力和民事行为能力,从法人成立时产生,到法人终止时消灭。"[9]

《中华人民共和国民法典》规定,法人应当具备如下条件:依法成立(包括设立宗旨、目的符合国家和社会公共利益的要求,法人应当有自己的名称、组织机构、住所、财产或者经费,法人成立的具体条件和程序,依照法律、行政法规的规定);以其全部财产独立承担民事责任;能够承受以法人名义从事的民事活动的法律后果;以其主要办事机构所在地为住所(依法需要办理法人登记的,应当将主要办事机构所在地登记为住所)。

根据上述规定,"独立法人资格"的要件关键在于具备独立的民事行为能力,能够独立承担民事责任。法人是相对于民法上"自然人"的概念提出的,是法律所创设的主体。法人与自然人的区别在于,法人不具备自然人所享有的,如人格权等一系列专属于人身的权利。《中华人民共和国民法典》第八十八条规定:"具备法人条件,为适应经济社会发展需要,提供公益服务设立的事业单位,经依法登记成立,取得事业单位法人资格;依法不需要办理法人登记的,从成立之日起,具有事业单位法人资格。"[10]

对我国广大幼儿园来说,存在公立与民办两种情形。公立幼儿园在我国被纳入事业单位性质,属于事业单位法人;民办幼儿园归入"民办非企业法人"。客观地讲,由于公立与民办幼儿园的法人类型不同,两类幼儿园之间存在着差异。[11]

但是,无论是公立还是民办幼儿园,享有独立的法人地位都必须具备法人条件,也就是以上所列的条件依法成立,有必要的财产或者经费,有自己的名称、组织机构和场所,能够独立承担民事责任等四个方面。

二、登记注册幼儿园的条件

我国教育法律法规对幼儿园设置条件进行规定,较早的是 1989 年国务院颁布的《幼儿园管理条例》,其中对举办幼儿园应具备的基本条件、审批程序等都作了详细规定。《中华人民共和国教育法》对教育机构的设立条件也作了全面规定,涵盖了《幼儿园管理条例》规定的幼儿园设置条件。针对社会力量办学的实际情况,国务院于 1997 年发布了《社会力量办学条例》,对社会力量举办各类教育机构问题,按照《中华人民共和国教育法》的规定提出了更为具体的规范要求。为促进民办教育事业健康发展,自 2003 年 9 月起施行的《中华人民共和国民办教育促进法》对民办学校的设立作了具体说明。根据如上法律法规,包括一些地方性规定,一般地,在我国境内登记注册幼儿园必须具备以下七个实体条件。[12]

(一)必须符合幼儿园建筑规范

在幼儿园建筑的规划、设计和建造过程中,应按《托儿所、幼儿园建筑设计规范》要求,充分考虑到幼儿园的辐射半径、接纳对象、园所规模和班级人数等有关事项,确定幼儿园选择基地的条件及总平面设计要求。

(二)必须设置在安全区域内

由于幼儿园园所环境对幼儿的健康成长影响极大,《幼儿园管理条例》规定:"举办幼儿园必须将幼儿园设置在安全区域内,严禁在污染区和危险区内设置幼儿园。"[13]

（三）必须按国家标准配备教玩具

在设施设备方面，主要应考虑到幼儿的特点，对其生活用具、教具、玩具种类规格等相关法律法规作了具体要求；特别提出幼儿园教具、玩具应具有教育意义，并符合安全、卫生和教育的要求。

（四）须有符合标准的场所与设施

教学场所、教育设施设备等是进行幼儿教育活动的物质条件。《中华人民共和国教育法》明确规定，申请拟设立的幼儿教育机构，根据其准则、层次和规模的不同要求，必须具备相应的园舍、场地、教学设施、设备和图书资料等硬件。《幼儿园管理条例》规定，举办幼儿园必须具有与保育、教育的要求相适应的园舍和设施，幼儿园的园舍和设施，必须符合国家的卫生标准和安全标准。[14]与此同时，《幼儿园工作规程》也作了更为具体的规范。

（五）有必备的办园资金与经济基础

必备的办园资金是幼儿园进行正常教育教学活动所必需的，也是幼儿园作为权利主体进行各种法律活动、独立享受权利和承担义务的物质保证。必备的办园资金与稳定的经济基础是指幼儿园有独立的财产，这种财产要与自身的办园性质、规模和范围相适应。申请设立幼儿园时，举办者应根据教育行政主管机构的规定，做好办园资金的筹集与管理工作，搞好资金的收支预算，并保证通过合法渠道，筹集到设立幼儿园所必需的启动资金。

（六）必须有组织机构和机构章程

幼儿园作为一种社会组织，必须有健全的内部管理机构和管理人员，并且要有机构章程。幼儿园的办园章程是对办园宗旨、内部管理体制及财务活动等重大基本问题进行全面规范的自律性文件，它是幼儿园依法自主管理的主要依据。

（七）必须有合格的保教医务人员

教师是幼儿园组织的最主要的成员，是幼儿园实施教育活动的人力资源保障。申请设立幼儿园，必须有可靠的教职工来源。通过聘任，建立起一支数量和质量都合乎《中华人民共和国教师法》，以及国家其他有关规定的保教队伍。其中，特别要保证承担教育教学任务的人员必须具备《中华人民共和国教师法》规定的教师资格，取得相应的教师资格证书。另外，保教人员、医务人员的数量还应与拟设立的幼儿园规模、任务相适应。《幼儿园管理条例》中明确规定，如果上述人员不具备相应资格或是数量低于规模的要求，都不符合法律规定的幼儿园设立条件。

一般来说,幼儿园的登记注册需要具备如上实体条件。在办理具体的登记注册手续时,应根据当地受理机构的要求,提交相应的材料。各地方教育行政管理部门对幼儿园的登记注册有不同的文件提交要求,但是所有的这些要求都必须以国家和地方相关法律法规为依据,不能与之相抵触。

三、普惠幼儿园的申报认定

(一) 何谓普惠园

2018年11月,中共中央、国务院印发了《关于学前教育深化改革规范发展的若干意见》,其中明确提出了"到2020年,全国学前三年毛入园率达到85%,普惠性幼儿园(公办园和普惠性民办幼儿园在园幼儿占比)覆盖率达到80%"的任务目标。[15] "普惠"最初是用于经济学中的一种关税优惠制度,其本意为普遍惠及,后引申至教育学领域,其中最常被人提及的概念当属普惠性幼儿园。

普惠性幼儿园在经费方面主要以当地政府财政投入为主,尤其是民办幼儿园或者公办幼儿园在转型普惠幼儿园中,会享受到一定的财政照顾。[16] 依照办园体制的差异,普惠性幼儿园可以分为教办园、他办幼儿园和普惠性民办园三个类型。其中,教办园的举办主体是教育行政部门,财政全额拨付办园经费;他办幼儿园的举办主体为非教育行政部门,经费多无稳定的教育财政经费支持,园所财产归集体所有或公有;普惠性民办幼儿园是指构建在普惠性幼儿园概念基础上,那些除国家机构以外、由社会组织或个人所举办的具有办园资质的,并且质量较高、面向大众且收费合理的民办幼儿园。[17] 普惠性民办幼儿园需要由政府机构进行认证,同时政府也需要根据当地民办幼儿园的实际发展状况及相关教育政策给予其财政补助和帮扶,帮助幼儿园减轻办园成本,提高教育质量。普惠性幼儿园包括幼儿园、社区办园点、中小学附设幼儿班三种办学形式。

(二) 申报的条件

幼儿园、社区办园点、中小学附设幼儿班参与申报普惠性幼儿园认定,需同时满足以下条件:

第一,经教育行政部门审批,办园证照齐全,在申报要求年限内无相关安全责任事故与通报批评处罚记录。

第二,符合地区学前教育发展规划需要,办园质量和条件到达地区幼儿园等级标准。

第三,收费合理规范,收费标准在当地普惠性幼儿园保教费认定标准内,无随意乱收费现象。

第四,按照《幼儿园教职工配备标准(暂行)》要求配备保教人员,师幼比合理,保教人员符合任职资格条件。

(三)认定的程序

普惠性幼儿园由区教育行政部门负责认定。认定程序如下:

一是申报。符合认定条件的幼儿园、社区办园点、中小学附设幼儿班在申报期限内向当地教育行政部门提出书面申请。申请需提交的资料明细,具体由当地教育行政部门规定。

二是审核与公示。地区教育行政部门对申报的园所进行条件审核。审核工作应于接受申报之日起90日内完成;地区教育行政部门须通过官方门户网站对审核结果予以公示,公示期不少于5个工作日。

三是签署承诺书。幼儿园、社区办园点、中小学附设幼儿班与区教育行政部门签署书面承诺书。承诺书由园所和地区教育行政部门分别备存。

四是公布名单。地区教育行政部门向社会公布普惠性幼儿园名单、办园地址及其收费标准,明示普惠性幼儿园标识,并将普惠性幼儿园名单报市教育行政部门备案。

• 相关链接 •

某幼儿园设立审批需提供的材料

一、受理条件

(1)有符合规定的组织机构和章程。

(2)有符合规定的幼儿教师、保育、卫生保健、保安等人员。

(3)有符合规定标准的保育教育场所以及设施、设备等。

(4)有必备的办学资金和稳定的经费来源。幼儿园的保育教育场所应当设置在安全区域内,符合国家和省规定的交通、消防、环保、日照及其他选址要求;学龄前儿童人均占地面积、建筑面积、午休室面积、户外活动面积、绿化面积,以及设施、设备配备应当达到规定要求。具体标准按照国家和省有关规定执行。

二、举办者登记注册时应当提交下列材料

(1)申请报告。

(2)举办者的资格证明材料(正本)。

(3)拟任园长或主要行政负责人及拟聘教师、工作人员的资格证明、健康证明、福利待遇材料、聘任合同等。

(4)拟办园所的资产及经费来源的证明材料(正本)。

(5)拟办园所的场地证明。

(6)卫生行政部门提供的卫生保健合格证明、公安消防部门提供的消防安全证明、建筑部门检测合格证明。

第四节　幼儿园事故的法律责任

 问题与思考

判定幼儿园事故的法律责任应该遵循什么原则？

现实中幼儿园事故法律责任类型有哪些？

一、幼儿园事故及其责任认定

幼儿园事故发生的原因十分复杂，所以再有经验的教师都很难保证完全杜绝事故的发生，因此，对待幼儿园事故的正确态度应该是：提高安全意识，防患于未然，尽量把园内事故消灭在萌芽状态。如果一旦发生了园内事故，应学会运用法律手段妥善加以解决，以免影响幼儿园正常工作。

目前发生在我国各类幼儿园中的事故，可以根据以下标准来进行分类：幼儿园、教师方面有无过错？如果有，是属于什么性质的过错？幼儿园、教师方面的过错与幼儿人身伤害事故之间有无因果关系？人身伤害事故后果的严重程度怎样？总的来说，幼儿园事故主要有完全意外事故、幼儿园负全责的安全事故和第三人侵权的幼儿园事故三种类型。[18]

对于幼儿园事故所应承担的法律责任，《中华人民共和国侵权责任法》第三十八条明确规定：无民事行为能力人在幼儿园、学校或者其他教育机构学习、生活期间受到人身损害的，幼儿园、学校或者其他教育机构应当承担责任，但能够证明尽到教育、管理职责的，不承担责任。此外，《中华人民共和国侵权责任法》第六条还规定了过错推定原则：根据法律规定推定行为人有过错，行为人不能证明自己没有过错的，应当承担侵权责任。[19] 这些法律规定能为幼儿园事故法律责任认定提供依据。

二、幼儿园事故法律责任类型

我们可以把纷繁复杂的幼儿园事故法律责任分为以下七种情形。[20]

（一）情形一

幼儿园、教师无任何过错，对所发生的幼儿人身伤害事故不用负法律责任。

· 相关链接 ·

某天上午,某幼儿园组织幼儿进行晨间锻炼活动。突然,从幼儿园外扔进一块小石头,砸伤了正在从事锻炼活动的琳琳小朋友,幼儿园及时对琳琳进行了救治。经查,该石头是7岁小学生舟舟途经幼儿园上学时顺手扔进幼儿园的。琳琳家长以幼儿园没有保护好琳琳为由,要求幼儿园承担法律责任。《中华人民共和国侵权责任法》第二十八条规定:损害是因第三人造成的,第三人应当承担侵权责任。本条规定了在第三人造成损害的情况下,免除名义侵权人的赔偿责任。本案中,琳琳受伤系舟舟扔石头所致,幼儿园对琳琳及时进行了救治,不存在过错,因而幼儿园可以免责。

(二)情形二

在幼儿人身事故中应负法律责任的幼儿园,如果不具备法人资格,则其隶属的上级主管部门应该负连带赔偿责任。

· 相关链接 ·

某天中午,6岁的小宁宁在某汽车运输总公司幼儿园里吃完饭后,就到自己座位上玩积木。这时,另一个小朋友嚷着也要玩,小宁宁拔腿就跑,碰倒了放在桌腿旁的一瓶啤酒,酒瓶爆裂,小宁宁倒在地上,右眼、面部、小腿多处被飞起的玻璃片划破,当即被送往医院救治。外伤缝合后,他的右眼因疤痕而闭合不全,角膜穿孔致疤痕形成,瞳孔呈不规则状,视力仅0.4,需作角膜移植手术。法院审理认为,原告是一名6岁幼儿,无民事行为能力,根据有关法律规定,在幼儿园内其监管职能应由幼儿园承担,幼儿园违反有关规定,将啤酒带进园里并放在地上,使原告在玩耍时不慎碰倒,酒瓶爆裂致伤并留下残疾,幼儿园应负全部责任。因幼儿园不具备法人资格,其上级主管部门运输总公司应负连带赔偿责任。由于酒瓶倒地后才爆裂,又无足够证据证明产品有质量问题,故不予支持原告要求啤酒生产厂家承担赔偿责任的请求。法院作出一审判决,判令被告幼儿园一次性赔偿人民币16 959元,并由运输总公司负连带责任。

(三)情形三

幼儿园、教师有某些过失,但不构成事故原因,只是其中的一种条件,这种情形,只需承担部分责任。如果幼儿园、教师在工作中有某些过失,但这些过失不是构成幼儿人身事故的原因,而仅是发生事故的一种条件,则幼儿园、教师应该承担部分责任。所谓构成事故的原因,指的是直接造成事故后果及与事故结果具有必然的联系。而条件只是促成事故结果的发生,为事故结果的发生提供了可能性,与事故结果只有一般的联系,而没有必然联系。

• 相关链接 •

5岁的荣海洋放学后和4岁的荣政等人一起在附近的幼儿园操场上玩。当荣海洋攀爬球架时,球架突然倒地,将站在球架底下的荣政当场砸死。其父母将幼儿园告上法庭,要求其赔偿。

《中华人民共和国民法典》第一千二百五十三条规定:"建筑物、构筑物或者其他设施及其搁置物、悬挂物发生脱落、坠落造成他人损害,所有人、管理人或者使用人不能证明自己没有过错的,应当承担侵权责任。"对于本案来说,被告能否证明自己没有过错是关键所在。由被告就免责事由进行举证,实行举证责任倒置,它不同于过错责任中的"谁主张,谁举证"的举证原则。在适用无过错责任时,原告只要举出损害事实及损害事实和被告的行为之间有因果关系即可,再由被告就存在的法定免责事由进行举证,被告不能仅仅证明他已尽到了注意义务或没有一般的过失就可以被免除责任。幼儿园的球架不是用来攀爬的体育设施,幼儿园的义务是维护球架的正常使用,而球架是在外力的作用下倒塌的。但是荣海洋和荣政是未成年人,对攀爬球架的后果没有预见性。根据相关规定,幼儿园作为球架的管理人负有管理本园设施以及教育幼儿的责任,因此不能推卸责任。法庭最后作出判决,被告幼儿园与荣海洋监护人各支付金额不等的赔偿。

(四) 情形四

直接由幼儿园、教师在工作中造成的人身事故,应由幼儿园、教师承担法律责任。

• 相关链接 •

某日中午,5岁的小欣在幼儿园午睡时间和其他幼儿打闹,老师黄某发现后将小欣带至三楼天台批评教育,后将其独自留在天台并随手关上天台铁门。3分钟后黄某回来发现,小欣坠落至一楼地板,并受重伤。事故造成小欣面部骨折畸形愈合、外伤性癫痫等后遗症,经鉴定,小欣所受损伤为重伤二级。黄某被法院以过失致人重伤罪判处有期徒刑一年。东莞市第三人民法院审理后认为,黄某系在履行职务的过程中致小欣发生受伤事故,幼儿园作为用人单位,应承担全部责任。最终,法院判决幼儿园扣除已垫付的31万余元外,还应赔偿小欣75万余元。

（五）情形五

对于因幼儿园管理失当等原因导致幼儿在园所受到伤害或者给他人造成损害的,幼儿园应承担部分责任。

> **● 相关链接 ●**
>
> 某日15:30左右,在老师组织的户外活动"滑滑梯"中,红红从滑梯滑下后跑开时,因躲避迎面而来的小朋友浩浩而摔倒受伤。该园及时将红红送到医院救治,经诊断:红红右肱骨髁上骨折,需进行石膏外固定治疗。法院审理后认为,家长将孩子送到幼儿园后,幼儿园应尽到教育、管理、保护的职责。此案发生时,该幼儿园虽有教师在场,但并没有让孩子们在活动时形成良好的活动次序。比如规定:在一名小朋友跑回到自己位置后,另一名小朋友才可以开始跑向滑梯,这样红红小朋友就不会因躲避浩浩而摔倒受伤。另外,在滑梯的滑下处没有教师进行保护,存在安全隐患。因此,该幼儿园存在活动管理不善的过错,应承担赔偿责任。

（六）情形六

由于幼儿园、工作人员明知或应该知道自己的行为会造成较严重或很严重的损害后果,却违反职责规定,并造成事故发生的,应由行为人承担法律责任。

> **● 相关链接 ●**
>
> 某幼儿园食堂工作人员李某在一次例行体检中被发现为乙肝病毒携带者。园长张某知道这一情况后,认为病情并不严重,又考虑到他是自己的亲戚,遂未将其辞退或另行安排工作。在春末夏初时节李某患重感冒,乙肝病情发作,在感冒好了之后,李某隐瞒乙肝病发的事实,像往常一样到食堂上班。不久,体检时发现有30名幼儿同时被感染上了乙肝病毒。经有关部门调查,正是由李某乙肝病情发作传染所致,幼儿家长遂将幼儿园告上法庭。
>
> 责任认定:(1)园长张某明知李某是乙肝病毒携带者却又没有及时将其辞退,最终导致事故发生。(2)《中华人民共和国食品卫生法》第二十六条规定:"食品生产经营人员每年必须进行健康检查;新参加工作和临时参加工作的食品生产经营人员必须进行健康检查,取得健康证明后方可参加工作。凡患有痢疾、伤寒、病毒性肝炎等传染病(包括病原携带者),活动性肺结核,化脓性或者渗出性皮肤病以及其他有碍食品卫生的疾病的,不得参加接触直接入口食品的工作。"因此,幼儿园对此事故依法承担全部责任。法院判决幼儿园对被感染上乙肝病毒的30名幼儿赔偿医疗费、交通费、护理费等约15万元。

(七) 情形七

对于在幼儿园园外发生的幼儿伤害事故,如果该活动是由幼儿园组织的,并且幼儿园的确有过错的,则幼儿园应负法律责任。

• 相关链接 •

　　4月初,A幼儿园与某旅行社签订合同,约定该园180名幼儿参加由该旅行社组织的一日游活动,费用为每人55元。其后,幼儿园对幼儿和家长发出春游通知,并在出行前组织了安全教育。4月11日,幼儿园6个班共180名幼儿参加春游,该旅行社派出导游,幼儿园则由20多名教师带队。到达春游景区后,部分教师把幼儿交给景区导游及其他教师后便自行活动,没有全程陪同、管理幼儿。下午集合时,一只风筝突然插入B幼儿的左眼。B幼儿为此多次就医,花去医药费2.6万余元,并最终落下了八级伤残。B幼儿家长起诉幼儿园,认为幼儿园在组织学生春游过程中,班主任未全程陪同幼儿,幼儿园未依法履行教育、管理、保护及预防幼儿发生人身安全事故的法定义务。A幼儿园则辩称,该幼儿园已明确告知家长,春游由旅行社以组团出游的方式承办,费用直接由旅行社收取,幼儿园仅仅起到协调作用,幼儿在旅行中发生的任何事故,均与旅行社有直接关系,因此应由旅行社赔偿B幼儿的损失。

　　责任认定:法院认为,签订旅行组团合同的双方当事人是A幼儿园与旅行社,B幼儿与旅行社之间并无合同关系,也不存在合同纠纷。根据《中华人民共和国未成年人保护法》,幼儿园组织幼儿参加集体活动,应防止发生人身安全事故。A幼儿园在春游中没有尽到必要的注意义务,应对幼儿B的受伤承担全部责任。判决幼儿园应承担全部侵权责任,赔偿B幼儿13万余元。

　　以上列举了七种情形的幼儿园事故,各有其不同的情节。幼儿园的幼儿人身事故,应以事实与法律为依据,根据具体情况进行具体分析;必须严格区分有无过失、造成事故的原因与条件,以及工作中的失误、故意和一般的工作行为之间的原则界限;既不应混淆是非和责任,伤害幼儿园和教育工作者的积极性,也不能放纵违法行为;要分清法律责任,实事求是地妥善处理。那种把所有在园发生的人身事故或与教师有关的人身事故都归由幼儿园负责的想法和做法,都是不对的。

本章小结

幼儿教育事业事关社会发展,幼儿健康成长牵连着千万家庭的幸福,为社会所关注。但近年来,幼儿园涉及的法律纠纷越来越多,损害幼儿权益的事件时有发生,给幼儿教育事业发展带来了负面影响。幼儿教育法律法规具有指引、教育、保障和评价作用。我国幼儿教育法律体系包括法律、法规和规章三个层面,《中华人民共和国学前教育法草案(征求意见稿)》的规范内容具有综合性。经合法注册的幼儿园具有法人资格,幼儿园登记注册需要具备七个方面的条件。普惠幼儿园具有特定的申报条件和认定程序。对幼儿园事故法律责任及其认定进行了解十分必要。本章利用真实的案例,帮助读者深化对幼儿园经营与管理法律的认识,对切实保护幼儿及幼教工作者的合法权益、促进幼儿园高质量发展大有裨益。

 理解·反思·探究

1. 怎样理解幼儿教育法律法规的作用?

2. 我国幼儿教育法律法规的体系是怎样的?

3. 怎样理解幼儿园的法人地位?

4. 幼儿园登记注册的条件有哪些?

5. 怎样进行幼儿园事故责任认定?

6. 案例分析: 在以下这个案例中,幼儿园应承担什么样的责任? 如果你是该园园长,你会怎样处理这一事故?

幼儿在园发高烧抢救

A 幼儿园是一新开的乡镇大型幼儿园。在九月份开学的第一天就发生了一件事故:小一班幼儿乐乐在下午四点时被教师发现发高烧了。按照幼儿园的制度,小一班生活老师第一时间把乐乐带到了保健室,打电话给家长,请家长接回。但是正在等待乐乐家长来接的过程中,乐乐突然失去了知觉,而且口吐白沫。园长赶紧拨打 120 电话,请求医院派车过来抢救。乐乐十分钟后被送到了镇医院,通过抢救,慢慢恢复了知觉。大家终于松了口气,这时乐乐妈妈才赶到了医院。后来乐乐住了一周医院才康复回家,总共花了 2 348 元。

幼儿园事后从乐乐家了解到,乐乐在上幼儿园前一天就在家得了感冒,并持续发低烧。爸爸妈妈在家里忙着打牌,让乐乐吃了点药就不管她了。第二天送乐乐上幼儿园时,乐乐爸爸也忘了给老师讲乐乐生病了,更没有带药到幼儿园让老师喂药。

推荐阅读

1. 丁亚红,王健.给幼儿教师的法律建议[M].长春:东北师范大学出版社,2014.

2. 周天枢.幼儿园 100 个法律问题[M].广州:新世纪出版社,2010.

3. 张春炬,尚军,栗艺文.幼儿园常见法律问题案例及解析[M].北京:北京师范大学出版社,2018.

4. 程凤春.幼儿园管理的 50 个典型案例[M].上海：华东师范大学出版社,2011.

◆◇◆　参考文献

[1] 谢春姣.浅论学前教育法律法规的作用[J].科教文汇(上旬刊),2008(06)：150.

[2] 中华人民共和国教育部.教育部关于印发《幼儿园教育指导纲要(试行)》的通知[EB/OL].(2001 - 07 - 02)[2022 - 10 - 01]. http：//www. moe. gov. cn/srcsite/A06/s3327/200107/t20010702_81984.html.

[3] 中华人民共和国教育部.幼儿园管理条例[EB/OL].(1989 - 09 - 11)[2022 - 10 - 01].http：//www.moe.gov.cn/jyb_sjzl/sjzl_zcfg/zcfg_jyxzfg/202204/t20220422_620517.html.

[4] 中华人民共和国教育部.幼儿园工作规程[EB/OL].(2016 - 03 - 01)[2022 - 08 - 01]. http：//www.moe.gov.cn/srcsite/A02/s5911/moe_621/201602/t20160229_231184.html.

[5] 中华人民共和国教育部.教育部关于印发《幼儿园教育指导纲要(试行)》的通知[EB/OL].(2001 - 07 - 02)[2022 - 10 - 01]. http：//www. moe. gov. cn/srcsite/A06/s3327/200107/t20010702_81984.html.

[6] 罗长国,胡玉智.幼儿园管理[M].北京：高等教育出版社,2011：150.

[7] 全国人民代表大会.我国拟制定学前教育法[EB/OL].(2023 - 08 - 28)[2024 - 02 - 20].http：//www.npc.gov.cn/npc/c2/c30834/202308/t20230828_431192.html.

[8] 吕英.民办幼儿园的创办与管理[M].北京：学苑出版社,2010：7.

[9] 中华人民共和国中央人民政府.中华人民共和国民法典[EB/OL].(2020 - 06 - 01)[2022 - 08 - 01].http：//www.gov.cn/xinwen/2020-06-01/content_5516649.htm.

[10] 中华人民共和国中央人民政府.中华人民共和国民法典[EB/OL].(2020 - 06 - 01)[2022 - 08 - 01].http：//www.gov.cn/xinwen/2020-06-01/content_5516649.htm.

[11] 董圣足.我国学校法人类属及存在问题[J].上海教育科研,2008(11)：9 - 12.

[12] 吕英.民办幼儿园的创办与管理[M].北京：学苑出版社,2010：8 - 10.

[13] 中华人民共和国教育部.幼儿园管理条例[EB/OL].(1989 - 09 - 11)[2022 - 10 - 01].http：//www.moe.gov.cn/jyb_sjzl/sjzl_zcfg/zcfg_jyxzfg/202204/t20220422_620517.html.

[14] 中华人民共和国教育部.幼儿园管理条例[EB/OL].(1989 - 09 - 11)[2022 - 10 - 01].http：//www.moe.gov.cn/jyb_sjzl/sjzl_zcfg/zcfg_jyxzfg/202204/t20220422_620517.html.

[15] 中华人民共和国中央人民政府.中共中央国务院关于学前教育深化改革规范发展的若干意见[EB/OL].(2018 - 11 - 15)[2023 - 08 - 31].http：//www.gov.cn/zhengce/2018 - 11 - 15/content_5340776.htm.

[16] 郑益乐,杨得琛.陕西省普惠性民办幼儿园发展的困境与对策[J].新西部,2019(03)：55 - 56.

[17] 洪秀敏,朱文婷,钟秉林.不同办园体制普惠性幼儿园教育质量的差异比较——兼

论学前教育资源配置质量效益[J].中国教育学刊,2019(08):39-44.

[18] 邹津宁.幼儿园在幼儿伤害事故中法律责任承担问题研究[J].湖南广播电视大学学报,2018(04):39-46.

[19] 中华人民共和国中央人民政府.中华人民共和国侵权责任法[EB/OL].(2009-12-26)[2022-08-01].http://www.gov.cn/flfg/2009-12/26/content_1497435.htm.

[20] 邱云.幼儿园伤害事故的类型及对策[J].教育评论,2003(05):75-77.

第六章　幼儿园课程领导

幼儿园课程是一个动态的过程,是老师跟孩子共同行动的过程。

——虞永平

学前儿童的生活是"整个的",学前儿童的发展也是整个的,外界环境的作用也是以整体的方式对儿童产生影响的,所以为儿童设计的课程也必须是整个的、互相联系的,而不能是相互割裂的。

——陈鹤琴

 知识导图

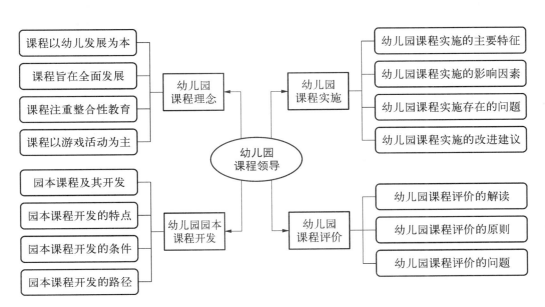

要点提示

本章内容主要包括四个方面:一是幼儿园课程理念,主要围绕四个基本理念展开;二是从园本课程开发的概念及特点出发,进而分析园本课程开发的条件和路径;三是围绕幼儿园课程实施的主要特征、影响因素、存在问题及改进建议来阐述幼儿园课程实施;四是幼儿园课程评价,包括幼儿园课程评价的解读、原则和问题。

学习目标

通过本章学习,你应该能够:

- 了解幼儿园课程领导的整个体系及其具体环节。
- 理解幼儿园课程理念。
- 掌握幼儿园园本课程开发的特点和路径。
- 掌握幼儿园课程实施的主要特征、影响因素、存在问题和改进路径。
- 掌握幼儿园课程评价的原则。

第一节　幼儿园课程理念

 问题与思考 ━━━━━━━━━━━━━━━━━━━━━━━━━━━●

幼儿园课程应遵循什么样的理念?

课程领导是课程实践的一种方式,是对课程开发、课程实施与课程评价等活动的引领,其目的在于影响课程实践的过程与结果,实现课程实践的目标。[1]对幼儿园来说,课程领导是指对幼儿园课程的理念、精神、文化和行为等多种因素的综合管理。幼儿园课程领导要体现社会的价值取向,遵循幼儿身心发展规律,具体包括课程理念构建、课程开发、课程实施和课程评估等环节,并在这些环节之中彰显着园所的课程文化。

幼儿园课程理念是指导课程改革与发展的核心思想,也是课程在开发、实施与评价等实践过程中的灵魂。《幼儿园教育指导纲要(试行)》中明确指出:"幼儿园的教育是为所有在园幼儿的健康成长服务的,要为每一个儿童,包括有特殊需要的儿童提供积极的支持和帮助。""幼儿园的教育活动,是教师以多种形式有目的、有计划地引导幼儿生动、活泼、主动活动的教育过程。"《幼儿园教育指导纲要(试行)》还指出,幼儿园教育活动的组织与实施过程是教师创造性地开展工作的过程。教师要根据《幼儿园教育指导纲要(试行)》的精神和规定,"从本地、本园的条件出发,结合本班幼儿的实际情况,制定切实可行的工作计划并灵活地执行"[2]。

幼儿园课程理念包括如下四个主要方面。

一、课程以幼儿发展为本

幼儿是幼儿园课程的主体,所以幼儿园课程应该尊重幼儿的特点、兴趣与爱好,符合幼儿的身心发展规律。幼儿园课程目标和实施应当建立在充分考虑幼儿特点和幼儿需要的基础上,这是课程开发的前提条件,也是课程实施、课程评价的依据。当前,一些幼儿园课程偏重认知技能的传授,一味地向幼儿灌输知识而缺少幼儿园应有的游戏活动,同时忽略了幼儿情感与社会性的培养;不少家长简单地认为,提前学习小学教材,就可以减轻将来小学入学的压力,就是为入小学做准备。因此,有不少幼儿园将小学课程搬到幼儿园来,使幼儿园课程"小学化"的现象较为严重。这种忽视幼儿接受能力及其所处的特殊身心发展阶段的做法,不利于幼儿的健康成长,不是以幼儿发展为本的教育。

幼儿园应尊重幼儿的天性,尊重幼儿对游戏的需要。幼儿园课程因其教育对象的特殊性,呈现出丰富而感性的特点:游戏成为幼儿园课程的重要组成部分。总之,幼儿园在课程实践时应当充分考虑幼儿的生理、心理特点以及幼儿的真实需要,切实从幼儿的角度出发,真正关注幼儿的身心健康发展。

二、课程旨在全面的发展

《幼儿园教育指导纲要(试行)》明确指出,幼儿园的教育内容是全面的、启蒙的,可以相对划分为健康、语言、社会、科学、艺术等五大领域,各领域的内容相互渗透,从不同角度促进幼儿情感、态度、能力、知识和技能等方面的全面发展。幼儿全面发展教育是指以幼儿身心发展的现实与可能为前提,以促进幼儿在德、智、体、美诸方面全面和谐发展为宗旨,并以适合幼儿身心发展特点的方式、方法,实施着眼于培养幼儿基本素质的教育。对幼儿实施全面发展教育是我国幼儿教育的基本出发点,也是学前教育的基本任务。《幼儿园工作规程》中指出:"幼儿园的任务是:贯彻国家的教育方针,按照保育与教育相结合的原则,遵循幼儿身心发展特点和规律,实施德、智、体、美等方面全面发展的教育,促进身心和谐发展。"[3]

全面发展是针对片面发展而言的,偏重任何一个方面或忽略任何一个方面的发展都不是全面的发展。但是,全面发展并不意味着个体在德、智、体、美等方面齐头并进地、平均地发展,也不意味着个体的各个侧面可以孤立地发展。因此,幼儿园全面发展教育在保证幼儿德、智、体、美等方面全面发展的基础上,可以允许幼儿个体在某方面得到突出发展。同时,应注重幼儿各方面发展的和谐、协调。当前,由于受传统课程观念的影响,不少幼儿园课程偏重于认知和技能而忽略了对情感、社会等方面的教育,这不利于幼儿的全面发展。因此,全面发展的儿童观要求幼儿园在课程设计之初,就必须考虑到各个方面的因素,为培养德、智、体、美等素质全面发展的幼儿而努力。

三、课程注重整合性教育

当前我国幼儿园课程实践的基本趋势是更多采用整合性课程。[4]整合性课程不仅强调课程内容的整合性,也注重与课程体系中其他要素的整合,如家长资源和社区资源等。同时,整合性课程摒弃了原有的过度分科的课程体系,不再简单地将课程分离成一门门孤立的科目。具体来说,实践整合性课程需要做到以下几个方面。

(一)课程设计要注重各相关方的多元参与

幼儿家长与社区是独特而丰富的教学资源,因此,幼儿园应当充分吸收家长和社区参与到课程实践中来。在课程实施上,要求幼儿园、家长、社区三方都积极推进幼儿学习,组织幼儿互相学习,提倡三方之间的合作。同时,幼儿园也要充分利用家长和社区的教学资源,努力为幼儿提供丰富多彩的课程。

（二）课程内容要与幼儿日常生活紧密相连

由于幼儿身心发展的独特性，幼儿教育更多的是培养幼儿的基础素质，重点在于促进幼儿的全面发展。因此，幼儿园课程应尽可能地与幼儿生活和社会现实相联系，引导幼儿关心周围的人和事，培养幼儿对社会的关爱之心。

（三）课程开发实施要走向多学科深度整合

幼儿教育应以促进幼儿智力因素与非智力因素协调发展为目标。要实现这一目标，必须将幼儿认知、情感与行为等方面的教育紧密结合起来，即建立整合性课程正是实现这一结合的有效途径。整合性课程强调的是课程目标、内容、实施及评价等的全面综合，不仅有益于高级学习能力的形成，更有益于幼儿的全面发展。整合性课程避免了分科教学中知识点相对"孤立"的缺点，将教育过程的知识性、趣味性、情景性和活动性有机地结合在一起，能充分激发幼儿学习的主动性。

总之，幼儿园课程整合的目的在于促进幼儿的健康成长。因为幼儿的身心发展特点与大、中、小学生不同，为此幼儿园课程实践要有别于其他学校教育系统，真正做到把幼儿作为课程整合的中心，促进幼儿德、智、体、美等方面的全面发展。

四、课程以游戏活动为主

游戏是幼儿的本能式生存方式，[5]也是幼儿学习不可或缺的内容与方法。[6]幼儿园课程要以游戏活动为核心来展开，践行以游戏活动为主的课程理念，这就需要幼儿园管理者与教师具有如下认知和共识。[7]

（一）游戏影响儿童的"三位一体"

游戏对成长中儿童的影响是"精神位""形式位"和"内容位""三位一体"式的。当前我们的理论考察往往只是就其中的一个方面，难以全面地论说游戏对儿童发展的作用。譬如，在宣扬游戏精神的重要性时，一般不会细致考察呈现游戏精神的游戏形式与游戏内容的合理性；在推介某种游戏形式的价值时，一般没有考察其背后的游戏精神及所承载游戏内容的正当性；同样地，当论及游戏内容的意义性时，又忽略了其形式和精神的不恰当性。所以，游戏是一种"三位一体"的存在，如果只是探讨单一向度的游戏往往欠缺其周全性。

（二）游戏的哲学理念与游戏精神

游戏是儿童的本能式生存方式，这种本体性的观点与当下流行的游戏功能论不同。游戏的功能论者往往只是更多地认为，游戏是一种"教化"工具，游戏是一种外在的对儿童实施教育影响的途径。这种工具理性的游戏观并不能改变游戏在儿童生活世界中的地位，游戏被认为是无用的"玩耍"，只具有逼仄的空间。因此，我们在重视游戏在教化上的工具价值的同时，更加需要强调游戏的本体价值，即游戏是儿童本能式生存方式。无论以哪些理由让儿童远离游戏，都是对儿童权利甚至是生存权利的侵犯，而且"游戏剥夺"对儿童成长存在诸多负面影响。[8]

需要重视的是，游戏有其内在的精神作为支撑，游戏精神是游戏的形式和内容存在的母板。游戏对儿童成长而言，一方面强调的是儿童存在的绝对严肃性，在存在之外用游戏精神统摄之，以提升生存品质；另一方面，游戏精神因其真、善、美内涵，对儿童成长具有春风化雨式的教化作用。

（三）游戏的形式类型与价值内容

游戏伴随着人类社会的形成而产生，具有悠久的历史。可以说，游戏是人类文化和文明的重要组成部分。游戏形式在人类历史长河中变迁的轨迹是清晰的，先有纯粹的自然游戏，后来自然游戏被加工，但这些都属于传统游戏的范畴；到了信息时代则是电子游戏的后来居上。但无论是哪种形式的游戏，游戏的"内容位"都是教育工作者、儿童父母以及社会重点关注的，关注它们在内容上对儿童身心成长是不是适宜的。那如何判断某一内容的游戏对儿童成长是否适宜？在内容指涉上，具体可以从三个角度来分别考察，即真、善、美。换言之，儿童游戏应向儿童传递的是真、善、美的内容，如果游戏"内容位"元素与这一价值标准相悖，则这类游戏不应让儿童接触。

（四）儿童的年龄分期与游戏体验

儿童是跨越不同年龄分期的、未满十八岁的个体。国内外学者对儿童年龄分期主要强调的是儿童早期（婴幼儿期）"模仿"的重要性，儿童中期（小学和初中前期）"权威"和"情感"的意义，儿童后期（初中后期和高中期）"独立"的价值。

在实践中考察不同年龄儿童的游戏体验状态是探讨游戏教育影响的起点之一。当前我国基础教育学校体制内，现存问题可以概括为"幼儿教育小学化"和"基础教育应试化"。于是，在高强度学习压力以及全方位的"监视"下，儿童日益总是会把自己的游戏本能释放出来，全身心扑向游戏，而这些游戏主要是各种电子游戏。儿童游戏体验日益表现出两类极端形式：游戏从教育生活中完全"逃逸"、以敌对的姿态"入侵"教育生活。另外，由于商业公司的盈利动机以及游戏监管机制的执行不力，当前儿童游戏体验的内容良莠不齐，甚至更多的是从价值向度看的"儿童不宜"。从形式上看，传统的游戏，特别是自然游戏更多地远离了儿童的生活世界，儿童体验的主要是荧屏式的电子游戏。不容忽视的是，因为普遍存在的游戏观念问题，当前儿童游戏体验中少有家长和教师的陪伴与指导。

（五）游戏的意义生产与教育保护

游戏对儿童成长带来的影响，既有生理的，也有心理的。游戏对儿童身体影响是较为表面的,人们更易观察验证,而意义生产与教化影响则是我们更需要深入探讨的。儿童游戏的意义生产与游戏活动本身是与儿童的先行生活经验相关的。一般地,对游戏活动本身的关注,我们的注意力往往只是集中在游戏的内容维度上,忽视了正确的游戏形式和正确的游戏精神。所以,正向的教化是游戏"三位一体"的意义生产和教化产生的影响。这就要求儿童所参与的游戏活动必须在"精神位""内容位"和"形式位"方面都符合真、善、美的标准,并且游戏的"三位"要素应与儿童的各个发展阶段相匹配。

相对而言,幼儿是弱势群体,他们在游戏商业利益等世俗因素面前是极易受伤害的,而游戏又是幼儿不可回避的存在方式。所以,家长和教育工作者应该为幼儿的游戏活动提供教育意义上的保护。首先,教师需要主动去了解幼儿游戏。其次,父母和教师应对游戏的"精神位"要素有深入的认识。游戏是幼儿的生存方式,游戏不只是具有促进幼儿认知和社会化发展的工具价值,而且还具有本体价值,高品质的游戏生活本身就是幼儿生存质量的体现。再次,父母和教师需要关注具体游戏的"形式位"要素和"内容位"要素。在游戏的"内容位"要素上,父母和教师应该高度重视幼儿游戏的内容价值导向问题。最后,教师还应努力改善幼儿的教育生活品质,为幼儿提供符合其成长自然节律的、"丰裕"的幼儿教育,这也是幼儿游戏教育保护的重要环节。

● 相关链接 ●

瑞吉欧的教育理念(节选)

瑞吉欧是意大利东北部的一座城市,自20世纪60年代以来,洛利斯·马拉古齐和当地的幼教工作者一起兴办并发展了该地的学前教育。数十年的艰苦创业,使意大利在举世闻名的蒙台梭利之后,又形成了一套"独特与革新的哲学和课程假设,学校组织方法以及环境设计的原则"。人们称这个综合体为"瑞吉欧·艾米里亚教育取向"。

瑞吉欧的教育理念主要有以下几个方面:

走进儿童心灵的儿童观。在《孩子的一百种语言》一书中,马拉古齐的一首诗《其实有一百》充分表达了这一思想。他说:"孩子,是由一百组成的,/孩子有百种语言,一百只手,一百个念头,一百种思考方式、游戏方式及说话方式;/还有一百种……/孩子有一百种语言(一百一百再一百),但被偷去九十九种……"在这首诗中,我们可以体会到他视儿童为一个自己能认识、思考、发现、发明、幻想和表达世界的栩栩如生的孩子,一个自我成长中主角的孩子,一个富有巨大潜能的孩子。面对这样的孩子,成人应如何应对? 最重要的是要承认"其实有一百";其次,要以儿童的思维、儿童的立场来看待一切;另外,千万不要压制儿童,应让儿童充分表现其潜能。瑞吉欧的教育成就应该归功于这种"走进儿童心灵"的儿童观。

强调"互动合作"。"互动合作"是瑞吉欧教育取向的一个重要理念,也是贯彻在整个教育活动过程中的一项原则。"互动合作"包括教师和学习者的互相沟通、关怀和控制的不断循环,以及教育活动相互引导的过程。

瑞吉欧教育认为,儿童的学习不是独立建构的,而是在诸多条件下,主要是在与家长和教师、同伴的相互作用过程中建构的,是在特定的文化背景中建构知识、情感和人格。在互动过程中,儿童既是受益者,又是贡献者。互动存在于以下几个方面:① 存在于发展和学习之间;② 存在于环境和儿童之间;③ 发生在不同符号语言之间;④ 发生在思想和行为之间;⑤ 发生在个人与人际交往之间(最重要)。这种对家长、教师和儿童互动、合作关系的看法,不仅使儿童处于主动学习地位,同时还加强了儿童对家庭、团体的认同感,让每个儿童在参与活动时,能感受到归属感和自信心。瑞吉欧教育多年的务实经验,证实了社会文化环境、社会认知冲突和最近发展区等理论概念的重要性,同时也可看出从皮亚杰的建构主义到以维果茨基的社会文化发展论为基础的社会建构主义的发展过程。有人认为:瑞吉欧教育的课程取向是:人类发展理论与社会文化环境的价值观信念及目标之间密不可分的关系,是成人与幼儿共建的深入主题的项目活动的基础。

资料来源:王春燕.学习瑞吉欧重在把握其教育理念——瑞吉欧方案教学的教育精髓[J].
学前教育研究,2002(05):42-44.
贾周芳,廖娟.瑞吉欧幼儿教育理念及其对我国学前教育的启示[J].
当代教育理论与实践,2015(12):16-18.

第二节　幼儿园园本课程开发

 问题与思考

何谓幼儿园园本课程开发? 园本课程开发具有哪些特点? 开发园本课程应具备哪些条件? 其开发路径有哪些?

一、园本课程及其开发

园本课程是幼儿园根据国家、地方的课程政策,从幼儿园实际出发,充分利用园内外教育资源,通过对课程的创编、选择和整合而形成的可体现本园特色的个性化课程体系。它强调的是幼儿园在拥有了课程决策权后,自主地进行课程开发。一般地,园本课程既体现了幼儿园特色,又能符合幼儿发展需要。

　　《幼儿园教育指导纲要(试行)》对幼儿园课程开发与管理并没有制定统一的标准和要求,全国各地的幼儿园可以根据当地的实际情况,自行开发能体现本地、本园特色的课程。因此,幼儿园课程与中小学课程理念的一个很大的不同之处,便是幼儿园更重视园本课程的自主开发与实践。园本课程的实质是幼儿园在结合本园的实际情况下所实施的能够体现本园特点的个性化课程。它应该是在园长的积极引领下,由多方人员参与研发的课程体系。

　　课程开发是指通过需求分析,先确定课程目标,再根据课程目标选择某一个(或多个)学科的教学内容和相关教学活动进行计划、组织、实施、评价和修订,最终达到课程目标的整个工作过程。广义的幼儿园课程开发,包括非园本课程开发和园本课程开发。非园本课程开发的主体可能是国家、地方,甚至是市场机构;而园本课程的开发主体则仅限于幼儿园。一般地,幼儿园课程开发取其狭义,即指幼儿园园本课程开发。《幼儿园教育指导纲要(试行)》要求,应把幼儿园课程开发看作一个革新的动态历程、一项自主决策的系统工程,幼儿园课程开发的复杂性要求幼儿教师积极主动地参与到课程开发中来,充分发挥其参与课程开发的主体作用。[9]

　　从幼儿发展角度看,幼儿园园本课程开发的出发点是幼儿园要充分考虑幼儿园自身的特点及幼儿发展的实际需要。在幼儿园保教情境中,幼儿接受教育的途径主要是课程的实施,因此课程的选择、重组和整合的效果会直接影响幼儿受教育的效果。课程领导的基本理念与幼儿园园本课程开发的理念是一致的。课程领导为园本课程开发提供了必要的制度保证与环境支持,使课程决策、制定、实施更加科学高效。在课程理念的指导下,幼儿园科学有效地进行园本课程开发,会对幼儿的发展起到积极的促进作用。

　　园本课程开发不能仅仅局限在幼儿园内部的资源上,家长和社区资源也是幼儿园可以运用的丰富资源。在园本课程开发的过程中,课程发展既需要家长的积极配合,也需要社会主动而有力的支持。因此,园长在推动园本课程开发的过程中,需要考虑家长和社区方面的想法与意见,在许多方面需要家长的参与和社区的支持。另外,与家长、社区的沟通及配合,还需要幼儿园有一个民主开放的组织结构及一套完善的管理制度,以便给予家长、社区人士更多参与幼儿园课程决策的机会。园本课程的开发是一个持续、动态和逐步完善与探索的过程,园本课程开发的目标在这个探索过程中具有灵活性和开放性,因此园本课程是一种不断生成的探索性课程,这一特点也赋予了园本课程以生机和活力。[10]

知识卡

　　在西方,课程(curriculum/course)一词最早见于英国教育家斯宾塞《什么知识最有价值》(1859)一文中。它是从拉丁语"currere"一词派生出来的,意为"跑道"。

　　在我国,"课程"一词在我国始见于唐宋时期。唐朝孔颖达在《五经正义》里为《诗经·小雅·巧言》的"奕奕寝庙,君子作之"句注疏:"教护课程,必君子监之,乃得依法制也。"但这里课程的含义,是与我们通常说的课程的意思相差甚远的。

二、园本课程开发的特点

幼儿园园本课程开发具有如下特点。

(一)多样性

园本课程开发没有统一固定的模式,园长和教师可以根据具体情况对幼儿园的课程进行选择、改编、整合、补充、拓展或新编。园本课程的开发是灵活多样而非固定不变的。

一般地,课程选择是众多幼儿园普遍进行的园本课程决策行为。园长和教师可根据幼儿园对幼儿的教育要求及幼儿园的实际情况,从众多可供选择的课程中选择合适的课程。在具体的实施过程中,教师还可以对原有课程进行一定的修改,以适应具体的教育情境。就目前而言,因为综合课程在幼儿园中占有较为突出的地位,教师也常常对跨学科的课程进行重新设计与整合。根据教育教学的需要,教师有时会补充一些课程材料,以增加幼儿对课程的感知和兴趣;有时还会把课程进行延伸、拓展,以发展幼儿的个性,这方面的课程在幼儿园科学教育活动中较为常见,但是它对教师的素质要求较高。对课程进行新编是一项比较复杂的活动。幼儿园新编课程通常采用专题的形式进行,形式多样,如园庆活动、母亲节活动等,既符合幼儿的年龄特点,又能与幼儿周围的生活环境紧密联系起来,深受教师、家长和幼儿的欢迎。

(二)独特性

不同幼儿园的教育理念与办园宗旨可能有异,加上各个幼儿园的师资条件和环境不同,以及幼儿园的地区差异,因此,开发出来的园本课程具有明显的园际差异,即每一幼儿园园本课程都有其独特性。这种独特性的表现,可归属于幼儿园办园特色。然而,长期以来,我国各地幼儿园在条件千差万别的情况下,形成了较为"统一化"的幼儿教育模式。与此同时,教师习惯于模仿,不善于创新。这些因素直接或间接地导致我国幼儿园园本课程在目前很难表现出鲜明的独特性。

(三)民主性

从参与园本课程开发的人员来看,园长、教师、课程专家、幼儿、家长和社区人员都有权提出自己关于课程方面的见解,所以,园本课程开发的过程也就必然体现出一定的民主性。由于幼儿年龄尚小,还不能对自己的行为进行理性决策,家长的意见就常常成为幼儿园园本课程决策的重要依据。例如,教师欲组织一次户外活动,就必须事先征询家长的意见,如果家长不同意其孩子参与,教师则不能带这个孩子出去。然而,有些幼儿园在组织类似的活动时,往往把家长抛在了一边,忽视了家长对课程的决策权。[11]

(四)灵活性

园本课程开发鼓励家长和社会人士参与幼儿园的课程建设,这样容易融进最新的课程资源,因而具有相当大的弹性。同时,园本课程开发使幼儿园、家庭、社区和社会紧密地联系在一起,促进了幼儿园课程的本土化,彰显其灵活性。

三、园本课程开发的条件

园本课程开发,在我国长期处于探索阶段。总结相关的园本课程开发经验,我们认为,有效且高品质的幼儿园园本课程开发应具备如下条件。

(一)高素质的师资队伍

一般而言,园本课程开发在拥有受过良好教育的、高素质师资的幼儿园中更易实现。幼儿教师的敬业精神、专业知识与专业技能等,都是影响园本课程开发的重要因素。由于课程开发对幼儿教师来讲,是一个新的领域,所以要致力于这一活动,必须具备相关的知识和技能。显然,目前幼儿教师中的大多数还不具备承担这一任务的能力。因此,在园本课程开发前,对幼儿教师进行相关知识的培训,全面提高他们的素质就显得尤为重要。[12]

(二)明确独特的教育理念

一般地,国家对各级各类学校(包括幼儿园)的培养目标、培养规格都有统一的规定,但是,这种规定只是最基本的原则性要求,不可能照顾到各地、各类、各级学校的具体特殊性。与此同时,千园一律、千人一面的培养目标、培养规格也难以满足当今丰富多样的社会与个人发展需求,这就要求幼儿园要有自己独特的教育理念。也就是说,幼儿园要根据具体的师幼特点、教育资源与环境,以及教育者的办园旨趣,确立本园的独特发展方向。同样是为幼儿创造活动条件的场所,不同幼儿园的办园特色和办园品位很可能大异其趣。有的幼儿园的办园宗旨突出身体锻炼,兼顾其他;而有的幼儿园则强调文艺,发展幼儿的个性与特长;还有的幼儿园注重兴趣的培养;等等。

(三)实施民主开放与科学管理

幼儿园园本课程开发是根据国家、地方的规定及幼儿园的特点,由众多的参与者共同完成的,它并不是单个人的行为。这就要求幼儿园有民主、开放的组织结构,而不能是"一个人说了算",更不能是"闭门造车",它需要幼儿园园长纵向和横向的协调,需要幼儿教师广泛积极的参与,需要家长的配合,也需要社会主动有力的支持。

园本课程开发是幼儿园自主进行的,其实施成效不可能依赖国家用类似外部统一考试等评价手段来进行检测。所以,园本课程开发更多地需要幼儿园自身的科学管理机制,确切地说,是自觉自律的自我评价机制。幼儿园要不断反思园本课程开发过程中出现的问题,进行自我批评、自我改进和自我激励,以保证园本课程开发的顺利进行。幼儿园的科学管理还应包括对时间、场所和资金的管理,以便在开发、利用课程资源时,能获得各方面的支持。

（四）设置高效的监督服务机构

当前,有些地方在开发园本课程时,往往由某位行政负责人召集园长或教师编纂完成,然后通过行政指令的方式让各幼儿园购买,整个过程也是半强迫、半建议的。这种看似带有地方特色的幼儿园课程,其实质并不是真正的园本课程。这种课程的完成既没有得到课程专家的指导,也没有家长和幼儿的参与,充其量只是其他课程的翻版。真正的园本课程应该有一套完备的服务与监督机构。一方面,这个机构能够为园本课程开发提供有效的服务,使社会各界广泛地参与到决策和管理活动中来;另一方面,它又能起到监督作用,对不符合课程原则的幼儿园课程或者违反幼儿身心发展的课程,能够及时发现、果断纠正,使园本课程不至于落到"一哄而上"的境地。这一点也是历史的教训。当然,服务是主要的,监督是其次,只有在出现不科学的园本课程开发行为时,监督的作用才凸显出来。[13]

四、园本课程开发的路径

我国幼儿园尽管多年来一直在进行着某种意义上的园本课程开发工作,但由于多种原因,这种课程开发还不够成熟。科学有效的园本课程开发,应从如下几点做起。

（一）发挥师幼双主体的作用

幼儿是有尊严、有需要和有动机的,相对自主的、不断变化发展的个体。教师则是具有教育主体性的个体,即教育主体,代表着教育的正确方向。教师、幼儿和教育情境是园本课程开发的条件。教师对园本课程的开发应以发挥幼儿的主体性为前提,因为幼儿在认识过程中不是被动消极的,而是积极主动的,幼儿与环境之间的关系是互动。与此同时,幼儿与教师的关系也应是互动的,是主体与主体之间平等的交往关系,即"主体间"的关系。幼儿不能被看作是被动接受知识的容器,教师也不能被认为是知识的灌输者。教师应通过园本课程的开发来调动幼儿的主动性,通过幼儿的主动学习来培养其兴趣,发展其才能。[14]

（二）强调通过游戏来开展教育活动

游戏具有假想性和愉悦性,且适合幼儿的年龄特点,因此被确定为幼儿园的基本活动,成为对幼儿进行教育的最为基本和主要的形式。《幼儿园教育指导纲要(试行)》明确指出:"幼儿园的教育活动,是教师以多种形式有目的、有计划地引导幼儿生动、活泼、主动活动的教育过程。"[15]"教育活动"这一概念的提出,反映了一种新的幼儿教育观与儿童发展观,是新时代教育思想的具体体现。园本课程开发应立足于科学的儿童观、教育观和课程观,尊重幼儿身心发展规律,发挥幼儿的主动性,尊重幼儿的主体性,调动教师的积极性与主动性,注重各种课程资源的开发,以生动活泼的形式组织活动,开展游戏,促进幼儿全面和谐的发展。

（三）重视潜在课程的教育影响

园本课程开发不能只是盯着课程表上、计划中的教学内容，应更多地关注幼儿园的特色，关注幼儿园的各种教育因素，加强家园合作、幼儿园与社会的合作，重视各种潜在课程的教育影响。例如，当前动画片质量参差不齐，有的教育性很差，这些都有可能会潜在地给幼儿传输不正确的价值观念和行为习惯。[16]为此，在园本课程开发过程中，要特别注意此类不良因素的影响。

（四）避免形式化以减轻师幼负担

园本课程开发过程中要避免形式化，避免增加教师和幼儿的负担，其关键在于对园本课程要有正确的理解。首先，园本课程开发可以通过多种渠道实现，教师对现有课程进行改编（包括整合、选择、补充与拓展）或新编，要根据自己的特点和风格，同时还要考虑本园的条件，以及幼儿的发展要求。其次，园本课程开发是一种政策导向，并不是上级给下级的指令。目前，许多地方的课程改革具有盲目性，或简单模仿他人，或单纯追求"花样翻新"，这些均加重了教师和幼儿的负担。[17]

（五）建立和谐科学的课程体系

幼儿园园本课程开发应在促进幼儿和谐发展思想的指导下，围绕幼儿教育的健康、语言、社会、科学和艺术等各个领域，开展实质性的探索，形成科学的园本课程体系。其中的发展，是促进幼儿个性的发展，而不是千篇一律的、万人一面的发展；是促进幼儿各个方面全面的发展，而不是某个方面单一的发展。

总之，幼儿园园本课程的开发是指以幼儿园为基地进行课程建设的过程，它集中体现了新的课程理念。课程园本开发实践的成功与否，有赖于教育的每一个利益相关者的共同努力程度。教师参与园本课程开发对幼儿园课程的发展有着至关重要的作用。因此，幼儿园园本课程开发便成为园长、教师共同协商、合作及决策的过程，在此过程中教师与园长被同时赋予了课程开发的责任。同时，园本课程开发是我国幼儿园今后课程改革的重要课题。所以，我们应大力宣传园本课程开发理论，提高人们在这方面的认识，并深入开展园本课程的研究，从而促进园本课程开发的快速发展，以进一步提高幼儿教育的服务质量。

第三节　幼儿园课程实施

 问题与思考

幼儿园课程实施的特征与影响因素有哪些？幼儿园课程实施中存在哪些问题？应该采取什么样的措施去应对？

一、幼儿园课程实施的主要特征

幼儿园课程实施是将编制好的课程计划付诸实践的过程,是实现预期课程理想、达到预期课程目标的基本途径。幼儿园课程实施从本质上来说是动态的过程,它应成为有计划、有组织的互动过程。一方面,它促进了教师的专业成长;另一方面,它发展了幼儿的课程体验,最终指向预期教育目标的实现。

幼儿园课程实施具有如下四个主要特征。

(一) 人文性

幼儿园课程实施是一种以幼儿为对象的实践活动,所以,课程实施不是按自然规律开展的活动,而是由人支配的文化生产活动。它必须通过教师和幼儿这两个主体才能实现,是一种主体性活动。并且,这些活动是课程得以实现的基础。在课程实施过程中,自始至终都包含着教师和幼儿的价值选择与价值追求,所以,幼儿园课程实施必须考虑教师和幼儿两个方面的因素,关注这两个方面的人文性。

(二) 复杂性

幼儿园课程实施是以人为对象的人文活动。课程实施中两个主体——教师和幼儿的复杂性决定了课程实施过程的复杂性、不确定性与随机性。课程实施的复杂性,同时又由课程计划、教育资源、幼儿的兴趣爱好与接受能力、幼儿园的社区环境、教师的知识经验、幼儿园文化和园长的改革态度等一些相关的因素所决定。

(三) 动态性

幼儿园课程实施是一个复杂的过程,这种复杂性决定了其动态性的本质。在具体实践中,课程实施不可能只是简单地按照课程计划原封不动地实施。这是由于幼儿自然生成的兴趣有即时即景性,幼儿教师要根据幼儿的兴趣,随时调整教育活动的内容与步骤,有时甚至还要改变教学目标。所以,在幼儿园课程实施过程中,教师对其作出相应的调适与创造是必要的,这充分体现了幼儿园课程实施的动态性。

(四) 本土性

幼儿园课程实施的本土倾向根源于各地的文化传统。文化传统具有一定的稳定性、相对的独立性、本土的倾向性、相互的差异性等特征,它无形地影响着人们的价值取向和行为方式。幼儿园课程在实施的过程中,同样也受到文化传统的影响,而且本土倾向十分明显。从更小范围来看,幼儿园课程实施受到其所处社区环境的影响,而社区环境往往体现的就是本土性。

二、幼儿园课程实施的影响因素

幼儿园课程的实施是一个复杂的、动态的过程,是以教师和幼儿为主体的一项人文活动。在这项活动中,幼儿是课程实施的对象,教师是课程实施的执行者。因此,影响幼儿园课程实施的因素,既包括了教师和幼儿,也包括了园长。

(一) 教师是课程实施的主要执行者

教师作为课程实施的主要执行者,在其中具有不可替代的作用。幼儿教育理念必须通过教师进行实践,幼儿教育的目标也必须通过教师的努力才能得以实现,因此,幼儿教师是幼儿园课程设计与课程目标实现等环节的重要联结者。幼儿教师实施课程的效果,也是课程活动能否促进幼儿真正发展的决定性因素之一。

(二) 幼儿是课程实施的重要参与者

幼儿是幼儿园课程的实施对象,所以幼儿对课程实施的参与度直接影响了课程实施的效果。一个真正符合幼儿发展规律、满足幼儿需求的课程,必然能够吸引幼儿参与其中。幼儿是一切课程的基点与目标,也是最佳的课程设计参与者,他们的想象力、创造力和广泛的兴趣爱好等是课程发展的重要源泉。园本课程新模式主张将幼儿作为课程实践的重要参与者。幼儿作为拥有丰富想象力、创造力的群体,理应成为课程研究、开发及实施的重要参与者。

(三) 园长是课程实施的关键指导者

在课程实施的过程中,幼儿园园长作为课程领导的第一责任人,起着举足轻重的作用。园长课程领导的品质是决定课程活动能否取得良好效果的重要因素,同时也影响着幼儿、教师和幼儿园的长远发展。

三、幼儿园课程实施存在的问题

通过对幼儿园课程实施的观察,我们发现当前幼儿园在实施课程中存在如下问题。

(一) 课程计划落实不到位

幼儿园课程计划经过充分讨论制定出来后,在实施的过程中却往往会出现各种落实不到位的现象。在落实过程中最容易出现的问题,主要有如下两类。

一类是落实课程计划时,每周游戏活动比例失当。一些幼儿园对幼儿游戏活动的开展重视不够,尤其是没能认真组织角色游戏、表演游戏和音乐游戏。而且,幼儿活动区的活动时间也得不到应有的保证。[18]为此,幼儿园应平衡一周各类型游戏的比重,每周至少开展各类型游戏 1 次,保证每日幼儿游戏活动的时间不少于一个半小时。

另一类是落实课程计划时,各领域课程内容比重失衡。尽管国家要求幼儿园课程应涉及健康、语言、社会、科学和艺术五大领域,各领域的内容应相互渗透,从不同角度来促进幼儿情感、态度、能力、知识和技能的全面发展,但是在具体落实的过程中,因种种原因一些幼儿园往往更注重显性知识的培养,而忽略了对幼儿情感及其他非智力因素的培养。[19]

（二）教师课程实施能力有限

教师是课程实施的关键,但是由于教师实施能力有限而带来的课程实施问题也是比较常见的。主要出现以下两种情况。

第一,教师对活动目标理解不透,活动组织不力。有些幼儿教师在组织教学活动之前,对教学活动的目标并不十分明确,在教学过程中盲目指导,造成课程实施效果不佳。同时,在课程实施过程中,部分教师过分依赖既定的方案,对教学过程中出现的"意外"情形处理得不够灵活,不能适时改进课程实施,使得教学过程生硬呆板。

第二,教师在日计划落实时生搬硬套,缺乏灵活性。一些幼儿教师在缺乏创造性的同时,也缺少对日计划教学内容的钻研与理解,不能把日计划真正变为适合儿童年龄特点、促进儿童发展的活动内容,缺乏对教学材料进行再次筛选、加工与设计的意识和能力。在实施日计划的过程中,教师的教学反思也经常流于形式,对所发现的问题缺乏有效的分析与改进。有的教师将教学反思的重点放在了大多数幼儿的需求上,很少关注那些"吃不了""吃不饱"的少数幼儿。还有的教师不知道该反思些什么、怎样全面透彻地反思、怎样多角度地反思,这些都反映出教师多角度思考分析的能力比较弱。[20]

（三）课程管理制度职责不明

由于幼儿园大小事务极多情况复杂,很多管理制度只是简单地复制与沿袭,没有及时更新,因此远远跟不上课程改革的变化与幼儿园发展的需要。在许多幼儿园,从园长到年级组长再到教师,均存在着职责分工上的混乱现象。这种混乱现象会造成幼儿园各级管理人员对自己的课程职责认识模糊,对各类课程计划的指导审核流于形式,对课程实施缺乏有效的管理等。

（四）课程实施监督控制乏力

课程实施是一个复杂的动态过程,幼儿园应该有相应的制度和人员来监督、控制课程实施的各个环节。然而,现实中常见的情形是,园长作为课程实施的监督者,虽然会定期查看各班课程实施的情况,但很多也是流于形式,没有及时指出并解决课程实施中出现的问题。而且,园长对课程实施的评价也还存在问题,对课程实施的效果重视不够,对课程实施中呈现的问题不能及时地给予反馈,从而影响了课程实施的质量。

（五）课程实施缺乏资源整合

课程资源是课程实施与教学信息的来源，是一切对课程和教学有用的物质和人力资源。现代学校管理主张重视对资源的管理，提倡充分利用一切资源来整合教育。《幼儿园教育指导纲要（试行）》明确指出："幼儿园应与家庭、社区紧密合作，与小学相互衔接，综合利用各种教育资源，共同为幼儿的发展创造良好的条件。"[21]但现实却是幼儿园在课程实施中没有真正做到资源整合，使课程实施主要依赖园本资源；也没有统整幼儿园在家长、社区、物质、网络等各方面的课程资源，使之有机整合，发挥最大化效益。为此，面对丰富的课程资源与不尽如人意的使用现状，幼儿园应该对各种课程资源的组合、优化、共享进行整合与管理。比如，立足于教育社会化，建立"幼儿社会实践基地"，充分利用社会资源，让孩子们走出幼儿园，亲近社会、熟悉社会，获得发展。[22]

四、幼儿园课程实施的改进建议

为了更有效地进行课程实施，幼儿园可基于园本课程实施状况采纳如下建议。

（一）采取有效措施以提升教师素质

幼儿教师的素质是决定课程实施有效与否的关键因素之一，其在课程实施中发挥着重要作用。由于幼儿园课程没有国家统一颁发的标准，更没有国家组织编写的教材，幼儿园在确定了本园所开设的课程后，主要是由教师按照《幼儿园教育指导纲要（试行）》的精神，根据本班幼儿的实际情况，制定课程计划，确定课程目标，选择课程内容与教学方法等。教师在课程时间的安排、课程计划的制定、教育活动目标的确定、教学方法的选择和教育活动开展形式的选用等方面具有相当大的自由度。

当前就整体而言，我国幼儿教师的理论与实践水平尚待提升。随着幼儿园课程改革的逐步深入，教师理论水平不足的问题日渐显露出来，主要表现为：教师对课程改革的本质理解不透，不能从社会发展的需求和幼儿终身发展、全面发展的层面上来认识课程，把课程改革仅仅理解为操作层面上某些具体方法的变革，具体表现在课程实践上就是"换汤不换药"。因此，要保障幼儿园课程的有效实施，就必须提高幼儿教师的基本素质。

提高幼儿教师的基本素质，需要从两个方面着手，一是切实提高幼儿教师职前教育质量，促进教师专业成长；[23]二是强化教师职后培训，帮助教师自我成长。[24]

（二）加强课程实施领导以完善制度

幼儿园园长作为幼儿园课程领导者，要持有正确的教育理念，建立科学的课程观，坚持将促进幼儿完整个性的形成与发展作为办园宗旨。园长不仅是行政领导者，更是教育教学改革的决策者与引领者。面对幼儿教师在课程实施中遇到的困难与问题，园长应该积极组织并参与到课程实施中来，如通过组织教研活动，与教师们共同探讨实施课程的有效途径，真正成为课程实施的支持者、促进者与领导者。

由于幼儿园课程实施是复杂的、动态的过程，幼儿园应该有相应的制度和人员对其进行管理，监督课程实施的各个环节。当前，为了进一步完善课程实施的效果，幼儿园必须强化园长课程领导，加快建立合理且高效的课程管理制度。

（三）重视家园共育以争取家长支持

以往，家长在幼儿教师的心中只是一个支持者、配合者，不是参与者、监督者。而今，幼儿教师需要转变观念，才能真正吸引家长参与到幼儿园的课程实施中来。为此，幼儿园首先应从管理上找问题，依托园本培训，使教师深入理解《幼儿园教育指导纲要（试行）》精神，增强课程意识，树立大课程观，将幼儿园课程实施与幼儿一日生活进行有机融合，使之相互渗透。同时，要让家长了解现代幼儿园管理制度与家园合作的相关信息，并结合实际问题，通过探讨达成共识，使教师、家长能够分享新的理念。在班级课程实施中，幼儿教师要主动听取家长的意见与建议，使家长真正成为育儿的伙伴。此外，还需要加强家园合作，让家长参与课程选择等方面的实际操作，认真听取家长对幼儿园课程的意见，让家长代表参与幼儿园课程的决策，并通过家长积极利用和挖掘课程实施所需要的资源，在幼儿园形成有利于课程实施的环境与氛围。[25]

第四节　幼儿园课程评价

问题与思考

什么是幼儿园课程评价？幼儿园课程评价应遵循哪些原则？我国幼儿园课程评价存在哪些问题？

一、幼儿园课程评价的解读

幼儿园课程评价是指针对幼儿园课程的特点与组成要素，通过收集、分析、比较系统而全面的课程资料，科学判断课程的价值与效益的过程。幼儿园课程评价在整个课程运行系统中占有重要地位，它既是课程运作的"终点"，又是课程继续发展的"起点"，伴随着课程领导的全过程。[26]

幼儿园课程评价的目的主要有两方面：一方面，满足教师、课程专业人员、幼儿园管理人员，以及其他负责课程编制人员的需要，以便检验、完善原有的幼儿园课程，或者开发新的幼儿园课程；另一方面，满足幼儿教育政策制定者、幼儿园管理人员，以及社会其他成员获得教育方面信息的需要,以便管理课程,作出影响课程的决策。

幼儿园课程评价的内容,主要包括如下四个方面:

第一,对照《幼儿园教育指导纲要(试行)》与科学的幼儿教育理念,检查、评估已经拟订的课程计划在目标、内容、组织和方法等方面的合理性。[27]

第二,定期对照《幼儿园工作规程》和《幼儿园教育指导纲要(试行)》中的教育指导思想与各项要求,检查评估教师的行为和态度、教师与幼儿的关系,以及师幼互动方式是否有利于课程目标的实现。

第三,及时记录幼儿在教育过程中的反应,并以此定期对照教育教学计划中的预定目标,检查评估该目标本身,以及所实施的教育内容、组织、方法与手段等的适当性。

第四,对照课程目标,测查评估幼儿身心诸方面发展的整体性与均衡性。[28]

二、幼儿园课程评价的原则

幼儿园在进行课程评价时,应注意把握如下几个原则。

(一) 发挥教师主体性的原则

幼儿园课程评价的过程,既是有关主体运用幼儿教育专业知识审视课程实践,发现、分析、解决问题的过程,也是激励教师不断学习、持续提高的重要途径。在幼儿园课程评价中,应强调以教师自评为主,园长、其他教师参与评价,发挥教师群体的作用,共同研究、共同提高。也就是说,调动和发挥教师、园长及其他有关人员改进课程的主动性、积极性与创造性,是幼儿园课程评价的总原则。

(二) 有利于幼儿发展的原则

幼儿园课程评价的最终目的是要促进幼儿的全面发展,所以,涉及幼儿发展水平的课程评价应特别注意以下几点:

第一,要注意多渠道、多方面地收集资料,客观地加以整理与分析。

第二,应承认并尊重幼儿的个体差异,以个人评价为主,让幼儿看到自己的优点与进步,增强自信心。

第三,要了解幼儿发展的全面性,防止片面性,尤其要避免只重知识技能的掌握而忽略情感、社会性和实际能力提升的评价倾向。

第四,课程评价要在日常活动与教育教学过程中,采用自然的方法进行,要使幼儿感到自然、没有压力。

第五,除了用作课程设计和课程改进的目的之外,要慎用评估结果。在与家长沟通时,要考虑怎样才能有利于家园合作,共同促进幼儿的发展,特别注意不能伤害到家长的教育热情和对孩子成长的信心。

（三）促进科学有效的原则

幼儿园课程评价要使用正确的指导思想与评价标准,评价的指标要与《幼儿园工作规程》《幼儿园教育指导纲要(试行)》中的精神相一致。课程评价要讲求时效性,为改善、提高教育质量提供有用的信息。此外,对评价结果的科学解释和合理运用也非常重要。科学有效的幼儿园课程评价需要教师、园长、教研员和有关人员的通力合作,才能达到改进课程、帮助幼儿成长的目的。[29]

（四）有利于发展课程的原则

幼儿园课程评价的目的之一在于发现课程中的问题,进一步找出原因,并提出改进建议与措施,调整、改进、完善课程,不断提高课程质量。因此,要发挥课程评价的诊断与改进课程的作用,而不宜把评价仅仅作为对教师工作或幼儿发展水平的鉴定手段,以免使被评价者产生消极抵触情绪与应付行为,从而带来不良效果。[30]

三、幼儿园课程评价的问题

自 20 世纪 80 年代以来,我国幼儿园课程改革呈现出欣欣向荣的态势,涌现出了许多课程模式,在一定程度上丰富、推进了幼儿园课程的理论研究与实践。但遗憾的是,在幼儿园课程改革繁荣的背后,课程评价却没有得到实质性发展。各种幼儿园课程改革往往是课程目标、课程内容、课程实施与课程形式等方面的改革,在课程评价上仍然存在如下问题。[31]

（一）评价主体失落,师幼被单一客体化

目前,在幼儿园课程评价的实践中,通常将教师与幼儿仅仅看作评价的客体,认为衡量一个课程优劣的标准,主要是看教师与幼儿能否在课程实践中得到发展。只将教师与幼儿看成评价的客体,不仅会忽视教师与幼儿在课程实践中的主体地位,而且会忽视他们在课程实施中的能动作用。事实上,教师与幼儿是课程实践中最有发言权的主体。可以说,课程实践的好坏在很大程度上取决于教师与幼儿的态度。

（二）评价对象单一,只关注"幼儿园中"的课程

传统上我们所指的幼儿园课程,常常只是指"幼儿园内的课程",这种课程观是将在幼儿园中进行的活动视为幼儿经验的"生长点",而对幼儿园之外与幼儿发生密切联系的各种场景与因素视而不见。事实上,影响幼儿发展的不仅发生在幼儿园,更重要的是发生在幼儿赖以生长的各种环境,包括家庭与社区。后现代课程论专家舒伯特指出,课程不是单数,而是复数,意指课程不仅是幼儿园中的教育活动,而且包含与幼儿生活紧密相连的各种小环境,如社区也会为幼儿提供相应的发展支持资源。

（三）忽视发展差异，有悖终身教育理念

当前，我国幼儿园课程评价中多采用"完人"式标准，即在每一次集体教育活动中，在每一次分组活动中，在每一次个别教育活动中，管理者与教师总是希望通过活动将幼儿培养成理想的"完人"，并依此来对幼儿与课程进行评价。"完人"式的课程评价，既忽视了人的差异性，也不符合终身教育的理念。终身教育理念认为，教育是一个持续进行的过程，是一个终身学习的过程。可见，在幼儿园阶段要把幼儿培养成"完人"的想法是不科学的。

（四）评价与生活疏离，难以真正反映幼儿发展

幼儿园课程评价的关注重心与幼儿生活相疏离，是当前评价中遇到的一个重要问题。不少家长、社会人士，甚至教育工作者在对幼儿课程进行评价时，都过分强调幼儿对抽象知识的记忆，过分注重对抽象能力的培养。这些倾向都脱离了幼儿的生活世界，不符合幼儿的成长规律，难以真正反映幼儿的发展水平。

（五）单一重视结果评价，忽视过程价值

杜威认为，儿童是教育的起点、教育的中心，也是教育的目的。在幼儿教育中，幼儿的个性、性格的发展比课程的内容更为重要。教育目标不应仅仅是知识的传播，更应是人的自我实现。幼儿教育中的活动过程本身具有教育价值，其重要性超出了知识记忆之类的结果。

综上所述，当前我国幼儿园课程评价中还存在一些问题，而这些问题能否解决将会影响幼儿园发展的前景。基于对课程评价的深入思考，我们认为，树立系统性评价、动态性评价和发展性评价的课程评价观是解决当前幼儿园课程评价问题的基础。

 本章小结

幼儿园课程领导是指对幼儿园课程的理念、精神、文化和行为等多种因素的综合管理。幼儿园课程不仅要以幼儿发展为本，还要体现全面发展，注重整合性教育，以及以游戏为基本活动。幼儿园园本课程开发具有多样性、独特性、民主性和灵活性等特征。园本课程开发需要具备高素质的师资队伍、明确独特的教育理念、实施民主开放与科学管理、设置高效的监督服务机构。园本课程开发需要发挥师幼双主体的作用，强调通过游戏活动开展教育活动，重视潜在课程的教育影响，避免形式化以减轻师幼负担，建立和谐科学的课程体系。幼儿园课程实施具有人文性、复杂性、动态性和本土性的特点。当前，幼儿园课程实施中仍旧存在着课程计划落实不到位、教师课程实施能力有限、课程管理制度职责不明、课程实施监督控制乏力和课程实施缺乏资源整合等问题。幼儿、教师、家长和园长都是课程实施效果的影响因素，因此需要采取有效措施以提升幼儿教师素质、加强课程实施领导以完善制度、重视家园共育以争取家长支持等有效措施来解决课程实施所面临的问题。幼儿园课程评价只

有遵循发挥教师主体性、有利于幼儿发展、促进科学有效、有利于发展课程等重要原则，才能有效解决以下问题：评价主体失落，师幼被单一客体化；评价对象单一，只关注"幼儿园中"的课程；忽视发展差异，有悖终身教育理念；评价与生活疏离，难以真正反映幼儿发展；单一重视结果评价，忽视过程价值。

 理解·反思·探究

　　1. 什么是幼儿园课程领导？
　　2. 怎样做好幼儿园园本课程开发？
　　3. 当前幼儿园课程实施中存在哪些问题？
　　4. 幼儿园课程评价的原则有哪些？
　　5. 请比较华德福教育理念与当前国内主流的幼儿教育理念之间的异同，并对华德福教育理念进行评价。

华德福教育理念[32]

　　近代以来，西方社会在科技革命推动下，逐渐积累起了高度的工业文明，物质主义空前膨胀。与此同时，吸毒、犯罪等社会问题泛滥起来，人们生活幸福感并没有得到相应提升。在这样的背景下，奥地利科学家、教育家鲁道夫·斯坦纳从自然主义的视角提出了新的教育理论，并通过兴办华德福学校践行之。斯坦纳以提出人智学理念和创始华德福教育著称。1919 年，他应德国华德福烟厂经理的邀请，为其工厂子弟创办了世界上第一所华德福学校，由此华德福教育这一非宗教性质的独立教育运动在欧洲生根发芽。经过多年的实践，当前华德福教育在欧洲已发展成熟，在美洲、南太平洋地区和亚洲也处于蓬勃发展中，1994 年联合国教科文组织对其作出了高度评价，并向全世界推荐了华德福教育。

　　华德福教育的核心主张是自然主义。华德福教育把人看作是大自然的一个组成部分，主张人与自然和谐相处。华德福教育反对人为地为了人的社会目的而违背个体自然成长规律，过早、过多、过难地对儿童开展智识教育。华德福学校往往是选择自然环境优美的地方建校，而且这种优美的自然环境是"原始的"，而非人为的。华德福学校的教具更多的是原始的，或者是简单地经过师生一起打磨的，而不是通过机械制造出来的，或者是通过人精心设计出来的。华德福学校里学生画画用的颜料，也都是由植物色素调制而成，在华德福学校里也没有塑料玩具。华德福教育认为，自然是最伟大的老师，亲近大自然是一种最佳的早期教育方式，孩子们在玩泥巴、作物种植、过家家等原始游戏活动中，能够最好地使身、心、灵和谐发展。

　　华德福教育主张用故事来滋养孩子的心灵和精神。故事有许多种类，包括西方经典《安徒生童话》《格林童话》等，也包括各种本土故事。可以观察到，华德福教师能够严格遵照故事书来讲故事，也可以用自己的话来讲故事，但是不能像一般家长那样，照着故事书来给孩子念故事。在讲故事时,教师需要把自己的意识和感受带入每一句话,以使孩子心中能够留下清晰的图景;并且教师要注视着孩子,这样师生可以直接交流。华德福教师会以口述并且辅以故事桌的方式给孩子呈现故事,也会让孩子自己来阅读精美的绘本,但是并不主张讲完故事后,给孩子解释故事背后的象征意义。因为华德福相信孩子对象征意义的把握是一个自然过程,过多的解释,反而让孩子失去了想象的机会,并失去对故事本身的兴趣。

推荐阅读

1. 上海教育委员会教学研究室.幼儿园课程领导力在生长[M].上海:上海科技教育出版社,2019.

2. 胡剑红.园区化幼儿园课程领导方略[M].长春:吉林大学出版社,2014.

3. 雷静.幼儿园园长课程领导策略叙事研究[M].成都:四川科学技术出版社,2019.

4. 李季湄,肖湘宁.幼儿园教育[M].北京:北京师范大学出版社,1997.

5. 陶金玲.民办幼儿园管理概论[M].天津:天津教育出版社,2010.

参考文献

[1] 杨明全.试论中小学校长的课程领导[J].河南教育(基教版),2002(11):14-15.

[2] 中华人民共和国教育部.教育部关于印发《幼儿园教育指导纲要(试行)》的通知[EB/OL].(2001-07-02)[2023-03-30].http://www.moe.gov.cn/srcsite/A06/s3327/200107/t20010702_81984.html.

[3] 中华人民共和国教育部.幼儿园工作规程[EB/OL].(2016-03-01)[2022-08-01].http://www.moe.gov.cn/srcsite/A02/s5911/moe_621/201602/t20160229_231184.html.

[4] 侯莉敏.幼儿园整合性课程的思考与建构[J].早期教育,2002(08):21-23.

[5] 蔡连玉.教师的人文之旅[M].杭州:浙江大学出版社,2017:99.

[6] 李季湄,肖湘宁.幼儿园教育[M].北京:北京师范大学出版社,1997:196.

[7] 蔡连玉.游戏的"三位一体"影响与儿童成长[J].教育研究,2017(08):103-108.

[8] [美]乔·L.弗罗斯特,苏·C.沃瑟姆,斯图尔特·赖费尔.游戏和儿童发展[M].唐晓娟,张胤,译.南京:江苏教育出版社,2011:97-100.

[9] 栾文彦.民办幼儿教师参与课程决策的个案研究:以陕西省咸阳市A幼儿园为例[D].重庆:西南大学,2010:1-2.

[10] 蔡红梅.幼儿园课程开发的内涵及特点分析[J].南京晓庄学院学报,2004(02):98-103.

[11] 王萍.幼儿园课程实施现状与特征的个案研究[D].长春:东北师范大学,2010:29.

[12] 李爱华.幼儿园园本课程开发的策略[J].吉林省教育学院学报(上旬),2012(11):35-39.

［13］陈时见,严仲连.论幼儿园的园本课程开发[J].学前教育研究,2001(02)：27－29.

［14］胡小玲,危小君,吕洪华.信息技术促进家园合作与沟通的实证性研究[C]//《教师教学能力发展研究》科研成果集(第十四卷).[出版者不详],2018：589－592.

［15］中华人民共和国教育部.教育部关于印发《幼儿园教育指导纲要(试行)》的通知[EB/OL].(2001－07－02)[2023－03－30].http://www.moe.gov.cn/srcsite/A06/s3327/200107/t20010702_81984.html.

［16］陈时见,严仲连.论幼儿园的园本课程开发[J].学前教育研究,2001(02)：27－29.

［17］毕艳红.幼儿园园本课程开发刍议[J].牡丹江教育学院学报,2009(03)：153－154.

［18］殷静,向建秋.幼儿园课程实施的问题及对策——渝北区市级示范幼儿园"课程实施"调研[J].成都大学学报(教育科学版),2008(11)：57－60.

［19］孙丽华,胡艳红.幼儿园渗透式社会领域教育的实施[J].辽宁师范大学学报(社会科学版),2015(06)：802－806.

［20］殷静,向建秋.幼儿园课程实施的问题及对策——渝北区市级示范幼儿园"课程实施"调研[J].成都大学学报(教育科学版),2008(11)：57－60.

［21］中华人民共和国教育部.教育部关于印发《幼儿园教育指导纲要(试行)》的通知[EB/OL].(2001－07－02)[2023－03－30].http://www.moe.gov.cn/srcsite/A06/s3327/200107/t20010702_81984.html.

［22］何幼华.幼儿园管理创意设计[M].上海：华东师范大学出版社,2006：161－197.

［23］王萍.幼儿园课程实施现状与特征的个案研究[D].长春：东北师范大学,2010：158－159.

［24］陈海燕.幼儿园社会课程实施的个案研究——以重庆市A幼儿园为例[D].重庆：西南大学,2008：33.

［25］殷静,向建秋.幼儿园课程实施的问题及对策——渝北区市级示范幼儿园"课程实施"调研[J].成都大学学报(教育科学版),2008(11)：57－60.

［26］贾莎莎.教育现象学视域下幼儿园课程评价体系的重构[J].连云港师范高等专科学校学报,2021(03)：103－108.

［27］李季湄,肖湘宁.幼儿园教育[M].北京：北京师范大学出版社,1997：178.

［28］姜勇,刘霞.当前我国幼儿园课程评价存在的问题与对策[J].教育导刊(下半月),2002(12)：7－9.

［29］王志成.幼儿园园长课程领导的个案研究[D].重庆：西南大学,2007：26－27.

［30］王志成.幼儿园园长课程领导的个案研究[D].重庆：西南大学,2007：26－27.

［31］姜勇,刘霞.当前我国幼儿园课程评价存在的问题与对策[J].教育导刊(下半月),2002(12)：7－9.

［32］蔡连玉,傅书红.华德福教育的理论与国内实践研究[J].比较教育研究,2013(07)：31－35,41.

第七章　幼儿园保教管理

当我们把羁绊孩子的人为事物，以及自以为是用来教导孩子规矩的暴力放置在一旁时，我们就会看到孩子崭新的一面。

——玛利亚·蒙台梭利

教育技巧的全部奥秘也就在于如何爱护儿童。

——瓦·阿·苏霍姆林斯基

 知识导图

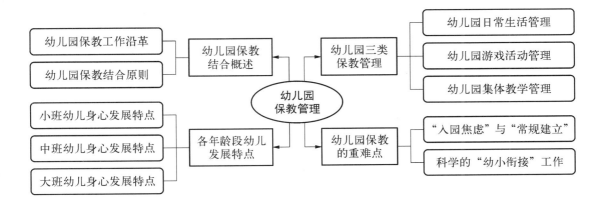

要点提示 ────────────────────────────────

　　本章内容主要包括四个方面：一是基本概述，主要围绕幼儿园保教的历史沿革与原则展开；二是从各年龄段幼儿发展特点出发，进而分析幼儿教师如何做好相应的保教工作；三是从幼儿园日常生活管理、游戏活动管理和集体教学管理来论述幼儿园保教管理的相关内容；四是幼儿园保教的重难点，包括"入园焦虑"与"常规建立"、科学的"幼小衔接"工作。

 学习目标 ────────────────────────────────

　　通过本章学习，你应该能够：

● 掌握幼儿园保教结合的原则。

● 了解各年龄阶段幼儿身心发展特点，并遵循此特点掌握如何做好幼儿的保教工作。

● 掌握幼儿园在日常生活、游戏活动和集体教学三个方面保教管理的相关内容。

● 了解幼儿园保教工作的重点与难点。

第一节　幼儿园保教结合概述

 问题与思考 ─────────────────────────────

幼儿园保教结合需要遵循哪些原则?

一、幼儿园保教工作沿革

自英国人欧文创建世界上第一所幼儿园以来,社会性的学前教育机构至今已有两百多年的历史。正规的学前教育已经逐步成为当今世界大多数国家不同家庭背景的孩子的启蒙教育;原先具有慈善兼福利色彩的学前教育机构,正日益转变成为国民教育体系的基础部分。学前教育发展及其机构管理,也从各种非政府组织的分散运行,逐渐转变为由国家运用法制进行规范,并且政府通过公共政策与权力的使用予以支持和资助。学前教育的这种发展,在很大程度上受益于各国政府采取的积极发展政策。因此,政府是推进学前教育发展的最重要的角色,政府采取的相关政策、策略,对学前教育发展具有极其重要的推动作用。

回顾我国幼儿园发展的历史不难看出,保教结合是我国幼儿教育的优秀传统。早在幼儿园创立之初,在《奏定蒙养院章程及家庭教育法章程》中就提出,蒙养院的主要宗旨就是保育和教导儿童,即"当体察儿童身体气力之所能为,心力知觉之所能及,断不可强授以难记难解之事,或使为疲乏过度之业。"[1]其意思就是,在蒙养院的教育中,也要注重对身体的保育。

在 20 世纪末至 21 世纪初,《面向 21 世纪教育振兴行动计划》《中共中央国务院关于深化教育改革全面推进素质教育的决定》和《国务院关于基础教育改革与发展的决定》等文件都进一步肯定了幼儿教育的基础作用。《幼儿园教育指导纲要(试行)》指出,"幼儿园教育是基础教育的重要组成部分,是我国学校教育和终身教育的奠基阶段","为幼儿一生的发展打好基础",应重点培养幼儿积极主动的态度、强烈的学习兴趣,以及与环境互动的能力、初步的合作意识、责任感等可持续发展的基本素养。

《关于幼儿教育改革与发展的指导意见》进一步明确,幼儿教育是基础教育不可缺少的重要组成部分,发展幼儿教育,对于促进幼儿身心的健康发展,普及义务教育,提高国民整体素养,实现全面建设小康社会的奋斗目标具有重要意义。在 21 世纪的今天,幼儿园保教结合工作及其管理对幼儿全面发展的积极作用,正在得到社会越来越多的认可和支持。

二、幼儿园保教结合原则

幼儿园保教工作要遵循如下两个主要原则。

（一）"保""教"互嵌的原则

"保"是保护幼儿的健康,通常是指为保护幼儿生理、心理健康,增强体质,促进生长发育而进行的锻炼体格、预防疾病、执行科学作息制度和保健卫生制度等内容的活动。"教"是幼儿园的教育教学,是按照德、智、体、美的要求,有目的、有计划地对幼儿进行全面发展的教育。"保教"通常是指有目的、有计划、系统地创设良好的环境,合理安排幼儿生活,培养幼儿良好习惯,丰富幼儿知识、经验,发展智力,培养良好的社会适应性等活动的过程。"保"和"教"是不可分割且相互联系的,"教"中有"保","保"中有"教"。[2]

（二）"保""教"整体性原则

保教结合是一个整体概念,"保"和"教"是幼儿园教育整体的不同方面,并同时对幼儿产生影响。幼儿园"保"和"教"的侧重点不同:"保"更多地在生活环节上占优势,"教"更多地在教育活动中占优势。但是,"保"和"教"是幼儿园工作的核心要素,要在同一过程中实现。[3]幼儿身心发展是一个统一的整体,所以,保教对幼儿的影响也应是整体性的。保教结合,意味着"保"和"教"同时对幼儿的发展产生影响。

第二节　各年龄段幼儿发展特点

 问题与思考 ——●

幼儿在不同年龄阶段身心发展各有什么特点?

一、小班幼儿身心发展特点

作为幼儿教师,要做好保教工作,就需要把握各年龄阶段幼儿的身心发展规律,能够根据这些发展规律,开展科学的保教工作,促进幼儿身心健康、和谐地发展。我国大多数幼儿园通常是按照幼儿年龄进行分班教学,将班级设置为小班、中班和大班。各个年龄段幼儿的身心发展具有不同的特点。

小班幼儿的年龄一般是3—4周岁。小班幼儿自出生后,在一定的社会生活和教育条件下,经过3年的时间,已经能够行走自如,广泛操纵器物,进行初步的言语交际,并且从事一些基本的游戏活动。这为幼儿进入小班学习奠定了身心发展的基础。小班幼儿身心发展有如下特点。

（一）生理发展特点

婴儿在出生时,脑重仅400克左右,2岁末能够达到约900克,3岁时则增长到1 000克左右,3 年中增长了约 600 克。2 岁后的幼儿脑神经纤维开始出现分支。随着年龄的增长,神经纤维的分支继续增多和加长,为形成广泛复杂的神经联系提供了基础。婴儿出生时,大脑皮质的结构已经基本成熟,但一些更为重要的皮质区要到 3 岁左右才开始发展。幼儿脑结构的成熟,使脑的机能也发展起来,皮质兴奋和抑制过程均有所加强,条件反射也容易建立且较为巩固。学习与条件反射的建立速度、牢固程度有直接相关。3 岁后,幼儿学习儿歌只要唱几遍就能记住,且不易遗忘。

幼儿在 3 岁这个年龄阶段身体发育非常快,其动作能力也发展迅速。就全身运动的发展而言,3—4 岁的幼儿已掌握行走、跑、闪避、扔、停、拐弯和减速等动作,而且能够短暂地单足站立,会骑儿童三轮车、投球、扣解纽扣和自己倒水,并能使用积木搭桥或叠起9—10 块方形积木,还能自己吃饭,较平稳地使用调羹。这个阶段幼儿的绘画处于“前描述性”绘画水平,他们开始对人、物和事件产生兴趣,但这时的兴趣远远超出了他们的实际能力。

(二) 心理发展特点

小班幼儿心理的发展从认识能力、社会技能和自我意识三个方面来看,具有如下特点。

1. 认识能力

(1) 感知觉的发展。

小班幼儿的视觉发展主要表现为“视力”发展和“辨色力”发展两个方面。3 岁以后,幼儿喜欢看图画书和绘本,用眼睛看近距离和细小东西的机会不断增多,能够分清基本颜色,如红、绿、黄、蓝、黑等;但对于色调相近的颜色,如红与粉红,黄与橘黄等则容易混淆。幼儿听觉发展较早,到 3 岁基本完成。在空间与时间知觉上,小班幼儿能辨上、下,但不能很好地辨别前、后与左、右;能领会“昨天”“今天”“明天”的时间概念,但还不能掌握“过去”“现在”“将来”的概念。在观察力方面,小班幼儿还处于萌芽阶段,只是停留在表面肤浅的观察上,还不会有目的地去观察,且观察兴趣常常容易发生转移。

(2) 注意的发展。

小班幼儿仍以无意注意为主,有意注意正在逐步增加。3 岁幼儿的注意中以无意注意占明显优势,凡是鲜明、生动、活泼和形象的事物就容易引起幼儿的注意。小班幼儿有意注意的水平仍然很低,一般只能维持 3—5 分钟。小班幼儿的注意转移、分配能力都较差,主要表现在观察图片时,仅能注意其主要与鲜明的部分,而忽视其他部分;在做律动时,只能在听琴声时,两手上下挥动或者双脚小步跑,而不能将身体各部分的运动有机地结合起来。[4]

(3) 记忆的发展。

小班幼儿主要以无意识记、机械识记为主,对自己感兴趣的、印象生动且强烈的事物,就容易记得住。幼儿爱机械背诵,但是不要以为他们会背了就等同于理解了。因此,幼儿教师在发展小班幼儿记忆时,需要主动引导幼儿对事物的理解,激发他们的兴趣爱好及对这个世界的好奇心,这样才能自然而然地促进记忆的发展。相反,若是机械地进行读写练习,不仅会遏制幼儿的学习积极性,记忆也不能得到很好的发展。

(4) 想象的发展。

想象是幼儿成长过程中一个非常关键的因素,想象的发展水平与创造能力高度相关。小班幼儿想象的特点之一是没有预定目的,受当时事物的影响较大。例如,给幼儿一支笔,一张纸,你如果对他们说:"你先想想画什么,想好了,再画!"那他们就会坐在那里不动,不知道要想什么。他们只有在画画的过程中,想象才活跃。由于幼儿的想象没有预定目的,所以其想象是发散的、不稳定的,容易受当时情境的影响。小班幼儿玩过家家的游戏时,不管他们手里拿着什么,这个正拿着的东西都可能一会儿变成吃的,一会儿又变成了用的。总之,小班幼儿会根据情境的需要,把它们想象成自己所需要的任何物件。[5]

(5) 思维的发展。

由"直觉行动思维"向"具体形象思维"发展是小班幼儿思维的主要特点。3岁前幼儿的思维主要是直觉行动思维,他们的思维与动作、行为紧密联系,一旦动作停止或转移,其思维活动也就随之停止或转移。小班幼儿一般只能掌握日常生活中的具体概念,他们在进行判断推理时,常常以事物的外部联系为依据,而不是以事物的内在联系为依据,往往说不出导致某一结果的真正原因。他们理解事物要依靠具体形象。例如,小班幼儿常常要借助插图、教具和形象化的语言才能理解故事内容。[6]

2. 社会技能

刚入园的一段时间内,幼儿还处于自我中心阶段。随着时间的推移,幼儿之间慢慢地开始相互交往,语言交流成为交往的重要形式。他们掌握了一些简单的交往规则,在教师的指导下,会产生一些助人、分享和合作的行为,当然也会产生一些不良行为,如争抢及其他攻击性行为等。小班幼儿出现了助人行为的萌芽,但是,他们往往不能考虑到助人出现的后果,常常会出现"好心办坏事"的情形。小班幼儿的分享行为通常是在教师的启发下产生的。他们的合作行为在游戏中会经常出现,但时间较短;相互协调性发展得较好,但有时也会在合作行为中发生冲突,这说明小班幼儿解决问题的能力还有待培养。

3. 自我意识

自我意识是指主体对自身特性,以及自身与他人、周围事物关系的认识。自我意识包括对自己的思想、言行、身体外貌、内部状态和人际关系等方面的认识,如自我感觉、自我评价和自尊心等。婴儿没有自我意识。到2—3岁时,幼儿才能叫出自己的名字,并掌握代词"我",从而产生真正的自我意识。与此同时,幼儿产生与成人不合作的行为,如常以沉默、退缩、身体的抗拒来拒绝成人的要求,并常以"我自己来"来拒绝成人的帮助。这种"违拗"通常于幼儿三四岁时达到高峰,心理学上称这一时期为"第一反抗期"。对于处于这一阶段的幼儿,成人可让他们学会自我服务。比如,让幼儿自己穿、脱衣服,自己上床睡觉,自己洗手绢、系鞋带等。[7]

蒙台梭利的幼儿教育思想

蒙台梭利是意大利具有国际影响的著名幼儿教育家，也是西方教育史上与福禄贝尔齐名的幼儿教育家。

蒙台梭利认为儿童心理发展具有四个存在着内在联系的显著特点：

（1）具有独特的心理胚胎期。

（2）心理具有吸引力。

（3）发展具有敏感期。

（4）发展具有阶段性。

二、中班幼儿身心发展特点

就身体与运动发展来讲，走、跑、跳、跃、攀、爬已难不住中班幼儿，而细致的手工活动对他们而言却十分困难，如按图形轮廓剪波浪，他们会剪成狗齿状；对照细小的实物画画，画下来肯定是大而走形的。不过与小班幼儿相比，他们已经有了较大的提高，手工作品已经能够模仿物体的基本特征。为此，教师可以多为中班幼儿准备一些美工用品，当发现幼儿画出、捏出、折出什么形状来时，多加以表扬；对不敢动手的幼儿，要陪着他们一起做。除此之外，教师还应经常开展一些美工活动，以提高他们的动手能力，提升自信心，培养良好的学习习惯。

中班幼儿非常喜欢模仿，并且模仿得很出色，语言学习能力也得到了大大的提高。具体来说，认知和心理发展方面的表现如下。

（一）观察力

幼儿的观察是随自身的兴趣而产生和结束的。中班幼儿生活经验不多、对事物的理解有限，因此在观察过程中多依赖成人，得出结论也难以脱离成人的帮助。以观察手表为例，他们感兴趣的是里面那根会走动、发出声响的长针，但当放下手表，问他们里面有几根针时，他们就不一定说得对。教师若能引导幼儿全面地观察，如了解有几根针、有哪些数字、表面形状是什么、表带上有什么图案等，那么他们的收获与独自观察所得就大不一样。教师还可引导幼儿观察长短针的关系，然后引导他们做总结，与他们一起寻找正确的答案。总之，发展中班幼儿的观察力，需要教师多角度地指引，多问一些问题，以促使幼儿深入地观察。

（二）注意力

中班幼儿仍以无意注意为主，有意注意在逐步发展，呈现出无意注意向有意注意转化的趋势。比如，当幼儿看图书显出失去兴趣的样子，进而要丢掉图书时，表扬激励的话就能使他们又认真地翻阅下去，这就体现出了幼儿的有意注意。但中班幼儿的有意注意还十分有限，他们虽然在受表扬之下能够继续看图书，但过不了多久，便会放弃书而去另找新的乐趣。根据以上特点，教师在引导幼儿学习时应当选择动感、色彩明艳、能吸引幼儿的教具及生动有趣的语言和表情，采用故事或游戏的形式，寓教于乐，并且要多运用正面教育的方式，促进幼儿有意注意的发展。

（三）记忆力

中班幼儿记忆的特点是无意记忆居多，有时也能进行有目的、有意识的记忆。例如，在游戏时他们无意中看到妈妈切洋葱时让洋葱熏出了眼泪，以后便不敢弄碎它了。中班幼儿记忆的另一特点是会较快遗忘。比如，要他们学一首儿歌，他们反复朗诵几遍就记下了，但如果长时间不复习，就会忘得一干二净。当然，这跟幼儿学儿歌时对儿歌的理解程度有关，如果不理解儿歌内容，只是机械记忆，虽然他们背得快，但在短时间里也容易忘记。相反，如果是在理解的基础上进行记忆，那么他们记忆的时间就会长一些，但也必须重新巩固，否则也会忘记。要发展中班幼儿的记忆能力，其关键是锻炼他们的注意力，同时要提高他们对语词的理解能力。当幼儿听得懂故事和父母解说的各种现象时，他们学习的积极性就高了，学习能力就会增强，记忆效果也会明显提高。

（四）想象力

想象力提高是儿童创造性发展的基础。中班幼儿的想象，常常发生在游戏、制作和观察活动中，继而产生的一些突发奇想。比如，捧起一把米，让米粒从指缝间落下来，他们会说："下雨啦！"但如果给他们定下主题，让他们想象着去创作，就比较困难了。因此，教师需要帮幼儿找一个着眼点，或是示范想象，这样就容易让幼儿"开窍"了。到中班后期，一般的幼儿都能大胆想象，独立创作了。比如画大象，他们能在没见过的情况下，画出大象的多种形态，如洗澡、吃苹果和卷木头等。幼儿的想象力与其本身拥有的经验有很大关系，因此，只有不断拓宽幼儿的视野，才能丰富幼儿的想象。特别重要的是，教师不能对幼儿的想象进行负面的评价，这样会阻碍幼儿想象力的发展。

三、大班幼儿身心发展特点

5—6岁是幼儿园大班幼儿的年龄，也是即将进入小学的年龄。在这一阶段，幼儿身心都有了进一步的发展，他们的观察力、理解力增强，求知欲和好奇心旺盛，爱说好动，逐渐显现出较强的情感，有一定的独立个性，自我意识有了一定的发展，喜欢自由活动，渴望参加成人活动，盼望自己快点长大。大班幼儿身心发展的具体表现如下。

（一）身体与动作的发展迅速

大班幼儿身体较为结实，活动量大，手部动作精细、准确和熟练，更能独自活动。他们的基本活动习惯已经初步形成，并能够自理，但是自我保护能力较差。大班幼儿初期，男孩身高平均约为 112 厘米，女孩身高平均约为 110.8 厘米。男孩体重平均约为 19.1 千克，女孩体重平均约为 18.4 千克。随着年龄的增长，大班幼儿的动作开始呈现出协调性和稳定性，基本掌握了主要的全身运动，会把几个运动要素统一为一个运动，并能做些复杂运动，如会跳绳、翻单杠和爬树等。大班幼儿手指的灵活性也在增强，能做复杂些的手工，会灵活使用筷子等。

（二）抽象思维能力明显萌芽

大班幼儿的思维仍然以形象思维为主导，但是明显地出现了抽象思维的萌芽。例如，5—6 岁幼儿能够根据概念进行分类。如果给幼儿一些画有车、船、桌、梨、桃等物体的图片，要求他们对物体进行分类，4 岁幼儿往往不会独立分类，5 岁以后的幼儿则能够按交通工具、家具、水果等概念进行分类。4 岁幼儿往往还弄不清楚"车子"和"卡车"这两个概念的关系。5 岁以后，幼儿能够知道"车子"包含"卡车"。5 岁半以后，幼儿对于"这里车子多呢，还是卡车多"之类的问题，能够作出正确回答。他们能够懂得"合起来多，分开来少"的含义，个别大班幼儿甚至能说出"因为合起来是总数，分开来是一部分，卡车是一部分，比总数少"。可见，这个年龄的幼儿，已经掌握了部分与整体的包含关系。

（三）开始掌握初步认知方法

5—6 岁的幼儿出现了有意地控制和调节自己心理活动的行为，在认知活动方面，无论是观察、注意与记忆过程，还是思维与想象过程，都掌握了简单的方法。比如，在观察图画时，5 岁后的幼儿已不再是胡乱地看，而是能够按照一定的方向或路线，如从上到下、从左到右依次地扫视。由于未能掌握观察方法，幼儿的观察带有很大偶然性，遗漏较多。4 岁前的幼儿往往不会比较两个或几个图形的异同，而 5 岁后的幼儿则能较好地完成任务，这是因为他们已经掌握了对比的简单方法，能够把图形或图形的相应部分一一对应地进行比较。

一般地，在注意活动中，5—6 岁幼儿能够采取一些方法使自己不分散注意力。比如，自觉地把眼睛盯着需要注意之物，把双手放在身旁，用两手掩着耳朵防止杂音干扰等。大班幼儿进行有意记忆时，也能运用多种方法。在用思维解决问题时，他们会事先计划自己的思维过程和行动过程。在绘画活动中，大班幼儿会在画前"想一想"，他们在头脑中先进行构思，以确定有意想象的目标，并作出行动计划，然后基本上按预定计划去画。

5—6 岁的幼儿不仅在认知活动中能够采取行动计划与行动方法，在意志行动中也往往会用多种方法来控制自己。比如，在一个"延迟满足"的实验里，实验者要求 5—6 岁幼儿不去碰诱惑物而等待实验者回来给予诱人奖品时，5—6 岁幼儿运用了多种方法抗拒诱惑，有的幼儿把背朝着诱惑物，有的幼儿则干脆趴在桌子上打瞌睡，有的幼儿还唱起歌来，这些都是使自己不被诱惑物所吸引的方法。[8]

（四）具有好问与好学的特征

一般来说，幼儿都很好奇，但是5岁后幼儿的好奇心和以前不同。他们不再满足于了解表面现象，而是要追根问底。他们具有强烈的求知欲和认知兴趣。5岁后的幼儿主要不是停留在身体活动上的活跃，而是表现在智力活动的积极性上。

大班幼儿经常提出各种各样的问题，他们不像过去那样只问"是什么"，他们提出没完没了的"为什么"。如果5岁前的幼儿问："谁是好人？谁是坏人？"成人回答了谁好谁坏，他们就不再提问。大班幼儿则不然，他们会接着问："他为什么坏？他做了什么坏事？"在日常生活中，大班幼儿什么都问，这让许多教师感到难以应对。他们的问题涉及天文、地理、物理、化学和生物等各个方面。这个年龄的幼儿几乎都会问"孩子是从哪里来的"，要回答他们的问题，成人既要有足够的知识，又要有一定的技巧。

大班幼儿的淘气，有时是求知欲的表现。比如，许多幼儿都想知道，为什么收音机能说话？电视机里那些小人躲在哪里？为此，他们会拆开玩具或其他物件，但由于受知识经验的局限，他们常常会"闯祸"，然后还自以为有理。再比如，两个大班幼儿在自来水管下面的小水槽上横架着一块搓衣板，让水通过搓衣板的小沟流下来，在玩得正起劲时，若老师批评他们浪费水，他们会感到十分委屈，认为"一个水管变出了那么多小水管，可以节约水"。

5—6岁的幼儿喜欢学习，在学到新的知识后，会感到满足，而且喜欢对别人讲。他们已经能够坚持稍长时间的智力活动。在课堂上，他们喜欢新内容，喜欢一些动脑筋的活动，如编故事或进行其他的具有一定创造性的活动；在课堂外，他们热衷于下棋、猜谜，或者做一些简单的智力游戏。

（五）个性的发展已初具雏形

5—6岁的幼儿对事物已经开始有了自己比较稳定的态度。比如，在自由活动中，5—6岁幼儿表现出相对稳定的兴趣，有的幼儿总是去玩球，有的则总是去玩"娃娃家"，还有的总是凑在一起看绘本、讲故事。

大班幼儿的情绪也不像中、小班幼儿那么容易变化，但是不愉快情绪有时会持续较长时间。例如，有的幼儿早上来园时受到了批评，就会整天闷闷不乐。大班幼儿的思想情感已经不那么外露。例如，某5岁半幼儿很喜欢画画，可是有一天突然不画了，家长和老师都不解其因，幼儿只是说："不画了。"经过奶奶耐心的沟通，才发现是因为老师没有把她新作的画贴出来，她误以为老师嫌她画得不好看。此外，大班幼儿还会对自己的行为会产生某种顾虑。

以上这些表现说明，5—6岁的幼儿的心理活动已经开始逐渐形成系统，也就是个性的形成过程已经开始。儿童的各种心理活动互相紧密地联系起来了，使先前的心理活动与先前形成的态度，影响着后来的心理活动及其对事物的态度。心理系统的活动方向开始逐渐稳定起来。

大班幼儿个性开始形成,是与幼儿认识活动抽象概括性的发展以及各种心理活动有意性的发展相关的。从此,幼儿的心理活动,不再是孤立零碎的,而是在心理系统背景下的活动的,且有自己的特色。不过,需要特别注意的是,幼儿期所形成的只是个性的雏形,其可塑性还非常大。

● 相关链接 ●

华德福教育理念的发展"三段论"

华德福教育认为,我们可以在每个孩子身上见证奇迹的展开,这种奇迹是个性的表现和成长,本质上与其他任何人都截然不同。当一个孩子降临人世,特别希望找到一个美的地方,有三种东西是来到人世间孩子所盼望的:真、善、美。

华德福教育基于三个不同的发展阶段,每个阶段7年。幼儿期(0—7岁)、中期(7—14岁)和青春期(14—21岁)。华德福教育认为,每个阶段都会塑造孩子们在情感、智力、精神和身体上对世界的态度。教育工作者需要考虑孩子们的发展阶段,并根据不同发展阶段提供相应的教学方法、课程和教学内容。

0—7岁的孩子们主要通过感官生活,通过模仿学习。教师应努力做到值得模仿,为孩子们提供温和而丰富的感官环境。以游戏为基础的活动,能鼓励孩子们探索他们的自然世界,扩展想象力,探索社会关系,为情感、智力和身体的发展奠定基础。

7—14岁的孩子们主要通过涉及感受的课程来学习,以激发他们的创造力。华德福课程包括寓言和童话、传记和神话传奇。教师将戏剧、讲故事、视觉艺术、节奏运动和音乐融入他们的日常工作。教师编织了一种体验,使主题在孩子们的感受、意愿和思维中栩栩如生。

14—21岁标志着独立智力的发展,以及准确审视世界和行使判断力、洞察力和批判性思维的能力。这个阶段的孩子们,在教师的指导下拥有学习自主权。

在幼儿期,孩子们通过丰富的精力和活动来表达自己。在实践中学习,身体发育是重点,父母和教育者的最大任务是确保身体以健康的方式得到营养。我们必须带来学习经验,将人类的身体基础发展成一种熟练和有能力的工具,这样身体就不会被证明是个人进一步发展的限制和障碍,也不会过早地将这一基本任务转移到智力学习中。因此,在华德福幼儿园中没有学术指导,学习的重点是发展与身体智力相关的意志。这是通过实践和艺术活动来培养的。此外,富有想象力和创造性的游戏在华德福幼儿园中扮演着重要的角色,因为这种想象活动是后来所有更高层次的学术学习和思维活动的基础。

华德福教育的主要特点之一是特别关注艺术和自然及其与人类的内在联系。华德福教育认为,在教育中关注艺术和自然将导致对生活的"美"的更大欣赏:生活中的快乐和幸福,对所有存在的热爱、工作的力量和能量,这些都是正确培养美和艺术感觉的终生结果。这种对生活的热爱体现在这些强调音乐、艺术和想象力的学校的日常活动中,就连教室的审美氛围也体现了"整体"的氛围。"想象一下一间教室,里面有旧木桌,后院花园,孩子们正在学习编织和钩针编织。艺术和音乐与每个科目交织在一起,学生编写自己的教科书,玩具都是手工制作的。"这种教育理念允许孩子们在培育环境中学习,以便让他们真正的个人身份开花结果。这种教育儿童的方法,使他们在生活的各个方面成长,强调了"以儿童为中心"的理念,因为学习环境是以儿童为中心,而不是以所教授的材料为中心。换言之,每个孩子的价值在于他或她在不同领域的成就,而不仅仅是他或她在数学考试或拼写比赛中的表现。每个孩子的成就都应受到重视,无论是墙上展示的一幅美丽的画,还是大声朗读的写得很好的读书报告。这种"以儿童为中心"活动的支持者将所有孩子视为具有自己天赋和需求的独特个体:每个孩子都应该得到与天才和学习障碍者相同的关注,每个孩子都是"特别的"。

华德福和蒙台梭利学校有许多相似之处,但两种教育体系也存在如下差异:

华德福学校通常有不同的年级水平,孩子们可以提高;蒙特梭利教室通常将不同年龄段的人组合在一个教室里。

华德福学校通常有一位教师跟随学生从一个年级到另一个年级;蒙特梭利学校通常为每个班级组配备不同的教师。

华德福和蒙台梭利虽然都强调通过游戏学习,但华德福的方法通常更具想象力,而蒙台梭利则强调"游戏即工作"。

由此可见,华德福重视培养孩子们的个性,但与蒙台梭利相比,华德福采取的学习方法更以教师为基础,蒙台梭利通常允许孩子们计划自己的课程。

资料来源:Mcdevitt T. M, Ormrod J. E. Child Development and Education[J]. Journal of Moral Education, 2002, 24(03): 319 - 328.

第三节　幼儿园三类保教管理

 问题与思考

幼儿园保教管理包括哪些具体内容?

幼儿园保教管理的主要内容是对幼儿园一日活动安排的管理,其中包括日常生活、游戏活动和集体教学管理等多个方面。

一、幼儿园日常生活管理

(一) 日常生活管理的对象

日常生活是指幼儿园一日活动中除集体教学、游戏活动以外的一切日常活动,是满足幼儿基本生活需要的活动。它是幼儿在幼儿园生活的重要组成部分。

日常生活活动包括幼儿入园、进餐、喝水、盥洗、如厕、睡眠和离园等环节,不同的活动具有不同的内容与要求。幼儿园日常生活管理的对象就是上述日常生活活动。

(二) 日常生活管理的方法

幼儿良好的生活习惯、个性、安全、保健和礼仪等方面的教育,是幼儿学会生活、获得成长的基础。日常生活是一种综合性活动,包含了丰富的教育内容;也是幼儿生活养成教育的主要途径之一,对幼儿的成长具有特殊的教育功能。

在对幼儿日常生活进行管理时,保教人员应采取符合幼儿年龄特点的相应办法。

1. 行为练习法

行为练习有两种:一种是在自然生活情境中的行为练习;另一种是在特设情境中的行为练习。幼儿园的一日生活为幼儿提供了在自然生活环境中进行行为练习的机会,教师可以让幼儿在一日生活中反复进行相关的练习。特意创设的情境对幼儿来说比较新鲜、刺激,易给幼儿留下深刻印象,教师可以根据幼儿实际生活中出现的问题,有针对性地创设相关情境,为幼儿提供练习的机会。

2. 表扬激励法

表扬激励法是指对幼儿的良好行为表现及时给予肯定与表扬,以激励、巩固其良好生活行为的教育方法。这种表扬激励可以是物质的,也可以是精神的。教师应充分利用幼儿的心理需求,及时肯定幼儿的良好行为,特别是对能够自觉遵循生活常规的幼儿要及时表扬激励,这样就可以使幼儿因正确的行为而获得正面的强化刺激,逐渐养成良好的行为习惯。

3. 图示、图表法

图示法是以简洁、形象和连续的图示替代传统的示范、讲解等指导方式,将一些生活方面的要求用直观形象的画面展现出来,并注上简单的文字提示,以引导幼儿在反复观察、思考和尝试的过程中掌握新技能、新方法。例如,在如厕环节中,可制作如厕图示:脱裤子→蹲马桶→提裤子→洗手。

图表法是用来记录幼儿表现的,包括幼儿姓名、记录项目和奖励标志等。教师可以组织幼儿、家长一起收集漂亮可爱的各式图案作为奖励标志,如小红花、红五星、小樱桃和小白兔等图案,对生活行为好的幼儿以贴奖励标志的方式进行表扬,使其产生自豪感与荣誉感,强化其良好行为。当然,在表扬过程中,教师要注意对幼儿"虚荣心"的适度掌控。

4. 榜样示范法

榜样示范法就是利用榜样的力量,通过为幼儿提供正确的行为典范,激发引导幼儿模仿学习的方法。榜样示范法将规则要求具体化和人格化,以生动具体的典型形象影响幼儿的心理,使教育具有很强的吸引力、说服力和感染力。在幼儿的生活中,榜样无处不在,既可以是发生在幼儿身边的,也可以是在文学作品中的。但是,所选择的榜样应是健康、具体、生动和形象的。榜样运用的形式也是多种多样的,可以通过故事或情境表演的方式,也可以采用组织幼儿游戏的形式。

值得注意的是,教师的榜样示范、以身作则在幼儿的生活指导中起着举足轻重的作用。这是因为教师的一言一行都会成为幼儿模仿学习的榜样。而且,教师榜样的影响还具有长期作用,教师的身教胜过说教。[9]模仿是幼儿的本能,所以在幼儿园的日常生活管理中对幼儿进行榜样教育至关重要。

二、幼儿园游戏活动管理

福禄贝尔早在一百多年前就对游戏有了深刻认识。他认为,游戏是发展儿童创造性的最好路径。儿童在游戏中能够观察自己、感受自己、认识自己、发现自己。正是通过游戏活动,儿童表现出其创造性。他还认为,许多有趣的游戏,只有在集体性的游戏中才可能进行。这种集体游戏使儿童学会尊重别人,获得愉快,从而培养儿童之间的友爱与信赖的情感。幼儿时期应该是儿童生命的游戏岁月,游戏是儿童内心的需要和冲动的外部表现,喜爱游戏是儿童的天性。对幼儿自身而言,一个游戏着的幼儿、一个全神贯注地沉醉于游戏之中的幼儿,正是幼儿时期童年生活的最美好表现。[10]

受传统学习观的影响,大多数幼儿家长甚至包括不少幼儿教师,还在一定程度上存在"重上课,轻游戏"的思想。他们对游戏的功能认识不足,认为游戏与教学活动是不能相提并论的,把游戏看作与认知发展无关甚至对立的活动。还有的人认为游戏是休息和闲暇,只能作为课程结束后的放松与娱乐。教师对游戏的认识不够深入,会使游戏难以成为幼儿园课程中的重要内容。教师对游戏的认识和实践,通常存在如下误区。

(一)误区一:游戏工具化

这种认识与实践的误区在于,追求游戏活动的热闹场面,给任何活动都冠以游戏的名称。这些活动都一味地去追求游戏的外在形式,追求热闹的场面。在这种误区中,教师设计和选用的游戏只是用来取悦幼儿,将游戏作为幼儿园一日生活中的调味品。游戏被工具化,就是指教师总是利用游戏这一形式调动幼儿的直接兴趣,引发幼儿的注意,从而为教学服务,而幼儿并没有真正地在体验游戏。可以说，教师在导演游戏。他们精心设计、准备并组织游戏，安排游戏的框架和结果，将游戏模式化，对幼儿游戏控制得过严，导致游戏变味，阻碍了幼儿积极性、主体性、创造性的发挥。如此，真正自然状态的幼儿游戏被驱逐出了幼儿园课程范畴。[11]

（二）误区二：游戏自由化

这种认识与实践的误区在于，认为幼儿游戏不应受到成人的干预，反对施加任何自觉的教育指导，对游戏的指导由过去那种教师完全的"导演"演变为"放羊式"的让幼儿自由玩耍，使游戏变成了幼儿随便玩玩的活动。游戏的自由化导致了游戏活动的低水平，游戏在层次性、变换性和角色性上都体现不够，内容与形式的贫乏甚至导致了幼儿在游戏中因无所事事而自行打闹。[12]

> **知识卡**
>
> ### 恩　物
>
> 　　恩物是福禄贝尔创制的一套供儿童使用的教学用品。恩物的教育价值在于它是帮助儿童认识自然及其内在规律的重要工具。恩物作为自然的象征，能帮助儿童由易到难，由简及繁，循序渐进地认识自然。
>
> 　　福禄贝尔认为真正的恩物应满足三个条件：
>
> 　　（1）既能使儿童理解周围世界，又能够表达他对于这个客观世界的认识。
>
> 　　（2）每种恩物应该包含一切前面的恩物，并应该预示后继的恩物。
>
> 　　（3）每种恩物本身应表现为完整的有序的统一观念——整体由部分组成，部分可形成有秩序的整体。

三、幼儿园集体教学管理

（一）集体教学的特点

集体教学是指根据教育目标，教师有目的、有计划地组织幼儿学习特定内容，从而促进幼儿发展的一种活动形式。

幼儿园集体教学活动可以是主要关注某一个学科领域的活动，如音乐活动、体育活动或科学活动等，也可以是整合几个学科领域的综合活动。幼儿园集体教学具有鲜明的计划性、目标性、系统性、组织性和直接指导性等特点，具体表现在以下几个方面：有特定的活动要求和活动目标；有具体而细致的教学计划与设计；有由教师规定的活动内容，并提供统一的活动材料；全班或几组幼儿在同一时间内进行同一种操作活动；教师为幼儿的活动提供较大空间；教师的直接指导较多，幼儿基本上在教师的指导下分步骤地开展活动；幼儿参与活动的时间基本上由教师掌握。[13]

（二）集体教学的评价

集体教学评价是集体教学活动的一个重要组成部分。集体教学评价既有助于教师了解教学活动的适宜性、有效性，又有助于其调整和改进教学，从而更有效地提高教学质量与促进幼儿的全面发展。

集体教学评价应以幼儿的发展为主，一般地，其指标包括如下几个方面。

1. 目标制定

目标是否符合幼儿的年龄特点和认知水平；是否体现目标的整合（情感态度、认知和能力）；目标是否表述明确，重点突出。

2. 内容选择

内容是否源于生活，建立在现有经验基础之上；是否把握幼儿年龄特点，符合幼儿的兴趣；是否具有一定的挑战性。

3. 环节设计

环节是否体现目标的有效渗透，重难点解决措施是否得力；活动过程是否合理，环节是否层层递进；是否能引发幼儿生动活泼、积极主动的活动；是否留有让幼儿生成活动的空间。

4. 教师策略

教师是否能运用多种教学策略，激发幼儿参与活动；语言是否简洁、适宜、有效，能够有效推进活动的开展；提问是否清晰、明确、有价值，具有开放性；是否为幼儿提供了师幼互动、幼幼互动的时间、空间；是否能随机筛选与判断幼儿自然生成的各种表现，并作出机智的回应；是否能在教学中做到个别关注、分层指导和面向全体三者相结合等。

5. 环境材料

环境是否能体现安全性、开放性和启发性；材料是否能体现丰富性、层次性和多功能性。

6. 幼儿表现

幼儿参与教学是否积极、主动；兴趣是否能持续；是否乐于表现自我，有自主表达、表现的欲望；行为习惯是否良好。

7. 目标达成

是否有利于幼儿已有经验的提升；是否有利于幼儿多元智能的发展。

第四节　幼儿园保教的重难点

 问题与思考 ————————————————————————————

幼儿园保教的重点有哪些方面？幼儿园保教的难点又有哪些？

一、"入园焦虑"与"常规建立"

（一）减轻"入园焦虑"

3岁的幼儿会跑、会跳，能自由行动，也能在一定程度上使用语言表达自己的意见、愿望、情感，并和人交谈。他们无论从生理上，还是从心理上看，都具备了参加集体生活、进行各种活动的条件。所以说，3岁是幼儿进入幼儿园的最佳年龄。

幼儿初入园时，由于生活条件发生重大改变，生活中心从家庭生活转移到了幼儿园的集体生活，他们要离开家人和熟悉的环境"独立"生活了。刚到幼儿园时，幼儿面对的一切都是陌生的；在幼儿园里，幼儿有了更新的学习活动和更复杂的人际关系，不能想做什么就做什么，要遵守集体规则。这些都会使初入园的幼儿觉得处处受限制、样样受束缚，很不自由。这也使得幼儿难免在生理、心理上感到不适，从而产生分离焦虑与陌生人焦虑，主要表现为：喊着要回家、哭闹不止、不吃饭、不午睡、长时间独处等。这些表现往往会持续一两周，甚至更长时间，从而导致教育教学活动无法正常开展。如何帮助幼儿跨过这道"槛"，就成了家长和教师所面临的现实问题。对幼儿园来说，可从如下几方面着手来减轻幼儿的"入园焦虑"。

1. 提前参观幼儿园

请家长提前带领幼儿参观幼儿园的环境，既能使幼儿对幼儿园有了具体的感性经验，又能提前认识和蔼可亲的教师，这些都会深深地打动幼儿的幼小心灵，从而产生对幼儿园和班级的向往之心。

2. 开展入园前的亲子活动

为了帮助幼儿尽快适应幼儿园生活，使家长了解幼儿园，幼儿园可以在入园前就开展一些亲子活动。这些活动能使幼儿对幼儿园的活动及环境有进一步的了解，还能增进教师、幼儿家长之间的情感。

3. 及时召开家长会

家长把幼儿送到幼儿园的新环境中，心理上也会产生不适应，甚至会怀疑教师的教养水平、教养态度及方式，担心幼儿的生活起居等得不到妥善保护。幼儿园应及时召开家长会，让家长了解幼儿园，并对家长提出有关教养幼儿方面的具体要求。比如，家长可培养幼儿初步的生活自理能力和良好的生活习惯，放手让幼儿独立吃饭、自己大小便，给幼儿安排与幼儿园相应的作息时间，做到早睡早起、每天中午坚持午睡等。在日常生活中，家长要与幼儿平等相处，不能威胁恐吓幼儿，更不要以"不听话就送你到幼儿园"之类的话强迫幼儿服从自己，使幼儿心理上对幼儿园产生恐惧。给幼儿讲有关幼儿园环境及其有关的趣事，以引发幼儿入园的愿望。[14]

4. 安排好入园初的活动

教师应该合理安排好幼儿入园初的活动，使幼儿能够真正感受到幼儿园生活的愉悦，真正喜欢上幼儿园。教师可以通过各种活动,让幼儿在愉快的情绪下学习。此外,教师还可以根据幼儿的兴趣爱好,多开展丰富有趣的游戏。爱玩是幼儿的天性,在游戏中学习,这样既能激发幼儿的求知欲,也可利用这些游戏来转移幼儿想家和想父母的情绪。总之,教师对刚入园的幼儿不能要求过高,而是要通过合理安排入园初的活动,让幼儿在轻松、愉快的氛围中逐步适应集体生活。

(二)小班"常规建立"

"没有规矩,不成方圆。"小班是进行常规教育的关键时期。良好的小班常规,一方面可以让幼儿一日活动非常有规律,既可以促进幼儿的身体健康又能让幼儿积极地参加各项活动,且有利于幼儿良好生活与行为习惯的养成;另一方面,也便于教师组织好各类教育与游戏活动。

一般地,小班常规活动的内容包括:来园活动常规、盥洗活动常规、进餐活动常规、散步活动常规、睡眠常规和离园常规等。[15]

● 相关链接 ●

幼儿园小班的常规管理

甘霄丹

小班是幼儿跨入集体生活的一个转折点,也是进行常规教育的关键期。那么,在实施常规管理中,有哪些切合实际的方法呢?

一是示范、模仿法。在运用这一方法时,教师应改变以往单一说教的形式,以及"不准这样""不准那样"的戒律,采用有趣的教育方法,让幼儿在"看看、做做"中主动、自觉地学习。比如,在对幼儿进行礼貌教育时,可请大班的哥哥、姐姐参与,让他们表演"早晨入园"和"下午离园"时如何有礼貌地和老师打招呼。

二是巧用文学作品。儿歌是儿童文学作品中的一种体裁,读起来朗朗上口、易记。在对幼儿进行生活常规教育时,教师可以使用儿歌来引起幼儿的兴趣。例如,在洗手的时候,教师可以教幼儿一边洗一边念儿歌:搓搓搓,搓手心,搓搓搓,搓手背,换只手再搓搓,甩三下,一二三,关好水龙头,擦干手指头。这样幼儿在不知不觉之中就根据儿歌里的洗手步骤完成了洗手的任务。

三是在游戏中学习。幼儿喜欢在有趣的活动中接受教育,而游戏则是对幼儿进行常规教育的良好手段。因此,教师可以充分地用教学游戏和创造性游戏对幼儿进行生活常规教育。例如,组织幼儿玩"找朋友"的游戏,让幼儿在各种图中找出自己喜欢的标记,学会用自己的茶杯和毛巾;或在"娃娃家"游戏中,引导幼儿练习"穿脱衣服"的顺序和方法,以及练习洗脸、洗手的方法等。

四是利用小红花。为了提高幼儿的自信心和学习的兴趣,教师可以在班里开辟

"宝宝学会了"专栏。把每个小朋友的照片贴在专栏里,并根据一个阶段的生活常规教育要求进行评价记录。如小朋友学会了自己吃饭,不挑食了,就在吃饭的那一栏里贴上一朵小红花;小朋友能遵守睡觉的规则,就在睡觉那一栏里贴上一朵小红花;等等。这样做既记录了幼儿的表现,又提高了幼儿的自信心,还为幼儿积极上进增添了动力。小朋友们为了争做好宝宝,努力、认真地遵守着各项常规。

五是注重个别教育。在教育的过程中,教师要研究影响遵守规则的原因和幼儿生理、心理上存在的差异,而情绪、经验、疲劳或环境则是构成破坏规则的因素。教师要根据不同幼儿的不同情况,有针对性地进行教育。如有位叫森森的小朋友,手里要拿着块毛毯才能入睡。据森森妈妈讲,他从小就对毛毯情有独钟,手里一直拿着毛毯,还不时地闻它的气味。到了幼儿园以后,森森妈妈希望老师能帮助改掉他的这个坏习惯。开始时,老师不让森森拿毛毯,他就将幼儿园的被褥撕成一条一条的。于是,老师就采取了系统脱敏的办法,先换了块手帕给森森拿着,刚开始他很不适应,还睡不着觉,等他慢慢适应以后,就在手帕上撒些"风油精"让他拿着,结果他觉得很难闻,慢慢就改掉了坏习惯。

资料来源:麒麟中心幼儿园的"幼儿园小班的常规管理的实现方法"

二、科学的"幼小衔接"工作

学前教育与小学教育是相互衔接的两个教育阶段。学前教育与小学教育既有区别又有紧密的联系,二者关系处理得如何,将关系到能否使幼儿身心健康、和谐地发展。所以,为使大班幼儿升入小学后能较快适应小学生活,教师就要做好如下准备工作。

(一) 初步培育幼儿的交往能力与任务意识

1. 学会人际相处并积极参加集体活动

在大班教学活动中,教师可以通过提供必要的游戏材料、空间与时间,鼓励幼儿参与丰富多彩的集体活动,提高幼儿参与集体活动的热情和积极性。同时,教师要了解幼儿的心理需求,根据他们的能力、爱好和兴趣组织集体活动,同时引导幼儿与同伴积极互动。在集体活动中,让大班幼儿学会与人相处,有助于他们更加独立地处理人际关系中的问题。

2. 培育幼儿任务意识与自我管理能力

在幼儿园活动中,教师可以把幼儿正在进行的活动,提示为某一项任务,并鼓励幼儿努力去完成,从而达到强化幼儿任务意识的教育目的。在此基础之上,教师可引导幼儿产生自我管理的意识,让其明白"没有规矩,不成方圆"的道理,从而主动维护一定的秩序,从自我管理开始,逐渐发展自我管理的能力。

（二）合理提升幼儿专注力与抽象思维能力

1. 让幼儿的专注力逐步提高

在大班教学中，教师在教幼儿新东西时，要有耐心，解释要简短、清晰，要经常重复自己的要求。在班级教室装饰中，要避免强烈的色彩，保持教室整洁，这样有利于幼儿注意力的集中。教师也可以采用激励的方法，给予专注认真的幼儿一定的奖励，可以是一朵小红花或是一颗糖果，这样既能激发其自身的积极性，又能给集体树立一个学习的榜样，起到激励作用。

2. 让幼儿思维方式合理地趋向抽象

在大班的教学活动中，教师应尊重幼儿的个性特征，允许幼儿从不同角度认识问题，采用不同的方式表达自己的想法。在解决问题的过程中，教师不是强调自己的思路，而是启发幼儿用自己的思维方式来寻找解决问题的策略和方法，提倡解决问题策略的多样化。教师要引导幼儿在学习中主动探索与发现问题，创造出解决问题的方法与策略，从而让幼儿在体验中发散思维，培养创新意识和动手能力，帮助幼儿的思维方式趋向抽象。[16]

（三）逐步培养幼儿的生活自理意识与能力

教师要培养大班幼儿养成自己的事情自己做、管理好自己物品用具的习惯。例如，教师可组织幼儿在午休后学着自己叠被子。通过一段时间的练习，幼儿不仅能够学会叠被子，锻炼了其动手能力，而且意识到了自己的事情要自己做，愿意帮助爸爸妈妈做些力所能及的家务活。由于大班阶段的幼儿已经有了对自己思想、情感和行为的控制感，教师可以多给他们提供独立完成任务的机会与自己做决定的机会。

（四）注重培养幼儿倾听他人讲话的好习惯

教师还要使大班幼儿养成倾听的习惯。现代社会，接受知识的渠道很多，自发地学习发现和从课本、从他人处汲取知识都很重要，不懂得倾听别人的发言就少了从他人处学到知识的机会。倾听习惯的养成，对幼儿进入小学后更好地学习是有利的。由此可见，培养幼儿倾听习惯的重要性。因此，教师在大班时期可以建立"视听角"，让幼儿多听语言优美、语句通顺的优秀儿歌、故事、童谣或谜语，以培养幼儿倾听的兴趣和习惯。[17]

本章小结

幼儿园保教通常是指有目的、有计划、系统地创设良好的环境，合理安排幼儿生活，培养幼儿良好习惯，丰富幼儿知识、经验，发展智力，培养良好的社会适应性等活动的过程。虽然"保"和"教"各自作用，但彼此相互联系，并且"保"和"教"是幼儿园工作的核心要素，具有整体性。要做好幼儿园保教工作，首先，幼儿教师要把握各年龄阶段幼儿的身心发展规律，能够根据这些发展规律开展科学的保教工作,以促进幼儿身心健康、和谐地发展,这就需要教师分别了解小班、中班和大班幼儿身心发展的具体特点。其次,幼儿园日常生活、游戏活动和集体教学三个方面管理的相关内容,也是教师及保教工作人员的知识基础。第三,幼儿在刚进入幼儿园时会普遍存在"入园焦虑"的问题,幼儿园可请家长提前带幼儿参观幼儿园,开展入园前的亲子活动,及时召开家长会,合理安排入园初的活动,让幼儿在轻松、愉快的氛围中逐步适应集体生活。此外,幼儿园有必要在大班阶段做好"幼小衔接"的工作。教师通过初步培育幼儿的交往能力与任务意识,合理提升幼儿专注力与抽象思维能力,逐步培养幼儿的生活自理意识与能力,注重培养幼儿倾听他人讲话的好习惯等措施,以使大班幼儿升入小学后能较快地适应小学生活。

 理解·反思·探究

1. 幼儿园保教结合的原则是什么?
2. 幼儿园不同年龄段幼儿发展的特点分别是什么?
3. 幼儿园怎样开展日常生活、游戏活动和集体教学三类管理?
4. 怎样做好"缓解入园焦虑""建立常规""幼小衔接"工作?
5. 请对下述幼儿园保教工作制度进行分析和评价。

幼儿园保教工作制度(节选)

一、幼儿园成立保教组,负责组织和管理幼儿园保健、保育,教育、教学等工作。保教组由幼儿园保教主任和各年级组长、保健医生组成。保教组由幼儿园保教主任向幼儿园园长负责。

二、幼儿园保教组应根据《幼儿园教育指导纲要(试行)》和幼儿园实际,认真讨论确定幼儿园学期工作目标和阶段性工作任务,有计划地、高效地开展幼儿园保健、保育,教育、教学活动,并及时进行阶段性工作总结。

三、幼儿园保教组应根据幼儿园要求和工作的实际情况及时向园长汇报,按时向幼儿园园长提交工作计划和总结。接受园长的工作指导与督促。园长对其工作进行检查和评估。

四、保教组应与各年级组、各班组讨论交流,在研究的基础上指导各年级、各班根据《幼儿园教育指导纲要(试行)》和幼儿年龄特点及发展水平确定学期目标、月目标,在幼儿广泛的兴趣点和关注点上生成课程和开展具体活动,有目的、有计划、循序渐进地有效组织和安排幼儿在园学习和生活。评估年级组、班组工作绩效,切实做到促进幼儿在原有水平上的发展。

五、保教组应督促保教人员认真履行工作职责,遵守幼儿园各项规章制度和教师行为规范。

六、保教组应督促保教人员本着尊重、平等、合作的原则,争取家长的理解、支持和主动参与,把家长作为幼儿园重要的合作伙伴,共同构建教育教学活动,主动同家长交流幼儿在园情况。

七、保教组应督促各班教师尊重幼儿的人格和权利,尊重幼儿身心发展的规律和学习特点,为幼儿身心发展创设和提供良好的心理环境和物质环境,积极制作教具、玩具,并引导幼儿共同参与。

八、保教组应督促保教人员认真做好班级清洁卫生消毒工作,保持环境和内务整洁。做好幼儿保育工作,确保无工作疏忽造成的护理不当和安全事故。

九、保教组应督促各班教师协调配合,做好本班保教工作。定期召开班务会,及时讨论、总结班级工作,对下一阶段工作作出部署。班级工作要有记录,资料要保管好。

十、保教组应督促各班做好交接班、幼儿观察和家长工作等各项工作,并做好记录和资料的收集与整理工作,按时入档。

推荐阅读

1. 陶金玲.民办幼儿园管理概论[M].天津：天津教育出版社,2010.
2. 时松.幼儿园管理实务[M].南京：东南大学出版社,2016.
3. 何幼华.幼儿园管理创意设计[M].上海：华东师范大学出版社,2006.
4. 罗长国,胡玉智.幼儿园管理[M].北京：高等教育出版社,2011.

参考文献

[1] 中国学前教育史编写组.中国学前教育史资料选[M].北京：人民教育出版社,1989：85.

[2] 敖日玛.浅谈幼儿园保教结合实践探索[C]//教育部基础教育课程改革研究中心.2017年"基于核心素养的课堂教学改革"研讨会论文集.[出版者不详],2017：256.

[3] 罗长国,胡玉智.幼儿园管理[M].北京：高等教育出版社,2011：62-64.

[4] 徐玉兰.基于学龄前儿童心理特征的精准阅读推广策略研究[J].图书馆工作与研究,2019(08)：124-128.

[5] 宋文翠.基于童话叙事的幼儿想象力培养策略[J].青少年学刊,2020(01)：54-60.

[6] 刘彦希.小班幼儿户外游戏活动中存在的问题及解决策略[J].教育界,2020(47)：89-90.

[7] 唐淑,虞永平.幼儿园班级管理[M].南京：南京师范大学出版社,1997：92-102.

[8] 尹亚欣.3—6岁幼儿告状行为的调查与分析——以金贝贝幼儿园为例[J].宁波教育学院学报,2018(03)：104-106,120.

[9] 陶金玲.民办幼儿园管理概论[M].天津：天津教育出版社,2010：348.

[10] 吕英.民办幼儿园的创办与管理[M].北京：学苑出版社,2010：149.

［11］宋梅.幼儿园课程游戏化：游戏精神的回归［J］.陕西学前师范学院学报,2018(01)：35－38.

［12］陶金玲.民办幼儿园管理概论［M］.天津：天津教育出版社,2010：234－236

［13］陶金玲.民办幼儿园管理概论［M］.天津：天津教育出版社,2010：237.

［14］唐淑,虞永平.幼儿园班级管理［M］.南京：南京师范大学出版社,1997：109－110.

［15］秦明华,张欣.幼儿园组织与管理［M］.上海：复旦大学出版社,2008：82.

［16］邱海燕.浅谈大班生成性主题活动中教师的支持策略［J］.教育界,2021(23)：85－86.

［17］杨再鹏.幼儿园班级管理［M］.北京：首都师范大学出版社,2008：88－89.

第八章　幼儿园环境管理

人创造环境，同样，环境也创造人。

——卡尔·马克思

就所有的生物而言，即使最强烈的内在本质，在很大程度上也是由其所处的外部环境而造成的。

——乔治·爱略特

 知识导图

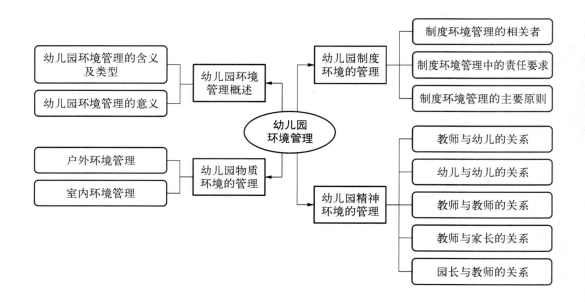

要点提示 ————————————————————————————————●

　　本章内容主要包括四个方面：一是幼儿园环境管理概述,主要围绕含义及类型、意义展开;二是介绍幼儿园物质环境的管理,分为户外环境和室内环境管理;三是阐述幼儿园制度环境管理的相关者、责任要求及主要原则;四是从教师与幼儿、幼儿与幼儿、教师与教师、教师与家长、园长与教师五对关系入手,论述幼儿园精神环境的管理。

 学习目标 ————————————————————————————————●

通过本章学习,你应该能够：
● 了解幼儿园环境管理的含义及类型、意义。
● 掌握幼儿园户外环境和室内环境的整体规划与管理的要点。
● 了解幼儿园制度环境管理中的相关者和幼儿园责任。
● 理解幼儿园精神环境管理中应该处理好的五对关系。

第一节　幼儿园环境管理概述

　问题与思考

什么是幼儿园环境管理？幼儿园环境管理的类型有哪些？幼儿园环境管理的意义何在？

一、幼儿园环境管理的含义及类型

（一）幼儿园环境管理的含义

幼儿园环境是影响幼儿和教师在园活动的一切因素和条件的总和，包括幼儿园园内环境和园外环境。幼儿园园内环境是指幼儿园内部的环境条件和因素；幼儿园园外环境广义地包含了国家和地方政策、传统、风俗、社区、自然条件等因素。[1][2]在已有的关于幼儿园环境的研究中，研究者主要聚焦儿童视角来理解幼儿园环境。本章是从开展幼儿园经营和管理工作的组织者视角，把幼儿园环境管理定义为对幼儿园内部环境的三种类型——物质环境、制度环境和精神环境的设计、安排、组织与协调活动，其目的是促进幼儿成长、教师发展和幼儿园发展。

（二）幼儿园环境管理的类型

1. 物质环境的管理

幼儿园物质环境由园所中可视、物化、稳定的客观物质组成。[3]幼儿园物质环境的管理不仅要考虑满足开办园所的各种物质前提，能为幼儿活动和幼儿发展创设和提供物质条件，也要考虑打造幼儿园公共形象的物质基础。幼儿园物质环境的管理要根据国家颁布的《幼儿园工作规程》《幼儿园教育指导纲要（试行）》《幼儿园建设标准》等法律法规，以及各省市颁布的幼儿园办园条件标准等指导性来开展。具体而言，幼儿园物质环境的管理既涉及各种物理空间的划分和安排，如园舍建筑、户外沙池、种植区、活动室、盥洗室、医疗室、办公室、厨房、走廊、门厅等，还包括各种物质材料的设计和使用，如玩教具、区角、家园联系栏、毛巾架、墙饰、吊饰、地饰等的设计布置。[4][5]

> **知识卡**
>
> **《幼儿园工作规程》中的相关规定**
>
> 　第三十四条　幼儿园应当按照国家的相关规定设活动室、寝室、卫生间、保健室、

综合活动室、厨房和办公用房等,并达到相应的建设标准。有条件的幼儿园应当优先扩大幼儿游戏和活动空间。寄宿制幼儿园应当增设隔离室、浴室和教职工值班室。

【基本设施】

第三十五条 幼儿园应当有与其规模相适应的户外活动场地,配备必要的游戏和体育活动设施,创造条件开辟沙地、水池、种植园等,并根据幼儿活动的需要绿化、美化园地。【户外活动场地】

2. 制度环境的管理

幼儿园日常事务繁杂,制度是幼儿园管理和高效运作的重要保障。幼儿园制度环境是指保障幼儿园正常运转的一系列行为规范、价值标准和管理机制,主要包括面向成人的制度环境和面向幼儿的制度环境。[6]其中,面向成人的制度环境主要指规范和管理幼儿园内成人行为的各种制度与要求,主要包括:① 岗位职责制度;② 行政制度;③ 部门性制度;④ 安全制度;⑤ 保教制度等。

表 8-1 幼儿园面向成人的各类制度规章

类 型		主 要 内 容
岗位职责制度		园长、园长助理、后勤副园长、教学副园长、教研组长、班主任、副班主任、配班老师、保育员、保健医生、财务人员、食品采购员、食品验收员、门卫保安等岗位职责制度
行政制度		考勤制度、奖惩制度、会议制度、值班制度、教师聘用制度
部门性制度	财物制度	固定资产管理制度、财务管理制度
	保健制度	卫生保健制度、卫生消毒制度、隔离制度、药品管理制度、传染病管理制度、体弱儿管理制度
	后勤制度	食堂管理、食品采购验收制度、食品留样管理制度
安全制度		幼儿接送、大型玩具安全、消防安全、门卫巡逻、食品药品安全等制度
保教制度		班级日常安全制度、班级卫生工作制度、教研工作制度、学习制度、家园联系制度

面向幼儿的制度环境主要包括以下两方面:① 幼儿一日生活作息制度,是指对入园、如厕、餐点、教育活动、睡眠、户外活动、离园的时间安排和组织。幼儿一日生活作息是幼儿园工作的重中之重,要科学合理地规划和安排,以促进幼儿身心健康发展。② 常规,是指幼儿在园活动应遵守的基本行为准则。根据不同的活动类型,可以将常规具体化为生活常规、区角活动常规、教学活动常规、游戏常规、户外活动常规等。常规有助于幼儿理解规则、建立规

则意识,提高交往能力和社会适应能力等。帮助幼儿树立常规是保教结合的重要内容,也是班级和园所各类活动正常有序开展的重要保障。

3. 精神环境的管理

与幼儿园物质环境相对应,幼儿园精神环境指的是一种无形的、抽象的、隐性的环境。但不可忽视的是,幼儿园精神环境与幼儿园的物质环境、制度环境联系紧密,并受园所中的人际关系、心理氛围、人文关怀和管理理念等因素影响。[7]同时,幼儿园的精神环境管理正是对这些无形要素的创设和组织。精神环境虽然看不见、摸不着,却深刻而潜移默化地影响着人的发展。特别是对于正处于身心发展萌芽阶段的幼儿而言,园所中成人的态度、言行、价值观等是幼儿园德育的主要内容,也是幼儿园发挥育人功能的决定因素。因此,幼儿园需要重视园所精神环境的管理。

二、幼儿园环境管理的意义

幼儿园是幼儿和教师共同生活和成长的场所,其环境的质量直接影响着幼儿、教师和其他工作人员的安全健康、身心状态与进步发展等。同时,幼儿园环境管理也是幼儿园塑造自身形象、品牌,形成良好社会口碑的重要议题。

(一) 安全健康

幼儿园环境管理的首要目标是为幼儿创设一个安全健康与和谐的环境。其次,通过为幼儿设计和安排科学合理的一日生活制度和作息时间,帮助幼儿养成良好的活动常规,以保障幼儿身体的健康成长。再者,通过精神环境的管理,帮助幼儿获得安全感、掌控感,形成温暖、安定、愉悦的情绪感受,以促进幼儿的心理健康发展。

(二) 教育支持

通过环境管理发挥幼儿园中"第三位教师"的功能,幼儿园可创设有准备的环境来支持幼儿的全面发展。《3—6岁儿童学习与发展指南》指出,幼儿学习的基础是直接经验,幼儿的深度学习是在生活活动中、游戏活动中发生的。因此,幼儿园应创设丰富的、具有挑战性的、具有互动的和多元开放性的环境,使其成为儿童探究的游戏场所和多元化的课程资源,以增加儿童动手操作、感知体验和触发深度学习的机会。[8]

(三) 行为指导

幼儿园环境中的某些特殊设计对幼儿的行为和认知有明确的指导和规范作用。如幼儿园盥洗室的地饰——在便池两边贴上"小脚丫"图案,可以引导幼儿如厕时使用正确的姿态、两脚之间保持合适的距离。在班级活动室区角环境创设中,通过环境创设提供"无声的指导",如为不同的区角设计规则提示牌,可以提示幼儿遵守区角活动规则,帮助幼儿遵守常规,避免不良行为的发生。

（四）提高效率

职责分明的管理制度设计可以保障保教人员一日工作的程序化和规范化，避免幼儿园工作的随意性。幼儿园将保教人员的工作责任与幼儿一日生活作息制度进行联合设计，既有利于保证良好的工作秩序、提高工作效率，又能真正落实保教目标、提高保教质量。

（五）提升形象

幼儿园环境管理最终的产出是生成幼儿园独特的价值理念、人文文化和品牌形象。优雅、清洁、高效、有序的幼儿园整体环境氛围，能使置身于其中的幼儿、教师都受到潜移默化的熏陶和濡化。

总之，无论是幼儿园的物质环境管理，还是在此基础上创设的制度环境和精神环境，都是幼儿园保教质量和公共形象优劣的重要影响因素，都需要幼儿园加以重视。

第二节　幼儿园物质环境的管理

 问题与思考

幼儿园物质环境的管理包括哪些部分？各部分分区的管理策略有哪些？

幼儿园物质环境的管理包括户外环境管理和室内环境管理两个组成部分。

一、户外环境管理

户外环境为幼儿提供了亲近自然、自由选择、奋力奔跑、探究创新和人际交往的户外活动场地。《幼儿园工作规程》规定：在正常情况下，幼儿户外活动时间（包括户外体育活动时间）每天不得少于 2 小时，寄宿制幼儿园不得少于 3 小时；高寒、高温地区可酌情增减。[9]因此，幼儿园应精心为幼儿创设满足其身心成长的户外环境。

（一）户外环境的要求

幼儿天性喜爱自然天地，户外的昆虫动物、花草树木、阳光白云、风吹雨落，都能激发他们无尽的喜爱、憧憬和探究欲望。根据《3—6 岁儿童学习与发展指南》的精神，幼儿在健康领域需要重点发展身体的速度、力量、耐力、灵敏、柔韧、协调等素质。各种户外活动不仅可以增强幼儿对环境的适应能力，还能为幼儿提供锻炼机会，增强身体素质，提高意志品质。此外,不同类型的户外游戏活动,还能帮助幼儿彼此之间开展合作、探究和创造,提高认知水平,促进社会交往。

幼儿园户外环境对面积与空间有特定的要求。根据我国 2019 版《托儿所、幼儿园建筑设计规范》规定,托儿所、幼儿园室外活动场地应满足下列要求:① 幼儿园每班应设专用室外活动场地,人均面积不应小于 2 m²,各班活动场地之间宜采取分隔措施。② 幼儿园应设全园共用活动场地,人均面积不应小于 2 m²。③ 地面应平整、防滑、无障碍、无尖锐突出物,并宜采用软质地坪等。[10]

(二)户外环境的分区

1. 集体活动区

集体活动区是指幼儿园全园性的公共活动区域。集体活动区功能丰富,主要供集体早操、集会、体育课、各种户外体育活动使用。集体活动区要求场地宽阔、地面平整,且便于在场地上灵活进行纵横划分。

2. 游戏活动区

户外游戏活动区可以按照有趣味性、挑战性和自主性的逻辑来进行安排。目前,可因地制宜地规划以下三种主要类型的游戏活动区。

(1)低结构性运动区。该区可为幼儿提供不同材质、功能、种类的多元化活动,设计不同高低远近、空间层次和多样化玩法,如平衡木、晃桥、钻洞、骑车、推拖、球类、投掷等,鼓励幼儿自由探索和选择。

(2)户外角色游戏。角色游戏不仅可以在室内开展,还可以自然延伸到户外,如户外餐厅、旅行、各类职业体验等角色游戏。户外角色游戏的主题、空间、材料、人员等游戏要素比室内角色游戏更为复杂、丰富和多元化,可激发幼儿深度学习的发生。

(3)户外建构游戏区。在户外,幼儿园可以利用不同季节、天然材料开展建构游戏,如沙子、泥巴、水、冰雪等。这些建构游戏区不仅是幼儿科学探究的天然试验场,而且汲取了大自然的能量,充满童真野趣,可使幼儿在沙子、泥巴中摸爬滚打,提高自我保护和机体抵抗力。

3. 种植养殖区

幼儿园的种植养殖区,是指幼儿园专门规划给幼儿种植蔬菜作物、饲养小动物的一块区域。有条件的幼儿园还可以为幼儿开辟一块种植养殖区,供他们种菜、种花、种果树,养鸡、养鱼、养虫、养鸟等。这些从幼儿园种植养殖区里生长的各种生命形态所具有的特殊意义,主要在于其能与幼儿及教师建立联系、生成学习内容、产出教育价值。

(三)户外环境管理的误区

1.“成人立场”与“儿童立场”

调查发现,大多数幼儿园的环境创设采取的是成人立场的成人主导管理思路,主要表现为以下问题：一是幼儿园直接购买一些大型户外游乐设施放置在幼儿园公共区域之后，就不再进行任何创设，环境管理简单化、肤浅化；二是幼儿园直接聘请设计团队全权负责设计，环境设计现代化，类似小区的公共区域；三是为了应付上级检查，教师照搬一些网络资源和图纸进行环境布置，追求空间的丰富、美观和精致，但只有外在形式，没有完全贴合幼儿的特性。[11][12]

针对以上问题，办园者和教育者应首先转变认知误区，要认识到幼儿园是幼儿的乐园和学园，幼儿是幼儿园的主人翁；环境创设和管理的目的是为幼儿服务，以引发幼儿的思考、学习和成长。其次，由于幼儿是有喜好、有想法、有能力的个体，幼儿园环境创设者和管理者应仔细咨询和聆听幼儿的想法，鼓励幼儿参与到环境创设的过程中。最后，在后续环境的使用、维护和管理过程中，幼儿园应培养幼儿的公共意识、责任意识和主人翁意识。

2."保护主义"与"可挑战性"

《幼儿园教育指导纲要（试行）》明确指出，"幼儿园必须把保护幼儿的生命和促进幼儿的健康放在工作的首位"[13]。保护幼儿的生命、安全和健康是幼儿园的工作重点，但很多幼儿园本末倒置地误解为通过降低活动的难度和挑战性而防止安全事故的发生，导致幼儿园"怕事"和"不作为"。其实，幼儿园的安全工作重在"教育"和"预防"，而非"堵"，户外环境的管理应立足激发幼儿体能智慧、探究智慧、人际智慧，提供充满挑战性的环境元素。通过户外环境和活动设置，帮助幼儿获得充满挑战性、野趣性的体验，启发幼儿获得生存、自我保护、勇敢、挑战、合作等生命智慧。

3."高成本"与"低成本"

随着我国经济发展水平的提升，一些幼儿园园所建设日趋现代化和豪华化，如有的幼儿园装备了高级的大型游乐设施、运作成本高昂的游泳池，甚至一整面奢华的攀爬墙等，但是这些设施设备实际的利用率和教育意义并不卓然。相比之下，那些原生态的小型沙池、充满野趣的原木滑梯和构架在大树之间的攀爬粗绳可能对幼儿的吸引力更大。有时候，低成本的幼儿园户外环境创设，不仅更加经济环保，也更符合幼儿的原始生命本能，更能激发和契合幼儿的生命智慧和参与欲望。

二、室内环境管理

（一）室内环境的设计要求

幼儿园室内环境的设计，从总体上应符合如下要求。

（1）采光：幼儿园的室内环境需要有直接的天然采光，活动室、寝室、多功能活动室、办公室、保健观察室、睡眠区、活动区的窗地面积比均要达到1/5的要求。

（2）隔音、噪声控制应符合现行国家标准。

（3）幼儿园的幼儿用房应有良好的自然通风，空气质量应符合现行国家标准。[14]

(二)室内环境的分区管理

1. 墙面

墙面环境创设是幼儿园室内环创的重要部分,也是幼儿园室内环境管理的工作重点。在室内墙面创设工作中,教师应具备以下四种思维方法。

第一,六面思维。一般教师只重点对活动室的四面墙壁进行创设,而忽略了对活动室的地面、顶面、门窗、廊柱进行设计。活动室空间中的六个面都组成儿童学习生活的空间,都应成为环境育人的资源。教师要充分挖掘活动室中六个面的资源:大块的墙面可以用来做主题墙创设;顶面可以用一定的吊饰来装扮;地面可以贴上线条或简单图形,便于开展各种活动,引导幼儿的日常行为;门窗、廊柱也可以因地制宜地充分利用,根据其固有的形状、性能,巧妙构思,使每个角落都成为能与幼儿对话的"第三位教师"。

第二,育人思维。教师应利用室内墙面较大的空间,对墙面进行分区,把幼儿园的教育内容融入墙面环境中。班级活动室外的墙面可以重点创设家园联系栏、作品展示栏、健康栏等。班级活动室内比较重要的区域首先是主题墙的创设,主题墙是主题教育教学的重要载体,应根据现阶段的主题活动内容来设计墙面。其次,教师还可以根据不同的区角活动区,充分利用和创设相对应的墙面区域,如科学区墙面、手工区墙面、角色游戏区墙面、德育栏、值日栏等。

第三,共创思维。幼儿教师的日常工作十分繁杂,如果独自承担环境创设工作,不仅面临着"高昂时间成本",加重自身负担,影响正常的工作节奏和秩序,还会使幼儿成为环境的被动接收者,丧失了宝贵的学习和教育机会。要遵循共创思维,教师应根据幼儿的年龄特点、认知和动手水平,通过观察幼儿的兴趣引导幼儿思考环境创设的内容,可以使用思维导图的方式,组织幼儿开展小组分工合作,集思广益确定墙面的内容框架,鼓励幼儿画出草图等。在此基础上,教师可根据幼儿设计的内容框架,支持和帮助幼儿动手操作,用画、写、贴、剪等方式利用各种材料,把草图转化为实际内容。

第四,环保思维。环保思维首先体现的是环境创设的经济性原则,在保证清洁、卫生的前提下就地取材,旧物利用。[15]其次,坚持"低费用、高效益"的环保思维,使环境创设符合《3—6岁儿童学习与发展指南》中要求的内容——"初步了解人们的生活与自然环境的密切关系,知道尊重和珍惜生命,保护环境。"[16]

2. 区角活动区

区角活动区是指在班级内或走廊等相对固定的区域,有目的、有计划地投放各种材料,让幼儿在一种自由宽松的氛围下,按照自己的意愿和能力,自主选择活动主题和同伴,主动进行操作、探索和交往的一种活动形式。[17]下面是幼儿园常见的几种区角类型。

(1)角色游戏区。角色游戏区是幼儿开展角色游戏的区角,可以帮助幼儿发展社会智能和人际智能,了解不同社会情境中的角色和行为要求,提高想象表征能力、语言和社会交往技能。角色游戏区的主题来自幼儿的日常生活,主要有娃娃家、小超市、医院、理发店等。小班幼儿对家庭生活较为熟悉,适合为他们创设娃娃家主题区角。小班幼儿交往水平较低,喜欢模仿同伴进行角色扮演,因此相同种类的玩具和材料应大量提供,以使游戏过程平稳开展。中班和大班幼儿的认知、合作和解决问题能力增强,可以提供更加有难度的游戏主题、更丰富多元的游戏材料,甚至鼓励其自己布置区角、制作玩具。

（2）建构游戏区。建构游戏区是幼儿利用积木、沙土等各种建构材料进行搭建、构造各种事物的游戏活动区域。根据使用材料的不同,建构游戏涉及的游戏材料主要有以下几种类型：木质材料、竹制材料、积塑材料（塑料质地的片、块、粒、棒等）、金属构造材料、拼图材料、自然类材料（沙、雪、土等）。建构游戏区管理的要点为：① 活动区域宜宽敞,避免过度拥挤;② 墙面创设可以展示幼儿建构的过程或设计草图;③ 针对不同目标和幼儿能力水平,差异投放充足材料,合理收纳;④ 建构游戏相对喧闹,需与安静的区角分割,避免干扰。

（3）自然角。自然角是幼儿在室内观察照顾植物和小动物生长的区域,主要有水养、土培、饲养、观赏、实验等不同活动类型。自然角的材料可以包括各种植物种子、花朵、蔬果、土、沙、花盆、观察记录本等。自然角宜创设在靠近水源和窗台、方便操作的教室一角或走廊过道处。

（4）美工区。美工区可以设置绘画类、手工类、泥塑类、布艺类、编织类、综合创意类区域,投放相应材料和工具。在美工区,教师宜设置一米以下开放式的储物柜,分类陈放各类材料和工具。

（5）图书角。图书角又称阅读区,是幼儿开展自主阅读的区域。图书角宜设置在较安静的区域,与较喧闹的建构区、角色游戏区相分离,并确保有适当的光源;可以摆放桌椅,也可以在地上放置软垫和舒服的小沙发等。图书角的材料可以多样化提供,如绘本、手工书、生活中常见标志卡片、幼儿生活照片等。

（6）科学探究区。科学探究区的环境创设要为幼儿提供通过"直接感知、实际操作和亲身体验"进行科学探究的机会。[18]科学探究区的活动主题主要包括常见的物理现象、科技产品制作和生活中的数学等。[19]科学探究区的环境创设,既应注意激发和培养幼儿的自主探究欲望、好奇心和客观量化精神,还要着重提升幼儿观察、比较、操作和实验等探究方法。科学探究区的材料投放注意提供充足的、安全的、适宜的材料和工具。

3. 生活区

生活活动指向幼儿日常生活或生理需要的活动。[20]相应地,幼儿园的生活区主要指幼儿园的盥洗室、寝室、浴室等。生活区环境管理的要点有：第一,为幼儿创设一个宁静、光线柔和、通风良好的寝室,睡室的色彩应使用饱和度低的淡雅色。第二,检查生活区各类设施物品有无不安全因素,如地面是否湿滑、睡床是否太高,各种消毒水、洗衣液等是否放在远离幼儿的地方,以免幼儿误用等。第三,配套严格的卫生管理制度,如口杯、毛巾、床被等专人专用,每日消毒制度,等等。

4. 专门活动室

幼儿园专门活动室是为幼儿创设的围绕某一活动类型或主题的专用活动室,可弥补班级区角空间和内容的不足。专门活动室可以为幼儿提供充分的活动空间和可能,满足幼儿全面和个性化发展的需要,同时专用活动室也成为幼儿园办园理念与特色的体现。专门活动室的环境创设要点有:第一,可以配合幼儿园园本课程的开发来推进专门活动室的建设。第二,专门活动室的创设是动态过程,需要结合教师观察与实践反思,积极调整材料和环境安排,更好地满足幼儿需要。第三,建立与每个专门活动室相配套的制度,并做好活动过程记录。[21]

第三节　幼儿园制度环境的管理

 问题与思考 ────────────────────────●

　　幼儿园制度环境管理中涉及哪些相关者? 在制度环境管理中,幼儿园有哪些责任要求? 幼儿园制度环境管理需要遵循哪些主要原则?

一、制度环境管理的相关者

　　根据幼儿园制度环境管理设计的各人员之间利益相关的程度,可以把与幼儿园制度管理的相关人员划分为核心相关者、重要相关者和间接相关者三种类型。[22][23]

(一)核心相关者

　　幼儿园制度环境管理的核心相关者包括园长、教师和幼儿。园长的工作目标是促进幼儿全面健康成长、服务家长、管理和培养员工、塑造园所品牌和口碑等。尤其在我国大部分幼儿园为民办园的情况下,园长还有为举办者创造经济利润的责任。教师是旨在促进幼儿全面发展的教育教学的主要承担者。教师归园长领导,但教师也是幼儿园战略规划、发展和评价等活动的重要参与者。而且在幼儿园制度管理下,教师也有相应的工作薪酬、职业和专业发展等诉求。幼儿是幼儿园制度管理的对象与主要服务对象之一。幼儿在幼儿园制度管理中的核心诉求是儿童身心和谐健康的发展以及各项权利的被尊重等。[24]

(二)重要相关者

　　幼儿园制度环境管理的重要相关者包括政府、其他举办者和家长等重要利益相关者。幼儿园制度环境管理一方面要受到政府的监督和管理,另一方面还要协调举办者和家长对经济和教育双重诉求的关系。良好的制度环境管理还需要协调家长的认知偏差,帮助家长建立正确的幼儿教育观念,避免幼儿园教育屈从家长诉求而产生小学化教学的倾向。

（三）间接相关者

幼儿园制度环境管理的间接相关者涉及幼儿园坐落的地理空间中的社区和居民。幼儿园和社区之间是双向合作的关系，有助于形成教育合力促进幼儿园工作开展和幼儿成长，同时幼儿园利用自身文化资源和人力资源也能为社区和居民提供服务，使社区和居民获益。

在以上相关者中，由于各方在制度管理中的身份不同，存在管理与被管理身份冲突，良好的幼儿园制度管理就是要尽量平衡各方权利和利益，实现平等化、民主化的制度设计和管理实施。[25]

二、制度环境管理中的责任要求

（一）幼儿园对教师的责任

幼儿园制度环境管理需要保障教师的教育教学权、科学研究权、指导评价权、获得工资收入和社会保障权。[26]除此之外，幼儿园还负有关爱教师、提高教师待遇、帮助教师进行职业发展规划、促进教师专业成长、肯定教师的价值等社会责任。

（二）幼儿园对儿童的责任

根据《儿童权利公约》，幼儿园应保障儿童的各项权利，遵守儿童最佳利益原则、尊重儿童尊严原则、尊重儿童观点与意见原则、无歧视原则等。[27]幼儿园各项制度应基于保护儿童权利的角度进行设计与管理。

（三）幼儿园对政府的责任

公办园和民办园都有为民族和国家培养人才与合格公民的责任。即所有幼儿园有以下共同的社会责任：维护幼儿教育行业良好社会声誉和幼儿教师形象，为幼儿教师提供发展平台，为社区提供人文和教育资源等。

（四）幼儿园对举办者责任

虽然民办幼儿园的办学资金来源于私人，有追求营利的目标，但学前教育本身具有公益性，体现的是造福公众的性质。因此，幼儿园的营利性必须以实现公益性为前提。此外，学前教育服务并不适合像其他营利行业一样，有倾向性地选择自己的消费者，如排斥某些幼儿入学，而是应设法确保幼儿享有平等的受教育权。

（五）幼儿园对家长的责任

首先，幼儿园有责任为家长树立正确的儿童观、教育观和开展家庭教育指导。其次，由于家长也是学前教育服务的对象,幼儿园要为家长工作和学习提供便利条件,如合理收费、提供延时离园服务等。第三,幼儿园在家园合作中处于主导地位,有责任激发、引导家长参与幼儿园工作的积极性,同时幼儿园还要主动接受家长对幼儿园工作的监督。

（六）幼儿园对社区的责任

幼儿园应主动走进社区,接触社区管理者、居民,了解社区需要,立足于自己的教育文化优势,发挥辐射作用,促进社区人文建设和精神文明建设。幼儿园可为社区提供育儿指导,开展早期教育服务,参与社区文化活动,如开展敬老爱老宣传、卫生保健、纳凉晚会、文娱演出等。

三、制度环境管理的主要原则

（一）合法合规

幼儿园所有规章制度必须符合国家和地方法律、法规的内容要求,不得与相关法律规制相抵触。幼儿园有依法制定内部管理制度的权利,并依照制度规则管理幼儿园各项工作,同时也要接受上级行政部门的监督和指导。[28]

> **知识卡**
>
> 　　小王老师在一所民办园任教,工作期间受到家长和同事的一致好评。今年小王老师因怀孕请假待产时,园长的回复是:幼儿园人手不足,不太准许长时间的请假,而且休假期间的工资没办法发放,如果请太长时间产假的话,幼儿园就要与她解除劳动合同,另聘他人。小王老师回家后查阅相关法律后才知道,不能因为女职工生育降低工资、辞退或与其解除劳动合同,根据我国《女职工劳动保护特别规定》第七条,"女职工生育享受 98 天产假,其中产前可以休假 15 天;难产的,增加产假 15 天"。后来小王老师带着这些法律材料找园长说明情况,园长答应按照国家法律法规办事。
>
> 　　　　　　资料来源:李陈陈.我国幼儿教师权益保障法规研究[D].武汉:华中师范大学,2014:12.

（二）弹性管理

幼儿园和班级一日生活制度和常规管理,面对的主体是具有多样需求、个性鲜明、个体差异性较大的幼儿个体。一日生活的时间安排和常规处理应符合幼儿个体的真实需求,不可一刀切。如在睡眠环节,教师引导幼儿睡觉时要遵守"不说话、不影响他人"的常规,但针对某些有入睡困难的幼儿,如有在睡床上翻来覆去、焦虑不安等情况,在排除其身体不适的前提下,就可以允许其在教师身边画画折纸,适当调整睡眠时间。对教师而言,幼儿园制度的弹性管理和自主规划能给予教师更多灵活、自主的空间,保护教师工作积极性,使幼儿园这个组织更具有活力和生命力。

第四节　幼儿园精神环境的管理

 问题与思考 ●

为什么幼儿园需要精神环境的管理? 幼儿园精神环境的管理要处理好哪些关系?

幼儿园的物质环境为幼儿和教师提供了学习、生活和工作的外在条件。幼儿园的精神环境,如园内的人文氛围和人际氛围则给予个体独特的心理和精神体验,潜移默化地使个体形成一定的安全感、认同感和归属感,从而深刻地影响个体的行为表现、情绪情感和价值观。可以说,它决定着幼儿园教育和管理的成功与否。那么,如何对幼儿园的精神环境进行创设和管理呢? 我们认为,可以从处理好以下五对人际关系入手。

一、教师与幼儿的关系

教师与幼儿的关系,可称为师幼关系或师生关系。师幼关系或师生关系在班级精神环境管理中具有举足轻重的意义。良好的师幼关系是幼儿身心健康和谐发展的重要前提。教师应通过良好师幼关系的构建为幼儿营造一个和谐、融洽的精神环境,需要注意以下几点。[29]

第一,师爱是前提。幼儿教师要热爱幼儿教育事业,热爱幼儿,对幼儿有真挚的喜爱和爱护之情,因为教师的爱心是建立良好师生关系的前提和先决条件。幼儿教师的师爱应是宽广的、一视同仁、公平公正的,是面向全体幼儿而不是只爱某几个幼儿的。同时,这份师爱也蕴含了理性的成分,如当面对一些特殊幼儿时,更要有耐心、有方法,善于充分挖掘幼儿的潜能。

第二,多支持鼓励,少批评指责。在幼儿园教育过程中,幼儿教师的职责决定了其扮演着指导者、引导者、支持者的角色。幼儿是尚未成熟的"幼苗",尚处在发展进程之中,他们身上出现的问题和缺点只是暂时性的,教师要善于用发展的眼光看待这些问题和缺点,多引导他们予以改善。任何批评责骂或给幼儿贴标签的做法,都是对幼儿身心健康有害的。教师要善于发现幼儿身上的闪光点,多正面回应和鼓励,帮助幼儿形成自主、自信和自尊。

第三,善于疏导而非压制。教师要尊重、允许和接纳幼儿有自己的想法和意见,在处理幼儿的错误行为时，应先仔细聆听和了解幼儿的想法，再循循善诱地引导幼儿改正错误想法、形成良好的行为和习惯。根据人类发展生态学理论的观点，对于幼儿身上所具有的某些由环境、系统引发的问题行为，只有首先调整和改善环境，改变成人的错误教养观点和态度，才能使幼儿身上的这些问题随着时间的推移自然得到解决。

二、幼儿与幼儿的关系

幼儿与幼儿之间的同伴关系是儿童社会化的重要内容，也是影响儿童社会性发展的重要途径。[30]要帮助幼儿之间建立友爱和谐的同伴关系，教师可以从以下几点着手。首先，重视教师自身言行的示范榜样作用，帮助幼儿通过社会观察和模仿学习人际交往技能。其次，提供丰富的交往机会，让幼儿在生活和游戏中，在丰富的同伴交往经历中获得社会性发展。最后，帮助幼儿学习人际交往技能，发展亲社会行为和同理心。

三、教师与教师的关系

幼儿园中的教师与教师之间是合作伙伴的关系，每个班级一般配备 3 位左右的保教人员共同完成班级管理工作。只有学会与他人合作，才能提高工作效率实现共赢。幼儿教师应注意尊重他人，善于发现和学习其他教职人员的优点，掌握基本的人际合作和交往的技能方法。

四、教师与家长的关系

教师是幼儿园与家长开展合作的重要联系者。[31]教师应掌握与家长进行交往的基本方法。首先，沟通是教师与家长关系的基础，通过沟通可建立起彼此之间的尊重、信任和支持。良好的沟通是一门艺术。教师应当平等对待每位家长，关爱并肯定每位幼儿，并善用交流技巧。其次，互助是教师与家长建立联系的内容。教师引导家长间接或直接参与幼儿园教育和管理，可获得家长支持，同时也能帮助家长树立正确的教育观念，给予及时的指导，使其掌握科学的育儿方法。[32]

五、园长与教师的关系

园长和教师之间是上下级关系，应处理好领导和被领导之间的关系。作为领导，园长应注重形成对"人"的管理艺术，以自身的人格力量引领员工，努力实现园所目标和员工个人目标的双赢。园长在领导行为上应做到公心、公平、公正，妥善处理各种矛盾，努力营造宽松和谐的幼儿园人际环境。

本章小结

　　站在开展幼儿园经营和管理的全局视角,可以把幼儿园环境管理定义为对幼儿园内部环境的三种类型的管理,包括对园所物质环境、制度环境和精神环境的设计、安排、组织与协调活动,以达到促进幼儿成长、教师工作和幼儿园发展的目的。幼儿园物质环境管理以国家颁布的《幼儿园工作规程》《幼儿园教育指导纲要(试行)》《幼儿园建设标准》等法律法规,以及各省市颁布的幼儿园办园条件标准的指导来开展。幼儿园物质环境管理主要涉及两个方面的工作:一是幼儿园内各种物理空间的划分和安排,二是对各种物质材料的设计和使用。幼儿园制度环境的管理包括对面向成人的制度和面向幼儿的制度两方面的管理。其中,面向成人的制度环境主要由规范和管理幼儿园内成人行为的各种制度和要求组成,具体包括:岗位职责制度、行政制度、部门性制度、安全制度、保教制度等;面向幼儿的制度环境主要是指:幼儿一日生活作息制度和常规。幼儿园的精神环境管理指的是对园所中的人际关系、心理氛围、人文关怀和管理理念等无形要素的创设和组织。

　　幼儿园环境管理对幼儿、教职工和园所本身的发展都意义重大,可以从安全健康、教育支持、行为指导、提高效率和提升形象五个方面来分析。幼儿园的物质环境整体规划包括户外环境和室内环境两个部分。其中,幼儿园户外环境主要包括集体活动区、游戏活动区和种植养殖区。对幼儿园户外环境进行管理的意义在于,不仅可以增强幼儿对环境的适应能力,还能为幼儿提供锻炼机会,增强身体素质,提高意志品质。此外,它还有助于幼儿开展合作探究和创造、提高认知水平、建立友谊、促进社会交往。户外环境管理要避免"成人立场""保护主义""高成本"等问题。幼儿园室内环境主要包括墙面、区角活动区、生活区和专门活动室等。幼儿园制度环境管理的相关者包括核心相关者、重要相关者和间接相关者三种类型。幼儿园制度环境管理对教师、儿童、政府、举办者、家长和社区分别提出了不同的责任和要求。幼儿园制度环境管理的原则是幼儿园制度的设计和执行要合法合规,同时管理要具有弹性。幼儿园精神环境管理潜移默化地影响着幼儿园中的教师与幼儿的心理和精神体验,影响着个体的行为表现、情绪情感和价值观。幼儿园精神环境管理主要是处理好五对关系——教师与幼儿的关系、幼儿与幼儿的关系、教师与教师的关系、教师与家长的关系、园长与教师的关系。

 理解 · 反思 · 探究

　　1. 幼儿园环境管理的含义是什么? 具体有哪些类型?

　　2. 幼儿园环境管理的意义是什么?

　　3. 幼儿园户外环境的分区有哪些? 各有哪些要求?

　　4. 幼儿园室内环境的分区有哪些? 各有哪些要求?

5. 幼儿园制度环境管理的相关者分别有哪些？幼儿园对这些相关者各负有哪些责任？

6. 幼儿园精神环境的管理要注意处理好哪些关系？

推荐阅读

1. 王海英.儿童视野的幼儿园环境创设[M].北京：人民教育出版社,2019.
2. 王燕.幼儿园玩教具制作与环境创设[M].北京：人民邮电出版社,2019.
3. 董旭花.幼儿园区域活动 68 问[M].武汉：长江文艺出版社,2020.
4. 边丽娟.幼儿园 6S 管理[M].北京：中国财富出版社有限公司,2020.

参考文献

[1] 朱宗顺,陈文华.学前教育学(第 2 版)[M].北京：北京师范大学出版社,2019：166.

[2] 朱家雄,华爱华.幼儿园环境与幼儿行为和发展的研究[M].上海：世界图书出版公司,1996：64.

[3] 刘炎.学前教育原理[M].沈阳：辽宁师范大学出版社,2002：128.

[4] 王小英,陈欢.基于儿童视角的幼儿园物质环境质量评价[J].学前教育研究,2016(01)：19-29.

[5] 中华人民共和国教育部.教育部关于印发《幼儿园教育指导纲要(试行)》的通知[EB/OL].(2001-07-02)[2023-03-30].http://www.moe.gov.cn/srcsite/A06/s3327/200107/t20010702_81984.html.

[6] 朱宗顺,陈文华.学前教育学(第 2 版)[M].北京：北京师范大学出版社,2019：166-167.

[7] 朱宗顺,陈文华.学前教育学(第 2 版)[M].北京：北京师范大学出版社,2019：67.

[8] 王海英.儿童视野的幼儿园环境创设[M].北京：人民教育出版社,2019：8-15.

[9] 中华人民共和国教育部.幼儿园工作规程[EB/OL].(2016-03-01)[2022-08-01].http://www.moe.gov.cn/srcsite/A02/s5911/moe_621/201602/t20160229_231184.html.

[10] 中华人民共和国住房和城乡建设部.托儿所、幼儿园建筑设计规范[EB/OL].(2019-08-29)[2023-03-30].https://www.mohurd.gov.cn/gongkai/zhengce/zhengcefilelib/201909/20190906_241708.html.

[11] 王海英.儿童视野的幼儿园环境创设[M].北京：人民教育出版社,2019：71-72.

[12] 唐锋.幼儿参与班级物质环境创设的现状与对策研究[D].金华：浙江师范大学,2015：59.

[13] 中华人民共和国教育部.教育部关于印发《幼儿园教育指导纲要(试行)》的通知[EB/OL].(2001-07-02)[2023-03-30].http://www.moe.gov.cn/srcsite/A06/s3327/200107/t20010702_81984.html.

［14］中华人民共和国住房和城乡建设部.托儿所、幼儿园建筑设计规范［EB/OL］.(2019-08-29)［2023-03-30］.https：//www.mohurd.gov.cn/gongkai/zhengce/zhengcefilelib/201909/20190906_241708.html.

［15］朱宗顺,陈文华.学前教育学(第2版)［M］.北京：师范大学出版社,2019：171.

［16］中华人民共和国教育部.3—6岁儿童学习与发展指南［M］.北京：首都师范大学出版社,2012：48.

［17］丁海东.区域活动现场中幼儿行为的观察与评价［J］.教育导刊(下半月),2011(10)：47-49.

［18］中华人民共和国教育部.3—6岁儿童学习与发展指南［M］.北京：首都师范大学出版社,2012：43.

［19］中华人民共和国教育部.3—6岁儿童学习与发展指南［M］.北京：首都师范大学出版社,2012：49-50.

［20］朱宗顺,陈文华.学前教育学(第2版)［M］.北京：北京师范大学出版社,2019：103.

［21］贺静.游戏小空间,学习大学问——谈活动室环境创设支持幼儿学习之我见［J］.教育界(教师培训),2019(12)：166-167.

［22］孙晓轲.基于利益相关者分析框架的幼儿园制度治理［J］.教育理论与实践,2015(29)：18-20.

［23］张敏杰,宋玲玲.利益相关者视角下幼儿教师专业实践伦理困境共生路径分析［J］.邢台学院学报,2020(03)：101-105.

［24］孙晓轲.基于利益相关者分析框架的幼儿园制度治理［J］.教育理论与实践,2015(29)：18-20.

［25］曾莉.管理伦理：示范性幼儿园办学的应然追求［J］.学前教育研究,2010(01)：70-72.

［26］李陈陈.我国幼儿教师权益保障法规研究［D］.武汉：华中师范大学,2014：14-17.

［27］朱宗顺,陈文华.学前教育学(第2版)［M］.北京：北京师范大学出版社,2019：39.

［28］王学聪.成功幼儿园管理制度全书(第1卷)［M］.长春：吉林摄影出版社,2002：231.

［29］王练.幼儿教师解决幼儿冲突的角色分析与思考［J］.幼儿教育(教育科学版),2007(11)：16-19.

［30］邹晓燕,李英玉,黄晓梅.幼儿同伴关系发展特点与教育［J］.幼儿教育(教育科学版),2006(Z1)：72-75.

［31］朱宗顺,陈文华.学前教育学(第2版)［M］.北京：北京师范大学出版社,2019：64.

［32］朱宗顺,陈文华.学前教育学(第2版)［M］.北京：北京师范大学出版社,2019：186-189.

第九章　幼儿园安全管理

儿童健康是幼稚园课程第一重要的。强国需先强种,强种先要强身,强身先要重视年幼儿童的身体健康。身体强健的儿童,性格活泼,反映敏捷,做事容易。为了儿童的现在和将来,幼稚园的教育应注意儿童的健康。

——陈鹤琴

人生欲求安全,当有五要。一是清洁空气,二是澄清饮水,三是流通沟渠,四是扫洒屋宇,五是日光充足。

——弗洛伦斯·南丁格尔

 知识导图

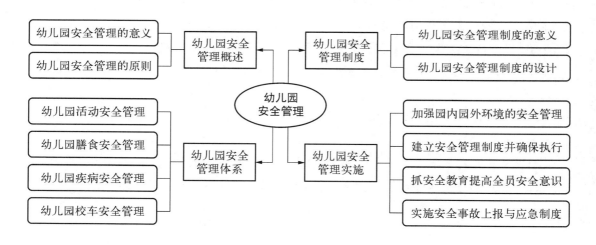

要点提示

　　本章内容主要包括四个方面：一是基本概述，主要围绕幼儿园安全管理的意义与原则展开；二是从幼儿园活动安全、膳食安全、疾病安全、校车安全四个维度来论述幼儿园安全管理体系的内容；三是幼儿园安全管理制度的意义和设计；四是幼儿园安全管理实施的四条措施。

 学习目标

通过本章学习，你应该能够：

● 理解幼儿园安全管理的意义和原则。

● 掌握幼儿园安全管理体系四个维度的内容。

● 掌握幼儿园安全管理制度设计应遵循的原则。

● 掌握如何实施幼儿园的安全管理。

第一节　幼儿园安全管理概述

 问题与思考

幼儿园为什么要进行安全管理？幼儿园安全管理应当遵循哪些原则？

一、幼儿园安全管理的意义

幼儿园是幼儿生活、学习的重要场所。幼儿园安全主要包括园内幼儿和全体教职工的人身安全。幼儿园安全管理是指对全园与安全相关事务的计划、组织、指挥、协调和控制等活动，以确保园内工作能够顺利进行。

幼儿园教育是基础教育的重要组成部分，担负着促进幼儿全面发展的重任。每位幼儿教育工作者都应尽自己最大的努力去维护幼儿的人身安全。幼儿园的安全管理是幼儿园管理中的一个重要方面，有着极其重要的意义。

（一）保证幼儿全面健康发展

幼儿园的服务对象是仍在发展中的、不成熟的幼儿。由于幼儿对外界危险的意识能力较弱、自我保护能力较差，因此，幼儿园对幼儿的人身安全应给予高度关注。这就要求幼儿园必须建立一套有效的安全管理体系，确保幼儿的人身安全。有效的幼儿园安全管理，能够保障幼儿获得全面健康的发展。

（二）保障教职工身心安全

幼儿园内教职工的人身安全也是至关重要的。幼儿园安全管理也会涉及教职工的身心安全。一般地，园车接送时需有教师跟车，因此园车安全便是教师安全的基础。此外，食品安全和园内其他安全都会涉及广大教职工的身心安全。因此，有效的幼儿园安全管理是教职工身心安全的保障。

（三）确保保教活动顺利进行

安全的环境是幼儿园保教活动能够顺利、高效开展的保证。幼儿园内如果缺乏良好的安全管理体系，就会让人惶恐不安，时刻担心意外情况的发生，从而使保教活动出现混乱且效率低下的情况。幼儿园建立一套完善的安全管理体系，能够确保其保教活动的顺利进行。

（四）有利于民族身体素质提高

幼儿园安全工作不仅是园所的本职工作，也是其社会责任。一个民族的兴旺发达依赖于健康、高素质的人民。由于幼儿时期的身体健康对其今后的发展有着极大影响，因此，重视幼儿的安全管理工作将有利于整个民族身体素质的提升。

二、幼儿园安全管理的原则

（一）营造自然和谐的氛围

自然和谐的氛围，不仅能够确保幼儿园内的各项活动井然有序地进行，也是构成促使幼儿情绪稳定、健康成长的基本条件。同时，幼儿园保教人员应根据幼儿身心发展的特点，建立符合幼儿成长与发展的生活、学习制度，使园内活动能够有条不紊地进行。这种既有条理又有节奏的生活、学习制度，能够促使幼儿身心健康、和谐、全面地发展，给幼儿以安全感。因此，幼儿园应为幼儿营造自然和谐的氛围。

（二）提供充分的活动时空

为了避免幼儿发生意外，幼儿园必须给其提供足够的时间和空间。如果要避免幼儿由于过度拥挤而发生危险，那么，幼儿园应该尽量扩大幼儿的活动空间，使幼儿在广阔的空间内能够较为自由地活动。与此同时，幼儿园还应给幼儿足够的时间完成他们的活动，做到不急、不催。这是因为在催促状态下学习、活动的幼儿，会变得情绪不稳、急躁不安。

在幼儿园安全管理中，教育与信任是并重的，要处理好"管"与"放"的关系。在保教工作中，要将"管"与"放"相结合，做到在对幼儿的行为规范加强指导管理的同时，又不违背幼儿身心发展的特点。[1]在一些幼儿园中，教师为了幼儿的安全而限制他们的活动，甚至禁止幼儿自由活动，这种做法不利于幼儿的发展。幼儿教师应做到教育与信任并重，使幼儿在活动中掌握安全规则、提高安全意识。在正确处理"管"与"放"的关系时，幼儿园不仅要保护好幼儿，而且还要避免幼儿被过多地压抑与约束，要尽量使他们能以自然的状态在幼儿园中快乐地生活和成长。在幼儿的各项活动中，教师应该给予其积极的指导与保护，使安全管理工作从消极防范转变为积极促进。

（三）以预防为主加强预测

"凡事预则立，不预则废。"幼儿园安全管理工作更应做到提高预测性，尽早排除事故隐患，避免对幼儿造成伤害。根据《中小学幼儿安全管理办法》[2]可知，幼儿园安全管理工作最重要的目的是预防各类安全事故的发生。也就是说，安全第一，预防为主。

预防为主，是指幼儿园要积极主动地去发现可能存在的安全隐患，加强防范意识。与此同时，幼儿园要注意对幼儿进行简单的安全教育，让幼儿对危险的事物有一定的认识。例如，教育幼儿不要去攀爬危险的地方，不要触碰电源插座、插头和电线，不要吞吃非食用的东西，不要把钱币、玻璃球等小东西含在嘴里。

（四）制度与教育两者并重

在幼儿园安全管理中要制度与教育并重。一方面，幼儿园要重视安全制度建设，从园内安全到接送安全、从食品安全到玩具安全等，在各个方面都要制定科学合理、切实可行的制度，并且要坚决执行相关安全制度，不能因为有阻力就人情化，把安全管理制度放在一边。另一方面，幼儿园要重视对教职工和幼儿的安全教育。对教职工而言，要向他们宣讲安全制度和注意事项，让他们对安全管理的要求有清晰的了解。只有制度与教育两者并重，幼儿园才能够真正做好安全管理工作。

第二节　幼儿园安全管理体系

 问题与思考

幼儿园安全管理体系涉及哪几个部分？各部分分别需要注意哪些问题？

一、幼儿园活动安全管理

幼儿在园生活随时都有可能发生意外，注重幼儿园日常活动各环节的安全，保证幼儿高高兴兴来园、平平安安回家，做好幼儿园安全管理应从如下方面着手。[3]

（一）组织好幼儿的活动

1. 活动形式应多种多样

教师在制定教育计划、设计教育活动时，既要注重幼儿的整体发展，又要注意幼儿的安全。教师应当避免为了安全而过多地限制幼儿活动，要让他们在幼儿园里感到安全、快乐、温暖，并能健康、快乐地游戏、学习和成长。

幼儿在园的活动设计，应尽量体现以下要求：（1）亲切愉快的来园活动；（2）生动、有趣的体育活动；（3）动手、动脑的学习活动；（4）自由自在的游戏活动；（5）科学文明的生活活动；（6）丰富多彩的艺术活动；（7）安全、整洁的离园活动。[4]

2. 做好充分的准备工作

教师应在每次活动前要事先做好充分的准备，重视幼儿活动组织中的安全问题。教师可给幼儿提供充足的活动时间和空间，及时向幼儿提出活动的具体注意事项，并加强幼儿活动的常规培养，从而形成和谐有序的环境氛围。

时间、空间以及组织不力等，都是幼儿活动中的不安全因素。如给予幼儿活动的时间不够，仓促匆忙地结束，容易造成意外；活动空间不足可能导致拥挤、幼儿之间互相碰撞而发生意外；在活动中因教师组织不力而导致秩序混乱，也容易发生意外。

3. 配备足够的保教人员

在各种活动中，保教人员要全面细致地照顾全体幼儿，不得擅离职守。如确保幼儿在保教人员的视线范围内活动；在幼儿睡眠时，保教人员必须进行巡视等。

4. 建立幼儿园接送制度

幼儿园应规定园门的开关时间。交接班或组织幼儿外出时应清点人数，严格实施接送卡制度，并且核实接送人员的真实身份。

（二）注重各环节的安全

保教人员需要全时段关注幼儿活动各环节的安全细节，主要包括以下几点。[5]

1. 防止小物品进入体内

小物品一般是指直径不足 2 厘米且圆滑的物品，如花生米、黄豆、米饭粒、珠子、棋子、小瓣橘子等。由于这些物品很小，幼儿带在身上不易被发现，玩耍时如果不慎将其放入口、鼻、耳中，会造成异物进入体内，给幼儿带来伤害或危险。这就要求教师在对幼儿进行安全教育的同时，对幼儿进行必要的检查。安全检查可在一日中的某些环节进行，如入园晨检、午睡前等，也可随时检查，发现问题及时解决。

2. 室内外都应防止跌伤

幼儿在进行户外自由活动及有组织的活动时，有可能由于各种原因而引起跌伤。因此，教师在组织幼儿进行户外活动前，应仔细检查器械和活动场地，清除活动场地上的石块、碎玻璃、树枝等，然后检查幼儿的衣服是否符合活动时的要求。此外，当幼儿玩攀爬、滑梯等大型玩具时，教师要注意保护。

跌伤不仅发生在室外，有时在室内也会发生。在活动区域游戏时，幼儿常因拥挤而发生绊倒跌伤，或因争抢玩具发生摔伤；甚至幼儿坐在椅子上，向后仰或者向前仰也会发生摔伤后脑勺或摔伤下巴、碰破嘴唇的现象。因此，教师应使活动区尽量宽敞、减少障碍物，并且在发现有危险时及时加以制止。

3. 谨慎防止幼儿被烫伤

给幼儿的开水和膳食都必须降温后再端进教室。开水壶应放在幼儿接触不到的地方，避免幼儿直接接触而造成烫伤。寄宿制幼儿园在给幼儿进行盥洗时，应注意倒热水的方式以及水温，以免不慎烫伤幼儿。

4. 关注幼儿睡眠中的问题

由于幼儿蒙头睡觉或在被子里玩弄物品，有时也会导致危险，保教人员除了在幼儿睡前进行检查外，在幼儿睡觉的过程中也要注意观察幼儿。

二、幼儿园膳食安全管理

膳食安全管理是幼儿园安全管理工作中的重要组成部分,做好这项关系到幼儿健康的工作,必须要各部门协作配合。

(一) 健全管理网络

成立专门的膳食领导小组,主要包括园长、专职保健老师、班级保教人员、会计、食堂负责人及家长,层层分管,职责清晰,分工明确,加强对膳食管理的监督,从而不断地改进膳食管理工作。每学期定期召开工作会议,修订与完善各项膳食制度,并把各项制度装订成册,定期与不定期地对膳食制度的执行情况进行检查。伙委会要督促各项操作制度和卫生制度的执行;还应组织财会人员定期向家长公布膳食账目,配合家长的监督;每月对相关人员的工作进行逐层考评,激励与规范幼儿园的膳食工作。[6]班级保教人员在膳食管理工作中,应努力为幼儿营造良好的进餐氛围。在幼儿进餐时,保教人员要做到不催、不急、不责,掌握幼儿的进餐量、进餐速度、进餐的特殊性。保教人员还应针对所掌握的情况,对个别幼儿进行个别教育与照顾。

(二) 重视食堂管理

幼儿园食品质量的优劣与食堂人员的工作有着密切的关系。抓好食品质量主要做好"三把关"工作:一是把好卫生消毒关;二是把好验菜关;三是把好加工烹饪关。由于幼儿免疫力较低、抵抗力弱,幼儿园还应把安全工作放在第一位,严格执行《中华人民共和国食品安全法》,做到食物生熟分开、不做凉拌菜、不吃隔夜菜、不吃不洁食物、不吃腌制食品,以确保食品的安全与卫生。

(三) 严格卫生制度

幼儿园要做好幼儿膳食,必须重视各项工作的操作制度的建立与执行,并规范操作环节。幼儿园要严格遵守国家有关饮食卫生规范要求的"五四制",即由原料到成品实行"四不"制度,成品存放实行"四隔离",用具实行"四过关",环境卫生采取"四定"办法,个人卫生做到"四勤"。此外,做到责任到人,措施到位。园领导和保健医生要深入食堂了解膳食状况,检查监督炊事人员认真执行制度,及时发现问题,并给予切实的指导。[7]

三、幼儿园疾病安全管理

幼儿因身体发育不完善,容易受病毒、细菌侵害而生病。因此,幼儿园必须贯彻预防为主的保健方针,在做好日常卫生消毒工作的同时,还应做好对幼儿疾病的预防与合理的治疗等工作。

（一）加强幼儿身体锻炼

幼儿园应该有计划地开展一些经常性的、危险性低的体育活动。与此同时，教师要保证幼儿有足够的户外活动时间，增强其对外界环境的适应能力。教师还应利用活动，培养幼儿开朗、勇敢、坚强的品质。幼儿的身体锻炼要坚持循序渐进、持之以恒的原则。只有持之以恒，幼儿的身体锻炼才能取得成效。幼儿的运动量应该根据他们的年龄特点和身体状况来逐步增加。为了提升幼儿对身体锻炼的兴趣，教师可综合运用各种锻炼方式，将专门锻炼与生活锻炼结合起来，也可以在幼儿游戏中添加一点运动训练。需要注意的是，在进行身体锻炼时教师不能要求所有幼儿都保持同一节奏，必须因人而异，根据幼儿的不同需求和个体状况来开展。

（二）做好疾病预防工作

幼儿园必须执行"以预防为主"的方针，认真做好晨检工作，做到"一摸""二看""三问""四查"。如果发现病情，要及时隔离，同时要做好园内消毒和疾病登记工作。如果遇到幼儿患有疾病，幼儿园应及时与幼儿家长取得联系。幼儿园要密切配合当地卫生保健机构，及时做好免疫、疾病防治等工作。

（三）落实传染病的隔离

因幼儿抵抗力非常低，幼儿园一旦发现园内有幼儿患上传染病时，必须对这些幼儿进行隔离，并尽早联系家长将其送回家治疗。同时，要对幼儿园进行全面的消毒，避免使其他幼儿受到传染。患病幼儿在康复后，必须持有医生开的健康证明方能回园。此外，幼儿园的工作人员还必须进行定期身体检查，一旦发现患有传染病，必须立刻停止工作以免影响幼儿。

（四）妥善保管合理用药

保健员要对家长所给药品进行严格登记、妥善保管。给患病幼儿服药时，保健员必须仔细核对药名、药量、幼儿姓名、服药时间等，以防幼儿吃错药。保健室药品标签要清楚，不得存放、使用过期的药品。消毒药品由专人管理，并且每月要进行安全检查并记录。

四、幼儿园校车安全管理

幼儿园校车接送的初衷除提高本园的幼儿教育服务质量之外，还应保证幼儿安全，解除幼儿家长的后顾之忧。家园之间的空间距离是幼儿教育机构管理的一部分，在未将幼儿"安全送达"之前，就不能算是"完成任务"，尤其是越到目的地，越不能放松警惕。为了强化校车安全管理，幼儿园应注意以下几点。[8]

(一)树立接送全程安全理念

从家至园、从园至家是校车安全接送的主要线路,将幼儿安全接送到家长和幼儿园"手中"才是完成了安全"责任"。幼儿园要教育幼儿、驾驶员、陪同人员等严守安全规则,坚决防止幼儿中途"下车"、将幼儿遗忘在校车等问题的出现。

(二)加强校车的全流程管理

幼儿园应制定校车安全管理制度,详细规定接送时间、路线、停靠点,要求驾驶员不得随意停靠或者变更行进路线,更不得违反交通管理法规。幼儿园应保证车辆具备安全行驶的条件,定期检查校车车况,确认车辆一切正常后方可承担接送任务。幼儿园应制定幼儿接送名单,接送时都要有幼儿家长或者指定人员的签字确认,以确保幼儿安全。幼儿园应全程监控校车安全行驶和幼儿安全,可利用信息化监控系统,实时查看校车行进情况。

(三)家园协同确保接送安全

幼儿园校车服务既提高了幼儿教育服务质量,又节省了幼儿家长时间,可谓"一举两得"。但是,这需要家园之间密切配合。一方面,幼儿家长要切实负起接收幼儿的责任,如事前将接收幼儿的人员、地点、时间告知幼儿园,以免贻误接送时间,一旦确定接收人员,最好不要随意变更。另一方面,幼儿园要严格执行校车安全管理制度,非幼儿家长指定人员不得接收幼儿,除非有幼儿家长的"明确授权",如发信息、微信等确认,若未确认,则不能随意"放走"幼儿,宁愿陪同人员辛苦一点,也不要留下安全隐患,造成难以弥补的伤害。

· 相关链接 ·

幼儿园校车安全管理制度

一、跟车老师必须在乘车前仔细对照乘车名单,确认核实当日乘车名单及人数无误后,方可上车。

二、如有幼儿因特殊原因而更改上、下车站点或改乘其他线路车辆时,家长须提前通知幼儿园,跟车老师必须在当日记录中做特别说明,以免遗漏。

三、跟车老师在跟车过程中,必须对照乘车清单,确认每个站点上、下车的幼儿,并在每个相应的名字后打钩确认。

四、跟车老师在跟车结束前,必须对整个车厢进行检查,确认没有一个幼儿被遗留在车上。

五、跟车老师在跟车结束后,必须再次检查乘车记录,并在乘车表上签名确认。

六、督促校车司机必须保持车辆匀速行驶,并避免一切不安全驾驶的行为。

七、检查校车司机在接送的路程中是否在各站点正确停靠。

八、提醒校车司机必须在幼儿上车坐稳后,跟车老师示意可以开车后,方可启动车辆前行。

九、跟车老师必须把幼儿送到家长手中,方可提醒校车司机启动车辆前行。

第三节　幼儿园安全管理制度

 问题与思考

幼儿园安全管理制度具有哪些意义?幼儿园安全管理制度应如何设计?

一、幼儿园安全管理制度的意义

幼儿园安全管理是园内所有工作的核心部分,它关系着广大幼儿和教职工的生命安全、身心健康,关系着千千万万家庭的幸福和社会的和谐稳定。近年来,频繁发生的幼儿园安全事故,表明在当前幼儿园安全管理中还存在诸多漏洞。如果幼儿园的安全意识不强、组织混乱,很可能会带来严重的安全事故。因此,必须建立一套完整的幼儿园安全管理制度,使幼儿园各项安全工作的开展都有据可依、有章可循。让幼儿幸福、快乐、健康、安全地成长是幼儿园和所有家长的美好愿望,要实现这一愿望,必须有严格的管理措施。幼儿园安全管理制度是指幼儿园制定的规范、监督、调控幼儿园安全工作的规章。安全管理制度是幼儿园所有工作顺利进行的保证,具有重要意义。

(一)规范意义

任何制度都具有规范性与约束力。在实施安全管理制度的过程中,幼儿园必须对制度进行广泛的宣传,使幼儿园各成员都能了解制度的具体内容,知道在什么时候做什么事,怎样做事,使一切都有法可依、有章可循,从而充分发挥制度对行为的制约与规范作用。如幼儿园有关成员违反了制度,就要受到批评与处分,使之接受教训,纠正错误。幼儿园安全管理制度的规范性体现了其规范意义。

(二)指引意义

制度是组织的基本活动准则,是组织正常运行的保证。幼儿园安全管理制度的指引性是指制度中有着明确的要求，它指出幼儿园在安全管理方面提倡什么、禁止什么，应该怎样、不该怎样，为幼儿园成员指明了行动方向。在贯彻执行幼儿园安全管理制度的过程中，指引性还体现在幼儿园各部门工作人员各司其职、各负其责上。幼儿园安全管理制度的指引性凸显了其指引意义。

（三）教育意义

在幼儿园安全管理过程中，有些教职工和幼儿在日常工作学习中，对一些与安全相关的事情的处理，不知道应该怎样做，不了解具体的操作规范是什么。为此，幼儿园安全管理制度本身便可以作为安全教育的材料。幼儿园安全制度的教育性体现了教育意义。

二、幼儿园安全管理制度的设计

抓好幼儿园安全工作，必须建立健全各项制度，确立"安全第一"的意识。在设计、建立幼儿园安全管理制度时，需要注意以下三个事项。

（一）细致分工

幼儿园安全管理工作涉及的内容非常广泛，比如，后勤综合治理、食堂管理安全、教学活动安全、卫生保健安全和园车接送安全等。幼儿园必须对每个工作岗位给予明确分工，必要时还可以责成各部门主管担任相关事项的安全组长。例如，后勤由后勤副园长担任组长；食堂管理由伙食管理员担任组长；卫生保健由保教主任担任安全负责人等。与此同时，园领导要对各个部门的规章制度的执行情况进行监督，一旦发现存在形式主义等问题，应积极采取措施加以解决，避免意外事故的发生。同时，园领导还要注意分析问题产生的原因，注意防微杜渐，把安全隐患消除在萌芽状态。

（二）安全教育

幼儿园应对全园教职工进行职业道德教育和安全教育，提高全园教职工的职业道德和安全意识。各教职工要牢固树立"安全第一"的意识，高度关注安全工作，形成全员高度重视安全工作的局面。同时，各教职工应该认识到"安全工作、人人有责"，自觉增强自身的责任感、使命感，认真细致地做好安全工作。幼儿园要经常对安全管理工作进行检查和监督，杜绝意外事故的发生。

（三）定期改进

定期召开安全改进会议的目的是总结各部门的安全管理工作经验，提高安全管理的水平。幼儿园要做到年初有计划、年中有小结、全年有总结。幼儿园要齐抓共管，为师幼营造一个安全、和谐、健康和快乐的幼儿园，让每一个幼儿都能够在幼儿园度过快乐美好的童年。

· 相关链接 ·

某幼儿园园内安全管理制度

一、教育幼儿要遵守纪律,培养幼儿增强自我防护意识;幼儿离开班级时,必须得到老师的允许后方可离开。

二、对幼儿进行安全知识教育,严格遵守接送制度;大门上锁,防止幼儿私自跑出园外或错接幼儿等事故的发生。

三、对幼儿进行互助友爱教育,幼儿出入教室、上下楼梯时要有老师看护,做到不拥挤、不打闹,互相帮助,井然有序。

四、教育幼儿不做危险的事情,不采食花、草、种子,不把小物件放在口中或把玩具放在口里吮吃。

五、工作人员下班要注意关好门窗,切断电源,做好安全防火、防盗工作。

六、食堂工作人员必须持有效的健康证和卫生知识培训合格证,认真贯彻执行食品卫生法规和有关部门制度,培养良好的卫生意识。

七、严禁采购腐烂变质的食物,购进原材料要求无毒、无害,采购成品、成型食物应向厂家索取卫生许可证或有关部门证件,符合食品卫生标准和营养要求。

八、食品的洗切、加工必须遵守"一洗、二浸、三烫、四炒"的烹饪程序,饭菜煮熟、煮透,符合卫生要求,保证不受污染,严防食物中毒事故的发生。

九、严禁幼儿触摸各种电器开关、电热设备;加强对幼儿进行安全用电常识的教育。

十、药品要注明标识并分开存放,同时要放置在幼儿不能随便拿到的位置。

十一、给幼儿服药时应仔细核对姓名、药名、药量,避免误服或过量(必须要有医院病历证明)。

十二、未经保健人员许可,任何人不得给幼儿服药,以防医疗事故的发生。

十三、保健人员应提高医疗保健知识,同时提高应变能力;当幼儿出现紧急病情时应迅速送保健室或医院救治。

十四、组织幼儿外出活动要清点人数并注意交通安全,医务人员应备药箱随行。

十五、活动内容要符合幼儿年龄阶段的实际能力,切忌组织幼儿参加有危险的活动,确保活动过程中的安全。

十六、交接班要清点人数,规定接送时间,建立家长接送制度;特殊情况出现时要及时与家长取得联系。

十七、加强纪律教育、防火防水安全教育,提高自我保护意识,做到防患于未然。

十八、坚持门卫值班制度,建立与学校保卫处的联系卡;要求来访者必须登记并得到受访者的允许后方可入园。

十九、严格执行交接班制度,做到人、物、事交接准确无误,并做好交接记录。

第四节   幼儿园安全管理实施

 问题与思考 ───────────────────────────●

幼儿园应如何进行安全管理？

幼儿园经营与管理者必须知道应如何实施幼儿园的安全管理工作。下面从宏观角度简单地介绍一下幼儿园安全管理工作的实施路径。

一、加强园内园外环境的安全管理

幼儿园环境中的不安全因素，往往是造成幼儿发生意外的常见因素。环境通常是指园外和园内的环境。幼儿园应该注重园内与园外的环境管理，为幼儿创造一个安全、健康的生活和学习环境。在进行园外环境管理时，幼儿园必须严格执行门卫制度，不准陌生人进入园内。门卫人员应定期对幼儿园周围的环境进行视察，排除一切可能对幼儿造成伤害的隐患。在园车安全方面，幼儿园应从司机资质和园车质量上严格把关，确保幼儿生命与人身安全。在进行园内环境管理时，对幼儿园的园舍、大型玩具设备等要进行定期检修，对各类可能造成幼儿伤害的事物必须及时处理。

二、建立安全管理制度并确保执行

幼儿园安全管理工作十分复杂，仅仅依靠相关安全管理人员的检查处理是不可能把每项工作都做得具体且到位的。因此，幼儿园必须建立一套符合本园实际情况的安全管理制度，明确规定各个岗位安全工作内容，以及在执行中应注意的事项。首先，幼儿园应成立由园长牵头的专项工作领导小组，具体由园长负责、副园长分管、班组长具体落实。其次，幼儿园各部门应具体分工，明确职责，把各项工作落到实处。再次，要定期召开安全工作会议，落实安全责任和自查自纠责任，做到年初有计划、年中有小结、全年有总结。[9]幼儿园管理者应对这些制度广为宣传，使制度广为人知，并对制度执行进行定期的检查与督促。当在实践中发现安全问题时，园内所有教职工应当及时向有关部门汇报，并且认真分析所发现的问题，以便采取有效的措施加以应对。同时，幼儿园管理者还必须对幼儿园的安全管理制度的合理性进行检验，如发现制度与园所安全管理实践有冲突，就必须及时地对制度进行修订，使制度能够更好地指导实践。

> **知识卡**
>
> 　　案例：某天，某幼儿园的一名幼儿在放学过程中走失，后虽经各方努力找回幼儿，但却把孩子和家长吓了一跳，间接对幼儿的精神造成了伤害。据悉，此事是由于在离园时去接孩子的家长过多，接送孩子的场面混乱，该幼儿在混乱中走失，从而造成了严重的后果。
>
> 　　**评析：** 这件事反映了现在该幼儿园存在的安全问题。如今，安全意识不强、组织混乱、管理落后等现象，在很多幼儿园中都是存在的。

三、抓安全教育提高全员安全意识

　　幼儿园担负着教育好幼儿、服务好幼儿家长的双重任务，与此同时，幼儿园也承担着保护幼儿生命安全的重大责任。幼儿园应对园内教职工进行安全教育，促使他们能够真正地把幼儿安全放在头等位置，尽量避免任何意外事故的发生，促使幼儿的安全管理工作能够全方位地得到实施。同时，幼儿园也需要对幼儿及其家长进行相关教育。因此，在提高全员安全意识中的"全员"，具体是指教职工、幼儿家长及幼儿本身。

（一）对幼儿进行安全知识与保护能力的教育

　　这种安全教育并不是简单的知识传授，因为很多安全事件是幼儿没有见过，在生活中也没有经历过的。幼儿园必须根据幼儿的生理、心理发展特点，根据他们的不同年龄层次来进行安全教育。比如，幼儿园可在遇到突发事件时，可以对幼儿进行随机教育：在"防流感病毒"教育中，应教会幼儿注意卫生及如何洗手等；在"防禽流感"教育中，应告诫幼儿不能吃可疑食品等。同时，幼儿园还应该将安全教育纳入正常的日常管理与教学活动之中，通过安全图片、看图说话、诗歌和故事等，使每个幼儿在有趣的教学活动中了解并掌握安全知识。教师还应将安全教育融入游戏中去，通过丰富多彩的游戏，让幼儿在游戏中学习安全知识，掌握自救和逃离、躲避危险的技能。

（二）鼓励家长积极参与幼儿园安全教育活动

　　幼儿园应举行以"安全教育"为主题的亲子活动。通过亲子活动，让家长和幼儿在游戏中了解安全教育的重要性。在亲子游戏中，幼儿能够更容易地掌握自我保护的方法，提高自身安全的意识。此外，幼儿园还可以充分地利用家长的资源，请在与安全相关部门工作的家长到幼儿园对幼儿、家长和教职工进行安全知识的教育或演习，加深全员对园所安全的认识，并学会相应的安全知识。

（三）对教职工开展幼儿安全知识宣传教育

幼儿园的安全教育知识的宣传方式主要有：定期对教职工召开安全教育讲座；通过宣传栏对教职工进行安全法律法规、师德和安全常识的教育等。同时，幼儿园还可以利用一些案例来提醒、教育教职工安全管理工作的重要性。比如，某大型幼儿园因安全管理不善而发生特大火灾事故等。这些触目惊心的安全事件，都要求幼儿园必须高度关注幼儿人身安全，做好安全防范工作。

四、实施安全事故上报与应急制度

一般来说，幼儿园发生事故都要做好记录。这里把事故分为一般事故、责任事故和重大事故三类。具体安全事故分类，见表9-1。如果幼儿园内发生重大伤害事故后，幼儿园应在两个小时内，及时向上级主管部门汇报情况，不得隐瞒。

表9-1　幼儿园安全事故分类[10]

类　　型	事　　故　　原　　因
一般事故	由于幼儿缺乏自身保护能力或一些外在的客观因素，造成的擦伤、跌倒等事故
责任事故	由于保教人员的原因，如责任心不强、擅离岗位、不执行安全管理制度等，导致儿童骨折、食物中毒、触电或溺水等事故
重大事故	导致儿童死亡、残疾、重要器官损伤或造成巨大痛苦的事故

幼儿园在组织各项活动时，都要以幼儿的安全作为第一考量，进行认真细致的准备工作，并对场地进行全面考察，考察要周详具体。严禁教师带幼儿到危险的地方开展活动。幼儿园要建立健全幼儿安全管理网络，成立幼儿园安全管理领导小组，下设工作小组，实行岗位责任制，并把安全工作要求列入各岗位职责中。

为了更好地处理幼儿园安全事故，减少相关伤害和损失，幼儿园应建立科学合理的安全事故应急处理机制。一旦幼儿园出现安全事故，首先要抢救事故中受伤的幼儿或教职工。接着，要上报上级教育行政主管部门，并通知相关家属，做好安抚工作。最后，还要作事故的经验教训总结，展开相关宣传学习工作，以防类似安全事故的再次发生。

 本章小结

幼儿的健康安全是幼儿园开展各项工作的前提条件。幼儿园的安全管理工作能够保证幼儿全面健康发展,保障教职工身心安全,确保保教工作顺利进行,有利于民族身体素质的提高。幼儿园在实施安全管理工作时应当遵循以下原则:营造自然和谐的氛围、提供充分的活动时空、以预防为主加强预测、制度与教育两者并重。幼儿园安全管理体系涉及幼儿园活动安全、膳食安全、疾病安全、校车安全管理等方面。幼儿园安全管理制度是幼儿园所有工作顺利进行的保证,安全管理制度不仅具有规范意义,而且具有指引意义和教育意义。抓好幼儿园安全工作,必须建立健全各项制度,确立"安全第一"的意识。在设计、建立幼儿园安全管理制度时,需要注意制度设计上要分工细致、职责明确,高度注重安全教育,并确保定期召开改进会。幼儿园管理者必须知道实施幼儿园的安全管理的如下路径:(1)加强园内园外环境的安全管理;(2)建立安全管理制度并确保执行;(3)抓安全教育提高全员安全意识;(4)实施安全事故上报与应急制度。

 理解·反思·探究

1. 怎样认识幼儿园安全管理的意义?

2. 幼儿园安全管理的原则有哪些?

3. 幼儿园安全管理体系包括哪些具体内容?

4. 怎样建立幼儿园安全管理的制度?

5. 幼儿园应如何实施安全管理?

6. 虽然《校车安全管理条例》规范的校车指的是义务教育阶段的校车,但幼儿园应严格参照本条例来进行校车安全管理。请谈谈你学习如下节选的《校车安全管理条例》的感想,并请进一步地深入学习完整的《校车安全管理条例》。

校车安全管理条例(节选)[11]

第十二条　学校应当对教师、学生及其监护人进行交通安全教育,向学生讲解校车安全乘坐知识和校车安全事故应急处理技能,并定期组织校车安全事故应急处理演练。

学生的监护人应当履行监护义务,配合学校或者校车服务提供者的校车安全管理工作。学生的监护人应当拒绝使用不符合安全要求的车辆接送学生上下学。

第二十三条　校车驾驶人应当依照本条例的规定取得校车驾驶资格。

第二十八条　校车行驶线路应当尽量避开急弯、陡坡、临崖、临水的危险路段;确实无法避开的,道路或者交通设施的管理、养护单位应当按照标准对上述危险路段设置安全防护设施、限速标志、警告标牌。

第三十五条　载有学生的校车在高速公路上行驶的最高时速不得超过80公里,在其他道路上行驶的最高时速不得超过60公里。

第三十八条　配备校车的学校、校车服务提供者应当指派照管人员随校车全程照管乘车学生。校车服务提供者为学校提供校车服务的,双方可以约定由学校指派随车照管人员。

学校和校车服务提供者应当定期对随车照管人员进行安全教育,组织随车照管人员学习道路交通安全法律法规、应急处置和应急救援知识。

第三十九条   随车照管人员应当履行下列职责:

(一)学生上下车时,在车下引导、指挥,维护上下车秩序;

(二)发现驾驶人无校车驾驶资格,饮酒、醉酒后驾驶,或者身体严重不适以及校车超员等明显妨碍行车安全情形的,制止校车开行;

(三)清点乘车学生人数,帮助、指导学生安全落座、系好安全带,确认车门关闭后示意驾驶人启动校车;

(四)制止学生在校车行驶过程中离开座位等危险行为;

(五)核实学生下车人数,确认乘车学生已经全部离车后本人方可离车。

第四十条   校车的副驾驶座位不得安排学生乘坐。

校车运载学生过程中,禁止除驾驶人、随车照管人员以外的人员乘坐。

第四十二条   校车发生交通事故,驾驶人、随车照管人员应当立即报警,设置警示标志。乘车学生继续留在校车内有危险的,随车照管人员应当将学生撤离到安全区域,并及时与学校、校车服务提供者、学生的监护人联系,处理后续事宜。

推荐阅读

1. 程凤春.幼儿园管理的50个典型案例[M].上海:华东师范大学出版社,2011.
2. 秦明华,张欣.幼儿园组织与管理(第二版)[M].上海:复旦大学出版社,2014.

参考文献

[1] 秦明华,张欣.幼儿园组织与管理[M].上海:复旦大学出版社,2008:125.

[2] 中华人民共和国教育部.中小学幼儿园安全管理办法[EB/OL].(2006-06-30)[2022-10-01].http://www.moe.gov.cn/srcsite/A02/s5911/moe_621/200606/t20060630_180470.html.

[3] 秦明华,张欣.幼儿园组织与管理(第二版)[M].上海:复旦大学出版社,2014:128-129.

[4] 王丹.中国幼儿教育思想变迁与教育实践研究[M].石家庄:河北人民出版社,2018:70.

[5] 万钫.幼儿卫生保育教程[M].北京:北京师范大学出版社,1999:98.

[6] 王静,朱梦鸽,陈娜,等.西安市长安区不同级别幼儿园膳食营养管理调查研究[J].教育观察,2021(12):69-71,96.

[7] 秦明华,张欣.幼儿园组织与管理(第二版)[M].上海:复旦大学出版社,2014:115-117.

[8] 赵艳婕.加强校车安全管理,确保幼儿出入平安[J].东方娃娃·保育与教育,2020

（09）：48－49.

［9］秦明华，张欣.幼儿园组织与管理（第二版）［M］.上海：复旦大学出版社，2014：122－123.

［10］张店区人民政府.张店区科苑幼儿园规章制度［EB/OL］.(2022－09－01)［2023－04－27］.http://www.zhangdian.gov.cn/gongkai/site_zdqjyhtyj/channel_61c193404cc1d0ce8eed2f75/doc_61c3c11cc24d1a644ced3093.html.

［11］中华人民共和国中央人民政府.校车安全管理条例.［EB/OL］.(2012－04－10).［2024－02－21］.http://www.gov.cn/zhengce/2012－04/10/content_2602600.htm.

第十章　幼儿园品质管理

对一切事情都喜欢做到准确、严格、正规，这些都不愧是高尚心灵所应有的品质。

——安东·巴甫洛维奇·契诃夫

美好的东西，在质不在量。

——伊索

 知识导图

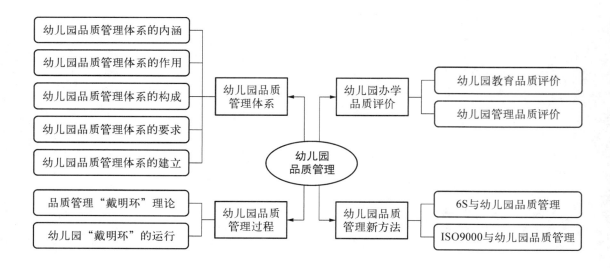

要点提示

本章内容主要包括四个方面：一是幼儿园品质管理体系基本概述，主要围绕幼儿园品质管理体系的内涵、作用、构成、要求和建立展开；二是介绍"戴明环"理论及其在幼儿园品质管理过程中的运用；三是论述幼儿园办学品质评价的两大组成部分——教育品质和管理品质评价；四是介绍两种幼儿园品质管理新方法——6S 和 ISO9000 及其在幼儿园品质管理中的运用。

 学习目标

通过本章学习，你应该能够：
● 了解幼儿园品质管理体系的构成。
● 掌握幼儿园品质管理的过程。
● 掌握幼儿园教育品质和管理品质评价的方法。
● 了解 6S 和 ISO9000 在幼儿园品质管理中的运用。

第一节　幼儿园品质管理体系

 问题与思考 ────────────────────────────●

　　幼儿园品质管理体系的内涵是什么,其有何作用? 幼儿园品质管理体系由哪些部分构成,如何建设?

一、幼儿园品质管理体系的内涵

　　品质,可指物品的特征、品性、质量,也可指商品或服务的水平。品质管理可以简单地理解为对品质的管理。所谓幼儿园品质管理,是指幼儿园在保教品质与管理品质提升方面的计划、组织、指挥、协调和控制活动,具体地说,通常包括制定品质方针目标、品质策划、品质控制、品质保证和品质改进等活动。为了实现幼儿园品质管理的方针目标,有效地开展各项品质管理活动,必须要建立相应的品质管理体系,以顺利达成幼儿园保教和管理品质提升的目标。

　　幼儿园品质管理体系可以理解为,是为了实施品质管理而所需的组织机构、职责、程序、过程与资源的总称。这些因素彼此之间相对独立,但又有相互依存的内在联系。其中,程序是组织结构的细化,也是职责的补充,可使组织结构更规范,起到巩固、稳定组织结构的作用。程序与过程密切相关,有了品质保证的各种程序性文件与规范性的操作手册,才能保证检验过程高品质地完成。品质管理往往是通过对过程的管理来实现的,过程的品质又取决于所投入的资源和活动,而活动的品质则是通过实施该项活动所采用的方法予以保证的。控制活动的有效途径和方法制定又会在书面或文件的程序之中得以体现。

　　幼儿园品质管理体系有狭义和广义之分。狭义的幼儿园品质管理体系由两大部分组成:一是保育品质管理;二是教育品质管理。这是根据幼儿园的业务特征来分类的。为了提升幼儿园保育和教育品质,需要对幼儿园的保育、教育品质进行评价,这一评价关注的是幼儿园保育和教育的效率与效益问题。需要补充说明的是,通常我们可以把幼儿园保育和教育活动合称为幼儿园教育活动,因此也可以将保育品质管理与教育品质管理合称为(广义的)教育品质管理。广义的幼儿园品质管理体系不仅包括上述的对教育品质的管理,还需要对整个幼儿园管理活动的品质进行评价,这一评价关注的不只是保育、教育品质问题,还涉及幼儿园整体经营管理问题。它既要考虑幼儿园的社会效益(包括教育效益),还要考虑幼儿园经营的整体经济效益。

二、幼儿园品质管理体系的作用

对幼儿园的发展来说，品质管理体系至关重要。对为社会提供优质幼儿教育服务而言，幼儿园的品质管理体系意义重大。一所幼儿园如果没有科学的品质管理体系，就难以为社会提供优质的学前阶段的保教服务，也难以持续经营。如果没有科学的品质管理体系，幼儿园也难以取得良好的社会效益与经济效益。

由于幼儿园科学的品质管理体系能够落实幼儿园发展的理念，它成为幼儿园制定深入细致品质文件的基础。可以说，幼儿园品质管理体系是保障幼儿园内更为广泛的品质活动得以顺利实施的基础，也是有计划、有步骤地改善整个幼儿园的品质活动按重要性次序来进行的前提。

三、幼儿园品质管理体系的构成

幼儿园品质管理体系主要可分为品质组织、品质制度和品质文化三部分。

(一)品质组织

幼儿园品质组织是指幼儿园最高领导层根据发展与品质战略而设置的专门负责品质工作的职能机构。幼儿园品质组织对幼儿园品质管理至关重要。它不仅确立了幼儿园品质方针，而幼儿园品质方针则指引着幼儿园品质管理的实施；它还制定了幼儿园品质管理的目标，而幼儿园品质管理目标是幼儿园管理考核的主要依据，能够促进幼儿园品质的提升。幼儿园品质组织还设立专门机构来处理与品质相关的工作，这是直接提升幼儿园保教及管理品质的基础。

(二)品质制度

幼儿园品质制度就是幼儿园与品质相关的规章制度，它可强制调节各部门、组织内部成员在品质活动中的行为。幼儿园品质制度往往是以品质文件的形式呈现的。在幼儿园品质管理体系中，使用的文件主要有品质手册、品质计划、品质规范、品质程序文件和品质记录表格等。

(三)品质文化

幼儿园品质管理体系只有组织和制度是不够的。原因很简单，如果品质管理体系只有组织和制度就可以，那么任何幼儿园只要把同行中的品质管理佼佼者的组织设计和制度安排照搬照抄就行了。显然地，这难以符合幼儿园发展的实际。因为每一所幼儿园的品质制度都不一样，每一所幼儿园的风格、领导作风都不尽相同，而且每一所幼儿园的品质文化也会随时间的变化，或进化，或退化，或随波逐流，所以重要的是不断改进和提高品质文化。

为此，幼儿园为了长期稳定地为社会、家长提供优质的幼儿教育服务，应不断改进和提高保教品质,从理念更新、课程开发、课程实施、课程评价和家园信息反馈等方面,建立一套严密、协调和高效的管理系统;制定出各个部门的品质职能和每个人的品质责任,以及所赋予的权限;制定出各个管理部门的工作流程、工作标准和作业规范;建立完整的信息系统,实现各项工作标准化与程序化,以提高工作效率,保证保教服务品质。

品质管理体系是品质保证的基础。任何一所幼儿园,只有在内部首先建立好品质管理体系,才有能力向外界提供品质服务。幼儿园品质管理体系的基础组成单元可以称之为品质管理体系要素。不同的幼儿园,其品质管理体系要素也不尽相同。每所幼儿园都应依据自身的实际情况与客观需求,选用相关的品质管理体系要素,策划幼儿园自身的品质管理体系。

四、幼儿园品质管理体系的要求

高效的幼儿园品质管理体系具有六个方面的特征:适宜性、完备性、融合性、一致性、效率和效果,这些也是高效幼儿园品质管理体系的要求。

适宜性是指幼儿园品质管理体系要尽可能简化,要与组织文化和组织实际情况相匹配。完备性是指幼儿园品质管理覆盖的品质活动范围要尽可能地全面、完整,不能留下没人管的与品质相关的事务。融合性是指幼儿园品质管理体系要与其他管理体系相融合。一致性是指幼儿园品质管理覆盖的各项活动必须协调一致,不能相互矛盾。效率是指幼儿园品质管理体系在实践中要不断完善,提高运行的效率。效果是指幼儿园品质管理体系不能只是做表面文章,要见实效和落在实处。只有达到了以上六个方面的要求,幼儿园品质管理体系才能真正地发挥作用。

五、幼儿园品质管理体系的建立

建立科学、高效的幼儿园品质管理体系,需要做到如下三个方面。

(一)领导充分重视,全员广泛参与

幼儿园的最高领导者要充分重视品质工作,并确定幼儿园的品质战略。各级管理者确立各部门的工作目标,再由各部门制定自己的工作规范。幼儿园所有活动应以一种统一的方式加以评价、协调与实施。幼儿园管理者要为全体教职工营造一个宽松和谐的环境,同时还要制定适宜的措施,激发教职工的工作热情,使其积极工作,不断改进幼儿园品质。这样,幼儿园的品质水平才能不断提升,幼儿园也才能不断地发展壮大。

(二)加强品质教育,狠抓制度落实

一般地,建立和实施幼儿园品质管理体系的过程,始于培训,也终于培训。如果要让广大教职工对幼儿园品质管理体系充分地理解和接受,就需要加强对教职工品质管理体系方

面的培训教育。广大教职工只有了解了幼儿园的品质方针和目标，熟悉了自己的品质职责、工作程序、工作方法，以及幼儿园的相关品质管理规定，在保教和管理工作过程中才会知道什么该做、什么不该做、什么时候做、怎么做；出现品质问题以后，才会自觉地分析、查找原因，并采取有效的措施加以纠正、预防。

幼儿园品质管理体系高效运行的另一个重要因素就是要狠抓制度落实。幼儿园制定的各种品质制度，包括品质手册、品质程序文件，以及幼儿园适用的各种课程标准、管理标准等，都是为了规范广大教职工的保教、管理行为而制定的。这些制度执行的好坏，将直接影响着幼儿园品质管理体系能否有效地运行。幼儿园管理者在抓制度落实时不能讲人情，更不能带有个人好恶，否则就会造成制度形同虚设、教职工的品质意识差、保教和管理品质不高、体系运行受阻等问题。因此，只有狠抓制度落实，奖罚分明，不断完善人才激励机制，才能使广大教职工逐步形成自觉遵守规章制度的习惯，勇于创新，为幼儿园的发展献策献力。只有这样，幼儿园才能得到长足的发展。

（三）利用客观记录，重视过程管理

记录是叙述所取得的结果或提供所完成活动的证据文件。记录要贯穿于幼儿园品质管理体系的全过程。真实完整的过程记录是过程的再现。幼儿园管理者要掌握、了解保教和管理过程的真实情况，除了深入现场以外，还要看过程记录。记录如果不完整、不真实，就会误导管理者的决策，就会错过改进与发展的良机，从而形成幼儿园发展的被动局面。另外，当幼儿园保教工作出现品质问题时，管理者就需要对产生问题的原因进行分析，对保育、教育过程进行追溯，这时记录可能就是唯一的证据。如果记录不完整，问题产生的原因就难以分析清楚；如果记录不真实，得出的结论就是错误的。在记录的整理分析方面，还应该注意运用一定的统计技术，尽量使记录的内容能直观展示，并且通过分析整理，挖掘出记录所反映的深层次问题，从而更有助于及时地发现问题，找出并消除品质问题产生的根本原因。只有这样，记录才能发挥出其在幼儿园品质管理体系中的重要作用。

第二节　幼儿园品质管理过程

 问题与思考

如何将"戴明环"理论应用到幼儿园管理过程中？

一、品质管理"戴明环"理论

戴明是美国著名管理学家，他首创了全面品质管理的思想和方法，提出了管理过程理

论。戴明认为,一切有过程的活动都是由计划、执行、检查、总结(行动)这四个基本环节所构成,这四个基本环节或阶段,构成了管理活动的周期。

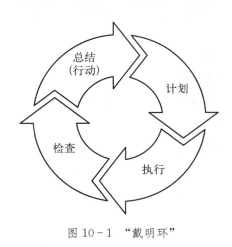

图 10-1　"戴明环"

第一阶段——计划。计划是管理活动的起始。计划阶段的管理活动包括:制定目标、规定任务和活动项目、设计方法步骤、制定行动方案等。

第二阶段——执行。执行是按计划要求开展工作,并将计划付诸行动。

第三阶段——检查。即检查工作是否按计划执行,执行的效果如何,并找出偏差的原因。

第四阶段——总结(行动)。这一阶段主要回顾前面进行的三个阶段,总结、调整,并加以改进,将效果好的措施标准化、规范化,为下一阶段的管理工作打下基础。

这四个阶段也是品质管理工作最基本的职能活动。它们有序地存在于圆环中,形成一个完整的品质管理过程。这个圆环不断旋转,反复循环,将品质管理活动不断推向前进。

二、幼儿园"戴明环"的运行

将"戴明环"理论运用于幼儿园品质管理活动中,有利于幼儿园品质管理的科学有序运行及提高成效。"戴明环"在幼儿园品质管理中的运用情况如下。[1]

(一)制定可行的品质工作计划

计划是确定行动纲领与方案,使行为趋向于目标的管理活动。幼儿园品质管理以计划为开端,进而对品质管理活动实行有效控制,因而计划是品质管理工作科学化的重要标志。品质工作计划的制定过程是一种决策过程,体现了作为主要决策负责人的园长的果断性与创造性。有效的园所品质工作计划应具有如下特征:方向正确,切实可行;全面完整,突出重点;分工落实,留有余地;要求明确,便于检查。幼儿园的品质工作计划一般包含以下几方面:园所品质基本情况分析;本阶段总的品质工作任务;品质各方面的具体要求和措施;品质工作日程安排或逐月重大品质工作安排等。

(二)组织品质工作计划的执行

执行是将计划变为行动,将设想转化为现实的管理活动。品质工作执行阶段的工作内容由品质工作计划规定,计划中写的就是执行阶段要做的、品质工作计划确立的任务目标,通过执行成为工作成果。在执行阶段,要着重抓好组织协调、指导、激励和教育等工作。

（三）检查品质工作计划的执行

检查是推动幼儿园品质工作顺利进行的重要措施，是实现品质工作的计划目标和活动预期成果的保证。幼儿园管理者不能满足于品质要求提过了、品质工作也在做了，而应注意通过检查这一环节，把握品质工作计划执行的真实情况，并及时解决执行中的偏差与问题。检查可以通过实地观察、听取汇报和召开会议、查阅工作记录等形式获取足够信息，通常需要将多种方式结合起来进行，以相互参照，获得较为真实、全面的资料。幼儿园品质管理实践中较常进行的有四项工作：日常品质工作中的检查、抽样检查、组织会议检查及阶段性的定期检查。

（四）总结品质工作全过程情况

总结是品质管理活动周期的最后一个环节。总结是对品质工作全过程的回顾，即对品质计划、执行和检查作出总的分析和评价，对品质工作的过程及其结果作出质和量的评价。总结应能为下一阶段的品质工作提供依据，并指明方向。幼儿园管理者应将总结工作作为探索规律和提高自身品质管理水平的过程，既要将总结找出的问题或不足作为下一品质管理循环确定目标的重要参考依据，同时要注意将实践证实的带有规律性的经验，充实完善到品质常规管理工作使之制度化和规范化。

第三节　幼儿园办学品质评价

 问题与思考

幼儿园教育品质评价的理念和原则分别是什么？幼儿园教育品质评价有哪些方法？幼儿园管理品质评价的原则和标准有哪些？

一、幼儿园教育品质评价

（一）教育品质评价的理念

幼儿园教育品质管理主要包括对整个幼儿园向家长、社会所提供的保育和教育品质的管理。幼儿园教育品质管理需要有一个"抓手"，即教育品质评价。教育品质评价是教育品质管理的基础。幼儿园教育品质评价为教育品质管理提供信息反馈，也是实施教育品质管理的依据。

教育评价是教育过程中的一个重要环节。《幼儿园教育指导纲要（试行）》明确指出，教育评价是幼儿园教育工作的重要组成部分,是了解教育的适宜性、有效性,调整和改进教育工作,促进每一个幼儿发展,提高教育质量的必要手段,也是运用专业知识,审视教育实践,发现、分析、研究和解决问题的过程,还是幼儿教师自我成长的重要途径。中共中央、国务院印发的《深化新时代教育评价改革总体方案》中提出,要坚持科学有效,改进结果评价,强化过程评价,探索增值评价。其中,增值评价是教育评价改革的必然。增值评价也就是我们通常所讲的发展性评价,它看重的是幼儿的发展水平与以前相比是进步还是退步。进步就是增值了。在原有基础上增值了,说明幼儿经过努力进步了,评价就是正面的,激励的作用非常大。[2]这实际上是在提出要建立一个促进幼儿、教师、课程与教学不断发展的评价体系问题,即"发展性教育评价体系"问题。[3]

所谓发展性教育评价,是从目的与功能的角度来进行界定的,是相对于鉴别性评价而言的。我国的教育评价制度,可以说一直具有很强的甄别与选拔功能。最为典型的是直到清末才被废止的科举制度。随着心理测验理念与技术的引入,教育评价逐渐客观化、科学化,但其甄别与选拔功能仍然被视为最为主要和最为重要的功能。在教育评价的强鉴别性没有发生根本改变的情形下,教师为应试而教、学生为应试而学、课程为应试而设的局面,自然难以根本改变。这种现象一直影响着学前教育的实践。

客观地说,形成这种局面的根本原因,是有限的教育资源和广大民众日益增长的教育需求之间的矛盾。但是,社会对人的才智的看法的片面性、单一性,以及由此衍生出的不完善的教育评价体系,无疑具有难以推卸的责任。因此,随着经济社会的发展,人们受教育机会的增加,教育评价的目的、功能、性质、内容和方法等也必然会发生根本性改变。不过,由评价的鉴别性转向发展性将是大势所趋。

发展性教育评价强调评价的根本目的在于为发展服务、支持发展和促进发展。这里的发展,不仅包括幼儿的发展,也包括教师和课程的发展,因为幼儿的发展离不开教师的指导,离不开能够为他们提供有益学习经验的课程。因此,发展性教育评价应该同时把促进教师的成长和促进课程的完善作为重要目的。

> ### 知识卡
>
> 　　《深化新时代教育评价改革总体方案》提出,要"改进结果评价,强化过程评价,探索增值评价,健全综合评价","扭转不科学的教育评价导向,坚决克服唯分数、唯升学、唯文凭、唯论文、唯帽子的顽瘴痼疾",建立科学的、符合时代要求的教育评价制度和机制。

（二）教育品质评价的原则

对幼儿园保育和教育品质进行评价,应遵循如下原则。[4]

1. 评价主体互动化

幼儿园教育品质发展性评价主张评价过程中主体间需要沟通和协商。它关注的重心不是结果的正确性，而是评价对象对评价的认同，并在最大程度上受益；它主张评价主体多元化，加强自评与互评相结合，使评价成为教师、管理者、幼儿和家长积极参与、增进理解的交互活动。

2. 评价对象人本化

幼儿园教育品质评价要关注被评价者即幼儿和教师的需要，以平等、欣赏、乐观和发展的态度对待评价对象，营造一个民主、理解的评价环境，激发评价对象参与评价的主动性，促使个体最大可能地实现自身的潜能与价值。评价中要尊重个体的独特性，对其发展的独特性要给予认可，并积极评价。

3. 评价内容及方式多元化

幼儿园教育品质发展性评价强调评价内容、方法的多元化，以多角度、多侧面地"发现"评价对象的特点和优势。只有这样，欣赏和乐观的态度才是真实而非虚伪的，也才能帮助评价对象"自我发现"，进而悦纳自己，并拥有自信。

4. 评价与教学互动化

以促进发展为目的的幼儿园教育品质评价，不是完成某种教学任务的终结性活动，而是教学与评价之间持续地相互作用与互相推动。评价既是辅助教学的手段，又是教学活动的重要组成部分，贯穿于教学中的每一环节；而教学要敏感地抓住从评价中获得的信息，加以适当的反馈和改进。

5. 评价情境真实化

一般地，真实而有意义的活动情境可以激发评价对象的活动积极性。在真实的情境中，同伴的支持不仅能使评价对象全力以赴地完成任务，而且能够使其潜能得到最大限度的发挥。

6. 评价过程动态化

幼儿园教育品质发展性评价不只关注结果，更注重过程。它强调有机地将终结性评价与形成性评价结合起来，将评价贯穿于日常的保教活动中，使评价实施日常化和经常化。

（三）幼儿园教育品质评价的方法

在选择幼儿园教育品质评价方法时，要注意如下几方面的问题。[5]

1. 自我评价与他人评价相结合

自我评价是指评价者根据指标，参照一定的标准，对自己的保教工作进行评价。这种评价可以是个体的，也可以是组织的。这种评价较易展开，因此可以成为幼儿园的常规性活动。他人评价是指评价对象之外的其他人对保教工作所作的评价，包括教育行政部门的评价、教学督导的评价、专家的评价、同行的评价和社会评价等。幼儿园教育品质评价应将自我评价与他人评价相结合，这样既能使被评价者进行自我反思，又可以从不同角度对幼儿园保教工作进行评价,而且获得的信息全面客观,便于发现问题,采取改进措施。这样的幼儿园教育品质评价,才能更好地起到改进和激励的作用。

2. 定量评价与定性评价相结合

定量评价是指对那些能够量化的评价对象采用定量计算的方法,收集数据资料,用一定的数学方法,作出定量结论的评价。定性评价也叫质性评价,是指对不便量化的评价对象,采用观察、调查和分析等多种搜集资料的方法,先处理信息,然后作出判断,进行非定量的描述,得出完整性的、解释性的评价。幼儿园教育品质评价应将定量评价与定性评价有机结合起来,这样才能把握评价对象的实际状况,作出科学、合理和全面的评价。

3. 诊断性评价与形成性评价相结合

诊断性评价侧重发现幼儿园保教工作中的不足和问题,其目的是了解评价对象的基本情况,为制定教育计划或解决问题、搜集资料做好准备。形成性评价是一种在计划实施过程中不断进行的动态评价,是指在教育活动中评价活动本身的效果,目的在于及时了解教育活动过程的具体情况、及时获取反馈信息、及时进行调节控制,以缩小工作过程与目标之间的差距,并通过评价活动来总结经验,及时改进工作。幼儿园教育品质评价要把诊断性评价和形成性评价这两种方式结合进来,以更有效地发挥评价的作用。

二、幼儿园管理品质评价

(一)管理品质评价的原则

在幼儿园品质管理中,除了对保教工作进行评价外,还要对幼儿园管理进行评价。在对幼儿园管理进行评价时,应该遵循如下五个原则。[6]

1. 发展性原则

在对幼儿园管理进行评价时,要坚持用发展变化的观点对待办学基础、办学条件差异较大的评价对象。只有用发展变化的观点作出解释,确定被评幼儿园管理水平在同类幼儿园中的合理地位,才能调动各类幼儿园管理者的积极性与主动性,从而促进各类幼儿园管理工作的改进。

2. 改进性原则

幼儿园管理工作评价的真正目的是通过评价促进幼儿园管理工作的改善,提高幼儿园的管理品质。评价不仅要了解幼儿园实际的管理水平,还要从评价过程和结论中发现新情况、新问题,进而不断改进和提高幼儿园的管理水平。评价必须有明确的目的,避免出现随心所欲,想评什么就评什么、想怎么评就怎么评的滥评现象。这种随意的幼儿园管理工作评价,是没有评价意义的。

3. 方向性原则

我国行政部门确定的教育目标是幼儿园管理活动的依据。因此,幼儿园管理评价必须坚持我国的教育方针、政策,坚持正确的教育目的,才能保证管理评价的正确方向,发挥幼儿园管理评价的导向作用。通过幼儿园管理评价,可纠正任何偏离幼教方针、偏离素质教育、偏离教育目的、偏离幼儿身心发展规律的管理举措。同时,通过幼儿园管理评价,能使幼儿园管理者和教职工进行自我认识和自我对照,明确自身的发展方向,促进其自我控制与调节。

4. 客观性原则

在对幼儿园管理工作进行评价时,必须采取客观的、实事求是的态度,不能主观臆断。幼儿园管理评价是按照一定的价值标准,对幼儿园各方面管理工作作出相应的价值判断。因此,必须做到公正和客观,否则就难以得出科学的、正确的评价结论。对于评价主体来说,要坚持这些原则,就必须广泛搜集评价信息。信息越多,来源渠道越广,幼儿园管理评价的客观性就越容易得到保证。

5. 多元性原则

幼儿园管理工作是一个多边系统,评价时既要关注评价对象的某一侧面,也要关注整个时段的工作;既要对评价对象进行量化评价,也不能忽略质性解释;既要看评价对象的工作结果,也要看评价对象的工作过程。所以,评价时要坚持以下原则:相对评价与绝对评价相结合,单向评价和综合评价相结合,质性评价和量化评价相结合,自我评价和他人评价相结合,终结性评价和发展性评价相结合。只有这样,才能保证评价的科学性,才能有利于幼儿园各方面管理工作的改进,才能发挥评价的导向和激励功能。

(二)管理品质评价的标准

1. 管理性

幼儿园管理是一种管理行为,由此可以认为,幼儿园管理具有管理活动的特征,即具有"管理性"。管理是一种协调活动,其目的在于"能够有效率和有效果地同别人一起或通过别人实现组织的目标",其中效率指的是用尽量少的投入取得尽可能多的产出,效果指的是从事的活动有助于组织目标的达成。[7]从以上对管理的经典界定可以得出,一个好的管理要具备两个方面,一方面是资源的低浪费,另一方面是目标的高达成。也就是说,当人们衡量一个管理行为是好还是坏时,要从资源利用及目标达成两个维度来进行考量。所谓幼儿园管理的管理性,其实就是强调幼儿园管理活动应在效率和效果两个维度上都能经得起考核。

2. 教育性

幼儿园管理具有管理性,这是从幼儿园管理活动与其他管理活动之间的共性这样一个角度来看的。但是幼儿园管理除了具有管理共性外,还应该具有教育性,因为幼儿园管理从本质上讲也是一项教育活动。首先,幼儿园管理作为一种活动,它是发生在教书育人的重要的专门场域——幼儿园内部的;而教育本身是一种影响活动,幼儿教育也就是在园所内的一种专门的对幼儿的影响,当然这里的"影响",其"应然"状态要求其是一种正面的积极的影响。也就是说,幼儿园合法性存在的功能是教书育人,这就要求发生在其场域内的活动都应是一种积极的教育影响,这些活动不只是包括教师的教育教学,而且也应包括发生在幼儿园内的一切园所管理活动。试想一下,如果教师在幼儿园教学中努力给幼儿施加积极的教育影响,但幼儿园管理却缺乏教育性,一些具体活动会从客观上给幼儿成长带来负面影响,这样就抵消了幼儿园教育的功效。这样的不具备教育性的幼儿园管理活动就会对整个幼儿教育事业产生负面影响,影响幼儿园教育功能的彰显。

由此可见,幼儿园管理一方面是管理活动,需要具备管理性;另一方面,幼儿园管理需要具备教育性。而在幼儿教育实践中,我们往往对幼儿园管理的教育性考虑不周。教育性虽是一个指涉较为广泛而又抽象的概念,但其最终的落脚点在于幼儿的成长。幼儿教育管理要考虑教育性问题,也就是幼儿园管理要追求幼儿的真正成长,不能使"幼儿教育小学化",更不能拔苗助长,要严格遵循幼儿教育和幼儿成长的规律开展幼儿教育活动。当前一些幼儿园单纯地追求经济效益(管理性),无条件地迎合家长的不符合教育规律的需求,从而导致幼儿园教育"小学化"十分严重,这就违背了幼儿园管理评价的另一标准——教育性。

表 10-1   幼儿园保育教育质量评估指标(节选)

重点内容	关键指标	考　察　要　点
A1. 办园方向	B1. 党建工作	1. 健全党组织对幼儿园工作领导的制度机制,以政治建设为统领,加强幼儿园领导班子建设,推进党的工作与保育教育工作紧密融合。 2. 落实幼儿园党的组织和党的工作全覆盖,加强教师思想政治工作,落实党风廉政建设责任制和意识形态工作责任制,坚持党建带团建,充分发挥工会、共青团等群团组织的作用。 3. 坚持社会主义办园方向,积极研究制定幼儿园发展规划和年度工作计划。
	B2. 品德启蒙	4. 全面贯彻党的教育方针,落实立德树人根本任务,坚持保育教育结合,将培育和践行社会主义核心价值观融入保育教育全过程,注重从小做起、从点滴做起,为培养德智体美劳全面发展的社会主义建设者和接班人奠基。 5. 注重幼儿良好品德和行为习惯养成,潜移默化贯穿于一日生活和各项活动,创设温暖、关爱、平等的集体生活氛围,建立积极和谐的同伴关系;帮助幼儿学会生活,养成自己的事情自己做的习惯,培育幼儿爱父母长辈、爱老师同伴、爱集体、爱家乡、爱党爱国的情感。
	B3. 科学理念	6. 遵循幼儿身心发展规律和学前教育规律,尊重幼儿个体差异,坚持以游戏为基本活动,珍视生活和游戏的独特教育价值。 7. 充分尊重和保护幼儿的好奇心和探究兴趣,相信每一个幼儿都是积极主动、有能力的学习者,最大限度地支持和满足幼儿通过直接感知、实际操作和亲身体验获取经验的需要。不提前教授小学阶段的课程内容,不搞不切实际的特色课程。

重点内容	关键指标	考　察　要　点
A2. 保育与 安全	B4. 卫生保健	8. 膳食营养、卫生消毒、疾病预防、健康检查等工作制度和岗位职责健全,并认真抓好落实。 9. 科学制定带量食谱,确保幼儿膳食营养均衡,引导幼儿养成良好饮食习惯。 10. 教职工具有传染病防控常识,认真落实传染病报告制度,具备快速应对和防控处置能力。 11. 按资质要求配备专(兼)职卫生保健人员,认真做好幼儿膳食指导、晨午检和健康观察、疾病预防、幼儿生长发育监测等工作。
	B5. 生活照料	12. 帮助幼儿建立合理生活常规,引导幼儿根据需要自主饮水、盥洗、如厕、增减衣物等,养成良好的生活卫生习惯。 13. 指导幼儿进行餐前准备、餐后清洁、图画书与玩具整理等自我服务,引导幼儿养成劳动习惯,增强环保意识、集体责任感。 14. 制定并实施与幼儿身体发展相适应的体格锻炼计划,保证每天户外活动时间不少于 2 小时,体育活动时间不少于 1 小时。 15. 重视有特殊需要的幼儿,尽可能创造条件让幼儿参与班级的各项活动,同时给予必要的照料。根据需要及时与家长沟通,帮助幼儿获得专业的康复指导与治疗。
	B6. 安全防护	16. 认真落实幼儿园各项安全管理制度和措施,每学期开学前分析研判潜在的安全风险,有针对性地完善安全管理措施。 17. 保教人员具有安全保护意识,做好环境、设施设备、玩具材料等方面的日常检查维护,及时消除安全隐患。发生意外时,优先保护幼儿的安全。 18. 幼儿园切实把安全教育融入幼儿一日生活,帮助幼儿学习判断环境、设施设备和玩具材料可能出现的安全风险,增强安全防范意识,提高自我保护能力。
A3. 教育过程	B7. 活动组织	19. 认真按照《幼儿园教育指导纲要(试行)》《3—6 岁儿童学习与发展指南》要求,结合本园、班实际,每学期、每周制定科学合理的班级保教计划。 20. 一日活动安排相对稳定合理,并能根据幼儿的年龄特点、个体差异和活动需要做出灵活调整,避免活动安排频繁转换、幼儿消极等待。 21. 以游戏为基本活动,确保幼儿每天有充分的自主游戏时间,因地制宜为幼儿创设游戏环境,提供丰富适宜的游戏材料,支持幼儿探究、试错、重复等行为,与幼儿一起分享游戏经验。 22. 发现和支持幼儿有意义的学习,采用小组或集体的形式讨论幼儿感兴趣的话题,鼓励幼儿表达自己的观点,提出问题、分析解决问题,拓展提升幼儿日常生活和游戏中的经验。

重点内容	关键指标	考　察　要　点
A3. 教育过程	B7. 活动组织	23. 关注幼儿学习与发展的整体性，注重健康、语言、社会、科学、艺术等各领域有机整合，促进幼儿智力和非智力因素协调发展，寓教育于生活和游戏中。 24. 关注幼儿发展的连续性，注重幼小科学衔接。大班下学期采取多种形式，有针对性地帮助幼儿做好身心、生活、社会和学习等多方面的准备，建立对小学的积极期待和向往，促进幼儿顺利过渡。
	B8. 师幼互动	25. 教师保持积极乐观愉快的情绪状态，以亲切和蔼、支持性的态度和行为与幼儿互动，平等对待每一名幼儿。幼儿在一日活动中是自信、从容的，能放心大胆地表达真实情绪和不同观点。 26. 支持幼儿自主选择游戏材料、同伴和玩法，支持幼儿参与一日生活中与自己有关的决策。 27. 认真观察幼儿在各类活动中的行为表现并做必要记录，根据一段时间的持续观察，对幼儿的发展情况和需要做出客观全面的分析，提供有针对性地支持。不急于介入或干扰幼儿的活动。 28. 重视幼儿通过绘画、讲述等方式对自己经历过的游戏、阅读图画书、观察等活动进行表达表征，教师能一对一倾听并真实记录幼儿的想法和体验。 29. 善于发现各种偶发的教育契机，能抓住活动中幼儿感兴趣或有意义的问题和情境，能识别幼儿以新的方式主动学习，及时给予有效支持。 30. 尊重并回应幼儿的想法与问题，通过开放性提问、推测、讨论等方式，支持和拓展每一个幼儿的学习。 31. 理解幼儿在健康、语言、社会、科学、艺术等各领域的学习方式，尊重幼儿发展的个体差异，发现每个幼儿的优势和长处，促进幼儿在原有水平上的发展。不片面追求某一领域、某一方面的学习和发展。
	B9. 家园共育	32. 幼儿园与家长建立平等互信关系，教师及时与家长分享幼儿的成长和进步，了解幼儿在家庭中的表现，认真倾听家长的意见建议。 33. 家长有机会体验幼儿园的生活，参与幼儿园管理，引导家长理解教师工作对幼儿成长的价值，尊重教师的专业性，积极参与并支持幼儿园的工作，成为幼儿园的合作伙伴。 34. 幼儿园通过家长会、家长开放日等多种途径，向家长宣传科学育儿理念和知识，为家长提供分享交流育儿经验的机会，帮助家长解决育儿困惑。 35. 幼儿园与家庭、社区密切合作，积极构建协同育人机制，充分利用自然、社会和文化资源，共同创设良好的育人环境。

资料来源：中华人民共和国教育部. 教育部关于印发《幼儿园保育教育质量评估指南》的通知［EB/OL］.（2022 - 02 - 11）［2023 - 10 - 10］.http://www.moe.gov.cn/srcsite/A06/s3327/202202/t20220214_599198.html?eqid＝b48743080005e8d100000003645b0915.

第四节　幼儿园品质管理新方法

 问题与思考

幼儿园品质管理可以引入哪些新方法？这些方法在幼儿园品质管理中如何应用？

一、6S 与幼儿园品质管理

（一）6S 管理的内容

6S 是起源日本的一种企业品质管理方法，由于其在塑造企业形象、降低成本、安全生产和工作标准化等方面具有良好效果，故而逐渐被世界范围内的管理行业认同推广。6S 包括整理（Seiri）、整顿（Seiton）、清扫（Seiso）、清洁（Seiketsu）、素养（Shitsuke）和安全（Safety）六个方面。[8] 在幼儿园环境管理中，运用 6S 管理方法有助于幼儿园环境管理规范化、有序化；减少资源浪费；明确分工职责；加强幼儿园风险防控；提高幼儿园品质和教育质量等。[9]

1. 整理

针对幼儿园的室内游戏材料、生活用品等较多较杂的情况，可以借助整理的价值观来处理，通过判断物品的使用价值大于原有价值来开展整理。一方面，辨别是否为不要物，不是从物品的质量好坏来区别，而是根据使用频率、是否数量太多、是否急用等来区分。另一方面，对物品进行放置，根据使用频率进行就近放置，将太多的和不急用的物品放到仓库存放。

2. 整顿

整顿是对物品进行收纳，按照科学的方式摆放整齐，做到"取放便利"，实现易见、易取、易还。如有的幼儿园将 6S 管理运用于食堂，用三种不同颜色的箩筐对食材进行未清洗、已清洗、已切配的分类，厨房工作人员通过颜色就能便捷开展工作，使厨房管理清晰化、可视化和安全化。[10]

3. 清扫

6S 中的清扫有两层含义，即打扫卫生和点验。一方面，先将幼儿园中各个工作场所和设施设备清扫干净，保持环境的清爽、卫生；同时，在清扫过程中检查各个设施、设备、物品是否出现故障。落实到幼儿园环境管理中，清扫环境需要首先将幼儿园各区域进行责任划分，一区一人负责，不留死角，全员参与。另一方面，制定清扫标准，明确清扫项目、工具和标准。

4. 清洁

清洁是对整理、整顿和清扫工作的巩固。在幼儿园环境管理中，清洁环节的关键在于将具体的制度和流程设计植入前三个环节，使各个管理环节标准化。清洁可以采取评比、奖惩、自我检查等多种形式开展，也可以使用"定点摄影"的方式，对比清洁管理前和管理后的环境。[11]

5. 素养

素养是指提升幼儿园中的成人和儿童的素养。回归教育本质,提升人员素养是幼儿园6S的最高追求目标。幼儿园成人素养的形成也间接影响着幼儿形成独立意识和责任感。

将素养策略运用到幼儿园现场管理中,指的是幼儿园中各人员能在践行6S的过程中重视习惯养成,形成自律、自觉和自我监督和管理意识,主动发现问题、改善问题。

6. 安全

安全环节的主要工作包括开展安全检查、现场安全内容可视化、安全事故分析等具体安全活动。安全管理工作和防范意识应切实落实到幼儿园环境管理工作中,以保障幼儿的安全。例如,运用6S安全管理策略,A幼儿园建立了危机管理信息资源库,如社会支持信息库和班级危机信息库,以及危机管理处理预案和危机常规性管理等多个危机工作机制,通过幼儿园管理者有意识地与相关部门和人员建立联系及运用安全可视化等策略,保障幼儿园管理的安全。[12]

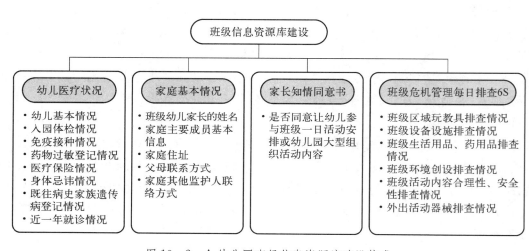

图 10-2   A 幼儿园班级信息资源库建设构成

(二) 6S 管理在幼儿园品质管理中的运用

6S管理可以延伸到幼儿园品质管理中去,具体可以按如下方式开展。[13]

1. 6S 管理对物的管理

幼儿园的物品管理非常繁杂,如果只靠园长和管理人员来管理,则难以做好。我们可以运用6S管理,让每一位教职工都成为幼儿园的主人,这样才能达到良好的管理效果。

(1) 所有物品都要分类标识。比如,可以把教室里的教具、玩具分为三大类:教具类、教材类和文具类,再在这三大类中再进行细分,然后按照方便拿取原则进行标识。

(2) 所有物品都要清洁有序。比如,从办公室到活动室,从室内到室外,从显性到隐性,所有物品不仅要做到干净整齐,而且还要摆放有序、一目了然。

（3）所有物品管理都要标准化。比如，要对各类物品制定分门别类的标准和具体的操作方法，使其制度化、流程化和标准化。

（4）所有物品管理都要责任到人。比如，每一个部门或班级都要制定相应的责任人和管理规定，使责任到人、管理到位。

（5）所有物品管理都能受到督导评价。让督导成为坚持的基础，让评价成为坚持的动力，最终养成好的行为习惯。在习惯养成的过程中，要注重教师对这项管理的重视，并形成自动意识，从而持之以恒。

2. 6S 管理对人的管理

由于人的水平、能力、素养、性格、态度和意识等各不相同，所以，在对人的管理过程中，我们也要进行整理和整顿，给人以适合的工作，以发挥其更大的潜能，让每个人在各尽其能中找到归属感与自豪感。在人员的搭配上，可以运用 6S 管理理念，进行合理的组合搭配，让全体教职工干劲更足。

幼儿园的管理非常琐碎复杂，每天都有干不完的事，可往往是忙活了一天，到了晚上一梳理，却常常不知道干了些什么。为此，管理者应将那些不重要的事"淡化"或"抛弃"，每天给自己定一个工作重点。例如，周一处理日常事务；周二参加教研活动；周三蹲班听课；周四听听来自各方面的声音；周五进行全面检查汇总，计划下周工作。各个部门可以根据这一顺序和规律来做好自己的工作。

3. 6S 管理对班级的管理

6S 管理可以与幼儿园班级管理有机结合、灵活运用，以建设更优秀的班级。

（1）玩具有"家"，班级物品有序。活动室里的玩具多种多样，要做到按顺序摆放，如让幼儿自主收拾、整理物品，教师需做大量工作。运用 6S 管理，让所有的物品都有自己的标签和位置，使整个物品摆放有序，不仅可以减轻教师的工作压力，还可以帮助幼儿养成有序取放物品的习惯。

（2）幼儿有好常规，班级活动有规矩。在幼儿生活环节中运用 6S 管理，使日常规范融入环境，让常规管理变得轻松。教师借助图示标识，提醒幼儿参照图示做好相应准备，帮助幼儿建立良好的生活常规，使班级活动有规有矩。

（3）幼儿自律，班级自我管理。在制定班级常规的时候，请幼儿一起参与，尤其是大、中班的幼儿，他们已具有初步的自我意识，而且好奇心极强，喜欢参与探索性活动。在这个时期，教师就可以成为一个观察者和协助者，鼓励幼儿自己去想、去讨论、去尝试。结合 6S 管理，师幼双方可以共同建立班级常规，帮助幼儿从他律走向自律。由于自己参与了规则建立，幼儿就会比较容易接受和遵守这些规则，这样就形成了班级的良性自我管理。

通过 6S 管理在幼儿园管理中的综合运用，我们认识到，6S 管理不仅仅是一种管理方式和方法，更是一种工作态度与作风。只要我们持之以恒地做下去，一定会形成一种意识和文化，从而使幼儿园品质得到提升。

二、ISO9000 与幼儿园品质管理

(一) ISO9000 质量管理体系

ISO9000 质量管理体系是由国际标准化组织(ISO)制定的全世界第一套关于质量管理的国际标准。它集中了各国质量管理专家的智慧和全球众多成功企业的经验,蕴含了质量管理的精华——预防、监督和持续改进三大科学管理机制,融汇了系统论、信息论和控制论等先进思想。该标准涉及企业、宾馆和教育等 39 个行业,教育是其中的第 37 个行业。幼儿园是教育行业的一个组成部分,教育质量是幼儿园的生命线,ISO9000 质量体系标准对质量的定义较为详尽。ISO9000 作为国际标准化组织制定的质量管理体系国际标准,已经越来越被全世界各类组织所接受。

ISO9000 标准强调的是工作程序和过程管理,倡导"以顾客为关注焦点、持续改进"等现代管理思想,是推动组织管理规范化、科学化的方式和手段。ISO9000 对一个组织的各管理过程进行有效管理提出了要求,目的是实现组织的产品和服务让顾客满意,不断提高组织的经营绩效。幼儿园的服务也是由一系列的过程组成的,比如如何设计和开发课程体系、如何进行人力资源管理、如何招生、保教活动如何进行、如何对食品供应的厂家进行控制等,这些大大小小的事情需要有完善的制度,让教职工有条不紊地按制度工作,这也是 ISO9000 要重点解决的。[14]

(二) ISO9000 在幼儿园品质管理中的运用

1. 质量意识培训

幼儿园引入 ISO9000 标准,首先就要对全体教职工进行质量管理的培训,增强他们的质量意识,牢固地树立质量第一的思想,明确自己的质量责任,并掌握和运用质量管理的方法和技术。

2. 标准化工作

标准化工作主要是制定标准、实施标准和对标准的实施进行监督检查。对幼儿园来说,不仅要有管理标准,而且要有工作标准、教学质量标准和后勤服务标准等。幼儿园要在原有的基础上完善一系列标准,使之衡量幼儿教育质量是否达标有"尺"可依。

3. 质量信息工作

质量信息工作主要是指反映幼儿园教育教学管理过程中的各种数据、报表、资料、文件,以及外部的有关信息资料等。收集有关的质量信息,可以及时地掌握幼儿教育质量的各种因素和动态。通过分析,可以持续改进质量管理体系。因此,幼儿园要建立信息反馈系统,作好原始记录,对信息分级管理,并与考核相结合,以此保持信息的畅通和有效。

4. 建立 ISO9000 品质管理体系

幼儿园按照 ISO9000 标准建立起来的质量管理体系,不是照搬照抄条款或走形式,而是

必须从自身的实际情况出发，建立一套可操作的质量管理体系，让教职工乐于使用并能够使用它的操作方法，履行自己的教育职责。

与传统的幼儿教育管理相比，按照 ISO9000 标准建立起来的教育质量管理体系，是把过去事后检验和把关转变为"预防在前"；把过去的以事论事、分散管理转变为综合治理；举一反三，不仅要纠正，而且要采取纠正措施；从管结果转变为管过程，实施全程控制，质量必然有保证。[15]

 本章小结

幼儿园品质管理是全面品质的管理、全部过程的管理和全员参与的管理。全面品质的管理包括品质组织、品质制度和品质文化三部分。其中，组织设计需要有具体负责品质工作的职能机构，制度规章的制定需要全体教职工的共同参与，幼儿园品质文化需要不断改进和适应幼儿园的发展。在幼儿园品质管理的过程中，计划、执行、检查、总结（行动）等基本环节始终相互联系并贯穿于各项管理活动的始终。如果说管理是一门科学，那么它的应用则是一门艺术，"戴明环"理论在幼儿园品质管理活动中起到了重要作用，极大地提高了幼儿园品质管理的科学性。

幼儿园办学品质评价是根"指挥棒"，科学、完整的教育评价体系的建立离不开评价主体互动化、评价对象人本化、评价内容及方式多元化、评价与教学互动化、评价情境真实化和评价过程动态化。与此同时，幼儿园管理品质评价也不容忽视，管理机制应当始终保持着发展性、改进性、方向性、客观性及多元性原则。为了提升教育品质和幼儿园效能，一些重要的企业管理理论及方法被应用到幼儿园管理实践中，如 6S 管理理论和 ISO9000 就是其中的两种。

 理解 · 反思 · 探究

1. 什么是幼儿园品质管理体系的内涵和构成？
2. 根据"戴明环"理论，幼儿园品质管理过程是怎样的？
3. 幼儿园教育品质评价的原则有哪些？
4. 幼儿园管理品质评价的标准有哪些？
5. 怎样在幼儿园管理中应用 6S 管理？
6. 结合下述案例，谈谈怎样提高幼儿园教研质量。

"一课五研"跨班研讨活动提高了幼儿园教研质量

为进一步提高集体教学活动的质量，加快教师专业成长的步伐，实现从"要我发展"向"我要发展"的观念转变，真正做到"以教引研""以教促学"，推动教师和幼儿的共同成长，近日，乍浦天妃幼儿园中班教研组开展了"一课五研，连环跟进"的跨班式特色教研活动。

　　"一课"是指由执教教师结合主题或园本特色或班级特色,自主选定教材,并利用集体备课的时间,利用大家的智慧展开研讨,特别在问题设计和回应上做好预设,最后拟定教案,作好教学准备。

　　"五研"是指教师利用平行班的优势,在五个平行班开展连环跟进研讨。即星期一执教中一班,星期三执教中二班……执教者邀请同平行班的教师听课,并在第一时间对活动进行反思、梳理、改进。最后的第"五研"作为教学成果,展示给全组教师看。

　　第一位尝试的是"微风",她是位态度认真、耐心的青年教师,每次试教她都是那样专注,每次课后都会认真地写反思,每次课前都会认真地做教具,生动的课堂让孩子们实实在在受益,让执教者的的确确成长,让听课者真真切切思考。

　　"一课五研,连环跟进"的教研过程,真正提高了幼儿园教研活动的质量,使教研活动"研"的氛围日趋浓厚。更重要的是,教师们通过"学习""实践""反思"的一层深入一层的研究,不断解读自己与他人教学行为背后的教育理念,分享了许多有效的教育策略。"一课五研"的研究方式,为教师之间的互动切磋教学技能、伙伴式的合作等创造了机会,为教师展示自己的教学能力搭建了平台。

推荐阅读

1. 秦明华,张欣.幼儿园组织与管理[M].上海:复旦大学出版社,2008.
2. 何树宇,朱媛,邹永志.现代幼儿园经营管理[M].北京:新华出版社,2017.
3. 张晓焱.幼儿园管理实务[M].镇江:江苏大学出版社,2013.
4. 柳茹.幼儿园质量管理指南[M].北京:北京师范大学出版社,2020.

参考文献

[1] 张燕.幼儿园管理[M].北京:北京师范大学出版社,1997:81-94.

[2] 顾明远.对深化新时代教育评价改革的几点认识[J].教育测量与评价,2020(08):3-5,18.

[3] 冯晓霞.多元智能理论与幼儿园教育评价改革:发展性教育评价的理念[J].学前教育研究,2003(09):5-7.

[4] 冯晓霞.多元智能理论与幼儿园教育评价改革:发展性教育评价的理念[J].学前教育研究,2003(09):5-7.

[5] 秦明华,张欣.幼儿园组织与管理[M].上海:复旦大学出版社,2008:191.

[6] 秦明华,张欣.幼儿园组织与管理[M].上海:复旦大学出版社,2008:192.

[7] [美]斯蒂芬·P.罗宾斯,玛丽·库尔塔.管理学(第7版)[M].孙健敏,黄卫伟,王凤彬,等译.北京:中国人民大学出版社,2004:7.

［8］滕宝红.6S 精益推行图解手册［M］.北京：人民邮电出版社,2014：3.

［9］边丽娟.幼儿园 6S 管理［M］.北京：中国财富出版社有限公司,2020：Ⅴ.

［10］刘莉.借助"6S"管理方法,实施精细化管理［J］.江苏教育研究,2015(Z5)：74－75.

［11］边丽娟.幼儿园 6S 管理［M］.北京：中国财富出版社有限公司,2020：23－24.

［12］李丽芬.6S 精益管理在幼儿园品牌建设中的研究与实践——以暨南大学幼儿园为例［J］.早期教育(教科研版),2016(03)：53－56.

［13］许继红.5S 管理在幼儿园中的综合运用［J］.山东教育,2010(12)：14－16.

［14］赵仲梅.ISO9000 质量管理体系与幼儿园管理的接轨［J］.科教文汇(上旬刊),2009(28)：74.

［15］王宇凡.幼儿园实施 ISO9000 质量管理体系的思考［J］.信息技术教育,2007(04)：110－111.

第十一章 幼儿园后勤支持

教育者的关注和爱护在学生的心灵上会留下不可磨灭的印象。

——瓦·西·苏霍姆林斯基

把每一件简单的事做好就是不简单,把每一件平凡的事做好就是不平凡。

——张瑞敏

 知识导图

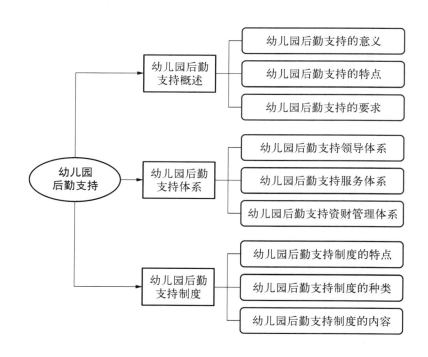

要点提示 ──────────────────────────●

　　本章内容主要包括三个方面：一是幼儿园后勤支持概述，主要围绕幼儿园后勤支持的意义、特点和要求展开；二是幼儿园后勤支持体系，包括幼儿园后勤支持领导体系、服务体系和资财管理体系；三是从幼儿园后勤支持的特点、种类和内容出发，对幼儿园后勤支持制度进行论述。

 学习目标 ──────────────────────────●

　　通过本章学习，你应该能够：

- 了解幼儿园后勤支持的意义、特点和要求。
- 掌握怎样建立幼儿园后勤支持体系中的领导体系、服务体系和资财管理体系。
- 掌握幼儿园后勤支持制度的特点、种类和内容。

第一节　幼儿园后勤支持概述

 问题与思考

幼儿园后勤支持有何价值？幼儿园后勤支持的特点与要求分别有哪些？

一、幼儿园后勤支持的意义

后勤，是后方勤务的简称。这一概念源于军队，是一个军事术语。后勤是指后方对前方的一切供应、支持活动，也指组织中的行政事务性工作。[1]幼儿园后勤支持是幼儿园管理的重要组成部分，是为幼儿园保教活动顺利开展所提供的各方面的支持与配合。[2]

> **知识卡**
>
> "后勤"一词源出希腊文 Logistikos，意为"计算的科学"，起源于军队，与"前勤"相对，由于其与"内勤"意义相近，有时二者会混用。现代汉语词典中将其解释为："指后方对前方的一切供应工作。也指机关、团体等的行政事务性工作。"

幼儿园后勤工作是幼儿园正常运行的必要保证。它对幼儿园的意义主要体现在如下三个方面。

（一）后勤影响着幼儿园保教的质量

常言道，"巧妇难为无米之炊"，只有物质基础充裕了，保教工作才能正常运行。否则，即便是一所一流的幼儿园，如果没有后勤为其保驾护航，仍无法发挥其保教功能。因此，为了确保保教工作的顺利开展及保证其高质量发展，在整个幼儿园的管理中，管理者必须把整个后勤支持做到最优化，如卫生保健、物资供应和设备管理等，从而促进幼儿园更好地发展。

（二）后勤是激励教职工的基础

后勤支持工作是一项全面的服务活动，因而服务性是它的重要特点之一。它所服务的对象不仅包括幼儿，也包括园内的教职工。一项好的后勤支持工作除了可以给教职工营造良好的工作、生活环境外，还能尽可能多地为教职工提供各项福利。好的环境和福利待遇可以免去教职工的后顾之忧，同时也能使教职工的精神压力有所缓解。[3]因此，优质的后勤支持是激励教职工努力工作，减少他们对工作及其环境的"不满意"，进而提高工作业绩和效率的基础。后勤支持要多为教职工着想，帮助他们解决工作、生活中的困难，尽量更多地满足他们的合理需求，从而使他们安心、专心地工作。这样才能留住、吸引人才，稳定教职工队伍。

（三）后勤为幼儿园运行提供物质保障

后勤支持工作的内容主要涉及设施、食物，以及其他资源的提供、分配和管理。通常情况下，幼儿园内的设施、教具、玩具，以及食物采购和监管都是通过后勤支持部门来实现的。[4]后勤支持部门根据幼儿园的实际情况，确认幼儿园各方面的物资需求，从而制定相应的采购方案，并实施采购。更为关键的是，后勤支持部门除了采购所需要的物资外，还要对物资的配备和使用进行规划与监管，以保证成本和效益。由此可知，幼儿园的后勤支持为整个幼儿园的运行提供了物质保障。

二、幼儿园后勤支持的特点

幼儿园教育不同于中小学教育，它有着自身的特点。幼儿园教育是一种保育、教育相结合的综合性活动。同时，幼儿园教育更多地具有启蒙性，在教学中更注重使幼儿学会适应并应对复杂的社会环境。正是由于幼儿园教育的特殊性，决定了幼儿园后勤支持必须具备与之相适应的特点。

（一）先行性

后勤支持是幼儿园运行的物质基础，即后勤管理部门虽然不直接开展教学活动，但是对保证教学活动的正常开展起着重要的物质保障作用。这决定了幼儿园后勤必须具备先行性。所谓先行性，是指事前应该做好工作，在这里，幼儿园后勤的先行性体现在幼儿园各项工作都要求后勤支持先行一步。比如，在建园时，需要先选择建园地址，购买教学设施与设备；在开学前，必须事前制定好招生、编班计划，做好教学设施检修；在不同季节中要做好季节性工作，如做好防暑、防寒等工作。[5]上述这些工作都说明，后勤部门需要走在前面，为幼儿园接下来的各项工作打好扎实的基础。

（二）全局性

后勤支持涉及园内所有人和事的各个方面，关系着每个成员的工作、学习与生活，是一项全局性的工作。[6]后勤支持是园内一切工作的物质基础，这就要求后勤支持必须具有全局性，必须从园内的整体视角出发来处理问题。园内的一切后勤工作都必须围绕着幼儿园的整体工作目标来展开，要顾全大局，从整体发展出发，不能片面、孤立地处理问题。总体来说，后勤支持应当考虑到幼儿园的基本建设、办园条件、财产管理、事务性工作管理、教职工生活福利以及幼儿膳食管理等多个维度的工作,并且使这些维度的工作能够协调有序地进行,形成一股合力,朝着幼儿园发展的终极目标共同前进。

(三) 服务性

从本质上看,后勤支持就是服务工作,不仅要为幼儿服务,还要为教职工、保教工作服务。幼儿园后勤支持的服务性强、内容较全面。这种强服务性和全面性主要体现在如下三个方面:[7]

第一,对幼儿的服务。幼儿是不成熟的、正在发展中的个体,幼儿的发展具有不同特点,因此,必须针对不同幼儿的不同需求,提供不同的服务。例如,对于不同年龄层次的幼儿,应为他们提供适宜的玩具,以满足幼儿的发展需要。

第二,对家长的服务。对家长的服务主要包括:为幼儿提供良好的教育、促进幼儿身心健康发展、根据家长要求提供相应的特殊服务。例如,延迟放学接送时间、开办双休和寒暑假幼儿班、对家长进行幼儿教育知识培训等。

第三,对教职工的服务。对教职工的服务主要包括:提供必备的保教工具和设备、提供良好的工作生活环境、关照他们的精神感受、提供良好的福利待遇等。

后勤工作的服务性与先行性紧密相连,密不可分。如果没有先行性,就不可能有服务性,因为只有在先行性指导下的服务才能发挥其最大功用。

(四) 政策性

后勤支持涉及层面的广泛性,决定了它必须对幼儿园高效运行的相关国家政策、制度有深刻的理解与把握。同时,为了保障幼儿园的有效运行,幼儿园必须建立起自己的相关制度,使活动有法可依、有章可循。比如,幼儿园的收费制度、财务管理制度、教职工津贴制度、招生制度和编班制度等,这些不仅涉及国家颁布的政策法规,同时也需要幼儿园根据自身的需要进行相应的规划与设计。[8] 由此可见,政策制度是后勤工作顺利开展的依据与标准,也是检查后勤工作好坏的参考指标之一。

三、幼儿园后勤支持的要求

幼儿园后勤支持是服务性工作,既烦琐又复杂。这要求后勤工作者在工作中必须合理地利用人、财、物等资源,使有限的资源能够发挥最大的效益。因此,后勤人员要具备"五心":爱心、责任心、耐心、恒心和细心。综合来说,为了使后勤支持工作能够发挥最大功效,应当做到如下六点要求。

(一) 树立为幼儿生活服务的思想

幼儿园的办园目的就是促使幼儿健康、全面的发展。幼儿发展得好坏是幼儿园能否持续生存的关键。由于幼儿是正在发展中的、不成熟的弱小个体,幼儿园在为幼儿提供后勤服务时,应当结合幼儿的身心发展特点与规律,提供有针对性的服务。树立为幼儿服务的思想,不仅要求幼儿园后勤人员应当掌握相应的专业知识,还需要他们真心地关爱幼儿,全心全意地为幼儿的生活与身心发展服务,为每一位幼儿提供一个安全、卫生的生活环境。

(二)树立为教职工服务的思想

教职工是幼儿园的工作人员,是幼儿园运行好坏的决定因素之一,是幼儿园的人力资源。教职工是幼儿园中知识的传递者,是进行保教的主要工作者,也是为幼儿园提供服务的人员。他们对生活和工作环境、工作条件的满意程度直接影响着其在保教工作中的积极性、主动性。因此,在后勤工作中,对待教职工,必须像对待家人一般,使他们在幼儿园中感受到家的温暖。幼儿园后勤应该最大限度地满足他们在生活、工作中的基本要求,为他们提供轻松、温馨的工作环境,使他们能够专心致志地投入到保育、教育工作中来。

(三)树立为保育教育服务的观念

幼儿园的中心工作是为幼儿提供保育、教育服务,使幼儿身心得到健康、全面的发展。[9]作为一个后勤工作者,必须把"全心全意服务本园"作为后勤工作的基本要求。只有确保保教工作的正常运行,一所幼儿园才会有生命力,才会有其存在的价值。因此,在后勤工作中,必须把保教工作即幼儿的身心健康、全面发展和教育放在首要地位,不断地改善和提高幼儿在园的生活条件和环境,树立并坚定全心全意为保教服务的观念。

(四)健全幼儿园后勤管理制度

没有规矩,不成方圆。只有有法可依、有章可循,工作才能不偏离目标,并且能有效地开展下去。因此,制度是任何一个组织顺利运行的保证。同理,如果没有一套良好的组织制度作为指引,幼儿园内的后勤工作必将出现杂乱无章的局面,工作也势必无法稳定有序地开展。因此,制定并不断地完善和健全后勤管理制度,是做好后勤支持工作的开始。利用后勤管理制度,可以使园内的各项后勤工作的基本程序和对后勤人员的要求系统化,从而使得幼儿园的后勤管理能够朝着更完善、更科学、更人性化的目标前进。此外,后勤管理制度的建立必须考虑到目的性、可行性、简明性与严肃性等基本原则。[10]

(五)加强后勤工作队伍的建设

幼儿园的后勤支持工作是通过对人、财、物等的综合运用与管理来进行的,但后勤工作目标的真正实现必须通过人来实现,因此,加强后勤工作的队伍建设是后勤管理的一项重要内容。在后勤工作队伍建设中,幼儿园不能只注重工作人员的数量,更要注重工作队伍的质量,即工作队伍人员要精而优,其目的是要建立一支素质优良且精干的队伍。后勤队伍良好的素质不仅取决于后勤工作人员的专业知识能力,更重要的是思想上的觉悟。首先,后勤工作人员必须热爱自己的本职工作，不断提高自身的素质，具体包括从谈吐、衣着到专业知识和技能等。同时，还必须具备吃苦耐劳的品质，因为幼儿园的后勤工作非常烦琐，这就要求后勤工作人员必须细心、耐心，能够吃苦。总之，一支高素质的后勤工作队伍是高效后勤工作的关键，这对提高幼儿园教育质量也是有积极作用的。随着时代的发展，幼儿园也应与时俱进，朝着国际化教育的方向发展，打造综合性的教育环境，定期对后勤管理人员进行培训，提高幼儿服务的水平和质量。[11]

（六）坚持勤俭节约办园的方针

勤俭节约，自古以来就是中华民族的优良传统，管理好一所幼儿园同样也需要勤俭节约。所谓勤俭，并不是说一切从简，而是指要把钱花在刀刃上，要抓住重点，即要使所花的每一笔钱都能取得最大的效益。当前，有的幼儿园浪费十分严重，这种浪费不仅包括没有遵循成本—效益原则所造成的浪费，还包括有些幼儿园管理者花费很多资金买了或建设了不利于幼儿教育的设施设备。例如，有的幼儿园为了打造自以为高档的园所，购买了一些看似高级但却不适合幼儿的教具、玩具；还有一些幼儿园把原本好好的草地改造成水泥地，不仅浪费了大笔资金，还违背了幼儿园教育的基本常识。

第二节　幼儿园后勤支持体系

 问题与思考

幼儿园后勤支持体系由哪几部分组成？如何建立这些体系？

一、幼儿园后勤支持领导体系

后勤支持是幼儿园保教工作顺利进行的保证，也是进行园内所有工作的物质基础。然而，后勤工作的功能必须在一套完整的工作体系的引导下，才能得到充分的实现。因此，为了更好地开展后勤工作，幼儿园必须从系统论的角度出发，将幼儿园看成一个内外统一、循环开放的系统。

一个组织的工作效率如何，与它的领导体制高度相关。领导不仅仅是一种职位，更是一种无形的影响力。领导体系的完善与否，不仅直接影响着组织能否有效运转，也影响着管理过程中人、财、物的使用情况。更为重要的是，领导体系的合理与否，还直接影响着幼儿园对人力资源的有效利用。因此，后勤部门要积极构建一个有效的领导体系。通常情况下，完善后勤支持领导体系应该做到如下三点。

（一）严格落实岗位责任制

由于幼儿园后勤领导体系是一个具有多层次部门结构的体系，各层次部门通过分工负责来共同完成后勤组织的基本任务，因此，在构建后勤领导体系时，需要对每个岗位的具体职责进行清晰的界定，实行岗位责任制，明确每个人的职责，要责任到人。[12] 只有责任具体到人，幼儿园后勤管理才能既有效率又有针对性。只有实行岗位责任制，明确各工作人员职责，才能了解幼儿园后勤工作安排中的"空白地带"，防止事情发生时出现"事不关己、高高挂起"或者推诿扯皮的现象。一个好的领导体系必然要求实施岗位责任制，这样才能使得事事有人做、事事有人负责，才会激发幼儿园后勤部门工作人员的工作动力，以使其更好地履行自身的工作职责。

（二）选择合适的领导者

领导者通常是组织发展目标和核心理念的象征。领导者之所以能够成为组织发展目标和核心理念的象征，是因为其通过对组织发展目标和核心理念的解读，使之内化为自身的信念与追求，并通过一系列的手段、方法，来引导组织内的成员朝着组织的目标和核心理念前进。[13] 因此，对于幼儿园的后勤支持部门来说，要使得后勤工作能够真正发挥为幼儿园的保教服务、为幼儿园的发展提供全方位支持的作用，就必须选择能够以实现幼儿园发展目标为己任、以促进保教事业健康发展为理想的领导者。后勤工作领导者除了必须具备和幼儿园发展目标相一致的理念外，还应具备诸如较高的文化素养、热爱本职工作、认真负责、关心爱护幼儿、吃苦耐劳、勤俭节约等基本素质。当然，更重要的是，后勤工作领导者必须懂得后勤工作和保教工作规律。只有在规律的指导下开展工作，后勤工作领导者才能取得事半功倍的效果。

（三）树立领导者服务意识

服务性是幼儿园后勤支持工作的基本特性。在幼儿园后勤支持工作体系中，必须高度重视服务意识的培养和树立，使后勤领导者也能意识到，提供服务是他们的基本职责。后勤领导在提供服务时要从"心"出发，做到真心实意。此外，在培养领导者服务意识时，要使他们意识到，他们所提供的服务，不是对幼儿园上层领导的服务，而是对全园所有相关事和人的服务，如对幼儿的服务、对后勤膳食工作的服务、对保教事业的服务，以及对后勤部门普通工作人员的服务。[14]

二、幼儿园后勤支持服务体系

幼儿园后勤支持工作的核心就是服务，后勤支持部门在实践中必须为幼儿、家长和教职工提供全方位优质的服务，并且把服务当作一种习惯，逐步健全后勤支持体系。幼儿园后勤服务体系主要包括为幼儿服务的体系、为家长服务的体系和为教职工服务的体系。

(一) 完善幼儿服务体系

幼儿园的开办目的就是促进幼儿的全面、健康成长,因此为幼儿服务是幼儿园所有工作的中心。幼儿是幼儿园的主体,可以说没有幼儿就没有幼儿园。在幼儿园后勤服务体系中,为幼儿服务是一项非常重要的内容。根据幼儿的身心特点,后勤支持部门应该为幼儿提供的服务主要包含如下三个方面。

1. 为幼儿提供合理的保教设施

对幼儿开展的教育活动,必须利用一定的房舍、设施和玩具、教具等才能开展,因此,幼儿园在为幼儿提供服务时,必须充分考虑到这些方面的因素。在房舍的合理安排和使用上,必须保证幼儿的各活动场所都要符合一定的标准,例如,幼儿的生均活动面积不能少于 1.5 平方米,卧室要选择相对安静的房间,采光要充足,空气要清新。床以使用木板为宜,要按幼儿人数设床位。高度应方便幼儿上下,可设壁床、折叠床或垫子等。[15]教室内的教具、家具都必须符合幼儿身心发展特点,例如,桌椅的样式、高度要便于幼儿活动,不能太高,也不能太低,要有利于幼儿保持正确的坐姿。一般情况下,幼儿身高相差 10 厘米以内,可以使用同一高度的桌椅。幼儿的书架、玩具架也必须按照幼儿的身高来设计,便于幼儿取放物品,园内的玩具和图书必须是充足的等。

2. 为幼儿创设良好的成长环境

幼儿只有在良好的保教环境中,才能健康快乐地成长。由于幼儿年龄尚小,幼儿园是幼儿从家庭环境走向社会环境的一个重要平台。对幼儿来说,这是一个需要面对的心理过渡期。在幼儿园,幼儿渐渐学会离开父母庇护、学会与同龄人相处、学会与陌生人打交道、学会基本的生存生活技能、学会独立处理事情等。在这个过程中,幼儿园要加倍努力地营造一个轻松、温馨的环境,使幼儿在园内能感觉到安全与信任。为了营造这种环境氛围,从客观方面来看,幼儿园应从如下四个方面入手:

首先,在选址时,应选择环境优美、安静整洁的地方,要确保安全,并远离工厂和污染。

其次,在幼儿园的场地管理方面,后勤部门应做到场地干净,每天都要定时打扫,及时清理场地沙石,避免幼儿在玩耍中摔跤。

再次,在室外环境的布置中,应做到干净、整洁,同时还可以开辟种植园,种些花草,以培养幼儿观察发现的能力。

最后,营造舒适、安全的园所环境很有必要。幼儿的生命健康安全是幼儿园其他一切教育教学活动的基础,也是幼儿家长最为关注的首要问题。与此同时,营造良好的幼儿园精神文化环境更有必要。也就是说,幼儿园必须为幼儿营造一种"家"的氛围,使幼儿能够以一种安心、信任的状态,在幼儿园中接受教育,健康快乐地成长。[16]

3. 为幼儿完善饮食的管理体系

对幼儿的膳食管理,是幼儿园后勤工作的重要组成部分。后勤部门必须完善幼儿的饮食管理体系,保证幼儿的饮食营养、安全且健康。[17]

首先,因为幼儿饮食特点有年龄差异,所以幼儿园应根据幼儿的身心发展特点,成立专门的膳食领导小组,加强对幼儿膳食的管理与监督。膳食领导小组主要负责制定幼儿膳食计划,并监督膳食提供状况。比如,领导小组可以根据幼儿在园时间的长短,设计一日提供膳食的结构与次数,如一次正餐加一次点心,或者一次正餐加两次点心等。

其次,要为幼儿提供健康、营养均衡的食谱。幼儿园后勤部门应该为幼儿制定每周、每日不同的营养食谱,确保幼儿每天摄取的营养能够均衡。保证幼儿每天摄入的食物中所含蛋白质、脂肪、碳水化合物比例合理,各占热量的 12%—15%、25%—30% 和 55%—60%,其中,在幼儿每日所需蛋白质中,动物性蛋白质和植物性蛋白质要各占 50%。[18]为幼儿提供的食谱,必须注意干稀搭配、荤素搭配、粗粮细粮综合调剂,应该尽量避免让幼儿吃甜食和油炸食品。

再次,科学估算就餐人数,避免浪费。后勤食堂应该根据每天来园人数和来园人的具体情况,合理准备餐量。也就是说,后勤食堂不能根据幼儿出勤的绝对数值来确定就餐人数及餐量,还应考虑到幼儿的年龄段,例如大班幼儿和小班幼儿的饭量就有非常大的差别,即便同样是大班,幼儿之间的差距也是很大的。那么,后勤食堂要得到准确的数据,就要依靠保育员每天细心地观察,掌握每个幼儿的饭量和喜好。[19]

最后,必须严格遵守饮食卫生标准,预防食物中毒。后勤部门必须为幼儿提供无毒无害的食品。要严格执行国家有关饮食规范要求的"五四制",即由原料到成品"四不制度",成品(食物)存放"四隔离"制度,用(食)具实行"四过关"制度,环境卫生采取"四定"办法,个人卫生做到"四勤"。[20]同时,坚决不能买过期、变质食物给幼儿食用。

(二)建立家长服务体系

有效的幼儿教育不是通过幼儿园单一方面就能完成的,它的教育效果是通过家庭、社会与幼儿园三者的共同力量来实现的。[21]其中,家长的支持与合作是幼儿园工作开展的强大动力。家长的支持、合作和认可,不仅是幼儿园保教质量提高的有效途径,同时也是幼儿园长久发展与生存的前提条件。所以,做好家长的服务工作是后勤支持的重要任务。

幼儿园可以通过制定家园合作计划来完善家长服务体系。这种合作计划必须建立在与家长的充分沟通的基础之上,幼儿教师将幼儿园的办园理念、基本要求向家长传达,获得家长的认可与支持。家长在理解了幼儿园的基本情况之后,根据自身需要来寻求与幼儿园的良好合作。其中,有特别需要幼儿园提供服务的家长,可以通过家园合作计划获得幼儿园的支持。具体地说,幼儿园可以为家长提供的服务内容大致有:为幼儿提供良好的保教服务;定期向家长汇报幼儿在园表现,使家长对孩子的成长保持动态了解;当幼儿出现异常时,要及时联系家长;为有特殊教育需要的幼儿提供特殊教育服务;在幼儿上下学接送时,根据家长的需要,制定有效的接送计划;根据家长需要,开办假期幼儿托管班等。以上幼儿园为家长所提供的保育、教育服务,都需要有后勤部门的强力支持。

（三）健全教工服务体系

由于幼儿年龄小、经验少，教职工在对幼儿进行保教过程中，需要比中小学教师更用心。幼儿园教职工除了要教给幼儿知识和技能，还要时刻关注幼儿的一举一动，确保幼儿在园内的健康、安全。除此之外，目前我国幼儿园保教工作人员中女性较多，她们需要做好幼儿园保教工作和照顾好自身家庭之间关系的协调。因此，幼儿园要树立为教职工服务的思想观念，为教职工营造宽松、融洽的工作氛围。幼儿园的后勤支持工作必须加强对教职工生活与工作的关心，为他们提供必要的生活福利保障。具体来说，幼儿园可以通过如下方式来健全后勤部门的教职工服务体系：尽可能多地为教职工的工作和生活带来便利，如为教职工提供宿舍和办公室、配备电脑、提供实用便利的教具等；为教职工提供较好的工作条件和环境，如为教职工提供活动室，提供羽毛球器具、乒乓球桌等体育锻炼器械，使他们在休闲时间能够锻炼身体，并且放松心情；为教职工提供午餐，如果不能提供午餐，应当允许教职工自带午饭，并代为加热；多与教职工沟通交流，了解教职工的工作、生活状态，了解他们的内心世界与感受，并为在生活、工作中遇到困难的教职工提供帮助，及时为他们排忧解难。

三、幼儿园后勤支持资财管理体系

幼儿园后勤支持服务体系包括许多细分的子体系，其中幼儿园资产、财务的管理尤其重要，这就需要建立幼儿园后勤支持的资财管理体系。资产、财务是幼儿园工作开展的物质条件。后勤支持部门只有建立好资财管理体系，做到物尽其用，园内所有工作的进行才会有物质保障。资财管理体系是指对幼儿园的资产、财务的管理所形成的体系。其中，财务管理部分，我们会在后面章节详细述说。下面我们从后勤角度出发，提出建立健全资财管理体系的两点建议。

（一）安排专人保管资财

幼儿园要使资财管理有效地进行，就必须责任到人，对资财进行专人保管，避免"公地悲剧"的发生。[22]当责任到人后，后勤支持部门必须让资财管理员明确自己的责任与义务。具体而言，资财管理员应当做到如下几点：

第一，协助园长检查、督促，对全园的资产、财产定期进行清点、核算，避免浪费。对于一些易消耗的物品的购入和领用，应该设立明细登记表。

第二，必须定期对一些保教设施设备进行检修，保证其能安全使用。与此同时，延长其使用寿命。

第三，协助园长建立损坏公物赔偿制度，这样可以提高在园工作人员爱护公物的意识。

第四，必须根据相关园内制度，专款专用，量入为出。例如，家长所交幼儿伙食费、杂费和学费，应分类，专款专用。伙食费只能用于幼儿膳食，不能将其节余用于设备或其他用品的购置。[23]

第五,必须做到一切账目有据可查,账单相符。

幼儿园后勤支持部门还可以对幼儿园资财采取事前、事中、事后监督的形式,对幼儿园一切经济活动进行不同形式、不同程度的监督。

(二)完善资财奖惩体系

奖惩措施是资财管理过程中的重要手段之一,若能合理利用奖惩措施,就能极大地调动后勤员工工作的积极性。所谓奖,就是奖励那些对资财工作有贡献的人;所谓惩,就是惩罚那些在资财工作中懒惰散漫、有过失的人。利用奖惩的目的有两个,一是使教职工学会爱护公物,保护幼儿园内的公共资财;二是提高后勤部门资财人员的工作积极性,利用经济手段来促进人力资源潜力的最大限度发挥。奖惩措施如果用得恰到好处,且用得公正、合理,可以有效地实现资财管理的目标。但是,如果不恰当地运用了奖惩措施,则会带来一系列的负面作用。为了使资财管理奖惩能够更好地发挥作用,奖惩必须借助一定的量化措施,根据量化的结果来进行。因为只有做到有理有据,才能令教职工信服,才会让幼儿园有威信。所以,在幼儿园的后勤资财管理工作中,应适时地运用奖惩措施,建立完善的奖惩体系,极大地调动后勤资财工作人员的积极性,并逐步使教职工养成爱护幼儿园公共资财的习惯。

第三节　幼儿园后勤支持制度

 问题与思考

幼儿园后勤支持制度的特点与种类分别有哪些?幼儿园后勤支持制度的内容包括哪些方面?

一、幼儿园后勤支持制度的特点

任何一个组织要想顺利地运转,必须要有一套完备的制度作保证。制度是一种刚性文件,它可以使后勤部门的工作人员,甚至全园工作人员在工作中有章可循、有法可依。幼儿园的后勤支持工作十分烦琐复杂,如果没有一定的制度来规范、引导,很多工作将无法落实,甚至会导致顾此失彼、互相推卸责任等现象的发生。幼儿园后勤支持制度是依据幼儿园发展目标而对该制度管辖范围内人员的后勤工作进行的规范、引导和约束,是一种严肃的纪律与要求。[24]

一般情况下,有效的后勤支持制度应内容清晰、规范明确,能够明确地告诉后勤部门工作人员,甚至全园工作人员,什么时候做事、做什么事、如何做、怎样才能把事情做好,以及如果违反了制度要求将会受到怎样的惩罚等。有效的后勤制度除了具有规范性,还应具有指引性,能够极大地增强教职工的责任意识,使他们知道怎样做才能符合幼儿园发展要求、怎样做才能有利于园内工作的顺利进行。一套合理有效的后勤支持制度除了具有规范性和指引性外,一般还应具有如下三个特点。

(一)严肃性

后勤部门在制定管理制度时,对制度的表述应当尽量简单明了,避免冗长烦琐,以便于教职工理解和记忆。同时,对建立好的制度,必须严肃对待,任何制度一经制定和实施,就应该严格执行,不能朝令夕改,必须保持制度的严肃性。但是,保持制度的严肃性并不意味着要"死守"制度不变,如果在制度的实际运行过程中发现其不能适应幼儿园发展和运行的需要,有关部门可以且也应该对所制定的后勤支持制度进行调整与修改,以保证制度的适用性。

(二)目的性

任何管理制度的制定都是为一定的目的服务的,幼儿园后勤支持制度也不例外。从制度的设定开始,就要明确该项制度将要达到的目的和目标。[25]只有具备了目的性的制度,工作人员才能将工作做好,使其取得人们所期待的成效。例如,后勤部门制定的考勤制度,目的就在于监督检查教职工的迟到早退情况,做到督促教职工不缺勤、少缺勤、按时上下班,以保证工作质量。因此,任何制度的制定都应是具有目的性的。

(三)可行性

管理制度的制定必须做到从实际出发,符合本园的实际情况,以防制定出来的制度成为形式或摆设。幼儿园要对国家、上级政府颁发的相关制度进行深入的学习和领会,并在此基础之上,根据本园具体情况制定后勤管理制度,以使得这些制度更具可行性。例如,《幼儿园工作规程》规定了幼儿园应"保证幼儿合理膳食",但是有的幼儿园由于各方面原因,如房舍设备不够,不能为幼儿提供膳食,这就要求幼儿园后勤部门能够结合本园的实际情况,制定出合理的膳食提供办法。当然,可行性除了指后勤管理制度的制定要符合幼儿园的实际情况之外,更重要的是指所制定的制度要具有可操作性,可以将其转化为实际行动。如果后勤管理制度是宏观抽象且又模糊的,那么人们在执行时就会觉得无从下手,并且难以评估自身行为是否真正符合后勤管理制度的规定与要求。

二、幼儿园后勤支持制度的种类

根据制度的制定者来划分,幼儿园后勤支持制度一般可以分为如下两类。

（一）国家层面的法律与法规

在幼儿园后勤管理过程中，有一部分制度是由国家立法机关和各级政府、教育行政部门统一制定的，这些是幼儿园必须遵守和执行的法律法规。如《中华人民共和国教育法》《幼儿园管理条例》《幼儿园教育指导纲要（试行）》《幼儿园工作规程》等。这些都是幼儿园后勤支持部门开展工作的根本依据，对于幼儿园工作的顺利进行具有指导作用。幼儿园后勤部门在执行这些法律法规时，有责任向园内所有教职工进行宣传教育，让他们熟知这些法律法规的内容，以保障后勤工作更加顺利地进行。

（二）幼儿园制定的规章制度

这类规章制度是由幼儿园结合本园的实际情况而制定的，是符合本幼儿园的实际发展需要的。这类后勤管理的规章制度，是以促进幼儿园的各项后勤工作正常、稳定、有序地开展为目的的。

三、幼儿园后勤支持制度的内容

幼儿园后勤支持制度涉及范围非常广泛，下面就其主要内容进行介绍。

（一）资财管理制度

资财管理制度主要是指对幼儿园资产、财务进行管理的制度。幼儿园的资财是保证幼儿园教学计划得以顺利进行的物质条件。园内各部门都要管好、用好园所资财，做到物尽其用，充分发挥每一分钱的效用。园所资财必须做到专人管理、专人负责，做到合理分配，为幼儿园的保教工作提供坚实的物质基础。[26]

（二）校车接送管理制度

幼儿园有部分幼儿的住所离园较远，如果由其父母负责接送，则会给其家庭带来不便，这样就需要幼儿园提供幼儿接送服务。幼儿接送工作涉及幼儿安全，当然也还有效益问题，所以，幼儿园校车接送管理制度就具有重要意义。[27]

（三）庭院管理制度

庭院管理制度旨在对幼儿园园内空间进行管理，一般包括幼儿园整体环境的规划、保持与美化，园内的玩具、设备及活动区域的规划与管理，以及对幼儿游戏后的室外活动区的管理等。

（四）门卫管理制度

随着近年来幼儿园事故发生频率的增加，幼儿园门卫管理制度日益受到重视。门卫管理是幼儿园安全管理工作的第一步，是确保幼儿在园安全的第一道屏障。门卫管理制度一般涉及幼儿园何时开门、关门；幼儿和家长以何凭证入园；教职工以何凭证入园；家长以何凭证接走幼儿；陌生人以何方式拜访幼儿园等方面。与此同时，门卫管理制度还应对门卫的具体工作职责和基本素质作详细的规范。

· 相关链接 ·

某幼儿园门卫职责

一、严格遵守幼儿园各项制度，按规定时间，准时开、关园门。

二、坚守岗位，切实做好安全保卫工作。

三、在幼儿接送时间，门卫应在门前巡视，严防幼儿走失及外来人员进入。

四、家长来园时，应及时开、关园门，热情接待，文明礼貌。

五、衣着整洁，待人和气；工作时间不得离岗，不得聊天。

六、保持门卫室整洁卫生，不得在室内外堆放杂物。

七、外来人员必须经允许后方能入园；外来人员不能在园内长期逗留，如有特殊情况须经园领导批准。

（五）伙食管理制度

幼儿园伙食管理制度是后勤支持制度中的核心内容，它关系着幼儿与教职工的温饱、食品安全等重大问题。幼儿园的伙食管理制度包括食谱计划、食物采购、食物保存、食物加工，以及食物卫生、安全、营养等内容。幼儿园的伙食工作人员根据上述伙食制度，为幼儿和教职工提供食物。"病从口入"，尤其是幼儿的免疫力、抵抗力都很弱，如果膳食提供存在安全隐患，则可能会造成重大事故。因此，幼儿园的伙食管理制度非常重要。

· 相关链接 ·

某幼儿园厨房工作制度

一、工作人员必须身体、心理健康，每年进行一次体检，持健康证上岗。

二、工作人员必须掌握食品卫生的基本知识，热诚服务，以主人翁的精神，全心全意为师幼服务，力求做到饭热菜香，食品卫生。

三、工作人员应讲究个人卫生，养成良好的个人卫生习惯。

四、餐炊具每天使用后必须及时洗净并消毒，确保餐炊具卫生，未经消毒的餐炊具不得使用。餐炊具消毒设备不得与清洗蔬菜、肉类等的设备混用。

五、食堂器物应放置整齐、有序,厨房垃圾应及时清除干净,消除有害昆虫及其滋生条件。

六、每天分餐后要打扫食堂一次,每周要大清洁一次,保持食堂清洁卫生。

七、严禁采购腐烂变质、过期、不符合食品卫生标准的食物进食堂。在食堂内,发现有这些食品应立即报废处理,严防食物中毒。伙食工作人员在操作原材料之前,必须对原材料进行检查。

八、食品贮存应分类、分架、隔墙、离地存放,并定期检查,及时处理腐烂变质或超过保质期限的食品。

九、生、熟食物应分仓保管,不能形成交叉污染;食堂要有两个以上砧板,生、熟食物要分砧。

(六) 档案管理制度

以往,有幼儿园因不注重资料档案的管理,给后勤部门工作带来了诸多不便,不仅耗时耗力、效率低下,而且很难发现潜在问题。幼儿园在建立资料档案并对资料档案进行管理的过程中,可以积累经验、探索规律,及时发现问题,并能保持工作的连续性。[28] 例如,通过建立教职工工作档案,可以帮助管理者了解教职工的教育背景和业务水平,从而有利于管理者在今后的工作中,能够采取有针对性的措施来激发教职工的工作积极性或者有针对性地为教职工提供专业培训,以提高教职工的综合素质水平,从而打造一支优秀的教职工队伍。因此,幼儿园根据不同的工作需要,建立相应工作领域内的资料档案是十分有价值和必要的。后勤部门可以根据自己所负责的工作领域,建立相应部门的资料档案。需要指出的是,幼儿园在建立资料档案时,必须在相应的档案管理制度的指导下进行。需要特别注意的是,幼儿园管理者必须尊重教职工的隐私,保护幼儿园的隐私,不得随意外泄档案资料。

本章小结

后勤工作包含了幼儿园的方方面面,它不仅影响着幼儿园保教的质量,还是激励教职工的资源基础,更能为幼儿园运行提供物质保障。幼儿园后勤支持所具备的特点,如先行性、全局性、服务性和政策性等,对后勤的服务职能提出了更高的要求,即后勤不仅要为幼儿生活服务、为教职工服务,更要为保教服务。幼儿园应高度重视后勤管理工作,加强后勤队伍的建设,通过规范的后勤支持制度确保保育员、食堂工作人员、门卫、保安等后勤人员综合素质的提高,并且坚持勤俭节约办园的方针。幼儿园要想经营好,需要建立科学的后勤支持体系。幼儿园后勤支持领导体系需要严格落实岗位责任制,选择合适的领导者,树立领导者服务意识;幼儿园后勤服务体系要服务于幼儿、家长和教职工;幼儿园后勤支持资财管理体系需要安排专人保管资财和完善资财奖惩体系。幼儿园后勤支持制度主要包括资财管理制度、校车接送管理制度、庭院管理制度、门卫管理制度、伙食管理制度和档案管理制度等。

理解·反思·探究

1. 幼儿园后勤支持的意义是什么?

2. 怎样建立幼儿园后勤支持领导体系?

3. 怎样建立幼儿园后勤支持服务体系?

4. 幼儿园后勤支持制度的种类有哪些?

5. 结合案例,论述在幼儿园后勤管理中,应怎样展开工作。

后勤管理:肯定赏识　魅力无穷[29]

2008年,我从正则幼儿园来到西门幼儿园,从事后勤管理工作。才到西门,领导让我一名普通教师立即走上管理岗位。这个岗位对于我来说,是非常陌生的,甚至还有些恐惧,生怕自己不能胜任。教师和管理者是两个完全不同的角色,为了很快适应工作,我不断地向有经验的同行学习,向他们取经,同时也不断地向我们园长请教。每当在工作中出现一些失误时,我总有种说不出的难受,有时会认为自己也许不适合这个岗位。然而,每当我情绪低落时,园长总是用肯定和赏识的语气说:"你做得不错,进步很大!"每当此时,我就像打了一针强心剂,感到特别兴奋和高兴。在工作中,我会带领大家一起做事。当有不同的声音出现时,我会用自己的行动让他们信服。在生活上,我关心后勤人员并帮助他们。当他们有困难需要我帮助时,我会全力以赴地帮忙解决,能为他们争取的,我也会努力争取。我留心身边发生的点点滴滴的好人好事,及时予以表扬,让做好事、乐于助人成为他们的一种习惯。在三年多的朝夕相处中,我和后勤人员建立了很深的感情,这些后勤人员都有很强的主人翁意识,把幼儿园的事当成自己的事来做,不管我在不在,他们都会严格按照园方制度来要求自己,让我真正懂得了肯定和赏识的无穷魅力。

推荐阅读

1. 秦明华,张欣.幼儿园组织与管理[M].上海:复旦大学出版社,2008.

2. 北京师范大学实验幼儿园.幼儿园后勤精细化管理[M].北京:北京师范大学出版社,2015.

3. 张春炬,李芳.幼儿园安全管理策略[M].北京:中国轻工业出版社,2017.

4. 朱继文.绽放幕后精彩:园长指导后勤工作能力的提升[M].北京:北京师范大学出版社,2017.

 **参考文献**

[1] 邱建民.试述检察机关的后勤管理[J].法制与经济(下旬刊),2013(11)：128－129.

[2] 秦明华,张欣.幼儿园组织与管理[M].上海：复旦大学出版社,2008：104.

[3] 张萍.幼儿园后勤管理工作的重要性及管理策略[J].教师,2020(20)：87－88.

[4] 张玲.幼儿园后勤网络化管理的要素与实施条件[J].学前教育研究,2019(05)：89－92.

[5] 张萍.幼儿园后勤管理工作的重要性及管理策略[J].教师,2020(20)：87－88.

[6] 沙晓慧.革新管理制度,提高幼儿园后勤管理实效[J].下一代,2020(03)：66－67.

[7] 刘婷.论幼儿园管理工作[J].报刊荟萃,2018(10)：24－25.

[8] 王海英.民办幼儿园发展诸多乱象的原因透视及政策建议——从"幼儿园喂药"事件持续发酵说起[J].幼儿教育(教育科学版),2014(15)：1－7.

[9] 乌·其切.论幼儿园保育工作的重要性[C]//教育部基础教育课程改革研究中心.2018年"教育教学创新研究"高峰论坛论文集.[出版者不详],2018：593－594.

[10] 蒙成金.幼儿园后勤管理系统化浅析[J].考试周刊,2019(42)：193.

[11] 张萍.幼儿园后勤管理工作的重要性及管理策略[J].教师,2020(20)：87－88.

[12] 鲍海波.论学校后勤管理的作用与管理策略[J].中国校外教育,2016(13)：9.

[13] 沈毅.从"权威性格"到"个人权威"——对本土组织领导及"差序格局"之"关系"形态的再探讨[J].开放时代,2014(05)：176－196,9.

[14] 朱爱武.后勤管理追求新思路 后勤工作迈向新高度[J].读与写(教育教学刊),2017(04)：273.

[15] 秦明华,张欣.幼儿园组织与管理[M].上海：复旦大学出版社,2008：109.

[16] 刘颖,陈翠秀,钟柳.幼儿园文化建设的实践与研究[C]//十三五规划科研管理办公室.十三五规划科研成果汇编(第二卷).[出版者不详],2017：98－103.

[17] 王艳平,李尔琳.做好幼儿保健工作 保障幼儿健康之先[J].儿童与健康,2022(05)：6－7.

[18] 秦明华,张欣.幼儿园组织与管理[M].上海：复旦大学出版社,2008：118.

[19] 孙华.抚顺市公立幼儿园管理中的问题与对策[D].沈阳：沈阳师范大学,2014：22.

[20] 秦明华,张欣.幼儿园组织与管理[M].上海：复旦大学出版社,2008：104.

[21] 胡碧霞.试论家园共育的实践模式[J].连云港师范高等专科学校学报,2013(02)：84－87.

[22] 汤自军.法经济学视野下"公地悲剧"的博弈分析[J].吉首大学学报(社会科学版),2015(03)：67－71.

[23] 周南.幼儿园组织与管理[M].北京：北京师范大学出版社,1990：98.

[24] 张萍.幼儿园后勤管理工作的重要性及管理策略[J].教师,2020(20)：87－88.

［25］胡福贞,吴梅芬.对我国幼儿教师资格制度的合理性的反思［J］.教育探索,2012(08)：139－143.

［26］徐超.浅谈幼儿园后勤管理的有效方法［C］//教育部基础教育课程改革研究中心.2020年"基于核心素养的课堂教学改革"研讨会论文集.［出版者不详］,2020：728－729.

［27］刘智成,陈荣.幼儿园校车安全管理的对策研究——以《校车安全管理条例》实施为背景［J］.幼儿教育(教育科学版),2013(12)：7－11.

［28］林桂亭,林桂红.幼儿园档案管理存在的问题及对策［J］.山东档案,2020(03)：41－43.

［29］陶丽娟.浅谈幼儿园后勤管理［J］.考试周刊,2017(A2)：174.

第十二章　幼儿园公共关系

　　幼稚教育是一种很复杂的事情,不是家庭一方面可以单独胜任的,也不是幼稚园一方面能单独胜任的,必定要两方面共同合作方能得到充分的功效。

——陈鹤琴

　　"公关"是广结人缘的艺术。

——马晓声

 知识导图

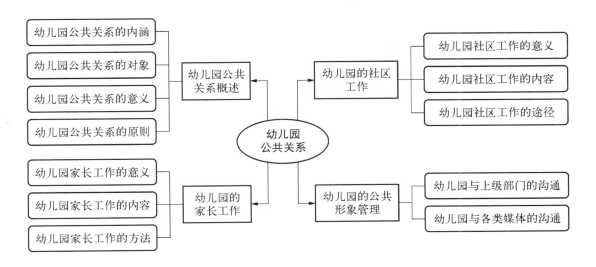

要点提示 ────────────────────────────────

　　本章内容主要包括四个方面：一是幼儿园公共关系概述，主要围绕幼儿园公共关系的内涵、对象、意义和原则展开；二是阐明幼儿园家长工作的意义、内容和方法；三是阐述幼儿园社区工作的意义、内容和途径；四是幼儿园公共形象管理，包括幼儿园与上级部门及各类媒体之间的沟通。

 学习目标 ────────────────────────────────

　　通过本章学习，你应该能够：

- 了解幼儿园公共关系的内涵、对象、意义和原则。
- 掌握幼儿园家长工作的内容和方法。
- 掌握幼儿园社区工作的内容和途径。
- 掌握幼儿园与上级部门及各类媒体沟通的注意事项。

第一节 幼儿园公共关系概述

 问题与思考 ━━━━━━━━━━━━━━━━━━━━━━━━━━━━━━━●

如何理解幼儿园公共关系？幼儿园公共关系的对象包括哪些群体？为何需要重视幼儿园公共关系？构建幼儿园公共关系需要遵循哪些原则？

一、幼儿园公共关系的内涵

（一）公共关系

公共关系简称"公关"或"PR"，是由英文 Public Relations 翻译而来，其中 Public 即"公共的""公众的"，Relations 意为"关系"。自"公共关系"一词诞生以来，由于每个人的认识角度不同，对公共关系内涵的理解也不一样。国际公共关系协会对公共关系的定义是："公共关系是一项经营管理的功能，属于一种经常性与计划性的工作，不论公私机构或组织，均通过它来保持与其相关公众之间的了解、同情和支持，亦即审度公众意见，使本机构的政策和措施尽量与之配合，再运用有计划的大量资料，争取建设性的合作，而获得共同利益。"[1]

公共关系包含五层含义：(1) 组织在社会关系和社会舆论中的状态，如评价某社会组织拥有"良好的公共形象"。(2) 一种信息沟通活动，即组织制定政策、采取一系列行动，目的是争取舆论支持，创造良好的公共关系状态和社会环境，如评价某组织"注意良好社会形象的确立"。(3) 公共关系观念，即一种深层的思想意识，由人们在公关实践中形成，能够影响人们的思想和行为倾向，如评价某幼儿园"全园具备良好的社会形象意识"。(4) 特指公共关系学这门应用学科，专门研究公共关系的客观状态和活动规律。(5) 公共关系职业，如美国博雅公共关系有限公司等。[2]

公共关系的概念包含三个核心要素：社会组织、社会公众和传播。其中，社会组织是公共关系活动的主体，其存在是为了实现特定的目标；社会公众是公共关系活动的客体和对象，可以是个人，也可以是群体、社会团体，与社会组织存在直接或间接的关系，对组织的生存和发展有着现实或潜在的影响；传播是公共关系活动的载体及工具，主要指社会信息的传递或者社会信息系统的运行。[3]

（二）幼儿园公共关系

幼儿园公共关系是指幼儿园为实现办园目标，有组织、有计划地运用不同手段与外部沟通联系，在幼儿园与内外部公众之间建立、发展相互理解与支持的关系，以塑造幼儿园良好形象,创造最佳教育环境的社会实践。[4]

这个定义至少包含以下三层意思:

第一,幼儿园公共关系是幼儿园与教职工、幼儿等内部公众,以及与家长、社区等外部公众之间的关系。其中,主体是幼儿园,客体是幼儿、教职工、家长、社区等公众。

第二,幼儿园公共关系是一种双向的信息交流的传播活动。通过传播活动,幼儿园可以树立良好的社会形象,扩大园所对社会的影响力;同时,幼儿、家长、教职工可以通过信息交流表达自身的诉求,实现自己的目标。

第三,幼儿园公共关系具有管理职能。幼儿园本身是一个控制系统,能够根据信息反馈及时调整内部的行为及其规范,以促进与其客体的交流与合作,从而实现幼儿园与其利益关系的共赢。[5]

二、幼儿园公共关系的对象

幼儿园公共关系的对象是指与幼儿园相关的公众,可分为内部公众和外部公众两大类。内部公众主要包括幼儿、教职工、举办者等;外部公众主要包括家长、社区、主管部门、公共媒体和同业者等。

(一) 内部公众

1. 幼儿

幼儿是幼儿园保教工作的对象,是幼儿园工作水平的直接反映者,是幼儿园的"形象代言人",同时也是幼儿园对外宣传的"新闻发言人"。

2. 教职工

幼儿园的教职工是与幼儿园关系最紧密的核心公众群体之一,是幼儿园保教工作正常开展的最基本条件。他们在幼儿园公共关系中具有双重身份,既是幼儿园对内公共关系的客体,又是幼儿园对外公共关系的主体。

3. 举办者

举办幼儿园的政府、企事业单位或个人是幼儿园办园经费的重要来源,也是幼儿园发展规划和重大决策的主要制定者,还是幼儿园内部的重要公众。

(二) 外部公众

1. 家长

幼儿家长是幼儿园最直接的服务对象。他们是与幼儿园有着最直接利益关系的外部公众,是幼儿园的核心利益相关者,也是幼儿园实现社会传播与沟通的最佳人选。

2. 社区

社区是若干社会群体或社会组织聚集在某一个领域里所形成的、生活上相互关联的集体。社区是社会有机体的基本内容，也是社会的缩影。社区里主要的公众包括所属的居委会、居住小区、左邻右舍的居民等。社区是幼儿园重要的教育资源，也是实现幼儿园与社会对幼儿进行共育的场所。

3. 主管部门

幼儿园的主管部门是对幼儿园工作起着指导、监督和检查作用的上级教育行政部门和其他政府部门。由于这些部门是具有权威性的公众，幼儿园必须与这些部门保持良好的关系，获得它们的支持与认可，为幼儿园发展争取有力的政策、法律与经济等的帮助。

4. 公共媒体

公共媒体是幼儿园形象传播的重要途径。幼儿园通过传媒向社会宣传自己，制造有利的社会舆论，树立优质的园所形象，与大众进行广泛沟通，这些都能增强其影响力和竞争力。

5. 同业者

幼儿园的同业者一般来讲是幼儿园的竞争对手，但也可以成为合作伙伴。向同业者公关，重点应放在向对方学习请教上，只有抱着谦虚的态度，方能赢得同业者的支持与合作。幼儿园要克服竞争对手角色给同业者带来的负面影响，就要特色办园，以满足不同家长的需要。[6]

三、幼儿园公共关系的意义

（一）生存发展需要公共关系

任何一个组织必然存在公共关系，幼儿园这一社会组织也不例外。社会组织如果离开了这种客观状态，便不会有社会组织生存与发展的可能。随着我国社会主义市场经济体制的初步建立和逐步完善，以及特定的宏观幼儿教育政策的实施，幼儿园日益受到市场经济的优胜劣汰原则的影响。为了增强自身竞争力，幼儿园管理者不能仅停留在原有的完成教学计划、保证幼儿安全等常规性的管理水平上，还要考虑如何宣传园所、推介园所，如何在公众中树立良好的形象，如何与其他园所、学术团体、企业和社区等单位友好往来，如何了解各方信息，从而改善本园所的管理水平，促进自身持续发展。因此，幼儿园的生存和发展必须要借助有效的公共关系活动来实现。

（二）条件改善需要公共关系

幼儿园办园必须要有一定的物质和资金支持。公办幼儿园应向政府相关部门争取更多的教育经费，除此之外，还需要广泛地争取社会各界人士的支持。幼儿教育作为非义务教育，具有服务性和广泛的社会参与性，这意味着幼儿园需要与家庭、社区、企业或其他社会组织积极建立联系与合作，获得支持。幼儿园要维持正常运转，就需要改善幼儿园场地设施、设备等办园条件，这项工作的开展离不开公共关系，因此幼儿园积极开展公共关系显得尤为必要。[7]

（三）精神环境需要公共关系

幼儿园的管理工作总是存在一定的环境之中。环境可以划分为物质环境和精神环境两大类。其中，物质环境是幼儿园生存与发展的基础和保障，在一定的物质环境下，精神环境才能起决定作用；精神环境是一种氛围，指向人的情感、情绪和心境，其主要内容是人与人之间、群体与群体之间的相互交往，因而具有很强的社会性。事实表明，公关活动有利于幼儿园与周边建立良好的关系，赢得大家的信任和理解，促进幼儿园工作的开展，从而为幼儿园的教职工创造良好的精神环境。[8]

四、幼儿园公共关系的原则

（一）互惠互利原则

互惠互利原则是幼儿园生存与发展的基本原则。幼儿园公共关系的形成与发展是建立在互惠互利的基础之上的。在公共关系中，无论哪一方都是从自身利益出发，不存在单方付出或单方获得的情况，因此，幼儿园公共关系需要遵循互惠互利原则。公众是幼儿园的服务对象，幼儿园与公众之间的信息和利益都要对称，努力营造共赢的局面。幼儿园公共关系需要把社会利益放在首位，积极履行相应的社会职责，为社会公众提供优质、有效的教育服务。

（二）全员公关原则

与企业不同，幼儿园没有专门的公关部门和公关人员，因此，幼儿园公共关系活动需要全体成员的参与。这样，全员公关原则就显得尤为重要。幼儿园要让全体成员认识到，公关不仅是领导的责任，更是所有教职工的任务。这并不要求人人都要成为公关人才，而是要求全园每一个人都意识到自己是幼儿园的一分子，自身的形象代表着也影响着幼儿园，必须时时刻刻自觉地注重自己的言行，在幼儿园的公关活动中贡献自己的一份力量。[9]

（三）诚实守信原则

诚实守信是幼儿园得以长足发展的基石，幼儿园公共关系必须做到信誉至上，认真兑现承诺，不对公众撒谎，要坚持公众关系的真实性，如实向幼儿、家长、社会传递信息，实事求是地宣传幼儿园，要敢于接受社会和家长对幼儿园的批评、建议和意见，树立良好的职业道德形象，以获得公众的信任和支持。[10]

（四）持之以恒原则

幼儿园公共关系活动不是一朝一夕的事，而是一项长期的工作，这就要求幼儿园贯彻持之以恒的原则，在平时的公共关系中认真、细致地对待每一位公众，耐心、用心地维护每一段关系,努力做到时时有公关、处处有公关,使幼儿园在其发展过程中,不论遇到什么样的困难,都能得到公众的支持与帮助。

第二节　幼儿园的家长工作

 问题与思考

幼儿园开展家长工作有何意义? 幼儿园开展家长工作的内容有哪些? 可以运用哪些方法?

一、幼儿园家长工作的意义

幼儿园家长工作是指幼儿园主动地以多种形式与幼儿家长保持经常性的联系,向家长宣传、介绍科学育儿的知识、方法,指导和帮助家长创设良好的家庭教育环境,进行科学的家庭教育,从而共同促进幼儿的健康、全面成长。

幼儿园与幼儿家长的公共关系是宣传幼儿园、树立幼儿园形象、提高幼儿园社会竞争力的一种有效手段。除此之外,幼儿园做好家长工作,更是实施家园共育、实现幼儿保教目标的重要措施之一。因此,幼儿园应做好家长工作,重视对家长工作科学、有效的管理。

> **知识卡**
>
> 《幼儿园工作规程》指出:"幼儿园应主动与幼儿家庭配合,为家长提供科学育儿宣传指导,帮助家长创设良好的家庭教育环境,共同担负教育幼儿的任务。"

具体地说,幼儿园做好家长工作,形成与家长良好的公共关系的意义主要表现在如下三个方面。[11]

(一) 指导家庭教育,形成家园教育合力

家庭对幼儿的行为习惯、性格塑造有很大的影响,这种影响可能是积极的,也可能是随意的、片面性的。而幼儿园教育目标是根据我国的教育方针和幼儿的年龄特点确立的,在一定程度上反映了社会的发展需求和家庭对幼儿的期许。所以,家庭教育必须得到幼儿园教育的正确指导和帮助,才能使其更科学、更合理地促进幼儿的健康成长。

家长与幼儿园之间的关系决定着教育合力的大小,二者完全一致时合力最大。如图 12-1 所示,二者越趋近(家庭1和家庭2都表示家庭,为了表示二者的趋近变化,才进行

了命名),即两条边之间的夹角越小,则合力(对角线)就越长;夹角为零,即二者完全一致时,则两条边重合,合力线最长,为两条边之和。一般而言,幼儿园一方对家园合力的大小和质量有着较大的影响,因此,幼儿园应主动与家长合作,牢固树立家园合作的思想。[12]

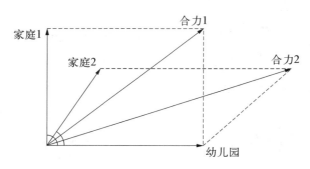

图 12 - 1　幼儿园与家长的教育合力

(二)综合家长资源,实现家园教育互补

幼儿园教育和家庭教育是不同的教育形式,拥有各自的优势。幼儿园教育的优势在于,幼儿园作为专门的教育机构,配备了专职教育工作者,可以为幼儿提供更为系统、科学、有计划的教育活动。家庭教育的优势在于,家长为孩子营造和谐、良好的家庭氛围,通过言传身教、耳濡目染,让孩子直接接受教育,即"家长是孩子的第一任教师"。因此,幼儿园管理者要认识到,家长是幼儿教育的宝贵资源,幼儿园与家长之间的公共关系不是传统的"家长工作",而是双方携手共育,一起承担幼儿的启蒙教育重任。幼儿园要积极与家长进行沟通交流,相互协作,建立一种良好的公共关系状态,充分利用家庭教育的优势,整合教育资源,进而实现家园教育互补。[13]

(三)密切家园互动,树立优质办园形象

美国社会学家西鲍特和凯利提出的社会互动论认为,互动是任何人际关系的本质,而互动的核心是相互依赖,即社会学中的"相倚"。教育互动性的核心是教师与家长的人际"相倚"。因此,教师与班级幼儿的积极互动离不开家长对班级工作的理解、支持与主动配合。密切家园互动,形成良好的氛围,让教师和家长在这样的氛围中相互理解、相互尊重、相互学习、相互支持。[14]在密切家园互动的过程中,家长的理解和支持有助于树立优质办园形象,宣传办园特色,提升幼儿园的教育和服务能力,进一步扩大园所的社会影响力。

二、幼儿园家长工作的内容

(一)指导家庭教育

幼儿园对幼儿家庭教育的指导是幼儿园家长工作的重要内容之一。幼儿园做好对幼儿

家长的家庭教育指导,是幼儿园实现对幼儿实施身心全面和谐教育的重要保证。

1. 进行家庭教育重要性的宣传

幼儿园对幼儿家长进行家庭教育重要性的宣传和教育,主要是要让家长理解两方面的内容。一方面,幼儿期是人一生身心发展的关键期。幼儿期是人生熏陶的开始,人的许多基本素养,如语言表达、生活习惯和性格等,基本上都会在这个时期形成。另一方面,幼儿时期的良好家庭教育是孩子成才的重要因素。所以,要向家长宣传,不可忽视早期家庭教育的作用。[15]

2. 帮助家长树立正确的教育观

正确的教育观是科学教育行为的向导,但很多家长对于幼儿发展和幼儿园教育存在一些观念上的误区。如一些家长过于强调知识和技能的学习,忽视游戏的价值等,会影响孩子的发展。幼儿园在家长工作过程中,应通过多种方式对家长进行正确教育观的教育,帮助家长形成正确的教育理念,如进行橱窗专栏宣传、教育成果展览、开展教育讲座、组织经验交流等。幼儿园通过以上方式,可让家长意识到幼儿教育不仅仅是知识与技能的教育,也包括情感、社会性等方面的教育;也可帮助家长树立可持续发展的教育观,培养幼儿学习的主动性。[16]

3. 向家长宣讲家庭教育的内容

幼儿家庭教育不应重在教孩子认字、数数,因此,幼儿园积极向家长宣讲家庭教育的内容就显得十分必要。家庭教育的内容主要有以下四方面。一是非智力因素的培养,包括自信心、好奇心、独立性、吃苦精神、情绪控制和良好性格等。二是家庭劳动教育,让孩子树立热爱劳动的观念和习惯,能够参加力所能及的劳动,懂得珍惜劳动成果,反对浪费。三是家庭美育与体育,家长要创设良好健康的文化艺术氛围,帮助孩子把外表美、内心美结合起来,并鼓励孩子积极参加各种各样的体育活动。四是智力因素教育,包括训练感觉器官,培养音乐、舞蹈、绘画和语言表达等能力。

4. 帮助家长掌握科学育儿方法

幼儿园、幼儿教师要帮助家长了解不同年龄段幼儿身心发展的特点,教育家长有针对性地、科学地开展家庭教育活动。幼儿园要教会家长家庭教育的科学方法,使家长能够灵活运用家庭教育的方法。[17]一些家长对孩子的教育十分重视,但是总是不得其法。比如家长采用的过多过早的纪律教育、过于严厉的教育方式,都使孩子的生活充满了不安全感和恐惧。另一种情形则相反,有的家长对孩子过于放纵,任何事情都迁就孩子,使孩子在成长过程中不能树立"边界"意识。这些问题都需要通过幼儿园的家庭教育指导来加以避免和解决。

(二) 加强家园沟通

有效的家园沟通是幼儿园家长工作的重要内容,也是做好家长工作的根本之策。加强幼儿园与家长之间的互动交流,形成教育合力,有助于促进幼儿成长,提高幼儿教育的质量。

家园双方在沟通过程中,可以实现信息共享,增进对彼此的了解,从而建立起相互尊重、相互信任的关系。一方面,幼儿园通过与家长的沟通可以了解幼儿的成长环境及家长的教养方式,为幼儿提供更具针对性的教育,同时可以听取家长的批评、意见与建议,改进幼儿园的管理工作。另一方面,家长可以了解幼儿的在园表现,掌握正确的育儿观,形成科学的教育理念,从而更好地进行家庭教育。

(三) 鼓励家长参与

幼儿园家长工作是一项双向渗透、双向服务的过程。家长是幼儿园的重要资源,幼儿园应鼓励家长积极参与幼儿园活动。幼儿园可以从以下三方面提升家长的参与水平。

1. 为幼儿园提供人力与物力等支持

家园有效合作的前提是幼儿园与家长之间建立相互理解、相互信任的关系,这就要求幼儿园拓宽家长了解幼儿园工作的渠道,鼓励家长多多参与幼儿园活动,争取家长对幼儿园工作的理解和支持。同时,家长可利用自身优势为幼儿园的发展提供力所能及的支持,如某位幼儿的家长是医生,在幼儿园开展有关医护方面的主题活动时,可以积极参与,为活动的开展提供一定的资源。家长也可以作为志愿者,为幼儿园的活动提供人力资源支持。此外,家长的参与可以起到宣传和推广幼儿园的作用。

2. 参与幼儿园有关政策制度制定

幼儿园通常会设立家长委员会,作为家长联系幼儿园的常规组织。家长可以通过家长委员会参与幼儿园的食谱制定、课程设置、相关制度制定等各项活动。由于家长看待问题的视角和幼儿园不同,家长参与幼儿园相关制度与政策的制定,可以让幼儿园的工作更符合实际情况,进一步提升幼儿园的服务水平,也更能赢得家长的支持与帮助。[18]

3. 监督幼儿园的保育与教育工作

家长不仅是幼儿园的服务对象,也是幼儿园工作的监督者。在监督幼儿园保教工作时,家长会从自身和孩子的利益出发,通过对孩子言行的关注与自身对幼儿园工作的观察,能从不同的角度提供改进幼儿园工作的意见和建议。因而,家长在家园工作中发挥着特殊的作用,家长可以成为幼儿园保教质量的监督员。家长工作的顺利开展及实施离不开健全的制度保障。一般地,家长委员会设立管理组、保教组、膳食管理组,各组由不同人员负责,定期针对问题进行讨论。家长的建议是幼儿园发现问题、解决问题,积极改进管理工作的有效依据。[19]

三、幼儿园家长工作的方法

幼儿园开展家长工作可采取个别联系和集体联系两种不同的方式。其中,个别联系方式是指幼儿教师与幼儿家长间一对一地联系、开展工作的方式,这种方式对密切家园联系、实行家园同步教育有着重要意义。因为教育幼儿不同于其他工作,每个幼儿都是一个独特的个体,具有个性特点与发展水平上的差异。另外,由于每个幼儿的家庭情形、家长的教育观点及其教养方式也各不相同,教师必须针对每个幼儿和家长的不同情况区别对待,开展有针对性的工作。集体联系是指幼儿教师与幼儿家长集体联系开展工作的方式。集体联系方式能更高效地向家长宣传幼儿教育知识,开展家园共育。所以,在幼儿园实践中,以上两种方式需要交叉配合使用。

从幼儿园家长工作的途径来看,幼儿园家长工作主要有如下四种方法。

(一) 口头沟通

1. 谈话

教师与家长间的个别谈话是进行家长工作最简便、最经常和最及时的方法。教师可以利用家长到园接送孩子的时间,与家长沟通幼儿的情况。这种谈话时间较短,因此内容不宜过多、过深,必要时教师可以另约时间作较长时间的深入谈话。对这种有明确目的、事先约定的个别谈话,教师应事先做好准备。在与家长交谈时,教师不仅要态度诚恳,而且还应该设法营造宽松氛围,使家长消除思想顾虑,能够轻松地参与交谈。

2. 电话联系

电话联系是幼儿园同家长进行沟通的重要方式。比如,对于校车接送的幼儿,带班教师可能会很少有机会与其家长进行面对面的交流,那么就可以采用通电话的方式,把幼儿在园的学习和生活情况反馈给家长。

3. 家访

教师应对幼儿在园学习与生活情况及时做好定期的与随机的家访工作,并进行记录。定期家访的时间段主要有:新生入园前、学期初和学期末等。随机家访的情形主要有:幼儿长时间没来幼儿园、幼儿生病等。

(二) 书面沟通

1. 成长手册

幼儿园应根据本园保教课程内容,编制幼儿成长手册,定期发给家长,使家长及时了解孩子在园生活、学习等方面的情况。

2. 家长问卷

幼儿园可以定期向家长进行各类调查,征求家长对幼儿园保教、管理等方面的意见,以发挥家长的监督作用。[20]

3. 书信

如遇到一些个别或特殊的情形,幼儿园可采用比较私人化和个性化的书信形式来与家长进行沟通。

4. 平台留言

信息技术的发展,可使幼儿园通过网络平台来与家长进行沟通,如幼儿园在公众号发布一些育儿知识,或者利用信息技术平台,如微信等,向家长反馈幼儿成长情况。

(三) 活动参与

1. 亲子活动

幼儿园定期举行亲子活动,让家长有机会参与到幼儿园的保教活动中来,能够增进家长与幼儿、家长与教师之间的感情。

2. 节日活动

幼儿园可以通过各种节日活动,向家长展示幼儿园保教成果,达成宣传与沟通的目的。

3. 家长开放日

幼儿园可以把保育、教育及其管理要求向幼儿家长开放,让家长充分了解幼儿园的具体保教工作内容,以增进家长对幼儿园的理解和支持。

(四) 家长会议

1. 班级家长会

幼儿园班级家长一般会由各班教师主持,其主要任务是向家长系统介绍本班保教工作,以及幼儿在园的学习、生活情况,并听取家长意见等。

2. 全园家长会

幼儿园全园家长会一般由园长主持,每学期开一两次,其主要任务是使家长了解幼儿园的工作计划与具体情况。此外,家长会也可向家长宣传科学的育儿知识,介绍幼儿园的教育成果等。根据不同的家长会内容,有的全园家长会也可以家长学校的方式进行,以集中向家长宣传科学的幼儿教育理念。

3. 家长委员会

家长委员会一般由家长推选代表组成,其主要任务是在家长与幼儿园之间起联系与沟通的作用,反映家长的意见与要求,帮助传达幼儿园对家长的要求,并加强家长之间的联系,发挥家长的教育资源作用,监督、检查和参与幼儿园管理,动员、组织家长帮助幼儿园解决一些实际困难等。[21]

第三节　幼儿园的社区工作

问题与思考

幼儿园社区工作有何意义？包括哪些内容？可以通过哪些途径开展？

一、幼儿园社区工作的意义

一般地,幼儿园总是存在于一定的地域范围内,即社区之中。因而,社区是幼儿园生存发展的基本环境,也是幼儿园管理活动所面临的社会现实。

社区是由居住在一定地域范围内的人所结成的文化、生活共同体。在我国城市,社区的构成是以"居民委员会"为基础的;在农村,一般以"村民委员会"为依托。社区中的人们受共同的社会政治、经济与文化的影响,同时,人们也反过来影响着社区。幼儿园作为社区的教育、文化机构,应运用自己的资源、发挥自己的作用,主动参与社区工作,这对幼儿园、社区以及社会的发展都有着重要的意义。

知识卡

《幼儿园工作规程》指出:"幼儿园应加强与社区的联系与合作,面向社区宣传科学育儿知识,开展灵活多样的公益性早期教育服务,争取社区对幼儿园的多方面支持。"

《幼儿园教育指导纲要(试行)》明确指出,幼儿园"与家庭、社区合作,引导幼儿了解自己的亲人以及与自己生活有关的各行各业人们的劳动,培养其对劳动者的热爱和对劳动成果的尊重","充分利用社会资源,引导幼儿实际感受祖国文化的丰富与优秀,感受家乡的变化和发展,激发幼儿爱家乡、爱祖国的情感"。

做好幼儿园社区工作,具体地讲,有如下重要意义。

(一) 有利于整合幼儿教育资源

幼儿园构建良好园社关系,做好社区工作,能够积极整合社区资源,改变"关门办园"的封闭格局,改善幼儿园办园条件,扩展幼儿园教育活动的内容,丰富幼儿学习经验,提高保育、教育质量。幼儿教育的资源不仅包括正规的教育机构和教育者,还包括在教育过程中占有、使用与消耗的所有人力、物力、财力资源。对于幼儿来说,"生活即教育""社会即教育",如家庭和社区的物质设施、文化氛围、交往方式和生活习俗等,都可以成为有益的教育资源。[22]

(二) 有利于打造良好教育环境

幼儿成长是各种环境要素综合作用的结果,其中最为重要的是其直接生长的环境,即家庭、社区与幼儿园。当这三者形成一致且一贯的教育合力时,便能最有效地促进幼儿的成长。有多项研究表明,家庭、社区与学校教育对儿童从学前到高中毕业期间的学习成绩具有积极的影响,如儿童竞争力的增强、技能的发展、潜能的开发及动机的激发,都是社区参与的"副产品"。相反地,如果家庭、社区和幼儿园的教育影响力不一致,甚至理念相反或背道而驰,则会抵消教育的作用,降低教育的效果。最简单的例子是,幼儿园要求幼儿讲文明礼貌,不要乱丢垃圾,但幼儿在家中或社区中,经常看到成人随地吐痰、乱丢垃圾,这就会给幼儿带来认知冲突,从而难以养成良好的行为习惯,甚至会模仿并进一步养成不良的行为习惯。因此,社区工作直接关系到能否营造幼儿全面发展的良好环境,继而影响幼儿园的教育质量。

(三)有利于推动社区幼教发展

社区幼儿教育是由社区组织与管理的幼儿教育工作,包括正规和非正规的幼儿教育活动。社区幼儿教育以社区全体成员为教育对象,主要涉及社区内 0—6 岁的幼儿及其家长。社区幼儿教育可将社区内影响幼儿成长的社会、家庭环境和教育因素联系起来,对发展幼儿教育的资源、途径、形式和效果等方面因素进行综合考虑,还可将社区内各种组织机构联系在一起。

幼儿园作为社区中的重要幼儿教育机构,可以通过社区的公共关系发挥其辐射作用,将正确的教育理念传播到社区中,帮助社区整合资源,解决当前存在的问题,提供多样化、个性化的幼儿教育服务,切实推动社区幼儿教育的发展。[23]

二、幼儿园社区工作的内容

幼儿园建立良好的社区关系,既能争取社区公众对幼儿园的了解、理解和支持,为幼儿园创造一个稳固的生存环境,同时又体现了幼儿园对社区的责任和义务。幼儿园通过社区关系还可扩大幼儿园在本区域的影响。幼儿园与社区公共关系的内容包括以下两方面。

(一)了解社区机构和社区文化

了解社区机构和社区文化是幼儿园与社区建立友好关系的前提,也是幼儿园社区工作的重要内容。社区的机构,如服务中心、影院、卫生院等,都是幼儿园可利用的教育资源;社区的传统文化与习俗、社区成员的受教育程度与职业背景、社区的经济状况等,都是幼儿园生存的外部环境,这些对幼儿园的发展有着潜移默化的影响。因此,幼儿园需要通过调查、访问、参与社区活动等途径,掌握社区的相关资料及需求,对社区有一个全面的了解,以便建立更好的公共关系。

(二)发掘社区资源与争取支持

幼儿园要努力发掘社区的环境资源、人力资源和财力资源,争取社区公众对幼儿园的支持,努力办成优质园,为社区和家长提供更好的教育和服务。

社区的环境资源是幼儿社会实践的最佳资源,它向幼儿提供了真实形象的学习内容。例如,社区的电影院、图书馆、餐饮场所、超市等可以作为幼儿社会实践的基地。通过社会实践,可以培养幼儿探索世界、认识各类事物的兴趣,从而积累丰富的感性经验,提高对周围生活环境的感知和认识。

社区的人力资源是幼儿获取知识的不竭源泉。社区居民和家长有着不同的职业背景和文化素养，如医生、教师、律师、建筑师等，他们是幼儿园潜在的、丰富的教育资源。幼儿园需要组织利用社区的人力及智力资源，有计划地邀请不同职业的人士做科普讲座，协助教师组织幼儿活动，为幼儿提供多元知识。这样，家长和社会人员也会对幼教形成更深入的认识，化被动旁观为主动参与，提供多样化素材，丰富幼儿园的课程体系。[24]

幼儿园还应当积极争取社区的财力支持。基于教育成本预算和幼儿园发展的需要，幼儿园应努力争取效益好的企业、团体及个人的赞助，着力改善办园条件，为幼儿创造良好的生活与学习环境。

三、幼儿园社区工作的途径

幼儿园与社区公共关系构建的目标是建立良好的合作关系。幼儿园与社区建立平等、互助、合作关系的有效途径，主要包括以下四个方面。

（一）构建新型关系，共同承担职责

在传统观念中，人们认为社区是一种居住环境和一种生活方式。然而，人们容易忽视这种环境和生活方式对幼儿、对教师及家长的隐形教育价值。作为幼儿成长最重要的场域之一，从目标上看，社区和幼儿园有着共同的目标和期待。从过程上看，社区和幼儿园是利益共同体，关系密切，良好的社区环境是幼儿园发展的重要条件之一，没有社区的支持，幼儿园的招生和文化集约形成必然受到影响；反之，社区文化的发展也会受到幼儿园文化质量和表现形式的影响。从结果上看，社区和幼儿园之间相互关联、相互作用、相辅相成，共同完善和丰富幼儿园公共关系文化，促进幼儿良性发展。[25]因此，幼儿园与社区之间需要构建新型的关系，共同承担起幼儿成长的职责。一方面，社区要重视幼儿教育，积极协助解决幼儿受教育问题，因为幼儿教育不只是家庭的事，也是社会共同关注的问题。另一方面，创新幼儿园与社区的互动模式。幼儿园和社区的互动已不再是传统的单一化模式，而是转向复杂化模式，这一转变使幼儿园、社区等组织及工作人员面临更高难度的挑战。因此，幼儿园在与社区进行公关时，要与时俱进，创新模式与方法，努力实现公关目的，营造幼儿园的良好形象，提升幼儿园的知名度和美誉度。[26]幼儿园在与社区的积极的互动中，引导全社会关注幼儿的教育和成长，促进合作共育工作的顺利开展，为幼儿教育提供全方位的服务与保障。

> **知识卡**
>
> 　　自20世纪90年代以后，教育界开始了对关怀伦理的反省。爱波斯坦于1995年在诺丁斯等人的关怀伦理学的支持下，提出了关怀取向的学校、家庭与社区的伙伴关系，并建构了相应的理论和实施架构。在这种合作模式中，学校与社区的"关系"（relationship）

逐渐被"伙伴关系"（partnership）所替代。爱泼斯坦认为，"伙伴关系"这一多维概念比"家长投入"（parental involvement）恰当得多，因为"伙伴关系"包含了学校、社区、家庭、教师、家长等多方利益主体，其基本假设就在于学校、家庭与社区这三个不同的影响圈子存在着一定的交叠，它们"共享"着同样的关怀对象——孩子。

资料来源：顾霁昀.从"文化孤岛"走向"文化共同体"——学校与社区"教育一体化"的校本探索[J].上海教育科研，2018（04）：53-58.

（二）参与社区活动，推进公益发展

幼儿园作为社区的一个重要组成部分，一方面为社区提供教育与文化服务，另一方面需要社区提供人力、物力、财力等方面的支持。幼儿园应摒弃关起门来办教育的想法，要积极参与社区组织的各项活动，为塑造社区文化贡献自身的力量，同时进一步扩大幼儿园的教育影响力，争取更广阔的发展。

幼儿园的管理者和教职工需要积极投身到社区的公共事务中，如参加社区的服务机构工作、教师家长联席会、社区教育委员会等，并与之保持长期的沟通与交流，以增进双方的了解，建立彼此信任、互相配合的良好关系，携手共建社区幼儿教育事业。幼儿园需要主动关心、积极配合并热情参与社区开展的公益活动，如社区环境卫生、植物绿化、交通安全等。[27]

（三）发挥各自优势，进行平等互助

幼儿园与社区是一种相伴相生的关系，幼儿园的发展必须基于其扎根的乡村或城镇文化土壤，同时也会促进社区的进步。幼儿园与社区应发挥各自优势，努力构建平等、互助的合作关系。幼儿园可以利用社区中的自然景观、传统文化，开发具有地方特色的园本课程，也可以通过家长委员会、幼儿园开放日、家长学校等形式，鼓励家长参与幼儿园活动，为幼儿园的教育教学活动、教学与管理建言献策。社区可以借助幼儿园的教室、设备器材与教师资源，开展各种文化活动或娱乐活动，促进社区文化事业发展，也可以通过举办公益性质的讲座，如育儿知识讲座等，利用幼儿园的专业知识助力社区发展。幼儿园与社区双方从多方面、多角度考虑幼儿的成长需要，真正实现以教育合力促进幼儿发展。[28]

（四）充分利用资源，实现和谐发展

1. 充分利用社区设施机构

幼儿园可以利用社区的一些场地和设施，如体育设施、机构资源等。这不仅可以解决幼儿园设施有限的问题，还可以起到对周围居民宣传幼儿园的作用。幼儿教师可以带领幼儿走进社区，充分利用社区中的体育设施，让幼儿进行身体锻炼，以提高幼儿的健康水平。幼儿园也可以组织幼儿到博物馆参观，对幼儿进行传统教育；或组织幼儿到福利院慰问，对幼

儿进行爱心教育;或充分利用图书馆、艺术馆等激发幼儿的学习兴趣。此外,幼儿园还应充分利用社区中的车站、邮局、医院等机构,对幼儿进行社会规则意识和生活技能的培养,提高幼儿的社会适应能力。

2. 充分调动社区人力资源

幼儿园需要充分利用社区的人力资源,采用多种形式调动家长和社区成员参与幼儿园活动的积极性。幼儿园可以举办开放日,欢迎家长、社区居民来园参观,拓宽社会公众了解幼儿园保教工作的渠道;可以调查幼儿家长和社区成员的职业背景,邀请他们来园讲座或参与相关主题活动,为幼儿提供了解各种职业的机会,让幼儿体会家长的艰辛,并学会感恩,同时增长社会知识;可以与社区企事业单位合作,共建科技活动中心或开展科技活动,多途径实施科普教育等。总之,幼儿园应通过多种活动方式充分发挥社区人力资源的教育价值。

3. 充分利用社区文化资源

社区文化是特定区域内社会成员共同拥有的历史传统、风俗习惯、生活方式、价值观念等的集合。幼儿园可以立足于本社区的具体情况,开展具有社区特色的活动。[29]

第四节 幼儿园的公共形象管理

 问题与思考

幼儿园需要从哪些方面进行公共形象管理? 如何开展?

一、幼儿园与上级部门的沟通

(一) 上级部门对幼儿园发展的影响

幼儿园的上级教育行政部门主要是指各级地方教育行政部门。地方教育行政部门是指一个国家的各级地方政府对教育事业进行组织领导和管理的机构或部门。有些幼儿园的行政归主办单位管理,业务归教育行政部门管理。有些幼儿园的行政、业务均归教育行政部门管理。行政主管部门和业务主管部门与幼儿园是上下级关系。幼儿园要接受上级教育行政部门的监督、检查,虽然目前幼儿园的办学自主权有所扩大,但上级部门仍能运用政策、法规、信息等手段从宏观上管理幼儿园。幼儿园应在上级部门的支持下,不辜负其理解和信任,在自主的发展空间内做好自己的工作。因此,幼儿园上级领导部门的公共关系是幼儿园外部公关中不可忽视的部分。[30]上级教育行政部门对幼儿园发展的影响,主要表现在如下两个方面。

一是对幼儿园的行政干预。根据法律规定,上级教育行政部门可以限制幼儿园的行为或要求幼儿园履行一定的义务，领导并控制幼儿园的办园行为；通过制定教育发展规划、方针、政策，并对教育发展规划、方针政策的执行情况进行检查与监督，来引导幼儿园沿着正确的轨道发展。

二是对幼儿园的支持协助。依照法律规定，上级教育行政部门需要协助幼儿园解决办学经费、师资等各种问题，在幼儿园筹建工作、保教工作等方面予以支持，并提供专业与技术指导和建议。除了必要的教育经费补助之外，上级教育行政部门还应为幼儿园进行教育督导、提供师资培训或信息服务，帮助幼儿园更好地生存与发展。[31]

基于以上两个方面，幼儿园既要处理好与上级教育行政部门的公共关系，也要处理好与上级教育行政部门的业务关系。

> **知识卡**
>
> 《幼儿园管理条例》第六条指出："幼儿园的管理实行地方负责、分级管理和各有关部门分工负责的原则。"
>
> 第二十二条指出："各级教育行政部门应当负责监督、评估和指导幼儿园的保育、教育工作，组织培训幼儿园的师资，审定、考核幼儿园教师的资格，并协助卫生行政部门检查和指导幼儿园的卫生保健工作，会同建设行政部门制定幼儿园园舍、设施的标准。"

（二）幼儿园与上级部门沟通的注意事项

1. 尊重上级顾全大局

幼儿园管理者尊重上级顾全大局主要体现在如下三个方面：一是高度重视并认真完成上级教育行政部门交代的事情和任务，尊重并听取上级的意见，从整体和全局出发，不能只考虑幼儿园自身的利益。二是支持上级教育行政部门的工作，并主动分担工作中的困难。三是在与上级部门沟通时要得体大方，注意沟通的方式和场合，尊重上级。

2. 主动去与上级沟通

幼儿园管理者要定期和不定期地主动与上级教育行政部门沟通，做好汇报工作，要让上级部门在第一时间了解幼儿园的运行情况及幼儿园发展中存在的问题，进而争取上级部门对幼儿园发展的支持与帮助。

3. 了解上级工作情况

幼儿园管理者要熟悉上级主管部门的工作程序，熟悉办事流程，从而提高办事效率；同时，要了解上级领导的办事风格，处理好与上级的关系，避免因越级操作而导致上下级关系紧张。[32]

二、幼儿园与各类媒体的沟通

媒体是指信息表示和传播的载体。当前媒体主要有报刊、广播、电视、互联网等。现代社会是个高度开放的社会,现代媒体则是个高度发达的产业。新闻媒介传播信息快、影响力大,是幼儿园与社会大众联系的桥梁与纽带。幼儿园在管理工作过程中,要注重与新闻媒体建立广泛的联系与沟通。幼儿园应与新闻媒体之间保持长期稳定的联系,邀请媒体人员参与幼儿园举办的各项活动,做好宣传报道工作,借助新闻媒介向社会公众传递幼儿园信息,树立良好的公共形象,为幼儿园管理提供决策依据,提高幼儿园的社会声誉,帮助幼儿园争取更大的发展空间。[33]

(一)将媒体工作纳入幼儿园战略管理

幼儿园必须将媒体工作视为其总体工作部署的一个重要组成部分,应该从战略的视角来审视媒体工作,并全面规划幼儿园的媒体工作管理。幼儿园要研究不同媒体的工作特点和需求,主动地与社会媒体做好沟通、交流的工作,使相关的媒体了解幼儿园的工作特点、熟悉幼儿园的情况。

(二)设立专职专岗并提高沟通时效性

幼儿园公共形象管理离不开优秀团队及管理者的引领。为了有效地与媒体进行沟通和交流,幼儿园应设立专门的职位,明确负责形象管理工作的部门和责任。幼儿园形象管理的领导可以由幼儿园的管理者或者中层干部担任,其主要职责是推动形象管理相关工作的开展,包括幼儿园形象的定位、塑造、协调、宣传等工作。[34]幼儿园形象管理的领导主管要保持相对稳定性,以保证与媒体沟通交流的顺利、有效进行。

(三)通过媒体塑造幼儿园的良好形象

组织的成功离不开良好形象的塑造。无论是新园还是旧园,幼儿园都需要进行园所的宣传工作,这是幼儿园发展的重要举措。宣传的方式多种多样,包括报刊、电视、网络、电台的广告,以及海报、传单等。为此,幼儿园需要密切联系媒体,积极利用媒体进行广泛宣传。当新生开班或者园内建设新户外场地,但公众知之甚少时,幼儿园可以通过媒体的宣传扩大影响力,提高知名度;当幼儿园积攒了一定的知名度和美誉度时,幼儿园应当继续采取优秀的教育行动,保持良好的形象,或者更进一步地提高幼儿园的社会声誉;当幼儿园出现工作失误时,应及时借助媒体渠道向大众承认失误并真诚道歉,公布改进措施,追踪改进效果,让家长和社会看到幼儿园的诚意,尽量挽回损失,重振声誉。[35]通过媒体宣传,可让公众充分了解幼儿园、信任幼儿园,在媒体中树立起幼儿园的良好形象,进而向社会宣传幼儿园,提高幼儿园的社会影响力。

(四)通过与媒体的合作做好危机公关

幼儿园突发事件在一定程度上会给幼儿园带来公共关系危机,使幼儿园置身于风险和挑战之中,这对幼儿园的公关危机管理能力提出了更高要求。若处理得当,幼儿园就会化险为夷；若幼儿园欠缺公关危机的管理能力，则会破坏幼儿园的公共形象，不利于幼儿园的发展。媒体管理是幼儿园公共关系危机管理的重要内容。幼儿园平时要加强与当地主要媒体的沟通联络。一旦发生危机，幼儿园要在第一时间联系媒体，客观、真实地报道事实真相，积极引导舆论，稳定人心，不给造谣者机会，防止以讹传讹的现象出现。只有幼儿园主动应对，承担责任，畅通传播渠道，才能化解危机，提升危机公关效果，挽回受损形象。[36]

 ## 本章小结

　　幼儿园公共关系是幼儿园为实现办园目标，有组织、有计划地运用不同手段与外部沟通联系，以谋求内外公众的理解、信赖、合作和支持的双向活动。幼儿园公共关系应遵循互惠互利、全员公关、诚实守信和持之以恒的原则。幼儿园家长工作的开展具有重要意义，能充分发挥家庭教育的优势，使家园协同一致，共同促进幼儿健康成长。幼儿园家长工作的内容主要包括指导家庭教育、加强家园沟通、鼓励家长参与等。幼儿园可以通过口头沟通、书面沟通、活动参与和家长会议等方式开展家长工作。社区是集经济、文化、政治和教育等为一体的地域性的组织形式，是社会有机体最基本的内容，也是宏观社会的缩影。利用社区教育资源具有重要意义。幼儿园社区工作包括了解社区机构和社区文化，发掘社区资源与争取支持。在幼儿园公共形象管理方面，幼儿园管理者应积极主动与上级部门进行沟通。由于各类媒体在传递信息、宣传幼儿园良好形象等方面具有重要作用，幼儿园必须与各类媒体进行良好的沟通，有效发挥媒体的积极作用并抵制和消除媒体的消极作用，从而维护幼儿园的良好形象，提高幼儿园的社会竞争力和良好的社会影响力。

 ## 理解·反思·探究

　　1. 幼儿园公共关系的含义是什么？

　　2. 幼儿园开展家长工作的意义是什么？如何开展家长工作？

　　3. 幼儿园怎样做才能实现与社区合作的共赢？

　　4. 与上级部门沟通时，幼儿园应注意哪些事项？

　　5. 幼儿园应怎样与各种主流媒体进行沟通？

　　6. 利用所学知识，分析怎样通过家园合作的方式来解决下述两个案例中的幼儿教育问题。

幼儿园家园合作的案例分析[37]

　　案例一：隆隆是我们班上比较好动、爱打架的孩子之一。他有时候会有意无意打到其他小朋友，星星被隆隆打到的次数比较多。后来，星星攻击性行为也渐渐地开始增多。我问星星原因后，得知他把隆隆打自己的行为告诉了父母，他爸爸得知后便教育孩子如果其他小朋友欺负自己,就一定要打回去,不能受欺负。星星的爸爸还教他如何和别人打架,让别人不敢欺负他。

案例二:小胖有时候也会有意或是无意中打到毅毅。有一次毅毅先打了小胖,惹得小胖去攻击毅毅。事后,毅毅却跑到老师面前告状说小胖打他。毅毅回家后告诉他爸爸小胖经常打他。最后,毅毅的爸爸沉不住气跑到幼儿园来找老师,还打算找小胖的父母理论。

推荐阅读

1. 吴邵萍.家园共同体的建构:幼儿园家长工作的方法与策略[M].北京:教育科学出版社,2011.

2. 李生兰.幼儿园与家庭、社区合作共育的研究(修订版)[M].上海:华东师范大学出版社,2013.

3. 何桂香.幼儿园家长工作指导[M].北京:北京师范大学出版社,2012.

4. 王萍.家长工作与幼儿成长[M].长春:东北师范大学出版社,2010.

参考文献

[1] 王乐天.公共关系学[M].沈阳:辽宁人民出版社,1986:14-15.

[2] 张莉娜.幼儿园管理[M].北京:清华大学出版社,2018:220-221.

[3] 罗长国,胡玉智.幼儿园管理[M].北京:高等教育出版社,2011:218.

[4] 邢利娅.幼儿园管理[M].北京:高等教育出版社,2010:206.

[5] 秦明华,张欣.幼儿园组织与管理(第二版)[M].上海:复旦大学出版社,2014:164.

[6] 罗长国,胡玉智.幼儿园管理[M].北京:高等教育出版社,2011:217.

[7] 谢秀丽.幼儿园工作管理[M].广州:广东高等教育出版社,2000:235.

[8] 丛中笑,王海升.幼儿园管理[M].沈阳:辽宁大学出版社,2102:174.

[9] 史爱芬,田玉娟,冯谦,等.论城乡结合部幼儿园公共关系管理[J].教育教学论坛,2013(07):258-260,175.

[10] 谢秀丽.幼儿园工作管理[M].广州:广东高等教育出版社,2000:236-237.

[11] 岳亚平,张艺丝.学前儿童家庭支持现状与促进策略[J].学前教育研究,2020(10):3-16.

[12] 李季湄,肖湘宁.幼儿园教育[M].北京:北京师范大学出版社,2010:112-113.

[13] 高庆春,马东平.幼儿园管理[M].北京:清华大学出版社,2016:178-179.

[14] 侯娟珍.幼儿园班级管理[M].北京:北京师范大学出版社,2016:182.

[15] 崔朝晖.互联网时代家庭、学校和社会合成教育的必要性研究[J].攀枝花学院学报,2018(04):90-95.

［16］李冬梅.家中参与幼儿园教育的意义［C］//河北省教师教育学会.2012年幼儿教师专业与发展论坛论文集.［出版者不详］,2013:398-404.

［17］罗长国,胡玉智.幼儿园管理［M］.北京:高等教育出版社,2011:234-235.

［18］时松.幼儿园管理实务［M］.南京:东南大学出版社,2016:230.

［19］时松.幼儿园管理［M］.北京:北京师范大学出版社,2015:295.

［20］梁亚珠.园长工作十万个怎么办［M］.北京:北京少儿出版社,2009:561.

［21］秦明华,张欣.幼儿园组织与管理［M］.上海:复旦大学出版社,2008:182.

［22］刘珍芳.学前教育资源配置状况探究——以浙江省部分地市幼儿园调查为分析基础［J］.教师博览(科研版),2015(11):4-7.

［23］邢利娅.幼儿园管理［M］.北京:高等教育出版社,2010:220-221.

［24］张欣,程志宏.现代幼儿园管理实务［M］.上海:复旦大学出版社,2014:159.

［25］施晓光.学校公共关系文化:编织开放共享的教育网络［J］.北京教育(普教版),2016(11):9-10.

［26］姜萧萌.公共关系视阈下的学校与社区互动模式［J］.传播力研究,2017(11):221.

［27］高庆春,马东平.幼儿园管理［M］.北京:清华大学出版社,2016:186-187.

［28］郭丽娟,严仲连.农村幼儿园—社区互动的价值、挑战及其突破路径［J］.陕西学前师范学院学报,2020(01):47-52.

［29］时松.幼儿园管理［M］.北京:北京师范大学出版社,2015:305-306.

［30］谢秀丽.幼儿园工作管理［M］.广州:广东高等教育出版社,2000:246.

［31］罗长国,胡玉智.幼儿园管理［M］.北京:高等教育出版社,2011:247.

［32］张晓焱.幼儿园管理［M］.北京:航空工业出版社,2014:249.

［33］史爱芬,田玉娟,冯谦,等.论城乡结合部幼儿园公共关系管理［J］.教育教学论坛,2013(07):258-260,175.

［34］温曼婷.新媒体视角下学校形象管理现状及对策研究——以深圳市S小学为例［D］.深圳:深圳大学,2019:69.

［35］张翠霞.幼儿园公共关系管理初探［J］.山东教育(幼教版),2011(03):23-24.

［36］李娟.幼儿园公共关系危机管理透视——一则新闻引发的思考［J］.教育导刊(下半月),2019(02):65-69.

［37］李丽.家园合作案例分析［J］.教育导刊(下半月),2012(11):68-70.

第十三章　幼儿园人力资源管理

在任何组织内,最稀有的当然是第一流的人才。

——彼得·德鲁克

自始至终把人放在第一位,尊重员工是成功的关键。

——托马斯·沃森

 知识导图

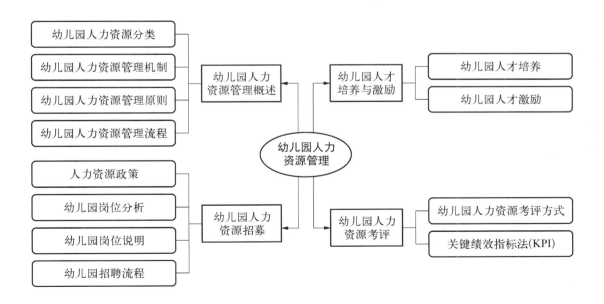

要点提示 ━━━●

　　本章内容主要包括四个方面：一是幼儿园人力资源管理概述，主要围绕幼儿园人力资源分类、人力资源管理机制、人力资源管理原则和人力资源管理流程四个维度展开；二是幼儿园人力资源招募，主要分为人力资源政策、幼儿园岗位分析、幼儿园岗位说明和幼儿园招聘流程四个部分；三是幼儿园人才培养与激励；四是幼儿园人力资源考评，主要介绍了幼儿园人力资源考评常用的四种方式以及关键绩效指标法（KPI）的应用。

 学习目标 ━━━●

　　通过本章学习，你应该能够：
- 了解幼儿园人力资源管理的机制、原则和流程。
- 掌握幼儿园人力资源招募的方法。
- 掌握幼儿园人才培养和激励的路径。
- 掌握幼儿园人力资源考评的方式。

第一节　幼儿园人力资源管理概述

 问题与思考 ━━━━━━━━━━━━━━━━━━━━━━━━━━━●

什么是幼儿园人力资源管理？幼儿园人力资源管理的机制、原则和流程分别是什么？

人力资源管理是指围绕组织的战略和目标，对组织中的人、财、物、信息四大资源之一的人力资源进行管理，承担对人力资源的招、用、留、激励等各个环节的管理任务，保证组织及时得到所需的人力资源，并做好组织未来发展所需人才的储备与开发工作。[1]据此，幼儿园人力资源管理是指幼儿园根据自身的发展战略，对幼儿园人力资源进行管理，完成对人力资源的招、用、留、激励等各个环节的协调，确保幼儿园能够及时得到所需的人力资源，并对人力资源进行配置并激励，为幼儿园未来发展做好人才储备、开发工作。

需要补充说明的是，虽然人力资源管理是对组织中的四大资源之人力资源进行的管理，但并不意味着在人力资源管理实践过程中可以忽视对财、物、信息的掌握与管理。事实上，在对人力资源进行管理时，必定包含对财、物、信息的分析和管理。只有正确把握财、物、信息等，才能实现科学的人力资源管理。反过来，科学的人力资源管理又有利于实现对财、物、信息的有效管理。

一、幼儿园人力资源分类

幼儿园的人力资源按纵向划分，可分为领导层、管理层和执行层。[2]领导层属于幼儿园人力资源结构中的最高层，对幼儿园发展的重大事务有决策权，包括幼儿园高层管理人员的任命、幼儿园规章制度的建设，以及重大财务与教育事项的决策等。另外，领导层应接受幼儿园日常事务管理层的汇报，以保持对幼儿园发展动态的及时了解。管理层主要负责将幼儿园领导层制定的重大决策，以最好的方式带领执行层付诸实施，以达到幼儿园预定的经营目标。管理层主要管理幼儿园日常工作，如教学、保育、后勤和安全等。执行层主要负责执行幼儿园管理层的工作指令，以逐步完成幼儿园的最终目标。

（一）领导层

在美国一些较大规模的幼儿园中，董事会是最高领导层，他们的主要工作是制定教育、财务、人事、后勤等方面的重大决策，并且要经常与幼儿园园长保持沟通，以便对其工作进行了解与指导。一般地，幼儿园董事会由来自教育、健康、法律与金融等不同领域的人士组成，为幼儿园的发展作出重大决策。这些来自不同领域的专家,可以为决策提供专门的知识,以帮助解决具体问题。[3]此外,董事会通常会为在园幼儿家长留有一定名额,以使董事会所作的决策更能符合幼儿家长的利益需求。

在我国幼儿园中,设立董事会的不多,通常只有大型幼儿园或者较大的民办幼儿园才会成立董事会。其中,在大型公办幼儿园中,董事会又经常以"园务委员会"的形式出现。《幼儿园工作规程》中规定:幼儿园应当建立园务委员会。园务委员会由园长、副园长、党组织负责人和保教、卫生保健、财会等方面工作人员的代表以及幼儿家长的代表组成。园长担任园务委员会主任。[4]由此可知,我国幼儿园园务委员会与美国幼儿园董事会性质相当。我国园务委员会与美国幼儿园董事会有所区别的地方在于幼儿园园长所处的位置和拥有的职权。美国幼儿园园长只是执行董事会的决策,但在我国,园长既执行园务委员会的决策,同时又是园务委员会主任。

此外,我国民办幼儿园中的董事会与美国幼儿园的董事会也有所区别。在我国民办幼儿园中,董事会主要由幼儿园投资者组成,虽然有时候投资者会让幼儿教育专业人士以专业技术参股,但是很少能做到将所有有关的教育方面的专家都纳入董事会中来。所以,我国民办幼儿园中的董事会,在幼儿园组织运营中所扮演的角色与真正意义上的董事会或园务委员会也有所不同。在我国民办幼儿园中,董事会或者通过园长来进行董事会层面的决策,或者另外成立一个园务委员会性质的组织来帮助其进行重大决策。从人力资源角度看,为了使幼儿园的领导更为科学有效,有董事会的幼儿园需吸纳更多的专业人员。这些专业人员能够对幼儿园的教育、管理和财务等各项事务提供专业建议。

(二) 管理层

在幼儿园运行中,管理层要对领导层所制定的决策进行深入的了解并仔细领会,然后分析、选择适当的方案实施决策。在决策实施过程中,管理层要对执行层的工作情况进行监督、指导、评价和激励等。幼儿园管理层一般包括园长、教学园长、后勤园长及年级主任等。

《幼儿园工作规程》规定,幼儿园实行园长负责制,幼儿园园长由举办者任命或者聘任,且负责幼儿园的全面工作。由此规定可知,我国幼儿园领导体制实行的是园长负责制,即园长是幼儿园最高行政主管,对幼儿园的大小事务拥有管理权。由于园长工作非常繁杂重要,为了帮助园长更好地完成各项工作,《幼儿园工作规程》规定应当设立园务委员会,园长任园务委员会主任。[5]

园长作为一园之长,是幼儿园的最高行政长官,在完成幼儿园的教育教学任务和发展建设中,处于非常关键的地位。[6]《幼儿园工作规程》中规定,幼儿园园长负责幼儿园的全面工作,包括保育、教育、卫生、安全和人事等。可以说,凡是园所内的事项,都属于园长工作范围。

教学园长主要在幼儿园运行中分管教学工作,主要在教学方面给园长以协助与支持。

教学园长主要负责对幼儿园总体教学工作进行规划、安排、监督和指导等，还要负责幼儿园教学质量的提升工作。

后勤园长主要负责幼儿园后勤支持工作。后勤园长需要对幼儿的膳食、卫生、健康，以及安全等问题负责。相对于教学园长而言，除了教学工作之外的大部分工作都属于后勤园长的工作范围，因此，后勤园长必须要有足够的精力与责任心。后勤工作关系着幼儿和教职工的身体健康及人身安全，因此园长在选聘后勤园长时要十分慎重。

根据幼儿年龄不同而为每个年龄班配备的年级主任，主要工作是协助各年龄班保教工作的顺利开展。年级主任要与园长、教学园长和后勤园长保持良好的沟通，以协助各年级的教师及工作人员开展工作。根据幼儿园规模不同，可以设立或者不设年级主任。若规模较大，设立年级主任既可以帮助园长分忧解难，还可以在教师和园长之间起到很好的桥梁作用。

从人力资源管理角度来看，幼儿园管理层人员包括园长、各分管园长和年级主任等，这些岗位需要由高素质的专业人士来担当，需要他们不只具有教育教学能力，还应具有较高的管理素养。

（三）执行层

1. 教师

幼儿教师必须具有《教师资格条例》规定的幼儿教师资格证。依据《幼儿园工作规程》规定，幼儿教师的主要职责是：观察了解幼儿，依据国家有关规定，结合本班幼儿的发展水平和兴趣需要，制定和执行教育工作计划，合理安排幼儿一日生活；创设良好的教育环境，合理组织教育内容，提供丰富的玩具和游戏材料，开展适宜的教育活动；严格执行幼儿园安全、卫生保健制度，指导并配合保育员管理本班幼儿生活，做好卫生保健工作；与家长保持经常联系，了解幼儿家庭的教育环境，商讨符合幼儿特点的教育措施，相互配合共同完成教育任务；参加业务学习和保育教育研究活动；定期总结评估保教工作实效，接受园长的指导和检查。[7]

2. 保育员

《幼儿园工作规程》规定，幼儿园保育员应当具备高中以上学历，受过幼儿保育职业培训。幼儿园保育员的主要职责有：负责本班房舍、设备、环境的清洁卫生和消毒工作；在教师指导下，科学照料和管理幼儿生活，并配合本班教师组织教育活动；在医生保健人员和本班教师指导下，严格执行幼儿园安全、卫生保健制度；妥善保管幼儿衣物和本班的设备、用具。

3. 后勤人员

后勤人员包括厨师、医务人员、司机和门卫等。他们必须遵守《幼儿园工作规程》中的规定，应拥护党的基本路线，热爱幼儿教育事业，爱护幼儿，努力学习专业知识与技能，提高文化和专业水平，品德良好，为人师表，忠于职责，且身体健康。他们的日常工作在园长、后勤园长的统一指导下进行。

二、幼儿园人力资源管理机制

人力资源管理主要通过四大机制来实现组织内人力资源的激活与整合,其四大机制分别为牵引机制、激励机制、约束机制和竞争淘汰机制。其中,牵引机制通过明晰企业对员工的工作和绩效期望,引导员工正确选择对企业发展有利的行为;激励机制则能够为员工提升自我价值和工作绩效提供动力;约束机制通过规范员工行为使其不偏离企业发展的轨道;竞争淘汰机制则能够对不合格员工进行淘汰。[8]

图 13-1　人力资源管理四大机制

(一) 牵引机制

牵引机制是指组织通过职位说明书、KPI 指标体系、企业文化与价值观体系、培训开发体系等方式,明晰员工的职能和绩效期望,引导其正确选择自身行为,进而提升企业的人力资源管理效能。牵引机制的关键在于组织对员工职能和期望的明晰。在幼儿园人力资源管理中,管理者可以通过制定幼儿园岗位说明,设置合理的绩效评估体系、打造幼儿园品牌文化、创立独具特色的教育理念等方式提升教职工对幼儿园的理解和认同,进而起到引导教职工行为的作用。

(二) 激励机制

激励机制是企业人力资源管理的核心,有效的激励能够激发并调动员工的积极性,促使员工为了实现企业目标而不断努力,保证企业始终充满生机与活力。[9]在幼儿园人力资源管理实操中,有效激励机制的建构应当遵循物质激励与精神激励并重、尊重个体差异实行差别激励、多种激励手段综合运用的原则。其具体措施包括:构建合理的薪资报酬体系、搭建顺畅的职业发展通道、设立公平公正的绩效管理方法、提供参与幼儿园管理的机会等。

(三) 约束机制

约束机制指的是通过对员工的行为进行控制和规范,使其始终处于符合企业战略发展的轨道上的管理方法。在幼儿园中,约束机制的具体落实体现在两方面:一是国家颁布的幼儿教师专业标准及行为规范等约束性文件,如《幼儿园教师违反职业道德行为处理办法》《幼儿园教师专业标准(试行)》等;二是幼儿园自己设置的教师行为守则和绩效考核标准等。这样的双重约束机制能够实现对幼儿教师行为的有效约束,对其错误行为进行及时纠偏。

（四）竞争淘汰机制

竞争淘汰机制能够将不适合组织发展的员工释放到组织之外，同时将外部市场压力引入到组织内部，防止组织内部产生"庸人积淀"和人力资本缩水。一般来说，企业的竞争淘汰机制包括竞聘上岗和末位淘汰制度。幼儿园在人力资源管理中采用竞争淘汰机制时，应当注意符合教育性和发展性原则，设计出符合国家法律法规、令人信服的考核淘汰标准，以减少竞争淘汰机制运行时的争议。

三、幼儿园人力资源管理原则

（一）教育性原则

幼儿园是专业性很强的教育机构，其工作人员必须具备相当的专业素养与教育水平。因此，幼儿园在进行人力资源管理时，不但要考虑不同岗位的专业要求和职业资格，还要兼顾幼儿园工作的教育属性。幼儿园教育对象的身心发展规律决定了教育具有全面性、生活化、隐形化的特点，每一个教职工都是教育者，都会对幼儿身心发展产生影响和作用。[10]对于幼儿园管理者来说，应当坚持幼儿园的教育属性，减少管理中的行政色彩，努力创设和谐互助的人际关系与人文环境。对于幼儿教师群体来说，其专业素养和教育能力是决定幼儿园教育质量的直接影响因素，这就要求幼儿教师必须树立教书育人、无私奉献的教育精神，不断学习、提升自身的教育素养和专业能力。幼儿园的其他教职工也是重要的教育者，必须树立主人翁意识，以身作则，共创和谐的教育环境。

（二）伦理性原则

伦理是反映和调节人们之间利益关系的价值观念和行为规范，是价值理性和工具理性的统一，它与管理紧密联系，相互渗透。[11]在幼儿园人力资源管理中把握伦理性原则，是避免短视行为、促进幼儿园长远发展的重要旨归。具体而言，应当从以下几个方面实现伦理性原则的达成：第一，坚持以人为本，尊重和体现人的价值，而不仅仅将员工视为达成组织目的的手段；第二，坚持公平原则，在人力资源管理过程中既要追求效率，更要重视公平；第三，不能过分依赖量化考核方法，要注重评价方法的多元化。

（三）发展性原则

幼儿园作为教育性机构，在其中获得发展的不应仅仅是受教育的幼儿，更应该是每一位教职工。幼儿园人力资源管理要遵循发展性原则，就必须始终树立发展、动态管理的理念，实行合理的人员编制和岗位设置，科学化薪酬结构和分配机制，规范化组织教师培训活动。幼儿园管理者应为组织中的每个人充分发挥能力创设有利条件，通过制定政策、规范程序和开展培训等手段,为教职工提供一个积极向上的氛围和空间。

(四)激励性原则

人力资源管理的根本任务在于激发人的工作积极性,进而提升组织效能。激励性原则就是通过了解每位员工的内心需求,从而有针对性地提出奖惩办法,进而激发每位幼儿园工作人员工作热情的管理原则。目前,经济激励是幼儿园管理中一种常见的激励方式,也是较为直接和行之有效的激励手段之一。但管理者应该注意的是,针对不同的激励客体,应当采取不同的激励方法。在采用经济激励时,应当灵活结合目标激励、奖惩激励、竞赛激励、关怀激励等多种激励手段才能取得最大效用。

四、幼儿园人力资源管理流程

结合幼儿园的实际情况,幼儿园人力资源管理应当包含如下六个重要流程。

(一)幼儿园人力资源战略规划

战略规划,所描绘的是在组织内部优势、劣势,以及外部的机遇、威胁一定的情况下,组织为使自己取得并保持竞争优势而制定的行动计划。[12]组织战略规划一般可通过 SWOT 分析来进行,也就是,通过对组织内部的优势、劣势,组织外部的机遇、威胁的综合分析,制定出适合组织长期发展的战略。这种战略必须能够使组织内部自身力量与来自外部的力量达到平衡。组织的人力资源战略能够为组织今后的发展指明方向,明确组织将要解决的重要问题。同理,在开展人力资源管理工作时,必须首先明确组织的人力资源战略,这样才能使人力资源管理者明白"劲"该向何处使、如何使。不同的组织有不同的人力资源战略,对幼儿园来说,有的幼儿园是全国连锁性质的,其人力资源战略也应是全国性的。而对于一些乡镇民办幼儿园来说,维持幼儿园的基本生存,聘请基本合格的工作人员就是其人力资源战略。因此,不同幼儿园应根据本幼儿园的内外条件,以幼儿园的组织战略为依托,制定本园的人力资源战略。人力资源战略不仅是对组织战略的支持,还体现组织对待人力这一资源的态度和价值观,并为如何进行人力资源管理提供方向与准则,因此,它具有十分重要的意义。

(二)幼儿园人力资源需求预测

所谓幼儿园人力资源需求预测,就是在对幼儿园的各个职务进行工作分析的基础之上,根据幼儿园的规模,并结合《全日制、寄宿制幼儿园编制标准(试行)》《幼儿园教职工配备标准(暂行)》,确定幼儿园需要的总人力资源与已有人力资源之间的差额,以此进一步明确幼儿园是否需要增加人力资源或调动人员的测评活动。通过人力资源需求预测,可以为确定是否有必要进行人事调动,是否存在人力资源不足、存在何种程度的不足,或者是否存在人力冗余等,提供具体而科学的依据,使幼儿园人力资源得到最大程度的利用与发挥,并且为幼儿园及时作出人力资源调整提供客观依据。

（三）幼儿园人力资源获取配置

人力资源获取就是人才的招、用、留，通俗地说，便是选人才。对幼儿园来说，人才的获取方式主要有国家编制分配与自主招聘两种，其中自主招聘是主要的人才获取方式。人员配置则包含了人才的用、留以及激励培训等。根据现代人力资源观点，人人都是可造之才，但其前提是要把人才放在正确的位置，使其人尽其才。这种观点改变了之前人才选用时完全侧重于选拔人才的状态，逐渐把人才看成是可塑造、可发展的，相信只要能够合理发挥每个人的优势、潜能就能使其为组织谋发展。因此，在人员获取和配置中，配置这一环节已日益成为人们关注的重点。

（四）幼儿园人力资源培训开发

人力资源培训是对应着人员配置而言的。在人员获取之后，组织通常会对员工进行必要的岗前培训，然后根据其培训表现等因素，对其进行岗位配置。当然，人力资源培训在员工工作期间也应根据需要安排进行，以帮助员工提高自身综合素质、专业技能。这种性质的培训与岗前培训都属于人力资源开发范畴。人力资源开发就是组织为了使其人力资源更具备竞争优势而进行旨在发掘、培养和发展人的智慧、知识、技能等的一系列行为。人力资源的培训和开发，不仅可以改善员工的知识结构、提高其专业技能，还可以塑造员工的价值观，使员工对组织形成认同感。

（五）幼儿园教职工薪酬管理

薪酬管理关涉组织内的劳资关系、薪酬和福利待遇等。在幼儿园，薪酬管理体现为幼儿园举办方与园所工作人员之间的合作关系，以及薪酬配给、发放方式和福利待遇等。对于幼儿园工作人员的工资，目前我国还没有统一标准，但当前大部分幼儿园中工作人员工资待遇偏低，尤其是在乡镇的民办幼儿园，教职工待遇严重偏低。但是随着《国家中长期教育改革和发展规划纲要（2010—2020年）》的颁布实施和《中华人民共和国学前教育法草案（征求意见稿）》的发布，以及政府对幼儿教育事业的日益重视和扶持，幼儿园教职工的待遇也将得到较大提升。幼儿园对薪酬的管理将影响其人才引进时的吸引力与人才工作积极性的发挥。

（六）幼儿园人力资源激励考核

人力资源激励是为了克服员工在工作过程中可能出现的职业倦怠问题，或者是为了促使员工能以更加积极的精神状态和更好的方式创新性地工作。大部分员工因为长期处于同样的工作环境，每天重复同样的工作内容，或者是因压力过大、负担过重而导致身心俱疲，这些情况都会对其所从事的工作失去兴趣，甚至产生厌烦情绪。很显然，员工在产生职业倦怠时，很难高效地完成组织所交给的任务，也不能为组织创造更多的价值。在教育行业中，教师也易产生职业倦怠。幼儿园是以教师为主要支撑的机构，因此对教师的激励工作就显得尤为重要。而且，即便教师没有产生职业倦怠，幼儿园给予一定的激励也可以促使他们更好地发挥自己的潜能，创造性地工作。

幼儿园人力资源考核是指对幼儿园内工作人员工作状况的考核，既包括对管理层人员的考核，也包括对执行层人员的考核。考核工作可以分为形成性考核与总结性考核两种方式。形成性考核主要用于促进教职工在工作期间改善自己的工作方式、提高工作效率，它关注的是工作过程。总结性考核关注的主要是工作的结果，即考核教职工是否达成了幼儿园的既定目标，以及在工作过程中的表现如何。幼儿园可根据考核结果来确定对教职工的奖惩，以及进行下一学期的人力资源管理规划。

第二节　幼儿园人力资源招募

 问题与思考

在实际操作中，幼儿园如何招募人才？

人力资源管理的重要功能之一是为组织选拔合格的人才，而这种功能主要通过人才的招募与任用来实现。人才的招募与任用是组织获得优秀人力资源的入口，也是实施人力资源管理的前提。同时，公正有效的招募活动更是组织获得合格人力资源的保证。

一、人力资源政策

一般地，制定招聘计划与招聘程序所使用的基本工具是书面的人力资源政策和工作说明书，[13]因此，幼儿园在进行人才招募与任用前，最先应当制定的是人力资源政策。任何组织都有自己的人力资源政策，这是一种用于指导人力资源管理的指导性文件，更是相关的指导思想。人力资源政策一般包括：岗位分析说明、人员配备原则、人才招聘原则与方式、试用期规定、人员培训和开发制度、具体的人事管理制度、员工工作合同、人事升迁调配的准则、工作及休息时间规定、请假标准、绩效评估方法，以及解聘辞职标准等所有和人力资源相关的政策。人力资源政策为人力资源管理活动提供了方向与准则。人事制度、管理活动都必须以人力资源政策为标准。如果在实际的活动中发现偏离了人力资源政策，可以根据实际情况改善实践活动，或者修改人力资源政策本身，以促使组织目标的最终达成。

一般来说，组织不同，其人力资源政策就可能不同。幼儿园的人力资源政策要以幼儿园这一启蒙教育机构自身的本质特点为重点来确定。虽然幼儿园有效运行离不开安全、健康、卫生和交通等各部门的支持，但是，幼儿园人力资源的重中之重是优秀的保教师资。幼儿园在制定人力资源政策时，要充分考虑保教团队的建设，保育员与教师的岗位分析、说明、试用制度、薪酬制度、考核与激励制度，以及培训与开发制度等。其关键是要把保育人员与教师培养成一个具有强凝聚力的团队，并且对幼儿园具有高度认同感。

此外，相对于对招募、任用人才而言，人力资源政策只是大方向。只有具体的岗位分析与说明，才能使招募活动有的放矢，使人才招募活动为幼儿园找到真正有用的人才。

二、幼儿园岗位分析

岗位分析也可称为工作分析，是指为了搜集和确定组织中不同岗位的多方面信息的活动。通过岗位分析，组织可以明确不同工作的任务与性质。岗位分析一般要搜集的信息有：工作活动内容、工作对人的要求、工作的辅助条件和设备、工作的环境背景、工作的绩效标准等。[14] 通过岗位分析所获得的信息，组织可以明确不同岗位的职责，以及对人才的要求。将岗位分析活动所获得的信息和材料以书面的方式呈现，则为岗位描述。岗位描述是岗位分析的成果，在人才招募时，组织可根据岗位描述来制定岗位说明，以写清单的方式罗列不同岗位的信息，这样不仅有利于对人才进行招募，也有利于今后的人力资源管理工作。

岗位分析不只有利于人才招募，还可以将分析所得到工作性质作为制定工作规范的依据，使幼儿园的不同工作都有章可循——各工作的执行方式和职权范围得以明确，从而使不同工作岗位虽然各司其职，但又同时能为组织目标服务，成为一个和谐的统一体。此外，幼儿园工作分析还可为之后的工作绩效评价、工资奖金发放标准的制定，以及教职工的培训提供依据，因为这些工作都必须根据不同的工作性质与内容来确定。

岗位分析的信息收集方法多种多样，就幼儿园来看，主要可采用以下两种方式。

（一）收集已有的相关资料

幼儿园并不是一个新兴组织，因此必定会有已有的幼儿园相关研究，因此收集者可以从相关研究中寻找幼儿园岗位分析的信息。幼儿园是基础教育的一个组成部分，日渐受到政府的关注与重视，因此，国家会通过相关法律法规对幼儿园不同的岗位进行规定，提出相关要求。例如《幼儿园工作规程》规定，幼儿园教职工应贯彻国家教育方针，具有良好品德，有犯罪、吸毒记录和精神病史者不得在幼儿园工作；幼儿园园长应当具有《教师资格条例》规定的教师资格、有三年以上幼儿园工作经历和一定的组织管理能力，并取得幼儿园园长岗位培训合格证书。[15]

（二）自下而上地收集资料

这种资料收集方法是岗位分析者通过对具体岗位中的工作人员，以及上层管理人员的综合调查来获取的。比如，首先，让教师自己来评价教师岗位应做什么、如何做、需要什么环境与辅助设备、教师应当具备什么素质和条件，以及工作中应怎样规范等。其次，逐层向上，对该岗位的上级及再上级管理者进行调查，让他们从组织的全局出发，提出关于该岗位的具体信息等。最后，根据综合收集到的教师岗位的所有信息，最终确定教师岗位的性质与任务，拟定教师岗位的工作要求和说明书。

根据加里·德斯勒的观点，制定岗位分析时应当遵循如下程序：确定工作分析之用途——搜集与工作有关之背景信息——选择代表性的工作进行分析——搜集工作分析信息——同承担工作的人共同审查收集到的信息——编写工作说明书与工作规范。[16]幼儿园在制定岗位分析时，也应参照如上程序执行。

三、幼儿园岗位说明

岗位说明是在岗位分析和岗位描述的基础上，为了进行人才招募而特别拟定的文件。它与岗位描述有区别。岗位说明主要侧重于某个岗位对招募人员应当具备的技能、条件，以及应完成的日常工作的说明；而岗位描述则比岗位说明更全面、细致。一般地，岗位描述包括：工作标识、工作关系、工作综述、工作职责、工作条件和环境、调任、晋升和培训机会等方面的信息。岗位说明会根据岗位描述中的对人才需求的标准，来规定该岗位工作人员应当具备的经验、技能、性格和职责等，同时也会明确该岗位的工作关系，告知工作条件与环境等。而对于调任、晋升，以及培训等信息，有些岗位说明会不同程度地予以说明或者不说明。根据岗位说明，招募人员可以清晰地知道自己选择人才的标准是什么，将岗位描述中的信息以具体的甚至是量化的形式展现，可以更好地对应聘者进行甄别和筛选。

• 相关链接 •

某幼儿园保育员岗位描述

岗位名称： 保育员

任务： 做好园长分配的保育工作

工作关系： 对园长负责，并协助教师、厨师以及医务人员工作

工作时间： 上午 7:30—下午 4:30

休假： 一般性公立学校节假日休息

主要日常工作：

1. 负责本班房舍、设备、环境的清洁卫生工作。

2. 在教师指导下，管理幼儿生活，并配合本班教师组织教育活动。

3. 在医务人员和本班教师指导下，严格执行幼儿园安全、卫生保健制度。

4. 妥善保管幼儿衣物和本班的设备、教具、玩具。

临时职责：

1. 在幼儿园开展大型活动时需积极配合。

2. 在召开家长会时需帮忙招待家长。

工作晋升或培训：

拥有幼儿教师资格证的保育员可以根据情况转为幼儿教师；之后的晋升视工作表现而定。

幼儿园会根据情况提供相应的培训。

解聘或辞职：

解聘： 在工作期间，出现国家法律规定的可直接解聘的情况，将对其进行直接解聘；根据其工作表现，无法胜任本职工作的，园长可对其提出解聘要求。

辞职： 一般情况下，应当提前一个月时间向园长提出辞职请求。

四、幼儿园招聘流程

一般地，在进行人才招聘前，需先确定组织的人事政策，然后根据岗位分析拟定岗位说明，再进行人才招聘。但是由于幼儿园实行园长负责制，而幼儿园园长往往由举办者任命或聘任，因此，如果需要对园长进行聘任，可以在幼儿园人事政策制定之前进行，然后由园长根据幼儿园具体情况和人力资源战略制定出幼儿园人事政策。

在幼儿园人事政策的指导下，人才招聘的具体程序包括以下几方面。[17]

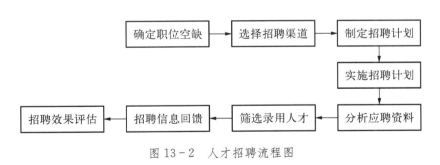

图 13-2　人才招聘流程图

（一）确定职位空缺

确定职位空缺是幼儿园进行人才招募的起点。职位空缺的确定，需要通过人力资源总体规划与岗位分析工作来实现。其中，岗位分析能够帮助幼儿园管理者清楚界定每一岗位的职责范围，并知道哪些工作人力不足、无人处理，从而得知幼儿园哪方面存在职位空缺。需注意的是，确定了职位空缺，有时并不一定意味着幼儿园必须进行人员招聘。因为职位空缺可能是组织内部未能充分发挥人力资源的效用或者是人员调配方面存在问题而造成的，所以，管理者也可以通过内部人员调整来解决。只有在那种不能通过人员内部调整或者是数量上的确需要补充的情况下，幼儿园才需要进行人才招募。

（二）选择招聘渠道

根据职位空缺的情况，幼儿园可以确定从组织内部还是外部的渠道来招募人员。比如，当幼儿园需要招募一名教学园长时，比较好的办法是从园内教师中选拔，因为园内教师往往对本园情况比较了解，又有较为丰富的园内工作经验。此外，从园内选拔教学园长，也是一种为园内教师提供晋升的机会，能对教师起到激励作用。当幼儿园需要招聘较多保育员或教师时，则需要采用对外招聘的方式来扩充幼儿园师资。

（三）制定招聘计划

详细的招聘计划一般是针对外部招聘来拟定的。在确定好需招聘的职位空缺、拟定好详细的工作说明书后，幼儿园就需要确定招聘的规模、范围、方式、时间以及预算等，也就是说要制定招聘计划。为了保证人才补充及时，在制定招聘计划时，做好时间管理很重要。一般地，由于招聘、人才选拔和录用本身比较耗时，所以，幼儿园在人才补充上，要做到未雨绸缪，提前储备人才。

（四）实施招聘计划

实施招聘计划是指将组织的职位空缺信息根据预定计划对外公布，以吸引有意者前来应聘。根据预先设定的招聘范围、时间和预算来选择招聘方式，如通过报刊广告、电视广告、网站广告或者发放传单等，来将幼儿园职位空缺的信息发布出去，使条件符合并有意者能够前来应聘。

（五）分析应聘资料

招募负责人员需对前来应聘者所提供的信息进行认真的分析与整理，从中初步筛选出符合幼儿园组织岗位需求的应聘者，让这部分人员进入下一轮的选拔。此外，如果条件允许，幼儿园可将整理好的应聘资料建立数据库，方便日后提取与使用。

（六）筛选录用人才

经过初步信息筛选选中的应聘人员，如果人数超过幼儿园的岗位需求量，幼儿园可以通过笔试测验、面试考核结合的方法来进行进一步筛选。如果人数不多，则可直接采用面试的方式来确定应聘者是否能够胜任该岗位工作。在筛选录用人才阶段，用于笔试测验的试题必须是科学有效的，要能够达到甄别人才知识和能力的目的。面试委员会的成员必须了解所需招聘的岗位，而且还要严格遵守面试考官回避制度。

（七）招聘信息回馈

无论是在信息初步筛选之后，还是在人员的筛选录用之后，幼儿园对于应聘者都应给予信息反馈。对于落选者，了解应聘结果，可以方便他们及时寻找下一份工作；对于竞聘成功者，给予回馈信息则是今后双方合作所必要的程序。

（八）招聘效果评估

招聘效果评估不仅是对本次招聘的一个评价，同时也可以为下一次招聘活动提供借鉴与指导。招聘效果评估的主要指标有招聘资金成本、招聘时间成本、招募到的人员数量与质量及相关比值。如果招聘投入的成本低、耗时短，而且招到了足够的优秀人员，那么此次招聘活动就是成功的。如果投入成本大、耗时长，前来应聘者少并且未能招到合适的人员，那么此次的招聘活动就不是成功的。对于成功的招聘，应当总结其有效的信息发放渠道，汲取其人才招聘计划的成功之处。如果人才招聘不成功，就应当考虑是岗位说明做得不得当，还是招聘信息发放的渠道有问题。无论是成功的还是不成功的招聘，都能为下一次的招聘活动提供借鉴与指导。

第三节　幼儿园人才培养与激励

 问题与思考 ————————————————————————•

幼儿园如何培养和激励人才？

一、幼儿园人才培养

（一）幼儿园人才培养的维度

1. 培养立德树人教育精神

教育当以德育为先，教师当以师德为本。党的二十大报告指出，要全面贯彻党的教育方针，落实立德树人根本任务，培养德智体美劳全面发展的社会主义建设者和接班人。幼儿教师只有以身作则，将高尚的道德品质融入日常生活和行为习惯中，才能够对幼儿产生潜移默化的影响，实现立德树人的教育目标。对此，幼儿园在人才培养中应当加强师风师德建设，促进教师以德育人、以德治教。具体来说，幼儿园可以从以下三个方面入手：第一，提升教师的职业认同感，消除浮躁心理，消解职业倦怠；第二，杜绝体罚和变相体罚行为，预防道德失范；第三，增强教师责任意识，保护幼儿健康安全。[18]

2. 培养岗位与环境适应性

当幼儿园拥有新教职工之后,管理者应当使新教职工尽快了解自己所从事的岗位的性质和工作内容。管理者可以通过向新教职工介绍幼儿园的历史与特色,使其能够对幼儿园有初步的认识。由于新教职工在应聘时所看到的是岗位说明,它与岗位描述是有差别的,因此,管理者应当为新教职工提供详细的岗位描述书、幼儿园工作手册及相关的制度政策文本,使新教职工能够明确自己的职责所在。管理者还要告知新教职工其所需要的工作设备、工具所存放的地方,方便其工作时使用。此外,管理者可以举办新人欢迎会、组织以老带新活动等,这样不仅有利于新教职工尽快适应工作环境,同时有助于他们对幼儿园产生归属感,更便于幼儿园的团队建设。

3. 培养教职工专业技术能力

为了满足幼儿园的发展需要,很多幼儿园都会开展内部人力资源开发活动,即通过各种方式对教职工进行培训,以提高他们的责任心和专业技能水准。由于幼儿园的工作人员以保教人员为主,因此在培训过程中,也应以保教人员的培训为主。园长作为管理者,肩负幼儿园管理的重责,因此,也应加以重视对园长的培训。

(二) 幼儿园人才培养的方式

常见的幼儿园人才培养方式,主要有如下几种。

1. 专题讲座

为了解决幼儿园中比较常见的棘手问题,园长常通过聘请专家、学者或者资历深厚的优秀保教人员到幼儿园来做讲座,帮助幼儿园保教人员更好地解决日常工作中所遇到的难题。这种方式就是专题讲座。专题讲座具有较强的针对性,能够及时对保教工作中出现的共性问题进行分析、探讨,并加以解决。[19]当然,专题讲座除了能够帮助幼儿园管理者解决问题外,还能为教职工提供新思想、新观点,使他们能够时刻走在时代的前沿,了解自己的使命与职责。一场成功的专题讲座往往具有很强的感染力。此外,专题讲座中报告人自身的优秀品质还能够吸引听讲者,激起他们积极向上的热情。因而,专题讲座也是进行思想教育的方式之一。但是,开展专题讲座的成本一般较高,对于农村或者贫困地区的幼儿园来说,实行起来较为困难。对这个问题,教育行政部门应当发挥牵头作用,不妨通过政府组织与号召专家、学者进行公益讲座等相结合的方式来解决。

2. 专业培训

幼儿园专业培训是指独立于幼儿园之外,由专业人士组织起来的,为幼儿园园长、保教人员提供的专业技能训练。这种培训机构需要上报国家批准通过,并且其执教人员必须具备相应的学历与资格证书。目前,我国为幼儿园培训人才的专门机构有公立机构和私立机构,其中,幼儿师范学院、师范院校等公立机构是承担培训活动的主要机构。[20]专业培训具有组织化、专业化以及理论化的特征。

3. 以老带新

以老带新的培训方式主要是利用幼儿园内部自身的优秀资源,来帮助经验不足的新教职工提高工作能力。这种培训方式应用广泛、成本低廉,而且有利于幼儿园内部的团队建设。但是,以老带新的方式往往因其师资没有经过相关的组织化、正规化训练,培训效果会因人而异。

4. 观摩互评

幼儿园观摩互评活动可以分为两种,一种是幼儿园内部的,另一种是幼儿园之间的。观摩活动是指由一个或几个教师组织活动或上课,而其他教师看和听,并进行评价与分析,以相互学习、相互促进的教学交流活动。[21]通过观摩活动,可以推广优秀教师的工作经验与方法,同时帮助园内教师反思自身的教学方式和方法,是一种提高教师专业技能的好途径。

5. 网络学习

网络学习是当下教师提升自身专业水平的重要途径之一。发达的网络学习使得传统的教师专业发展模式有了创新的机会和可能。教师不仅能够通过网络获得高质量课程的学习机会,同时能够与不同地区的教师、学者进行沟通交流。[22]对此,幼儿园管理者应当紧随时代发展潮流,组织教师进行网络知识的学习,积极搜寻优质资源课程和网络交流平台,创建网络学习优质资源库,为园所教师的专业发展提供便利的机会和条件。

二、幼儿园人才激励

幼儿园培养教职工是为了提升其专业能力和工作责任感,使其具有更强的解决问题的能力;而激励教职工是为了使其愿意为了幼儿园的发展而充分发挥自身潜能。但人才培养和人才激励的功能并不是孤立的,人才培养有时也能激励教职工更加努力地工作。比如,为教职工提供进修培训机会往往是一种常用的激励手段,而教职工奉献精神的培养与人才激励也具有一致性。事实上,人才的激励,就是为了培养教职工的奉献精神,使他们愿意为了幼儿园的发展而尽心尽责地工作。可以说,教职工献身精神的实现,是人才激励的最高目的。结合幼儿园的实际情况,幼儿园的人才激励可以通过如下六个方面来实现。

(一) 树立尊重人才的价值观

自从美国学者舒尔茨提出人力资本理论以来,人的价值就日益受到重视。相对于土地和物质资源的投入,人力资源日渐成为各行业竞争成败的关键所在。人力资源的重要性,在很大程度上取决于它能为组织带来多大的"收益"。在幼儿园,如果园长能够在日常管理中取得教职工的尽力支持,每位教职工都能竭尽所能、团结合作,将幼儿园所具备的人力资源的潜能以最佳的方式发挥出来,那么幼儿园必定可以得到良好发展。但是,如果园长不得人心,单凭自己一个人苦干、蛮干,则很难使幼儿园获得可持续的发展。因此,幼儿园人才激励的第一条便是要树立"人高于一切"的价值观,即管理者必须首先要拥有尊重人的观念,意识到自己不能只是做一个管人的"官",而应该做一个能够充分利用不同人才优点的"管理者"和"服务者"。

(二) 提供优越的工作环境

幼儿园的就业环境包括教职工的食宿条件、办公环境、工作辅助设备、福利待遇、安全保障,以及内部文化等方面。不同条件的幼儿园所能提供的工作环境不一样,但是,幼儿园在管理过程中不断改善教职工的工作环境,也是一种激励教职工的手段与方式。其中,创建幼儿园优秀的内部文化、提高教职工的归属感和凝聚力所能带来的激励效用不可估量。

(三) 充分利用经济报酬手段

经济报酬是激励的重要手段之一。在工作过程中,获得一定的经济报酬以维持日常生活需要,是员工工作的主要目的之一。所以,提高工资待遇,提供津贴、奖金和退休金等是很多幼儿园用来激励教职工的主要手段。

幼儿园在使用经济报酬手段的时候,要注重公平原则的运用。根据亚当斯的公平理论,如果员工对自己的所得报酬与所作付出认知失调,就会造成心理失衡,产生不公平感。[23] 而目前的幼儿园管理中存在着"同工不同酬"的现象,这在一定程度上损害了教职工的工作积极性。对此,管理者应当注重非编教师和临时教职工的需求和呼声,着力完善分配机制,尽力消除不公平待遇所带来的消极影响。

(四) 提供参与管理的机会

相对于被动地完成任务,人们更喜欢主动地去工作。有研究表明,如果让员工参与管理,他们会对自己所要完成的工作更了解,并且会具有更强的责任感。所以,如果幼儿园要提高教职工的工作效率,不妨让部分教职工以轮换的方式参与部分管理工作。因为权利与责任永远是一致的,当他们拥有更多的权利时,他们就同时拥有更多的责任和义务。当教职工意识到自己只有更好地履行这些责任才能使自己参与管理的工作出色地完成时,他们便会提高自己的工作效率与责任心。当然,让教职工参与管理是幼儿园向教职工表达重视与欣赏的一种方式,也是对教职工能力的肯定与鼓励。因此,当教职工认为自己被管理者重视时,出于自我实现的需要,也会提升自身工作效率与工作责任感。

(五) 帮助教职工自我实现

根据马斯洛的需要层次理论,人在解决了温饱等方面的基本需求之后,没有任何一种需要能比自我实现的需要所能带来的激励效用更强烈。所以,园长若要充分发挥教职工的工作积极性,就要为他们提供一种自我实现的平台,否则,他们很容易产生职业倦怠。为了促进教职工的自我实现,园长必须在日常管理中对教职工做到客观全面的了解,掌握不同教职工的优点与缺点。幼儿园在为优秀者提供适宜的进修培训机会的同时,也要依据情况为那些经验不足或能力欠缺的教职工组织必要的培训与进修。只有这样做,才能满足不同层次的教职工自我实现的需要。此外,幼儿园内部人事升迁制度也是一种满足教职工自我实现的有效方式。为此,园长在制定人事政策时,应设立一定的职位阶梯,以满足教职工自我实现的需要。

(六)团队合作激发工作热情

人与动物最大的区别是人具有社会性,人不能离开自己所赖以生存的社会,所以,要在幼儿园工作中激发教职工的积极性,就必须为其营造良好的社会环境。人们在相处中会形成两类群体:正式群体和非正式群体。正式群体是由相关文件所规定而形成的正式组织,具有明文规定的活动准则。而非正式群体则是在人们日常生活中由于喜好厌恶、个性特点和利益等原因而自然形成的,在这种群体中会形成一些默认的活动准则。不管是正式群体还是非正式群体,它们都能影响人们日常工作的方式及其效率。在幼儿园日常工作中,如果能将教职工组建成团队,并且使团队的核心思想与幼儿园发展的最终目标相一致,那么,这种团队不仅能使教职工从中获得归属感和安全感,而且还能使教职工之间形成以团队合作意识为核心的非正式群体。为此,对这种群体,幼儿园可以激发他们互相合作的热情,以更好地完成本职工作。

第四节　幼儿园人力资源考评

 问题与思考

幼儿园人力资源考评的方式有哪些?在幼儿园管理中如何应用关键绩效指标法?

幼儿园人力资源考评是指对幼儿园内的所有工作人员在一定时期内的工作表现进行考核和评价。通过人力资源考评,幼儿园不仅可以奖优罚劣,还能初步了解不同教职工的优缺点和本园所内的人力资源结构。根据人力资源考评的结果,园长能够清楚地知道,哪些人应当得到奖励与晋升,哪些人应当受到批评或鼓励。不仅如此,通过人力资源考评,还可以帮助幼儿园发现是否存在人力资源短缺或者冗余的问题。基于此,人力资源考评在幼儿园的人力资源管理中有着重要意义。可以说,人力资源考评是幼儿园进行不同阶段人力资源安排的参考标准,能够为接下来的人力资源管理指引方向。[24]

幼儿园人力资源考评的对象主要是园长和教职工。园长的考评主要由举办者、董事会、上级主管部门等主体执行,而教职工的考评则主要由园长负责。人力资源考评并不只是为了得到一个考评结果,而是为了促进幼儿园内部人力资源结构的日益完善。

一、幼儿园人力资源考评方式

幼儿园人力资源考评的方式,主要有如下四种。

（一）自始至终进行观察记录

幼儿园人力资源考评活动应从每学期初教职工开始工作时就展开,其方式主要是观察记录,以便在学期末考评时作为重要依据。做好平时的观察记录,能够帮助管理者解释为什么会有这样的考评结果。而这些观察记录也是幼儿园对教职工进行定性评价的依据。在考评过程中,不仅要使用定量的方式,还要重视定性评价的价值。

（二）注重关键绩效指标考核

幼儿园在人力资源考评活动中,可使用关键绩效指标考核的方式。这种考核方式与幼儿园发展战略相结合,归纳出关键性的绩效指标,以此对全体教职工进行考核。这种考核方式,有利于幼儿园发展战略的执行和实现。

（三）自评与他评方式相结合

幼儿园在人力资源考评过程中,采取自评与他评相结合的方式,不仅能够帮助教职工不断地进行自我认识和改进,而且也能获得更加全面、可靠的评价信息。与此同时,这种评价方式尊重教职工的自我评价,能够减轻他们对考评活动的抵触情绪。自评与他评相结合的方式有利于教职工对自己的能力和不足进行客观的分析,并使他们清楚地意识到应当从哪些方面来提升自己。

（四）以形成性发展评价为主

幼儿园人力资源考评以形成性发展评价为主,是指不管考评结果如何,管理者都要以促进教职工的进一步发展为目的,而不是仅仅根据考评结果进行奖惩而已。对教职工进行适时适当的奖惩是必要的,它能够起到激励与强化的作用。但是,奖惩只是手段,而非目的。人力资源考评的真正目的,是促使幼儿园内的所有工作人员不断提升自我,并更加努力地工作。因此,管理者要善用人力资源考评结果来促进幼儿园人力资源的发展,调整幼儿园内部的人力资源结构,并且在必要的时候进行人力资源的调整。

总之,在幼儿园人力资源考评过程中,我们应该注重自始至终的观察记录,应当坚持定性与定量方式相结合、他评与自评方式相结合、以形成性发展评价为主的原则,并且合理使用关键绩效指标考核的方法。

二、关键绩效指标法(KPI)

（一）关键绩效指标法解读

关键绩效指标(Key Performance Indicator,简称 KPI)是指企业宏观战略目标决策经过层层分解产生的可操作性的战术目标,是宏观战略决策执行效果的监测指针。通常情况下,KPI 是用来反映策略执行效果的。

KPI 是衡量企业战略实施效果的关键指标。其目的是建立一种机制,将企业战略转化为内部过程和活动,以不断增强企业的核心竞争力和持续地取得高效益,使得绩效管理体系不仅成为激励、约束手段,更成为战略实施工具。KPI 不仅仅是对组织和个人进行绩效目标设计的工具、绩效监控的对象、绩效评价的依据,更重要的是,KPI 的设置代表了企业运行管理的价值导向和战略方向。[25]

(二) 关键绩效指标法运用

构建一个完善的幼儿园绩效管理体系大致分为两个阶段:第一阶段为 KPI 指标体系构建阶段,第二阶段为绩效循环阶段。[26]

KPI 指标体系构建阶段可以分为寻找 KPI、确定 KPI 和构建 KPI 体系三个步骤。第一,寻找 KPI,应当从幼儿园的战略目标出发,层层分解,再通过反馈进行确认,从而提取 KPI 指标。第二,确定 KPI,要明确被考核者的职业岗位特点,确定 KPI 各项指标权重。第三,构建 KPI 体系,则需在前两者完善的基础上,查漏补缺整个 KPI 体系。

绩效循环阶段由五个环节组成,分别是绩效计划环节、绩效管理过程控制环节、绩效考核环节、绩效反馈与面谈环节、绩效考核结果应用环节。幼儿园管理者想要充分发挥绩效管理体系的作用,达到激励教职工,提高工作绩效,最终实现幼儿园整体绩效提升的目标,就需要学习科学的绩效管理理念,在每个环节把控细节、加大管理力度,形成良好的沟通氛围。

 本章小结

本章在幼儿园人力资源管理概述部分详细介绍了人力资源的分类及其管理的机制、原则和流程。幼儿园人力资源可分为领导层、管理层和执行层三类;人力资源管理机制有牵引机制、激励机制、约束机制和竞争淘汰机制四种;幼儿园人力资源管理应当运用教育性原则、伦理性原则、发展性原则和激励性原则;幼儿园人力资源管理的具体流程包括:人力资源战略规划、人力资源需求预测、人力资源获取配置、人力资源培训开发、教职工薪酬管理以及人力资源激励考核。接着,详细介绍了幼儿园人力资源招募、人才培养与激励,以及人力资源考评的具体方法。当幼儿园进行人力资源招募时,管理者应当制定适当的人力资源政策,进行明确的岗位分析和岗位说明,并遵循招聘的流程。对幼儿园人才的培养,应当从立德树人教育精神、岗位与环境适应性、教职工专业技术能力三方面着手来提升其核心素养。在人才激励中,管理者应当树立尊重人才的价值观,提供优越的工作环境,在注重公平的基础上充分利用经济报酬手段,为教职工提供参与管理和自我实现的机会,还应通过团队合作来激发教职工的工作热情。幼儿园人力资源考评方式强调:自始至终进行观察记录、注重关键绩效指标考核、自评与他评方式相结合和以形成性发展评价为主,并且应把关键绩效指标法(KPI)

应用到幼儿园人力资源考评中来。

 理解·反思·探究

　　1. 幼儿园人力资源管理的机制、原则和流程是怎样的?

　　2. 幼儿园怎样从人才市场招募到合格人才?

　　3. 怎样对幼儿园人才进行培养和激励?

　　4. 幼儿园如何实施人力资源考评?

推荐阅读

　　1. 莫寰,张延平,王满四.人力资源管理:原理、技巧与应用[M].北京:清华大学出版社,2007.

　　2. [美]加里·德斯勒.人力资源管理(第六版)[M].刘昕,吴雯芳,等译.北京:中国人民大学出版社,1999.

　　3. [美]多萝西·琼·夏拉,安妮·G.多尔西.幼儿园的开办与管理[M].张咏,等译.北京:中国轻工业出版社,2003.

参考文献

　　[1] 莫寰,张延平,王满四.人力资源管理:原理、技巧与应用[M].北京:清华大学出版社,2007:4.

　　[2] 曹方平.我国社会组织人才开发的现状及特点浅析[J].河北企业,2015(12):120-122.

　　[3] [美]多萝西·琼·夏拉,安妮·G.多尔西.幼儿园的开办与管理[M].张咏,等译.北京:中国轻工业出版社,2003:38-39.

　　[4] 中华人民共和国教育部.幼儿园工作规程[EB/OL].(2016-03-01)[2022-08-01].http://www.moe.gov.cn/srcsite/A02/s5911/moe_621/201602/t20160229_231184.html.

　　[5] 中华人民共和国教育部.幼儿园工作规程[EB/OL].(2016-03-01)[2022-08-01].http://www.moe.gov.cn/srcsite/A02/s5911/moe_621/201602/t20160229_231184.html.

　　[6] 张燕.幼儿园管理[M].北京:北京师范大学出版社,1997:249.

　　[7] 中华人民共和国教育部.幼儿园工作规程[EB/OL].(2016-03-01)[2022-08-01].http://www.moe.gov.cn/srcsite/A02/s5911/moe_621/201602/t20160229_231184.html.

　　[8] 彭剑锋.人力资源管理四大机制[J].企业管理,2003(09):90-93.

　　[9] 郭桂永.企业激励机制问题的思考[J].东岳论丛,2007(03):187-189.

　　[10] 邢利娅.幼儿园管理[M].北京:高等教育出版社,2010:98.

[11] 张洁梅.我国企业人力资源管理伦理分析[J].学术论坛,2009(09):119-122.

[12] [美]加里·德斯勒.人力资源管理(第六版)[M].刘昕,吴雯芳,等译.北京:中国人民大学出版社,1999:667.

[13] [美]多萝西·琼·夏拉,安妮·G.多尔西.幼儿园的开办与管理[M].张咏,等译.北京:中国轻工业出版社,2003:161.

[14] 谢吉刚.论企业人力资本投资的风险及防范[C]//中国人力资源开发研究会第十次会员代表大会暨学术研讨会论文汇编.[出版者不详],2008:118-127.

[15] 中华人民共和国教育部.幼儿园工作规程[EB/OL].(2016-03-01)[2022-08-01].http://www.moe.gov.cn/srcsite/A02/s5911/moe_621/201602/t20160229_231184.html.

[16] [美]加里·德斯勒.人力资源管理(第六版)[M].刘昕,吴雯芳,等译.北京:中国人民大学出版社,1999:78-80.

[17] 许巨林.现代企业应如何发掘、招聘优秀人才[J].交通企业管理,2004(06):20-21.

[18] 时松.幼儿园管理[M].北京:北京师范大学出版社,2015:247-253.

[19] 秦明华,张欣.幼儿园组织与管理[M].上海:复旦大学出版社,2008:163.

[20] 胡艳,胡倩.改革开放40年我国幼儿教师教育的发展、成绩与问题[J].教师教育研究,2018(06):1-9.

[21] 秦明华,张欣.幼儿园组织与管理[M].上海:复旦大学出版社,2008:162.

[22] 武俊学,李向英.构建网络环境下教师学习共同体——教师专业发展的创新途径[J].现代教育技术,2006(01):69-72,52.

[23] 李兴修,于世芬.公平理论评析[J].华东经济管理,2002(06):49-51.

[24] 赵曙明,张敏,赵宜萱.人力资源管理百年:演变与发展[J].外国经济与管理,2019(12):50-73.

[25] 杨威.基于KPI为核心的企业绩效考核探析[J].现代国企研究,2016(02):58,60.

[26] 洪莹.ALX幼儿园绩效管理的研究[D].厦门:厦门大学,2019:33-34.

第十四章　幼儿园信息化管理

　　积极推进"互联网＋教育"，坚持信息技术与教育教学深度融合的核心理念，坚持应用驱动和机制创新的基本方针，建立健全教育信息化可持续发展机制，构建网络化、数字化、智能化、个性化、终身化的教育体系，建设人人皆学、处处能学、时时可学的学习型社会，实现更加开放、更加适合、更加人本、更加平等、更加可持续的教育，推动我国教育信息化整体水平走在世界前列，真正走出一条中国特色的教育信息化发展路子。

　　　　　　　　　　　　　　　　　　　　　　　　　　　——《教育信息化 2.0 行动计划》

 知识导图

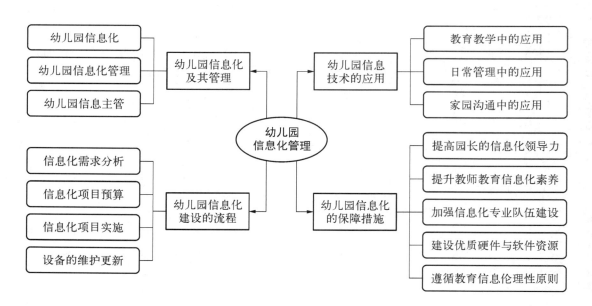

要点提示

　　本章内容主要包括四个方面：一是幼儿园信息化及其管理，主要围绕幼儿园信息化、幼儿园信息化管理及幼儿园信息主管展开；二是分析幼儿园信息化建设的流程，包括信息化需求分析、项目预算、项目实施及设备的维护更新；三是幼儿园信息技术的应用，细分为在教育教学、日常管理和家园沟通中的应用；四是幼儿园信息化的保障措施，包括提高园长的信息化领导力、提升教师教育信息化素养、加强信息化专业队伍建设、建设优质硬件与软件资源及遵循教育信息伦理性原则等。

 学习目标

　　通过本章学习，你应该能够：
- 理解什么是幼儿园信息化管理。
- 了解幼儿园信息主管应具备的素养。
- 掌握幼儿园信息化建设的流程。
- 了解幼儿园信息化技术的应用情况。
- 掌握幼儿园信息化的保障措施。

第一节　幼儿园信息化及其管理

 问题与思考

什么是幼儿园信息化管理？幼儿园信息主管应具备哪些素养？

一、幼儿园信息化

在"互联网＋"时代,信息技术与教育深度融合,越发凸显了信息技术对教育的革命性影响。学前教育作为整个教育体系中最为基础的部分,也越来越受到教育行政部门的重视。与此同时,幼儿园教育信息化在整个教育信息化建设进程中也备受重视。随着社会信息化水平的提高、国民经济水准的提升、社会人口结构的变化,幼儿园的教育教学、各项管理都必须顺应社会信息化发展的大潮,运用高效的信息化手段,为家长和社会提供高品质的幼儿教育服务。园长作为幼儿园全面工作的最高行政主管,在面对快速变化的外部环境时,势必要对幼儿园信息化发展过程进行管理,使得幼儿园信息化进程有条不紊地推进,从而满足园所发展需要与社会需求。

所谓教育信息化,指的是在教育系统内由于信息技术的广泛使用而引起的信息文化衍生、发展,并培育信息文明的过程。为此,教育信息化发展存在着三个阶段:一是信息技术在教育系统的使用,二是信息文化的衍生与发展,三是培育出高度的信息文明,实现人类福祉。

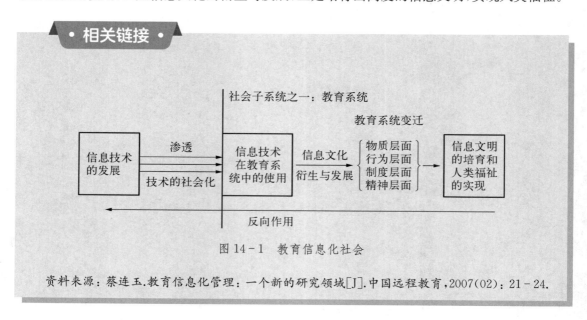

图 14-1　教育信息化社会

资料来源:蔡连玉.教育信息化管理:一个新的研究领域[J].中国远程教育,2007(02):21-24.

幼儿园信息化属于教育信息化的一个子系统,是对幼儿园信息化这一过程进行的计划、组织、协调和控制等活动。幼儿园信息化的过程包括信息技术在幼儿园系统的应用、幼儿园系统内信息文化的衍生与发展及幼儿园信息文明的提升三个阶段。[1]

二、幼儿园信息化管理

如上所述,所谓教育信息化管理,就是对教育信息化这一过程进行的计划、组织、协调和控制等活动。教育信息化的过程包括信息技术在教育系统的应用、教育系统内信息文化的衍生与发展及信息文明的提升三个阶段。幼儿园信息化管理的管理对象是"幼儿园信息化"这一过程。简而言之,幼儿园信息化管理是指幼儿园教职工在信息技术的支持下,结合信息化管理的相关理念,科学而系统地处理幼儿园各类事务,从而更好地服务于幼儿园教学和管理。[2]

三、幼儿园信息主管

(一) 幼儿园信息主管的概念

在教育领域,学校信息主管是一个舶来品,它来源于企业领域的 CIO。CIO 是英文 Chief Information Officer 的简称,可以译为信息主管或者最高信息官。美国知名商业杂志《CIO TODAY》对 CIO 有详细的界定,即 CIO 是负责一个企业信息技术和系统的所有领域的高级官员。他们通过指导信息技术的利用来支持企业的目标。他们具备技术与业务过程等方面的知识,是将组织的技术调配战略与业务战略紧密结合在一起的最佳人选。[3]据此可以认为,CIO 是企业主管信息化建设的最高专门负责人,其工作包括参与主管企业的业务与发展战略。这一行政职位与传统的信息技术主管存在差异,其差异集中地体现在 CIO 与企业的业务和发展战略紧密地联系在一起,而传统的信息技术主管只负责信息技术建设。这一点正是 CIO 概念的质的规定性。

对一所中小型幼儿园而言,幼儿园最高行政主管即园长,需要对幼儿园信息化进行全面高效的管理,这些中小型幼儿园的园长就是其最高信息主管(CIO)。而对大型幼儿园来说,则需要设立专门的信息主管职位,招聘专门的具有管理幼儿园信息化进程素养的人才。因此,幼儿园 CIO 就是幼儿园信息化建设的最高主管。幼儿园 CIO 与幼儿园教育实践及幼儿园发展战略紧密地联系在一起,属于幼儿园核心决策者之一。

在企业界,从 20 世纪 80 年代开始,正是因为 CIO 理念在西方发达国家的兴起,而且形成了整套的管理理论与方法,才使信息技术管理"从单纯的技术性管理提高到决策层管理"[4]。在幼儿园领域,也正是幼儿园 CIO 理念与体制,使教育技术管理从幼儿园管理的边缘走向中心,因为幼儿园信息主管不再只像传统的"教育技术中心主任"一样不关心幼儿园教育,也无权关心幼儿园发展战略。所以,幼儿园 CIO 必须进入幼儿园管理的核心决策层。

此是其一。其二，幼儿园 CIO 必须与幼儿园核心业务——幼儿教育事业高度相关，必须是参与主管教育实践的。这也与传统的"教育技术中心主任"的身份不一致。传统的"教育技术中心主任"只要负责把幼儿园网络建好并维持其正常运转，保障幼儿园多媒体教室正常使用，做好类似的技术活就够了；而幼儿园 CIO 要关注信息技术的课程整合，既要考虑如何做好技术设计才能使教师更便捷地把信息技术整合进课堂教学实践中，还要关注整个园内信息文明的提升，如信息伦理与法律方面的教育等问题。其三，幼儿园 CIO 是幼儿园信息化发展的最高专门主管，其主管的是整个幼儿园的教育信息化发展。

（二）幼儿园信息主管的素养

一般地，对企业 CIO 的素养要求主要是三个方面，即信息技术素养、管理素养和业务素养。其总体上的要求是，企业 CIO 既要懂信息技术，又要懂业务和管理。[5] 对于幼儿园 CIO 而言，关键之一是要懂学前教育。也就是说，幼儿园 CIO 应具备管理、信息技术和教育三个方面的素养。

在幼儿园 CIO 的三个素养中，教育素养是 CIO 体制应用到幼儿园系统后的业务要求。但是在实践中，我国当前一些幼儿园 CIO 或准幼儿园 CIO 所具有的素养与理想的标准还有一些差距。许多幼儿园 CIO 出身于信息技术行业，这是因为许多园长对教育信息化有一种单一的技术化理解，因此直接任命信息技术中心负责人为幼儿园 CIO。这种教育背景的幼儿园 CIO，如果不加强培训与学习，往往在管理素养和教育素养上会有所欠缺。而事实上，这是我国当前在推行幼儿园 CIO 体制中遇到的一个主要问题。幼儿园 CIO 教育素养和管理素养的缺乏将会带来两方面最为直接的后果。一方面，这些幼儿园 CIO 不能从战略层次来考虑幼儿园的信息化发展问题，而信息技术的发展是一日千里的，因此没有正确的教育信息化发展战略，往往会造成幼儿园信息化发展的方向失误和有限资源的巨大浪费。另一方面，幼儿园 CIO 因缺乏教育素养，会使幼儿园的信息化发展往往与幼儿园的教育教学不能整合在一起，从而不能有效促进幼儿园的发展。

第二节　幼儿园信息化建设的流程

 问题与思考

幼儿园信息化建设应遵循什么样的流程？

幼儿园实现信息化不是一蹴而就的事情，它是一个系统工程，需要一系列项目的支持，需要结合幼儿园内外环境的特点进行全面细致的分析，制定详细的信息化项目计划，做好充分的人力、物力和财力准备。这一系列项目既包括幼儿园信息化的基础性技术项目，还包括提升幼儿园信息文明的项目，如信息素养培养等。本节探讨的主要是幼儿园信息化的基础性技术项目。

幼儿园要明确每一信息技术项目的目标，并研究实现这些目标的可行性，就要有足够的人力、物力和财力预算，保证每一技术项目都能够在理想的环境中运行。另外，幼儿园还要预计项目实施中可能会遇到的风险和阻力，做好应对意外事件的准备。在技术项目运行过程中，幼儿园还要对项目进行有效的监督与调控，及时纠正运行过程中的错误。[6]经过一段时间的运行，幼儿园还要适时评估项目运行的效果，对其质量与效果进行评估，推陈出新，使幼儿园信息化技术系统不断得到完善。

幼儿园信息化基础性技术项目的建设一般要遵循如下几个步骤。

一、信息化需求分析

对幼儿园信息化项目进行需求分析，就是要明确幼儿园信息化系统构建所需要实施的技术项目。幼儿园在实施信息化建设的前期准备阶段，既要对项目作出客观且符合幼儿园自身发展需求的技术需求分析，还要明确幼儿园需要哪些技术、怎样获得这些技术项目的支持。比如，一般情况下，幼儿园会从办公管理、辅助教育教学及对内与对外沟通三个方面寻求信息化技术支持。为了更好地对外沟通宣传，幼儿园可以构建自己的网站，可以使用家校通等技术；为使教育教学信息化，可以建构内部网络，使课件资源共享，或通过与外网的联通获得更丰富的教育资源；为实现校园安全管理，可使用监控技术与设备等。有些技术项目可以外包给专业的技术项目承接机构，将幼儿园对技术要实现的功能需求编制成功能需求书，提供给这些专业机构，从这些机构购得符合本园功能需求的办公管理系统软件、教育教学管理软件等。因为外部机构技术比较成熟，因此从外部购得的技术支持，既省时省力，又能保证使用过程中的安全与便捷。当然，有些简单的信息化技术也可以由自己来进行开发实现。总之，不管选用哪种方式，幼儿园必须明确需要哪些技术，是通过购买还是自己开发这些技术，这样才能开展下一步的工作。

二、信息化项目预算

有效的项目预算对幼儿园信息化的发展是十分必要的。充分的人力、物力和财力预算能够保障技术项目的顺利进行，能够避免项目运行中途因人力、物力和财力欠缺而造成拖延或中断。具体来说，幼儿园应对技术项目涉及的人力、物力和财力进行预算，并保障人力、物力和财力的来源充裕。

从人力方面来看，幼儿园要确保有一支具备足够信息素养的队伍，确保大家会使用这些信息技术手段进行办公、教育教学等工作，保证技术能够充分被使用。如果花费了资金，构建了信息化工程,结果没人会使用和维护,就会造成很大的浪费。因此,在使用技术之前,进行相关的人员培训是必须的。培训内容主要包括技术使用方法及其后期维护。培训课程可以由技术项目承接单位负责,也可由幼儿园自己组织。另外,幼儿园还要为教职工营造一个乐于使用信息化方式进行教育教学活动的良好氛围,使教职工都有使用信息化技术的热情,使信息化方式深入人心。只有这样,信息化技术、设备才能物尽其用,才能充分发挥其独特功效。

此外,在物力和财力方面的预算也必不可少。实施和运行信息化项目,需要有大量的硬件和技术支持,这些硬件与技术的获得需要有充足的资金。另外,对这些硬件和技术进行后期更新、维护等也需要大量资金。幼儿园必须对这些资金的需求作出预算,根据本园的需要和财力选购合适的硬件和技术,既确保硬件技术够用、不浪费资源,也要确保硬件和技术资源充足,以免使用时捉襟见肘。

三、信息化项目实施

幼儿园信息化基础技术项目在明确了需要哪些技术,决定了技术的实现方式,做好了充分的人力、财力和物力预算之后,接下来的工作就是将这些技术或设备各就各位,进行运行调试,这一步至关重要。在技术和设备投入使用阶段,一方面必须对其进行检测,检查设备运行的安全性和稳定性;另一方面应对照幼儿园的功能需求,判断其是否符合原始需求,及时发现运行过程中存在的问题,以便及时整改,使其达到理想效果。下面我们分别从安全监控、办公系统、教学信息化设备和幼儿园网站等几个维度,简要说明信息化技术项目在检测验收时需要注意的问题。

第一,安全监控。在对幼儿园安全监控系统运行的调控与检测中,要求管理者使用计算机监控器,对重点区域进行全方位监控,如通道、儿童活动区域及一些安全死角区域,要确保这些区域装有监控设备。运行调试设备时,要检查这些重点监控区域是否都有安全监控系统的覆盖,发现问题要及时调整,为幼儿园安全管理工作做好有力的技术保障。

第二,办公系统。对办公系统,幼儿园也要检测系统功能是否满足了功能需求,对不符合功能需求的要与供应商协商解决,或通过其他途径自行解决。对于其他附带的、不在本园计划范围内的功能,幼儿园要清楚其功能与相关使用方法,最好是从供应商处获得功能和使用的说明书。

第三,教学信息化设备。对于幼儿园教学中的多媒体设备的使用,幼儿园必须先请专业人员进行调试和操作演示,确保设备能正常使用。幼儿园最好让专业人员提前讲解使用过程中常出现的问题,演示如何解决这些问题,以避免在日后教学过程中出现问题时因没法解决而造成教学事故。

第四,幼儿园网站。幼儿园在对对外沟通和宣传的门户网站技术项目进行调试验收时,要检查网站的功能是否符合本园需求,对其安全性问题、内容更新问题也不容忽视。这些都需要网站建设人员对幼儿园相关技术负责人进行专业指导。

四、设备的维护更新

随着信息技术的飞速发展，新理论、新技术、新平台每天都在涌现，甚至是同一平台、同一软件都在不断更新换代。因此，经过一段时间的运行，幼儿园内的信息技术系统和设备的使用基本正常运转，但这并不意味着幼儿园信息化系统的构建是一劳永逸的，它必须随着时代的发展需求而及时更新。新时期需要新的技术和功能来适应内外部环境的需求变化，因此在实行幼儿园信息化管理的过程中，要特别关注技术与设备的维护和更新。首先，需要定期检查相关设备的运行情况，避免长久不使用、不检修导致设备无法正常运行。其次，对幼儿园内信息技术保持更新，使得各类设备和应用软件的设计更加人性化、实用化、简单化。如及时更新一些性能较差、使用困难的设备；对于淘汰下来的旧设备，可以考虑联系相关配件回收站，也可以将一些陈旧但还能用的设备捐掉。最后，由于许多幼儿园的现代教育技术部门人员配备不足，完全依靠园内专业技术人员很难满足幼儿园信息设备服务和管理的需要。幼儿园可以外聘少量教育技术专业人员，由幼儿园管理人员和外来专家组建信息技术维护、管理队伍，以缓解幼儿园部分工作压力。教育技术的开发方出于自身业务发展的需要，在设备采购、系统集成、设备维修、设备管理、客户服务等环节均会配备专门的人员。而以提供技术服务为主要业务的公司，在单一技术领域内的人员储备上必然比幼儿园具有更大的优势，且经过长期的市场运作，其接触到的产品、客户案例、故障和应急处置都比幼儿园管理人员更多、更复杂，在服务中也具有更高的管理和维护效率。

第三节　幼儿园信息技术的应用

 问题与思考

幼儿园信息技术在教育教学、日常管理和家园沟通中的应用情况怎样？

一、教育教学中的应用

幼儿园教育的主要对象是 3—6 岁幼儿，这一阶段的幼儿处于思维发展的关键时期。幼儿园在教学中借助现代信息技术的运用，为幼儿提供丰富的教育资源，以激发幼儿思维的发展；同时让幼儿更多地了解周围世界，获得知识经验，以促进幼儿德智体美劳的全面发展。此外，幼儿园信息化的发展活跃了课堂氛围，使幼儿在课堂中表现得更加积极自信，更愿意与教师进行互动,帮助双方建设信任关系。[7]信息技术的使用在幼儿园的教育教学中的主要表现形式以多媒体教学为主。多媒体技术的使用,既丰富了传统教学的内容,又改善了传统教学中存在的不足。在传统教学中,如教幼儿认识动物,往往只是通过静态的图片或图画配合语言讲解的方法,给幼儿讲解大熊猫、狮子等动物。这种方法比较直观,但它不能直观、动态地呈现动物特征,不利于幼儿对动物的全面认识,更不能扩展幼儿对这些动物更深入的了解。在多媒体教学中,通过视频、动画片的形式,将这些动物呈现给幼儿,无疑能激发幼儿的学习兴趣;再将动物的特点、生活习性等,以动听的音频和形象生动的视频展示给幼儿,会大大激发幼儿进一步深入学习的欲望,让幼儿感受到学习的乐趣。

从上述对两种教学方法的对比中可以看出,在传统的教学中,不管是教学方法,还是教学内容,都有其自身难以克服的问题。例如,教学内容不够丰富生动,不能很好地激发幼儿的学习兴趣;教学方法单一落后,无法适应幼儿身心发展需要等。而这些问题通过多媒体教学手段可以有效地解决。多媒体教学可以通过网络获取丰富而生动的资源,以动态多样的形式为幼儿呈现精彩的学习内容,带给幼儿多感官的刺激。它既符合幼儿身心发展特点,又带来很好的教学效果,并且可以重复使用,在一定意义上也减轻了教师自制教具的工作负担。多媒体教学的这些优势,是传统教学中所没有的,若能将之与传统教学方法相结合,必将带来幼儿园教育质量的提升。

二、日常管理中的应用

信息技术的使用不仅有助于幼儿园教学取得较好的效果,而且对幼儿园日常管理也大有裨益。信息化办公可以减少对人力、物力的资金投入,有着快捷方便、提高工作效率的好处。

(一)日常办公

办公类信息技术的使用能够使幼儿园的工作更加便捷和高效。日常办公可以借助图文处理软件和线上办公平台来完成,可大大减轻办公负担。

1.图文处理软件

在 Word 等办公软件中输入文本、图像等素材,能够对这些素材进行剪切、复制等。这些办公软件能够使办公变得容易、轻松,节约大量的人力。表格在幼儿园日常办公管理中要经常用到。Excel 等软件能够帮助用户自动绘制表格,支持表格内数据的自动运算。使用这些软件,表格处理工作就变得轻而易举。比如,幼儿个人基本信息表可以通过电子表格软件来做。电子档案不仅可以长期保存,信息不丢失,还可以根据需要随意增加或减少条目。Photoshop 等软件用来处理一些图片类的资料,比如在给幼儿做电子档案时,可以用来处理幼儿的电子照片,使其大小、像素和色彩等方面的规格更符合要求,以便存放到幼儿电子档案中。再如,幼儿园做展板宣传用的照片,也可以通过该软件进行美化处理,使其达到更好的宣传效果。

2. 线上办公平台

幼儿园可以借助幼儿园办公系统、微信等平台进行在线办公。幼儿园办公系统有消息中心、用户中心、班级管理、规章制度、幼儿出勤统计及文档中心等模块。所有模块均按需定制，以满足各幼儿园个性化办公的需求。如，幼儿园可通过这个系统在消息中心互发消息，或向所在班的家长发通知；教师和家长可通过手机端阅读和回复信息等。再如，带班教师可制定和发布教学周计划，园医可发布每周食谱，仓库管理员可在线管理教玩具、物品等；幼儿园教职工可共享文档资源，幼儿园管理者可根据权限进行各种审批等。可见，办公系统的建设极大地提高了园所内部的办公实效，还有利于做好资料和档案的保存工作。幼儿园还可以开通企业公众号，利用微信移动办公。微信移动办公系统具有丰富的日常办公功能，包括：消息和通知发送、班级管理、保教管理（工作计划、总结、教案在线浏览等）、后勤管理（外出公干申请、调班申请、请假登记、功能室活动登记、维修申请等）、每周食谱浏览等。以上办公系统一起配套使用，可使幼儿园管理者与教职工在任何地点、任何时间都能办公。[8]

（二）后勤管理

后勤管理是幼儿园管理中的重要组成部分，科学而高效的后勤管理是提高幼儿园整体管理水平的有力保障。后勤管理信息化会给幼儿园后勤管理带来前所未有的高效体验。信息化的后勤管理，可以通过基于网络平台的管理系统软件平台来实现。幼儿园可以根据自己的需要，规划好管理软件需要哪些模板功能，将自己的功能需要书交给技术开发商，让其量身打造合适的管理软件。[9]一般地，幼儿园后勤管理工作涉及安全管理、卫生保健管理和资产管理等方面。这几个方面的管理内容可分化为几个相应的模块，从而构成整个后勤管理系统。

1. 安全管理模块

幼儿安全是幼儿园安全工作的重中之重。幼儿安全事故常常发生在接送环节、校园暴力和自然灾害等方面。如，接送环节容易出现幼儿被冒领的情况；校园暴力主要来自教师体罚或变相体罚及同伴欺凌等；自然灾害如地震、火灾等。幼儿园借助信息技术手段可以让教师和家长少走弯路，把事故消灭在萌芽状态。如，在接送环节中可以采用打卡制度，幼儿园将幼儿接送卡信息录入幼儿考勤平台，并在后台绑定班级教师和家长的手机、微信。每刷一次卡，家长与班级教师都会收到相关提醒信息。[10]幼儿园安全管理模块需要定期上传各类安全常识，如消防安全知识、紧急情况下的逃生、自救常识和突发事故的紧急处理等。安全知识模块在丰富教职工安全防护知识、提高教职工防护能力的同时，还能增强教职工的安全防护意识。该模块有助于在幼儿园内营造人人讲安全、事事安全第一的氛围。该模块还可以通过技术连接到安全监控系统，收集安全监控系统监控到的画面，通过安全监控系统实时地对整个幼儿园的安全状况进行监控。

2. 卫生保健模块

近年来，随着国家对卫生保健信息化和教育信息化的重视，很多企业开发出了共享性的卫生保健管理软件,这为幼儿园卫生保健信息化管理开辟了道路。幼儿园卫生保健工作主要包括:合理安排幼儿一日生活、膳食营养管理、健康检查、传染病预防与控制等。幼儿园教职工将幼儿一日生活中采集到的信息(如:考勤、晨检、睡眠、饮食、精神状况、行为等)录入相关管理系统中,系统会根据这些数据信息分析出幼儿的健康状况,并据此推荐个性化的管理方式,比如:针对体弱儿、肥胖儿建立的专案管理,科学地减轻了幼儿教师的工作量。[11]由于幼儿园是一个人员活动相对密集的场所,容易滋生细菌类的传染病,所以幼儿园保健工作也相当重要。为此,卫生保健模块可收集一些安全保健知识和短片,以很好地教会幼儿如何做好个人卫生保健工作。此外,幼儿园还可以通过与当地的妇幼保健机构合作实现幼儿健康检查数据互通,从而及时了解幼儿的健康情况,一旦发现有幼儿患上疑似传染病,便可立即采取相应的措施。

3. 资产管理模块

幼儿园资产管理主要包括实物管理和账务管理两部分。在实物管理方面,库房管理人员可以用电脑建立物品管理系统或者采用现成的物品管理系统对园中物品入库、出库等过程实行系统化管理。幼儿园物品出库除了要录入出库时间、出库数量、物品去向等之外,还要根据情况决定是否需要录入归还情况。以上这些看似简单的工作,却能让物品管理工作有条不紊地进行。库房管理人员只需在系统中输入物品的名称即可查找该物品的状态信息,这给他们对物品的采购、发放、保管、维护等工作带来了很大便利。在账务管理方面,会计人员可以建立电子台账,比如利用 Excel 表格定期记录园内物品盘点数据,及时分析账单数据,实现实物管理和账务管理相符,从而保障资产的安全与完整。[12]

三、家园沟通中的应用

在幼儿园管理中,幼儿园与家长之间的沟通是必不可少的。如何让家长及时了解幼儿在园表现,如何及时发布幼儿园的相关信息给家长,如何实现家长与幼儿园的良好沟通,让家长更信任且配合幼儿园的工作,这些都需要信息化手段的支持。幼儿园可利用信息化手段,将教学的过程中幼儿的日常状况和一些重要的信息全部纳入幼儿园的信息管理系统中,让幼儿家长和幼儿园之间直接进行沟通和接触,提高工作效率。如在幼儿园的建设和发展的过程中,家长接送幼儿的时间和幼儿园的放学时间之间存在冲突,部分家长在接送幼儿的问题上存在一定程度上的不确定性。这时,如果家长不与教师之间保持畅通的联络,教师很难为幼儿的安全提供保障。若双方利用微信、家园通等平台进行家园沟通,则能更好地保障幼儿的生命安全,能够充分地做到让家长安心和放心。[13]

信息化建设的过程中也有助于幼儿园信息的发布与共享。在日常教学的过程中,教师可以将幼儿在日常生活中的所有信息都录入幼儿园的信息管理系统中。当幼儿家长有相关需要时,可以针对自己的需求找到自己孩子的信息。以微信公众平台为例,在幼儿园的建设和发展的过程中,因为微信公众平台的操作便捷、功能丰富,部分幼儿园将微信公众平台作为教师与家长沟通的平台。教师在日常的工作中将收集到的有关于幼儿的文字、图片以及视频分析,通过分享发布在微信工作平台上。家长可以根据实际的需求,在微信公众平台中找到自己所需要的资料,完成信息的共享。此外,幼儿家长可以通过微信公众平台与教师进行交流,以便让教师进一步了解幼儿在日常生活中的状态。[14]

第四节　幼儿园信息化的保障措施

 问题与思考 ————————————————————————————————●

在幼儿园信息化过程中,应有哪些保障措施?

幼儿园信息化的实现不是一蹴而就的事情,而是一个系统工程。它需要一系列项目的支持,需要结合幼儿园内外环境的特点作出全面细致的分析,制定详细的信息化项目计划,作好充分的人力、物力和财力准备。

一、提高园长的信息化领导力

"一个好校长就是一所好学校"的说法每每见诸报端,践行于学校。作为幼儿园的管理者,园长所承担的责任举足轻重。因此,在教育信息化的发展浪潮中,以园长为代表的管理者的信息化领导力同样深远地影响着幼儿园教育信息化的发展与深层次应用。幼儿园可以需要建立一个"职前—入职—在职"的三级园长信息化领导力培训体系。如在职前阶段,应在高校、职业院校的学前教育专业开设一定比重的学前教育信息化相关课程,使这些未来的园长具有一定的实现学前教育信息化所需要的知识储备;在入职阶段,应改革幼儿园园长选拔机制,针对幼儿园骨干教师试行信息技术应用能力提升轮训制度,将信息化领导力作为选拔园长的重要依据,并提供相关的培训;在在职阶段,应主要将信息化领导力提升的相关课程融入在任园长的各种培训中,或者进行园长信息化领导力专项培训,并建立专门的"园长信息化领导力标准",对在职的园长进行定期考评。另外,要充分发挥示范幼儿园在信息化建设中的示范效应,如可以通过参观示范幼儿园、访谈示范幼儿园园长、树立示范园典型形象或者口耳相传典型事件等方式,在一定程度上提升非示范园园长的信息化领导力。有条件的地区还可以建立区域幼儿园园长沟通交流机制,以网络虚拟教研或协会组织会议的方式,加强各级幼儿园园长之间的交流,让大家共享信息化探索经验。[15]

二、提升教师教育信息化素养

教师的信息化意识、信息技术操作及应用能力,对教育信息化的推进有重要意义。现代教育技术在教学中的运用是必然趋势,幼儿教师如果想要从事教育事业,就必须掌握有关教育信息化的相关专业知识及实践能力。在教师素养提升方面,幼儿园要全面强化教师信息素养提升工程,夯实信息技术与教育教学融合创新发展基础。幼儿园内的信息技术培训可以通过分层的方式进行,对幼儿教师和行政人员进行有针对性的指导,以点带面,促使全员都能得到相应的提升。幼儿园应定期邀请领域专家举办相关讲座,对幼儿教师进行定期培训,为教师学习提供资源,为教师交流合作提供平台,使教师自觉运用信息技术提高自身教学水平。信息技术培训可以从软件基础的操作与多媒体应用能力开始,如运用 Word 处理文字、PPT 演示文稿、Excel 制作表格等。与此同时,教师还要掌握网络设备与资源的使用方法,熟悉相应的管理操作系统,充分利用平台的特性,打破时空限制,随时随地在教研讨论组中进行学习,解决教学过程中的难题。[16]在信息化教学过程中,学前教育与信息化的融合难免会出现许多问题,这就需要幼儿教师共同解决在实际运用中产生的各种问题。这样,可帮助他们提高科研能力与理论研究能力,从而提高自身素质,提高教学水平。[17]例如,幼儿园可以在互联网平台中创设教学论坛,开设有关的研究坊和讨论组,促使幼儿教师能够时刻分享自己的心得,加强信息技术应用水平。

三、加强信息化专业队伍建设

如果没有高信息素养的专业人才,就难以开展高水平的信息化建设活动。高校信息化建设之根本,就是要有效推进幼儿园教育的信息化建设,培养一支稳定、有活力的信息化人才队伍。但是多数幼儿园信息化设备运维与管理岗位的类型、编制、岗位职责和任职条件等相关政策不明确,有的幼儿园将其划归为教辅岗位,有的幼儿园将其划归为教学岗位,相关岗位主要由信息技术学科教师兼职负责,运维质量得不到有效保证。为加快脚步解决幼儿园信息化建设与发展过程中遇到的问题,要建立起幼儿园 CIO 制度,并且明确首席信息官的主要工作任务和管理责任,系统提升管理者的融合创新能力。幼儿园 CIO 制度的建立能够改善信息化建设方向不明、幼儿园信息流通不畅、相关部门无人协调,以及幼儿园信息资源管理混乱、重复建设等问题。对幼儿园的信息主管而言,要加强专业学习,参与专业能力提升系列培训,不断提升自身的工作水平和创新能力,不断提高业务支撑服务能力。此外,幼儿园要与企业之间建立良好的伙伴关系。幼儿园信息化建设中需要大量软件平台开发类人才,因此可以精选可靠的企业和服务外包团队,借助企业的专业软件开发人员和服务外包团队来进行研发和维护工作。这些外力也可作为专业人才队伍的支撑与补充,成为幼儿园信息化推行进程中的强大后盾。

四、建设优质硬件与软件资源

幼儿园信息化建设的速度与质量,在很大程度上取决于资金的投入。不论是基础设备的投放与维修,还是软件资源的配用和教师的培训,幼儿园都需投入大量的资金。幼儿园应努力拓宽资金筹措渠道,与相关社会机构或教育机构合作,鼓励社会力量帮助办园,多方面筹措资金,加快幼儿园信息化建设步伐。幼儿园信息化建设主要由硬件与软件两大部分组成。硬件包含用户终端、服务器、网络设备等;软件则囊括了系统管理软件和操作平台等。因此,幼儿园要结合实际情况,将教学管理的资源有效整合,形成合理的管理模式。在现代社会背景下,信息技术装备的配置是实现办公管理的关键。幼儿园可以在功能室、办公室和活动室中安装相关的网络接口,将服务器、用户终端等相关网络设备串联相接,并配置出相应的园内局域网。教学管理和行政领域的硬件配置主要包括:多媒体交互平台、投影仪、打印机、计算机、监控设备和扫描仪等。当幼儿园的主要硬件设施合理配备后,我们便需要对适合园内办公的操作平台进行构建,保证能够实现现代信息化的教学管理。幼儿园要以网络化、数字化、智能化、高度应用化为基础,总结幼儿园信息化建设和使用的经验,结合幼儿园教学管理特点,寻找信息化建设模式与构建框架,在此基础上设计一个功能完备、使用方便、安全稳定的幼儿园信息化管理平台。幼儿园管理者要对各部门进行合理分工,并根据主系统设立出相关的分系统,促进信息化管理平台的高效运作。[18]

五、遵循教育信息伦理性原则

信息技术走进幼儿园、走进孩子们的生活,是时代发展的必然趋势,也是幼儿园发展的需要。它在某种程度上真正体现了幼儿是教育的主体这一原则。但是,幼儿园在信息技术的使用中仍存在着技术崇拜遮蔽教育本质、泄露隐私、侵犯幼儿权利等伦理问题。技术为幼儿园教学和管理带来了更多的选择性和可行性,但技术作为一种工具,本身并无是非对错之分。信息技术使用的目的、产生的结果往往不是由其自身决定的,而在于使用它的主体。[19]幼儿教师作为教育技术使用的主导者,应明确自身义务和责任,避免教育技术的使用给幼儿成长带来负面效应。幼儿园信息化建设中要做到不泄露幼儿的隐私,在收集、使用幼儿个人信息时应该受到严格限制,未经其监护人授权不能公开。因为保护个人隐私是社会文明进步的体现,也是最基础的社会伦理。[20]其次,当技术进入幼儿园,容易导致的后果是弱化教育的人道主义,原本的"教师—幼儿"交往模式变为了"教师—机器—幼儿",阻碍了教师与幼儿直接的交流。幼儿园课堂是师幼之间情感交流的主要场所,教师在使用教育技术时,更应重视其精神价值的发挥,充分给予幼儿人文关怀,推动幼儿心智成熟和可持续成长。技术只是为了更好地达到教育目的的工具,并非为了应用而应用。教育应致力于培养人的好奇心和求知欲,并发展人们自我完善和不断学习的人生态度。[21]以人为本是现代教育的重要精神,教育技术的运用也要有利于人——幼儿的成长。因此，幼儿园教育技术的使用，要强调教育性。教育性是指在运用教育技术时要促进幼儿"纵向有序、横向丰裕"的包容性发展，真正关注全体幼儿的全面成长。

 本章小结

如今，利用信息技术变革幼儿园传统教育与管理方式已成了一种趋势。本章从什么是幼儿园信息化及其管理出发，落脚于幼儿园信息化建设的保障措施。通过学习本章内容，能有助于读者理解幼儿园信息化及其管理。幼儿园信息化管理是指幼儿园教职工在信息技术的支持下，结合信息化管理的相关理念，科学而系统地处理幼儿园各类事务，从而更好地服务于幼儿园教学和管理。在幼儿园信息化管理中，幼儿园 CIO 担任了非常重要的角色。幼儿园实现信息化不是一蹴而就的事情，它是一个系统工程，需要一系列项目的支持，需要结合幼儿园内外环境的特点进行全面细致的分析，制定详细的信息化项目计划，做好充分的人力、物力和财力准备。幼儿园信息化建设应遵循信息化需求分析、信息化项目预算、信息化项目实施和设备的维护更新这四个基本流程。幼儿园管理者应了解信息技术在幼儿园教育教学、日常管理和家园沟通中的具体应用。另外，幼儿园还应从提高园长的信息化领导力、提升教师教育信息化素养、加强信息化专业队伍建设、建设优质硬件与软件资源、遵循教育信息伦理性原则等方面来保障幼儿园信息化建设。

 理解·反思·探究

1. 什么是幼儿园信息化管理？
2. 幼儿园信息主管需具备什么素养？这一职位与普通的网络中心负责人有什么不同？
3. 幼儿园信息化建设的流程是怎样的？
4. 作为幼儿园管理者，应该如何保障幼儿园信息化建设顺利进行？

推荐阅读

1. 钱振华.现代科技伦理意识探析与养成［M］.北京：知识产权出版社有限责任公司,2017.
2. ［英］安东尼·塞尔登,奥拉迪梅吉·阿比多耶.第四次教育革命：人工智能如何改变教育［M］.吕晓志,译.北京：机械工业出版社,2019.
3. 颜荆京.幼儿园园长信息化领导力提升策略［M］.北京：科学出版社,2018.
4. 陈雯.幼儿园教育信息化理论与实务［M］.长沙：湖南教育出版社,2019.
5. 曹秋良.实战打造智慧幼儿园［M］.北京：新华出版社,2018.

◆◇◆ 参考文献

［1］蔡连玉.教育信息化管理：一个新的研究领域［J］.中国远程教育,2007(02)：21－24.

［2］赖春妹.浅析幼儿园信息化管理［J］.中国新通信,2022(01)：226－228.

［3］霍国庆.企业战略信息管理［M］.北京：科学出版社,2001：389.

［4］陆德.新经济与信息主管(CIO)和信息管理战略［M］.北京：中国水利水电出版社,2002：48.

［5］程刚.论中国企业的首席信息官制［J］.改革,2002(02)：58－63,81.

［6］郑佳珍,冉燕.信息化成就明天——北京明天幼稚集团学前教育信息化建设整体解决方案［J］.中国现代教育装备,2011(20)：9－12.

［7］王子华.学前教育信息化建设存在的问题及对策研究［J］.汉字文化,2019(24)：166－168.

［8］刘景容.互联互通的幼儿园信息化建设实践探索［J］.幼儿教育(教育科学版),2016(33)：22－26.

［9］周寅.基于PHP的幼儿园信息管理系统的设计与实现［D］.苏州：苏州大学,2005：1－2.

［10］唐静萍.浅谈幼儿园后勤信息化管理［J］.中小学电教,2017(04)：7－9.

［11］唐静萍.浅谈幼儿园后勤信息化管理［J］.中小学电教,2017(04)：7－9.

［12］唐静萍.浅谈幼儿园后勤信息化管理［J］.中小学电教,2017(04)：7－9.

［13］周燕."互联网＋"时代的幼儿园管理［J］.家教世界,2020(30)：41－42.

［14］胡春华.微信时代下的幼儿园管理［J］.江西教育(综合版),2019(27)：95.

［15］颜荆京,汪基德,蔡建东.幼儿园园长信息化领导力现状与提高策略［J］.学前教育研究,2015(10)：41－49.

［16］张红.网络信息环境下的幼儿园信息化管理策略探究［J］.科学咨询(科技·管理),2020(09)：222－223.

［17］王子华.学前教育信息化建设存在的问题及对策研究［J］.汉字文化,2019(24)：166－168.

［18］张红.网络信息环境下的幼儿园信息化管理策略探究［J］.科学咨询(科技·管理),2020(09)：222－223.

［19］许良.技术哲学［M］.上海：复旦大学出版社,2004：134.

［20］钱振华.现代科技伦理意识探析与养成［M］.北京：知识产权出版社有限责任公司,2017：110.

［21］［英］安东尼·塞尔登,奥拉迪梅吉·阿比多耶.第四次教育革命：人工智能如何改变教育［M］.吕晓志,译.北京：机械工业出版社,2019：17.

第十五章　幼儿园财务管理

信以立志,信以守身,信以处事,信以待人,毋忘立信,当必有成。

——潘序伦

经营管理,成本分析,要追根究底,分析到最后一点。

——王永庆

 知识导图

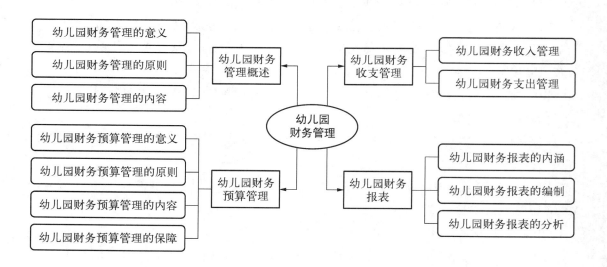

要点提示 ──────────────────────────────────

　　本章内容主要包括四个方面：一是幼儿园财务管理概述，主要阐明幼儿园财务管理的意义、原则和内容；二是幼儿园财务预算管理，围绕幼儿园财务预算管理的意义、原则和内容展开，并提出相应的保障措施；三是幼儿园财务收支管理，主要包括幼儿园财务收入与支出管理；四是幼儿园财务报表，围绕幼儿园财务报表的内涵、编制和分析展开。

 学习目标 ──────────────────────────────────

　　通过本章学习，你应该能够：

● 掌握幼儿园财务管理的原则和内容。

● 掌握幼儿园财务预算管理的意义、原则、内容和保障措施。

● 学会幼儿园财务收入和财务支出管理。

● 掌握幼儿园财务报表的编制与分析方法。

第一节　幼儿园财务管理概述

 问题与思考 ────────────────────────────────●

何为幼儿园财务管理？幼儿园财务管理的原则和内容分别有哪些？

一、幼儿园财务管理的意义

财务管理是指组织处理与资金财产相关的各种计划、组织、指挥、协调、控制活动的总称。幼儿园财务管理是对幼儿园资金财产进行管理的活动，具体地说，既包括幼儿园资金财产的筹集、使用和分配等，也包括幼儿园相关财务关系的处理，以及幼儿园经济效益的评估等。[1]幼儿园财务管理的目的在于合理地分配和使用各项资金，做到取之有道、用之有效。

（一）有助于准确掌握园所经营状况

在幼儿园经营与管理中，财务指标可以反映很多问题，如园长的决策是否科学、管理是否得当、经营是否有效等。财务不仅可以反映业务形态，还成为预测价值、进行评价控制的工具，能够作为决策与资源配置的重要依据，为幼儿园的发展创造价值。幼儿园应根据本园实际情况，制定幼儿园财务公开制度，主动通报财务的变动情况，努力达成财务管理目标。

（二）有助于合理地筹措与分配资金

幼儿园财务管理的一项重要职能就是筹集和分配资金。幼儿园管理者每年都需要基于园所的实际运营情况制定综合财务计划，并按照国家相关财务政策和制度合理筹集资金，以满足幼儿园发展的财务需求。[2]

▶ **相关链接** ◀

　　幼儿园财务管理的目标就是依法多渠道筹集资金；合理编制预算，控制和管理预算执行过程；科学配置幼儿园各种资源，节约支出，提高资金使用效益；加强资产管理，建立健全财务规章制度；如实反映财务状况，监督经济活动的合法性和合理性。

　　　　资料来源：张慧敏.幼儿园组织与管理[M].北京：人民邮电出版社，2014：70.

二、幼儿园财务管理的原则

随着幼儿园经营活动的增加,财务管理活动也愈发复杂,幼儿园管理者既需要学习相关的财务管理知识,还需要掌握一定的技巧,使有限的资金发挥最大的效益。为此,在幼儿园财务管理工作中应该遵循以下几个原则。

(一) 处理好收入与支出之间的平衡

幼儿园每年都会进行经费预算和决算工作,分析园所一整年的收入和支出情况,不断总结收支平衡中存在的问题;积极探索幼儿园财务收支的规律,总结幼儿园经费的分配和使用特点。

(二) 处理好投入与产出之间的关系

幼儿园投入与产出的关系是指幼儿园的保教成本与保教成果的关系。与企业具有可测量性的生产成本不同,幼儿园的保教成本难以计量,往往容易被忽视。幼儿园在进行财务管理时应注意不要遗漏保教成本,科学地进行成本核算,努力挖掘各种教育资源的优势和潜能,使其发挥最大效用,争取以较少的投入获得最大的收益。[3]

(三) 处理好开源与节流之间的关系

在市场经济条件下,幼儿园面临着开源这项十分艰巨的任务。为此,幼儿园管理者不仅要保证教育教学的质量,还要想办法筹集资金。只开源是远远不够的,还要与节流结合起来。幼儿园管理者要懂得开源的不易,应该懂得珍惜与节约,而不是无节制地浪费、大手大脚地花钱,这样不利于幼儿园的发展。相反,幼儿园管理者如果只知道节流而不善于开源,会使幼儿园不能适应市场经济的发展,从而处于捉襟见肘、十分被动的窘迫境地。因此,开源与节流缺一不可,二者是幼儿园财务管理的两大法宝。[4]

(四) 处理好长期目标与短期目标之间的关系

幼儿园的财务管理既要支持短期目标的实现,如购买教具、玩具等,又要支持幼儿园发展的长远计划,如师资队伍建设等。师资队伍的建设并不仅仅是教师数量的增长,还包括提高教师的素质和水平等更为广泛的内涵,因此要有计划、有投入。不能因为长远的目标计划周期长、不易见效就不予投入,只着眼于短、平、快的项目。幼儿园财务管理既要有远见,又要解决好现阶段出现的问题,即要处理好长期目标和短期目标之间的关系。[5]

(五) 处理好经济效益与社会效益之间的关系

一般来说,幼儿园经营主要有两种效益。一种是社会效益。幼儿园无论是公立的还是民办的,都必须把社会效益放在重要的地位,这是由幼儿教育事业的社会性和公益性所决定的。另一种是经济效益。无论是公立的还是民办的幼儿园，都要高度重视运营的经济效益，重视投入产出比，重视人才数量、质量与幼儿园培养模式之间的关系。需要明确的是，幼儿园把经济效益提到一定高度并不是说一定要获取多大的利润，而是要确保幼儿园能有足够的收益得以继续运行下去，或者举办者能够获得合理的回报，这对幼儿教育事业的长远发展是有利的。

三、幼儿园财务管理的内容

幼儿园财务管理主要包括如下几个方面的内容。

（一）树立科学的财务管理理念

要想进行一项革新，首先必须要有革新的理念。健全财务管理理念，对于我国当前很多幼儿园来说就是一项革新。如果要想让幼儿园管理者摒弃原本落后的管钱方法、接受新的财务管理模式，就需要社会各界的共同努力。一方面，教育行政机关要公布相关的文件，让幼儿园管理者及相关人员、各级院校的相关专业学生学习先进的财务管理思想；另一方面，各种媒体，特别是教育类媒体，应对在财务管理方面做得好的国内外幼儿园进行宣传报道，让幼儿园管理者认识到财务管理在幼儿园的生存发展进程中所能起到的重要作用。科学的财务理念至少包括以下几点：幼儿教育具有重要的公益性，不能把幼儿教育作为单一的营利工具，这样必然会违背幼儿教育的宗旨，也不可能真正把幼儿教育做好；经营幼儿教育事业需要注意节流，对各种形式的幼儿园资源要合理、节约使用；严格的成本核算是对幼儿园运营费用进行监控的关键等。

（二）建立完善的财务管理制度

完善的财务制度是幼儿园财务管理得以顺利进行的前提。幼儿园财务管理制度主要包括：由专门人员管理财务，拟定财务计划，做好财务预算和结算，以及对现金、票据的管理等。为此，幼儿园要设置会计、出纳岗位，定岗招人。[6]幼儿园如果有了独立的会计和出纳人员，可以在很大程度上保障幼儿园资金使用的合理性。如果幼儿园规模较小，也可以由园长代理出纳这一角色，但会计和出纳不能由同一个人担任。幼儿园要以确保保教质量为前提，做好财务预算。会计人员在记账、算账、报账等工作上要做到账实相符、账账相符、账表相符和表表相符。出纳人员要管理好园内的现金和票据等，做好财务档案工作，妥善保管各种财务资料，认真履行出纳人员的岗位责任。幼儿园年终要做好财政决算工作，编制利润报表，通过报表了解这一年来各项资金的使用情况，评估是否存在浪费或其他不合理支出，并分析总结、找出规律，为下一年度的财政预算打好基础。

（三）建立健全的财产管理制度

幼儿园财产是确保园内幼儿日常活动顺利开展的基础，财产管理的重要性在某种程度上来说其至超过财务管理,所以更要有一套健全的制度来保障幼儿园财产发挥最优的功效。幼儿园财产主要包括:幼儿园所有的土地、建筑物、活动场地、环境设施、交通工具;各办公室、班级内配备的各种电器、电脑、电教设施、文件柜、桌、椅、沙发等物品;各类图书、电教设备、教具等物品;音乐器材、美术器材、体育器材,以及幼儿园常规维修购置的材料、配件及其他物品等。幼儿园建立健全财产管理制度,可以有效提高资源使用效率、减少浪费及其他无意义的损耗。为了保障财产合理运用,幼儿园要指定责任人实行财产保管责任制,由责任人负责财产的日常保管与维护工作。一般来说,幼儿园可指定某物品的使用者为责任人,以便更好地对物品进行维护,提高物品的使用寿命。如发生人为损坏物品现象,则由人为损坏者进行赔偿。幼儿园还要制定定期检查制度。每一学期由园长组织,对园内的财产进行清查、修护。清查的结果要落实到责任人,并进行登记备案。从安全的角度出发,及时对物品进行维修,尽量延长物品的使用寿命。此外,幼儿园会计人员要登记好财产管理的账簿,准确记录财产状况。教职工在借用园内物品时要进行登记,并在一定期限内归还,如有损坏要负责维修或照原价赔偿;借出单价过大的物品时要经过园长签字同意,且不允许外借。

(四)确定合理的教育收费价格

在当前幼儿教育没有纳入义务教育范畴的情形下,幼儿园特别是民办幼儿园,其运营需要幼儿家长分摊一定的教育服务成本。那么,怎样确定幼儿园教育的收费价格就非常关键。要确定合理的幼儿教育服务价格,既要先核算幼儿园运营成本,又要考虑幼儿园具体的经营和竞争战略,这一点对民办幼儿园尤其重要。

(五)编制科学的园所财务报表

幼儿园财务管理需要编制科学而详细、准确的财务报表。财务报表中的数据能够在一定意义上反映幼儿园财务运营状况,并对运营中浪费等现象进行约束。幼儿园要以财务报表为"抓手",坚持"量入为出,精打细算"的原则,厉行节约,合理分配,提高资金的使用效率。财务人员要认真做好园内各项资金的管理工作,定期在园内合适的范围内公布财务收支报表,不做假账、不做账外账、不私设小金库。另外,编制科学的财务报表也是评估幼儿园运营经济效益的基础。

第二节　幼儿园财务预算管理

 问题与思考

幼儿园财务预算管理有何意义? 包括哪些内容? 需要遵循哪些原则? 如何进行预算管理?

一、幼儿园财务预算管理的意义

幼儿园财务预算是指专门反映幼儿园未来一定时期内财务经营状况、现金收支等价值指标的一系列预算的总称。它具体包括：现金预算、预计利润表、预计资产负债表和预计现金流量表。预算期通常是一学期或者一学年。[7]预算管理是幼儿园各项计划的具体量化，是幼儿园财务管理的核心，也是幼儿园管理的重要组成部分，对于幼儿园的财务管理活动具有重要意义。

（一）有利于优化资金结构

幼儿园财务预算管理是幼儿园经营目标分解、实施纠偏和实现目标的过程。幼儿园加强预算管理，可以控制幼儿园经营成本，科学优化支出结构，提高资金的使用效益，改善业务收支不平衡的状况。幼儿园管理者也可以根据预算的执行情况不断完善绩效考核体系，真正发挥评价与激励作用，提高幼儿园的管理水平。[8]

（二）有利于部门间的合作

预算管理是一个有效的沟通手段。它促进了部门信息的相互传递，为幼儿园内部管理提供了有效的沟通平台和渠道，实现了纵横向的充分沟通，加强了部门间的相互联系与合作，对幼儿园办园效率的提高起到了推动作用。

（三）有利于经营目标实现

预算管理可以将幼儿园经营目标进行固化和量化，并引导各部门通过实现部门的预算目标，进而实现幼儿园发展的整体目标。在预算管理中，将教职工的个人目标、部门的工作目标和园所的整体目标结合起来，这不仅有利于幼儿园经营目标的实现，还有利于教师在实现整体目标的过程中实现自我价值，调动其工作的积极性。[9]

二、幼儿园财务预算管理的原则

（一）真实性原则

作为提供学前教育服务的公共组织，幼儿园对收支的预测必须基于幼儿园的发展目标和职能，严格预算每一个项目，确保数据来源和资产填报的真实性与准确性。幼儿园的收入预算要以近几年的实际收入情况为依据，不能夸大或者隐瞒收入；幼儿园的支出预算要结合实际运作情况，不能凭借预算管理人员的主观意向而随意编制没有科学依据的预算。

（二）科学性原则

预算管理的编制要具有科学性,具体表现为:(1)预算管理的方向要科学。预算成本收入和支出要与幼儿园发展的实际情况相适应,做好提前规划是为了更好地促进幼儿园的可持续发展。(2)预算管理的过程要科学。预算管理的每一个环节都要把握好时间,做好合理规划,尤其是关键环节,要留足充裕的预算时间,保证预算管理的质量和效率。(3)预算管理的手段要科学。每个环节的实施都要做到有理有据。(4)预算管理的核定要科学。严格按照科学的方法预算基本支出,分清楚项目的轻重缓急。[10]

（三）稳妥性原则

预算的编制要做到稳妥可靠、量入为出,尽量保持收支平衡。预算编制过程中可以保留一部分预备资金,防止未来发生突发事件时幼儿园没有足够的经费应对。当面对突发情况时,幼儿园如果没有周转资金,必然会陷入紧张混乱的局面。幼儿园的收入预算要考虑增收减收因素,将最低收入作为预算标准;还要量力而行,既不过分夸大收入,也不过分夸大支出,不将没有把握的收入项目和数额列入预算中。[11]

（四）全面性原则

幼儿园预算管理是一个动态变化的过程,要想有效贯彻实施,就需要构建详细的预算管理流程,合理安排预算编制、预算分析和预算执行的全过程。在预算编制内容上,不仅要涉及财务预算和资本性收支预算,还要进行筹资预算、现金流量预算、业务预算等,考虑预算管理的全方面,做到不重复、不遗漏。[12]

（五）重点性原则

财会人员在编制预算时要认真执行,在全面兼顾的同时分清主次轻重。预算管理的整个过程都要注重合理安排资金使用,在保障基本支出的同时优先选择重点项目支出。基本支出,如教师科研和学习培训经费、玩教具的添置、图书的购置、房舍的改造、设备的更新或增添、安全工作投入等,要留有余地,以应对计划之外的特殊需求或向重点项目倾斜。[13]

三、幼儿园财务预算管理的内容

幼儿园应遵循“量入为出、统筹兼顾、保证重点、收支平衡”的原则,以同期的经费支出情况为参照,考虑自身的财力可能,依据每学期的各项计划,在不侵犯教职工的合法权益下制定预算草案,并由园长审核,形成正式版本。[14]幼儿园预算管理的具体内容包括以下几方面。

（一）财务预算的制定

预算制定是幼儿园基于一定的预测和决策,依据幼儿园发展的总体目标,对一段时期内幼儿园资金的筹措和使用、各项收入和支出的运作所做的具体安排。幼儿园在编制预算时，一般遵循"上下结合、横向协调、逐级汇总"的原则，其基本编制程序为：（1）幼儿园制定下一年的年度发展计划。（2）幼儿园各部门按月份、分项目编制详细预算。（3）幼儿园财务部门汇总并审核各部门上报的预算编制。（4）预算确认后，由财务部门正式编制财务预算草案，提交有关上级部门批准。（5）预算被批准后，下达至各预算部门执行。

（二）财务预算的控制和执行

预算编制完成后，如何按预算进行控制并执行预算是较为关键的一步。预算控制包括事前控制、事中控制和事后控制三个部分。其中，事前控制指事前根据预算制定详细的实施方案；事中控制指实施过程中严格执行预算计划；事后控制指事后审计绩效，检验是否达成目标。

预算控制可以采用财务控制、法制控制、制度控制和权势控制等多种手段，做到控制层次分明、逐级控制。[15]

（三）财务预算的调整

由于对未来的预测能力有限，幼儿园在编制预算时不可能掌握全面、完整的资料，或者由于幼儿园外部环境的变化，导致编制预算的基础发生改变。如果继续按照原来的预算执行，会给幼儿园的管理和发展带来不利。因此，预算的及时调整十分重要。

（四）财务预算的差异分析与考核

分析预算与实际发生活动的差异因素是幼儿园财务在整个预算控制中的工作重点，不管差异是否对幼儿园有利，都要找到差异的主要原因，向幼儿园财务部门及时反馈信息，寻找解决方案。通过分析差异产生的原因，发现幼儿园财务管理中的可取之处和薄弱环节，总结经验，吸取教训，为实施奖惩、强化管理做准备。[16]

四、幼儿园财务预算管理的保障

（一）建立完善的全面预算管理体系

幼儿园要加强自有资金结余的预算管理，通过支出结构的调整、结余资金的使用、社会资源的开拓等方式，自行解决预算管理中遇到的问题。同时，幼儿园应完善财产管理制度，落实专人负责制，实现明确分工、账账相符、账实相符。幼儿园在设置岗位时，应注重不同岗位之间的相互牵制作用，做到彼此监督，保障幼儿园经营的透明与公正。

（二）充分发挥内部和外部监督作用

幼儿园财务预算管理活动要加强过程管理，明确不同的支出项目类型与资金来源，使用资金时要做到用之有效,结余资金的规模不宜过大,以免造成资金沉淀。在执行预算时,幼儿园要规范执行流程,完善监督机制。幼儿园的预算、预算调整和决算经过法定程序批准后应及时向社会公开,自觉、主动接受社会公众的监督,增强预算的透明度。

(三)建立有效的预算管理考核机制

幼儿园园长与上级主管部门要定期开展技能培训,提高财务人员的业务水平;设置科学的考评体系,定期考核财务工作,客观评价财务人员的业绩,做到奖惩分明,约束和引导预算管理过程中的行为;增强财务人员的职业道德意识与法制观念,使其自觉抵制违法乱纪与贪污腐败行为,从而提高幼儿园的财务管理水平。[17]

第三节　幼儿园财务收支管理

 问题与思考

幼儿园财务收支管理分别包括哪些内容? 幼儿园如何做好财务收支管理工作?

一、幼儿园财务收入管理

(一)收入管理的内容

幼儿园的发展离不开充裕的经费,不同性质和类型的幼儿园,其教育经费的来源不同。一般而言,公立幼儿园的经费来源渠道有四种:第一,国家和主管部门的拨款。有些是直接拨款给幼儿园,有些是以承担教职工的工资、发放津贴等形式间接进行经费拨款。第二,幼儿家长缴纳的有关幼儿生活、学习所需的费用,包括保育费、伙食费、杂费及管理费。第三,社会团体或公民个人对幼儿园的捐赠。第四,幼儿园自创自收的部分经费,如投资收益、利息收入等。与公立幼儿园相比,我国民办幼儿园获得的国家经费拨款和补助较少,需要依靠主办者个人筹措资金,最主要的收入来源是家长缴纳的幼儿保育费和管理费,也包括社会力量和个人的捐赠,其经费来源更加多元化。

不管是公立幼儿园还是民办幼儿园,经费的来源都呈现多元化,这既赋予了幼儿园一定的财政权限,有利于办园条件的改善,但也使一些幼儿园不规范操作、乱收费等。[18]一些幼儿园的不当收入行为不仅会损害家长和幼儿的利益,还会给幼教事业的发展带来不良的社会影响。因此,幼儿园要按照国家政策要求,根据各地教育行政部门和物价部门所核定的收费标准进行收费,不得乱定价、乱收费。

《幼儿园管理条例》第二十四条规定:"幼儿园可以依据本省、自治区、直辖市人民政府制定的收费标准,向幼儿家长收取保育费、教育费。幼儿园应当加强财务管理,合理使用各项经费,任何单位和个人不得克扣、挪用幼儿园经费。"

(二)教育收费的定价

幼儿教育服务收费的定价所需考虑的因素较多,且定价目标也是多种多样的。定价方法的选择是制定定价策略的基础,是确立最终价格的关键步骤。幼儿园教育服务价格的最终确立受到服务成本、定价目标、市场需求和市场竞争等多种因素的影响,所以在选择幼儿教育服务收费定价方法时要全面考虑以上因素的影响与制约。一般来说,幼儿园教育服务收费常用的定价方法有三种。[19]

1. 成本导向定价法

成本导向定价法就是以成本价格为基础,加上预期收益,完全按照卖方的意愿来确定价格的一种定价方法。这种方法的优点是简单实用,保证不亏本。它具体应用到幼儿园教育服务定价上,有以下两种常用的细分方法。

(1)成本加成定价法。

$$幼儿教育服务单价=单位教育服务生产成本×(1+成本利润率)$$

这种方法简单易学,确保了幼儿园有一定的利润获得。但是,幼儿园教育服务定价并不能总是在理想状态中进行,这种方法忽视了像竞争与市场等其他因素对幼儿园的影响,所以有时会造成幼儿园的招生困难。

(2)目标利润定价法。

$$幼儿教育服务单价=总成本×(1+目标收益率)/招生人数$$

这种方法是根据幼儿园预期招生总量和总成本来确定目标利润的定价方法,一般用于在市场上具有一定影响力的、市场占有率较高或具有垄断性质的幼儿园。目标利润定价法的缺点在于,只是从幼儿园利益出发而没有考虑市场需求及其竞争性。

2. 需求导向定价法

需求导向定价法是指在考虑市场的需求强度和消费者对产品感觉的差异的基础上进行定价决策的方法。这种定价方法不是依照成本的变化而变化的,而是依照需求和消费者对产品价值的认可程度来进行价格的调整,是一种以消费者需求为中心的新型理论模式。这种方法的优点在于,能够更好地把握幼教市场,把握消费者心理,以消费者的认知度和需求度来确定价格,便于形成品牌效应。常用的需求导向定价法有认知定价法和逆向定价法两种,但逆向定价法主要应用于有中间商存在时的产品的定价法,在幼儿园收费定价中较少涉及。

认知定价法首先要通过调查,了解消费者即广大家长对特定的幼儿教育服务的认知价值,并以此认知价值为基础进行定价的一种方法。它的重点不在于这一幼儿教育服务究竟有多少价值,而在于消费者即广大家长认为该幼儿教育服务有多少价值,愿意花多少钱来"购买"。

消费者的认知价值是幼儿教育服务价格制定的最高限度,在经过幼儿园一系列有效宣传而提升消费者的心理感知价格后,消费者对产品价值的认可有时会远远超出产品的成本,这时幼儿教育服务的利润就会较大。此外,认知价值还会产生教育服务在消费者心里高、中、低的一个分级。所以,认知定价法的重点在于提升消费者的心理感知价值。

3. 竞争导向定价法

竞争导向定价法是指幼儿园在进行教育服务收费定价时,主要以竞争对手的价格为基础,结合自身的情况,选择有利于本园进行市场竞争的价格来定价的方法。这种方法并不过多地考虑成本和市场的需求,通常是为了在激烈的市场竞争中取胜,且仅在一定时期内使用。

常用的幼儿园教育服务收费竞争导向定价法,有随行就市定价法等。随行就市定价法是指按照当时幼教行业平均价格水平来进行定价的一种方法。这种定价方法制定出的幼儿教育服务收费价格在行业中并不一定能取得竞争优势,通常是新成立的幼儿园刚进入市场时,在没有具体的成本数据、没有明确谁是竞争对手、没有确立自己的定位和在行业中的地位的情况下使用的一种定价方法。

(三)收入管理的制度

1. 增强内部控制意识

任何制度的有效执行离不开一个好的环境和基础。园长作为幼儿园运行发展的带头人,要树立重视内部控制制度的意识。同时,加强教职工的业务培训,增强责任意识,提升全员的综合素质。教职工只有思想上重视,才能在行动中落实,继而积极配合工作、主动规范行为,更好地推进内部控制制度的实施。

2. 实行收入归口管理

由于财务环境的复杂性,幼儿园应遵循内控原则,实行所有收入由财务部门归口管理的统一核算模式,各项收入交由财务处纳入财务预算,统一管理和核算;其他部门和人员未经批准不得擅自办理收入业务,不得隐瞒、挪用、私分幼儿园收入,严禁设立"账外账""小金库"。[20]

3. 实施收费公示制度

幼儿园财务部门要根据各项收入类别,按照相应的法规和标准及时确认每笔收入,并使用合法的票据正确开具应税发票或财政票据。幼儿园的收费应严格按照教育厅、物价局、财政厅下发的收费办法,收费标准和项目须规范化。同时,实行收费公示制度,将收费有关条目和信息及时告知家长,并向社会公示,具体公示内容包括收费标准、收费依据、收费范围、计费单位、投诉电话等。[21]

二、幼儿园财务支出管理

(一) 支出管理的内容

幼儿园支出是指用于各项活动的资金损耗,主要包括事业支出、经营支出、附属单位补助支出、自筹基本建设支出、经费拨出、上缴支出等。[22]

(1) 事业支出是指幼儿园开展教学、科研、辅助活动所花的开支,主要包括基本工资、补助工资、其他工资、职工福利费、社会保障支出、助学金、业务费、设备购置费、修缮费、业务招待费用和其他费用。

(2) 经营支出是指事业支出以外开展非独立核算经营活动所发生的支出,应与收入相匹配。

(3) 附属单位补助支出是指幼儿园对附属单位进行补助所耗费的支出,此类支出同样是财政补助收入以外的资金。[23]

(4) 自筹基本建设支出是指幼儿园用财政补助收入以外的资金统筹安排基本建设。自筹基本建设资金需单独列支,并与国家的专项基建拨款一起纳入基本建设财务管理,按项目进行核算。

(二) 支出管理的制度

幼儿园支出管理从制度设置上要注意如下事项:

(1) 幼儿园的每笔支出票据都需使用正规发票,且有经手、证明、审核三方的签字。

(2) 重大的项目建设、维修、业务开支需要通过上级主管部门的审批,再按程序放款。

(3) 差旅报销、旅游补贴等事项说明应贴合幼儿园的实际情况,符合本园的办园特点,不断完善报销制度。

(4) 大额的支出尽量最大限度地使用转账支票。

(5) 幼儿的代办费用收取要严格按照上级主管部门的要求,对代办费支出进行严格把关,杜绝无关费用的支出。

(6) 每学期实行一次性收取幼儿伙食费的办法,期中退费两次。按照科学的食谱采购每日食品,采购量要适中,不宜过多或过少,杜绝营养摄入不足或造成浪费。幼儿的伙食费用支出须全部用于幼儿,坚决抵制挤占、挪用现象,并定期向幼儿家长公布伙食费使用情况明细,自觉接受家长监督。[24]

第四节　幼儿园财务报表

 问题与思考

如何做好幼儿园财务报表的编制和分析工作?

一、幼儿园财务报表的内涵

幼儿园财务报表是指幼儿园在日常会计核算数据的基础上,按照规定的格式、内容和方法定期编制的,综合反映幼儿园某一特定时期财务状况和某一特定时期运营成果的书面文件。幼儿园财务报表可以将大量的数据转化成对决策者有用的信息,有助于其对幼儿园偿债能力、合理营利能力、运营能力作出评价,及时发现问题、解决问题,使幼儿园得以稳定地发展。

幼儿园财务报表编制的基本要求包括:报表数据真实可靠,报表各项目数据口径一致,报表内容完整反映幼儿园财务活动,报表编写及时,报表清晰明了等。

一般地,企业在运行过程中编制的财务报表内容多为“四表一注”,即资产负债表、利润表、所有者权益变动表、现金流量表,以及附注。该方式因其涉及大量的会计科目,过于烦琐,并不完全适用于幼儿园日常的财务管理,所以简洁性和实用性是幼儿园报表编制的基本要求。

二、幼儿园财务报表的编制

幼儿园财务管理中最常用的两种报表就是财务预算表和现金流量表,[25]因此,幼儿园财务报表分析,主要以这两种报表为例详细展开。

(一) 财务预算表的编制

幼儿园的财务预算表就是把未来一定时期内的财务计划以表格的形式确定下来,并依照此表的预算方案进行财务活动的书面计划的统称。合理的预算表对幼儿园在一定时期内的整体运营具有很多益处,主要体现在以下几方面。

1. 战略眼光控制全局,客观评定业绩

预算只有在通盘考虑全局的基础上才能制定完成。若要编制合理的预算表,幼儿园经营者就不得不用战略眼光通晓全局,合理协调幼儿园内部各部门、各组织之间的关系,以及幼儿园与外部竞争者和社会大众之间的关系,并将财务实践与预算进行对比,及时发现各部门及个人工作的实际情况,客观评定工作业绩。

2. 有效控制园内财务,合理使用经费

一般来说,幼儿园预算制定完成并经上级批准后就要付诸执行。在日常经济活动中,偶尔会有偏离预算或与预算脱节的时候,这就要幼儿园管理者及时地发现偏差,依照预算内容要求进行合理调控,采取适当的措施,保证科学地使用经费,厉行节约,精打细算,完成既定目标。

3. 优化园所资源配置,减少浪费现象

资源是某组织或某地区内拥有的物力、财力、人力等各种要素的总称。幼儿园有四类资

源是必需的：材料、设备、空间和人力。合理的财务预算可以高效地利用、组合这些资源，提高效益，减少浪费现象的发生。

表 15-1　幼儿园预算样表[26]

填表人：　　　　　　　　　　　　　　　××年度　　　　　　　　　　　　　单位：元

收　　入		支　　出		
项　目	金　额	项　目	金　额	比　例
小班学杂费		主管薪金		
中班学杂费		教师薪金		
大班学杂费		其他员工薪金		
保育费		设备购买及维修费		
保险费		保险费		
伙食费		伙食费		
其　他		其　他		
总收入		总支出		
学年运营分析				
园长核示				

　　一个科学合理的幼儿园预算，需要编制者具有严谨的工作态度。编制幼儿园财务预算表要遵守以下原则：(1)效益优先原则，实行总量平衡，进行全面预算管理；(2)积极稳健原则，确保以收定支，加强财务风险控制；(3)权责对等原则，确保切实可行，围绕经营战略实施。[27]

(二)现金流量表的编制

　　现金流量表是指反映幼儿园一定时期资金流入和流出情况的会计报表。如果说预算表是一年的财务计划，那么现金流量表是追踪和分析该计划实施程度的工具。现金流量表可以直接体现出预算的执行情况，在幼儿园日常财务管理中占有十分重要的地位。

　　现金流量表在幼儿园运营中的作用主要体现为以下几方面。

1. 监控资金使用

　　幼儿园现金流量表有助于幼儿园了解资金使用情况，在一定程度上可以保障资金能够按照计划得到合理的运用。幼儿园的财务一旦出现什么状况,可以及时找到源头,并尽快对问题进行整改。

2. 预测资金走向

幼儿园现金流量表有助于预测幼儿园未来一段时期内的资金走向。评估过去是为了预见未来。现金流量表可准确反映过去一段时间内的财务状况,幼儿园可以通过它对未来的现金流向作出一定的预测,并且帮助幼儿园管理者在管理工作中作出有利于幼儿园发展的决定。

3. 公开资金信息

幼儿园现金流量表可以进行一定程度的公开,让教职工了解园内的资金走向,增加教职工的主人翁意识。相比于预算表,资金流量表的公开会更安全,因为预算表的公开有时会在一定程度上被有准备的竞争对手所利用,从而使幼儿园陷入被动的局面。

表 15-2　幼儿园现金流量样表

编制单位：××幼儿园　　　　　　××年度　　　　　　　　单位：元

项　　目		本　期　金　额	上　期　金　额
收入	学杂费		
	保育费		
	保险费		
	伙食费		
费用	员工工资		
	福　利		
	设备购买及维修费		
	保险费		
	伙食费		
利润			

幼儿园财务报表的记录既可以使用纸质的表格,又可用电脑做记录。幼儿园在用电脑编制财务报表的时候要做好保存与保密的工作,防止丢失与泄露。

目前网络上有很多免费软件都可以进行财务账目的统计工作,但是为了信息的安全性,建议使用正规公司提供的财务软件。如微软的 Excel 有较好的数据统计功能,可以满足幼儿园财务处理的基本需求。

三、幼儿园财务报表的分析

按照目的和要求来划分,财务分析既可以进行全面分析,也可以进行专题分析;按照时间划分,财务分析既可以进行事前分析,也可以进行事中分析和事后分析。一般而言,幼儿园财务报表的分析方法主要有以下几种。

(一)比较分析法

比较分析法是指幼儿园将两个或两个以上可比较的指标或数据进行对比,对差额进行分析的方法。该方法的使用主要有以下情形:(1)将财务报表本期完成数与预算、计划数进行对比,用于评价预算、计划的完成情况。(2)将本期完成数与上期、过去同期的数据进行比较,以了解财务变化趋势。(3)与其他情况相似的幼儿园进行比较,发现差距,分析原因,促进幼儿园提升。

(二)比率分析法

比率分析法一般有以下三种情形:(1)相关比率分析,即比较两个性质不同但又关联密切的指标,求出比率,以反映有关经济活动的关系,如幼儿园资产与负债率。(2)构成比例分析,即计算部分财务指标与整体的比例,以反映部分与整体的关系,如幼儿园人员支出占比(幼儿园人员支出与事业支出的比例)。(3)效率比率分析,即幼儿园某项经济活动或项目的消耗与获得的比率,反映的是投入与产出的关系。[28]

(三)趋势分析法

趋势分析法是根据单位连续多个时期的财务报告内容,通过计算完成率或指数,与基期进行对比,确定各期相关指标的变动情况和变化趋势的一种财务分析方法。[29]比较分析和比率分析是从一个时间点来考察幼儿园的财务状况,而趋势分析则是将不同时期的数据进行比较,目的是揭示幼儿园发展的变化规律及预测财务发展状况。

(四)因素分析法

因素分析法是从数量上测定统计指标的总变动中与指标相关的各个因素的影响程度的一种分析方法。常用的方法有连环替代法和差额计算法。(1)连环替代法是在分析对象受多个因素影响时,假定其他因素不变,顺序确定每个因素单独变化所产生的影响。使用连环替代法时,应注意因素分解的关联性、因素替代的顺序性和计算结果的假定性。(2)差额计算法是连环替代法的一种简化形式,采用分析对象数据(实际值)与判断标准数据(标准值)之间的差额来计算各个因素对分析对象的影响程度。[30]

本章小结

　　财务管理对幼儿园发展的意义重大,在财务管理中,幼儿园应处理好收入与支出、投入与产出、开源与节流、长期目标与短期目标、经济效益与社会效益之间的平衡,使有限的资金发挥最大的效益。幼儿园财务预算管理是财务管理的核心,幼儿园应遵循"量入为出、统筹兼顾、保证重点、收支平衡"的原则,科学制定预算草案,经园长审核正式定稿。通过将计划具体量化的方式来优化资金结构,加强幼儿园部门之间的沟通,提高幼儿园的管理水平,进而实现幼儿园的经营目标。此外,幼儿园需要建立完善的收支管理制度来规范资金的使用。幼儿园的发展离不开充裕的经费,不论是公立幼儿园还是民办幼儿园,经费的来源都呈现出多元化的特点。幼儿园要按照国家政策要求,根据各地教育行政部门和物价部门所核定的收费标准进行收费,不得乱定价、乱收费。同时,合理支出,减少浪费,不得挪用、私吞经费,严禁设立"账外账""小金库"等。幼儿园财务管理中最常用的两种报表就是财务预算表和现金流量表,在编制报表时应秉持严谨的工作态度,掌握科学的编制方法,认真做好财务分析工作。

 理解·反思·探究

1. 幼儿园财务管理包含哪些内容? 需要掌握哪些原则?
2. 如何科学编制幼儿园预算?
3. 幼儿园的收入来源渠道有哪些? 如何确定幼儿园教育的收费价格?
4. 怎样编制幼儿园财务报表?
5. 有哪些分析幼儿园财务报表的方法?
6. 结合本章学习内容,并上网查找相关知识,学习如何撰写财务报告。

推荐阅读

1. 张晓焱.幼儿园管理[M].北京:航空工业出版社,2014.
2. 时松.幼儿园管理实务[M].南京:东南大学出版社,2016.
3. 张莉娜.幼儿园管理[M].北京:清华大学出版社,2018.
4. 刘艳珍,马鹰.幼儿园组织与管理[M].北京:北京师范大学出版社,2011.
5. 吕莹,陈冰.幼儿园总务管理[M].长春:吉林大学出版社,2016.
6. [美]帕特丽夏·F.荷尔瑞恩,弗娜·希尔德布兰德.幼儿园管理(第五版)[M].严冷,赵冬辉,高维华,等译.上海:华东师范大学出版社,2011.
7. 陶金玲.民办幼儿园管理概论[M].天津:天津教育出版社,2010.

参考文献

[1] 罗驰.浅谈幼儿园财务管理中存在的问题与对策研究[J].今日财富(中国知识产权),2019(08)：162-164.

[2] 张莉娜.幼儿园管理[M].北京：清华大学出版社,2018：98-99.

[3] 张晓焱.幼儿园管理[M].北京：航空工业出版社,2014：177.

[4] 屈玉霞.幼儿园经营与管理(第二版)[M].北京：科学出版社,2011：120.

[5] 张茳颖.幼儿园管理基础[M].保定：河北大学出版社,2012：171.

[6] 李爱华.浅谈幼儿园财务管理中存在的问题与建议[J].科技信息,2013(06)：359.

[7] 时松.幼儿园管理实务[M].南京：东南大学出版社,2016：148.

[8] 蒋靓.公办幼儿园全面预算管理问题浅析[J].行政事业资产与财务,2019(02)：22-23.

[9] 蒋靓.公办幼儿园全面预算管理问题浅析[J].行政事业资产与财务,2019(02)：22-23.

[10] 王青.公立幼儿园预算管理关键环节刍议[J].经贸实践,2018(21)：168-169.

[11] 时松.幼儿园管理实务[M].南京：东南大学出版社,2016：149.

[12] 王海云.电力企业全面预算管理的原则和思路漫谈[J].中国市场,2015(40)：127-128.

[13] 吴邵萍.幼儿园管理与实践[M].南京：江苏教育出版社,2012：232.

[14] 张晓焱.幼儿园管理[M].北京：航空工业出版社,2014：178.

[15] 吕莹,陈冰.幼儿园总务管理[M].长春：吉林大学出版社,2016：147.

[16] 张莉娜.幼儿园管理[M].北京：清华大学出版社,2018：101.

[17] 王婧.北京市公立幼教系统预算管理问题探讨——以北京市公立DY幼儿园为例[D].北京：首都经济贸易大学,2015：37-38.

[18] 邢利娅.幼儿园管理[M].北京：高等教育出版社,2010：122.

[19] 郭丽,田原.基于顾客认知价值的企业产品定价[J].渤海大学学报(哲学社会科学版),2010(01)：116-119.

[20] 刘俊枝,靳海燕,张鹤,等.高校收入管理的内部控制探讨[J].中国管理信息化,2018(17)：22-23.

[21] 刘艳珍,马鹰.幼儿园组织与管理[M].北京：北京师范大学出版社,2011：131.

[22] 韦旭源.教育成本的计算方法研究[J].山西财经大学学报(高等教育版),2007(S1)：97-98.

[23] 吕莹,陈冰.幼儿园总务管理[M].长春：吉林大学出版社,2016：152-153.

[24] 丛中笑,王海升.幼儿园管理[M].沈阳：辽宁大学出版社,2012：135-136.

[25] 陈静,陈慧,毕启冬,唐文文.全面收益报告在我国的应用研究[C]//南昌工程学院经济贸易学院.2012管理创新、智能科技与经济发展研讨会论文集.[出版者不详],2012：

1126－1129.

　　［26］陶金玲.民办幼儿园管理概论［M］.天津：天津教育出版社,2010：118.

　　［27］罗绍德.非会计人员财务管理(第二版)［M］.北京：清华大学出版社,2009：170.

　　［28］浙江省教育会计学会.高等学校财务管理与会计核算［M］.杭州：浙江大学出版社,2014：209－210.

　　［29］陈春晓.浅谈财务分析的指标和方法［J］.经营管理者,2020(12)：98－99.

　　［30］曹晓丽.财务分析方法与财务分析中存在的问题［J］.财经问题研究,2014(S2)：73－75.

第一版后记

《幼儿园经营与管理》在炎热的夏日定稿了。编写本教材的初衷来自我给本科生上课选教材时窘迫的感受。因此，编一本具有管理实践意义的教材，一直是我的愿望。在华东师范大学出版社赵建军君的鼓励、协助下，本教材的编写工作终于启动。本教材的酝酿与编写过程前后耗时良久，其间的辛苦也只有经历过才可体会。

本教材是集体劳动的结晶。教材编写工作是由浙江师范大学发展规划处蔡连玉副教授组织，并领导团队一起完成的。具体编写分工情况是：第一章、第九章：蔡连玉、张建琴；第二章、第五章、第七章：蔡连玉、胡敏；第三章：蔡连玉、黄芳琳；第四章、第六章：蔡连玉、傅书红；第八章：蔡连玉、邹莹；第十章：蔡连玉、袁允；第十一章：蔡连玉、张磊；第十二章：蔡连玉、蔡婷婷。全书体系设计、统稿等工作由蔡连玉承担。非常感谢我的编写团队，其中有我的研究生，还有同样讲授本门课程的年轻教师。教材编写是课程建设的关键所在。所以要感谢与我一起执着前行的年轻教师和研究生们，我们在编写过程中也得到了进一步的成长！

编辑朱建宝为本教材的出版付出了辛勤劳动，诚挚感谢！在编写过程中，我本人经历了工作上的调动，是浙江师范大学的杨天平教授、眭依凡教授、王宪平博士给予我鼓励和人文关怀，使我能够来到尖峰山下，坐拥国内最为开放的图书馆的浙江师范大学静心工作。在编写过程中，我们使用了和幼儿园经营与管理相关的已有成果，特此向有关人士致谢！

在教材编写过程中，我们坚守的一个宗旨是：简洁、全面。本教材可供高中后职教生、本专科生、研究生使用。对当前的幼儿教育实践，我们有着许多忧虑。一是师资教育上的"技能化"。幼儿教师对幼儿本应有的爱心被技能所遮蔽，得不到重视。二是幼儿教育"小学化"。这一做法更是对幼儿想象力、创造性的虐杀。所以，在本教材中我们介绍了国外华德福、瑞吉欧的一些教育理念，希望我们的幼儿教育举办者和管理者能够重点关注这一问题，给幼儿以真正的童年，像种庄稼一样做幼儿教育，遵循幼儿的身心发展特点，让幼儿慢慢地成长。这是语文大家吕叔湘几十年前给我们的教导，也是（幼儿)教育的根本规律。

　　本教材中肯定有需要改进之处,敬请读者和专家批评指正。如果本教材能够对当前我国幼儿教育的师资和管理人员培养,以及幼儿园实践作出一点点贡献,我们将倍感开心!

蔡连玉

2012 年 7 月 8 日于尖峰山下

第二版后记

党的二十大报告明确了中国式现代化的本质要求,其中一个重要方面是"实现高质量发展"。学前教育高质量发展需要幼儿园经营与管理者与时俱进地更新理念、规范实践、提升效能,因此,打造旨在培养具有卓越领导力的幼儿园经营与管理者的教材具有重要意义。

这本教材的第一版正式出版于2013年,受到了读者的欢迎,被广泛地用于教学,重印了多次,并且于2014年被全国职业教育教材审定委员会审定为"十二五"职业教育国家规划教材。这些都是对我们团队编写工作的认可,让我们倍感欣慰。

距离第一版教材出版转眼已10多年了,在这10多年中,社会发生了巨大的变化,幼儿园经营与管理的宏观和微观环境变迁甚大。华东师范大学出版社的编辑几年前就开始鼓励我们修订教材,以呈现出更强的时代性和更高的品质。而作为高校教师和教育科学研究者,我们生活与工作的节奏被加快,总是难以"挤"出整块的时间,所以延宕至今。

一年半前,我们组织了编写团队,在深入讨论的基础之上,蔡连玉对整本书的框架进行了较大的调整,并增加了部分章节。在第一版的基础上,第二版初稿各章由如下人员完成:张芸(第一章 幼儿园经营与管理的理念;第十二章 幼儿园公共关系;第十五章 幼儿园财务管理)、张迅(第二章 幼儿园经营与管理的战略;第三章 幼儿园经营与管理的组织;第十三章 幼儿园人力资源管理)、刘家玲(第四章 幼儿园经营与管理的伦理;第十四章 幼儿园信息化管理)、伍纯(第五章 幼儿园经营与管理的法律;第十章 幼儿园品质管理;第十一章 幼儿园后勤支持)、江璐(第六章 幼儿园课程领导;第七章 幼儿园保教管理;第九章 幼儿园安全管理)、李方璐(第八章 幼儿园环境管理)。初稿完成后,由金明飞对整本书稿进行了第一轮初步统稿;第二轮和第三轮校改、统稿工作由蔡连玉完成。最后与编辑对接做细节修订的工作,由金明飞负责。在统稿过程中,吕修宇也参与了部分工作。

感谢编辑的信任,给了我们充足的时间。这本教材是交叉学科的产物,具有(幼儿)教育学和管理学等学科的品性。我们对教材的预期是简洁、前沿和实用,既可以作为各类各级学校学生的学习教材,也可作为幼儿园一线经营与管理者的实践手册。希望我们的目标能够在一定程度上得到实现。

在修订过程中参考引用了众多已有研究成果,我们尽力注明,但恐有遗漏,一并致谢!书稿中肯定有不足之处,也敬请专家读者批评指正。

2023 年 8 月 11 日